成吉思汗传

闫林林◎编著

陕西新华出版传媒集团
三　秦　出　版　社

图书在版编目(CIP)数据

成吉思汗传 / 闫林林编著. －－ 西安 ：三秦出版社，2012. 12（2021. 4 重印）
ISBN 978－7－5518－0353－3

Ⅰ. ①成… Ⅱ. ①闫… Ⅲ. ①成吉思汗（1162～1227）－传记 Ⅳ. ①K827＝47

中国版本图书馆 CIP 数据核字（2012）第 296520 号

成吉思汗传

闫林林 编著

出版发行 陕西新华出版传媒集团 三秦出版社
社 址 西安市雁塔区曲江新区登高路 1388 号
电 话 （029）81205236
邮政编码 710061
印 刷 香河利华文化发展有限公司
开 本 710mm×1000mm 1/16
印 张 22
字 数 410 千字
版 次 2012 年 12 月第 1 版
2021 年 4 月第 4 次印刷
印 数 9001－14000
标准书号 ISBN 978－7－5518－0353－3
定 价 58. 00 元

网 址 http：//www. sqcbs. cn

前言

在我们五千年的历史长河中，历朝历代的皇帝们占据了重要的角色，他们的存在，很大程度上影响着百姓的生活、历史的发展。皇帝作为历史的重要角色之一，是当时左右和影响国家、民族命运的关键人物，研究他们的是非功过，兴盛衰废，在一定意义上事关国家盛衰、民族兴亡、个人成败，并对现代人有极大的借鉴意义。

这套《帝王传大系》，以帝王们的一生为主线。从他们的家族渊源入手，以历史小说的形式系统地介绍帝王们一生的沉浮。在打天下与守天下的风云战场中凸显出人物的性格特点、历史功绩，最大限度地将帝王和他的大臣们的传奇人生，不遗余力地展现在读者眼前，让读者在趣味阅读的过程中，享受完美的历史文化盛宴。

尽管这些曾经叱咤风云、指点江山的帝王们已成过眼烟云，但又有谁能够遗忘他们站在历史之巅所承受与经历的一切？

恍然间，我们仿佛看到了"千古一帝"秦始皇"横扫六合"的雄伟身姿；大汉朝开国皇帝刘邦从"市井无赖"到"真龙天子"的大变身；汉武帝刘彻雄赳赳地将中华帝国带上顶峰的威风场景；光武帝刘秀苦征恶战，于乱世中成就霸业的冲天豪情；乱世枭雄曹操耍弄"奸计"，玩转三国的高超智慧；亡国之君隋炀帝的骄纵狂妄；唐高祖李渊率众起义、揭竿而起，建立唐王朝的惊天伟业；唐太宗李世民玄武门兵变的狠辣果断；一代女皇武则天勇于创造命运的步步惊心；宋太祖赵匡胤"杯酒释兵权"的聪明睿智；一代天骄成吉思汗开创铁血王朝的钢铁毅力；元世祖忽必烈以蒙古铁骑横扫欧亚大陆的英雄豪迈；"草根皇帝"朱元璋从"乞丐"到"皇帝"的辛酸血泪；清太祖努尔哈赤以十三副铠甲起兵，开辟锦绣前程的创业史；大清王朝"第一帝"——皇太极夺取江山的谋略手段；少年天子顺治为爱妃做到极致的痴心情意；清军入关后的第二位皇帝康熙除权臣，平叛逆，锐意改革的天才谋略；最富争议的皇帝——雍正的精彩人生；乾隆皇帝钟情于香妃的风流韵事；慈禧太后将清朝操纵于股掌之间的惊天手段……

我们无法否认，在浩瀚无边的中国历史长河中，帝王始终是核心人物，或直接或间接地掌控着历史的船舵，所以，了解他们的传奇人生，研究他们的功过是非，仍然可以让读者借鉴与警醒！

然而，刻板的阅读模式使得纸媒每年都在流失受众，基于此，我们决定利用小说的形式去呈现帝王的传奇，语言风格也有别于传统的叙述方式。这套书在编排体例上突破了以往同类书严肃、枯燥、干巴巴的“讲授”形式，以更加细腻、更加精练、更加活泼幽默和诙谐的语言，用一种立体的方式将一个帝王的多样性与丰富性展现在广大的读者面前。

全书妙语如珠，犀利峥嵘，细述每个帝王的政治生活、历史功绩、家庭生活、情感逸事等，充满了故事性、知识性与趣味性，让读者在轻松愉悦的享受中体味人生的变化莫测；在“观看帝王大片”的过程中收取成功的法门秘诀。

为了保证书稿质量，编辑工作者查阅了大量的相关资料与文献，并且请教了很多长期从事历史教学与研究的专家学者。不过，由于时间与精力有限，本套图书或许还存在着些许错误，敬请广大的读者朋友们批评指正。

目　录

第一章 外族抢婚夺亲娶妻 外出征战贵子降生

在成吉思汗之前，蒙古还保留着传统的族外婚的习惯，而成吉思汗的母亲月伦（诃额仑）就是他的父亲也速该从蔑儿乞人的手中抢来的新娘。

“快来看啊，也速该抢来的新娘好美啊！”

“是啊，是啊，就像是一个仙女一般。”

“就好像是一朵花骨朵儿。”

“你们难道没有听说吗？其实她已经当了十天蔑儿乞人的妻子了，是一朵开了的花。”

来看新娘子的人群中传出一片笑声。

蒙力克的父亲察剌合是整个部落中最年长的老人，他捋着全白了的胡子在人们的背后说道：“喂，不要再像沙半鸡一样呱呱乱叫了！若是谁惹恼了新娘子，看我不拿马鞭子抽他的屁股！”他一扬鞭子，围观的人都往后退，腾起一阵欢快的笑声。

不远处走过来一个身体略微发胖的青年人——俺巴孩汗的孙子塔里忽台，他可不像他的祖父那样光明磊落、英勇豪迈，胖大的躯体里面是一个又一个的小心眼儿。那时的草原部落还没有形成世袭制，部落中的一切大事都要经过“库里台大会”的商议和决策。库里台大会好比后世的议事会，是由部落里有威望有身份的贵族参加的会议。也速该就是蒙古乞颜部库里台大会推举的首领，而作为俺巴孩汗的唯一的孙子塔里忽台，却没有取得领导部落的地位，可见他并不是众望所归的巴特儿——草原英雄。

他走近一个冷眼旁观的青年人问道：“撒察别乞，出了什么事了？”

那年轻人不怀好意地回答道：“也速该首领抢回了一个蔑儿乞人的妻子。塔里忽台叔叔，还不快快回去准备准备？”

“我准备什么？”

“打仗呗。也速该抢了蔑儿乞首领弟弟的妻子，蔑儿乞人能不报复吗？”

蒙古乞颜部拥有众多的家族，但是属于所谓的黄金家族的就只有三个——主儿乞家族、泰赤乌家族与孛儿只斤家族。也速该属于孛儿只斤家族，塔里忽台属于泰赤乌家族，而那个在塔里忽台旁边煽动的撒察别乞是属于主儿乞家族。这三个姓氏为了抵御周边部落的侵扰而聚到了一起，在公众的推举之下也速该成为了军事首领，但是并非可汗。而对于虚着的汗位，主儿乞人与泰赤乌人都有着难以抑制的欲望。因此当也速该把诃额仑带回驻地时,其他两个姓的人们自然不会像孛儿只斤家族的人那般高兴。

塔里忽台愤然向围观的人们冲去,他高举皮鞭抽打着人们:“都走开,走开!那个给蒙古人带来灾难的女人呢?”

护送诃额仑的蒙力克等人不禁怔住了。被一群人围在中间的诃额仑惊讶地向塔里忽台望去,而迎接他的竟然是一对充满敌意的目光与炮语连珠地恶言恶语:“啊,难怪也速该的魂魄被勾走了,果然是一个妖孽!”塔里忽台说完绕过这一行人朝后边的也速该走去。

蒙力克安慰着心神不定的诃额仑说:“你不要在意,这是先可汗俺巴孩不成器的孙子塔里忽台,他的心胸像羊肠子一样窄,脾气像白毛风天气一样坏!”

塔里忽台走近骑马过来的也速该,拦住了他的马头:“也速该,你为了一个女人跟蔑儿乞人怨上加怨,难道你想把蒙古部再拉进仇恨的厮杀吗?”

也速该看了一眼这个族弟:“你怎么啦?被蔑儿乞人的马骑吓破胆了吗?”也速该兄弟和众人哈哈大笑起来。

“别笑了!”塔里忽台手臂一挥,“蔑儿乞人知道你抢了他们的新娘,刀兵之灾就会落到全体蒙古部落头上!”

也速该根本没有把塔里忽台放在眼里,他平静地说:“我们没有招惹他们的时候,蒙古人所受的刀兵之灾还少吗?”

塔里忽台被问住了,他转而又大声地叫道:“那也不能便宜你自己占,却让我们大家和你一起遭灾祸。听着,把俘虏的马匹、车辆分给我,把那个女人送回去!”

“你怎么像个乞邻秃黑?”也速该突然地说。

“什么?”

“吝啬而贪婪的人。”

也速该兄弟哈哈大笑着走了。塔里忽台被气得僵在那里。一群小孩子也一起喊起来:“乞邻秃黑!乞邻秃黑!”塔里忽台将一身的怒气全部撒到了孩子的身上,抡起鞭子就要打他们,小孩子们吵着、嚷着跑了,但是“乞邻秃黑”的喊叫声却朝着四面八方散去。

也速该对蒙力克父亲说:“察剌合老人,诃额仑先在你家居住吧,过两天我就会来迎娶她的。”

察剌合笑着说:“你就放心吧,也速该。我们父子二人会像守护小羊羔一样看护好你的未婚妻的。”随后,他对自己的蒙古包大声喊道:“蒙力克媳妇,快点出来迎接新人啊!”只见到一个长相平平的夫人从蒙古包里走了出来。

硕大魁伟的仆妇豁阿黑臣端过一盆水，跪在诃额仑面前，将她的脚抬起放在自己的背上说："高贵的新主人，我叫豁阿黑臣。从今天起我就是您的贴身奴仆，您就是我的主宰了，请让我给您改成待嫁姑娘的发式吧！"

蒙力克妻在一旁劝慰道："改一改吧，我的家现在就是你临时的娘家啦。"

诃额仑走到铜镜前边坐下来。豁阿黑臣帮她解开高盘的发髻，诃额仑的秀发垂了下来。蒙力克妻惊叹道："啊，多秀美的长发啊！像一匹展开的锦缎，像斡难河滚滚的流水！"

豁阿黑臣一边蘸着水给诃额仑梳辫子，一边说："也速该的祖母也是弘吉剌的美女，我还侍候过她老人家呢。愿她的灵魂在长生天那里得到安宁。我们蒙古人和弘吉剌人是世代姻亲，也速该主人早就发过誓，非弘吉剌女人不娶。"她叹口气说，"可这些年，我们和塔塔儿人连年争战，东去的路被隔断了。"

蒙力克妻插进来说："草原上的男人十二岁就可以结亲了，也速该都二十八岁了，还像一只孤雁！"

"是啊，连我这个看着他长大的老仆人，心里也不好受啊！"

"这回可好了，长生天把你给送来了！"

"草原上的风俗认为，抢来的媳妇比娶的还金贵，您又这么美，也速该主人好福气哟！"

"呃，豁阿黑臣这话说得对。也速该是蒙古乞颜部的首领，黄金家族的嫡亲后代，真正的巴特儿。自古英雄配美人嘛！"

"新主人，别看也速该首领在战场上是见血不皱眉的铁打汉子，可他最知道疼人啦。你嫁给他，他不会错待你的！"

诃额仑听着两个女人的唠叨，望着镜子里已经梳好辫子扎好红绳的自己，含羞地低下了头。

此刻，塔里忽台的毡包里正聚集着许多姓泰赤乌的男人。塔里忽台满脸杀气地鼓动大家说："俺巴孩汗的嫡亲后代，泰赤乌家族的勇士们，跟我走，去杀了也速该这个蒙古人的不肖子孙！"

十几个汉子大叫一声，提起刀向蒙古包外冲去，但是刚到门口就停住了——俺巴孩的遗孀斡儿伯站在他们的面前，满脸严肃的问道："你们这是要去做什么？"

塔里忽台分开众人走向斡儿伯，说道："奶奶，那个可恶的也速该，他辜负了奶奶对他的期望……"

"我都知道了。"斡儿伯打断道。虽然她也参加了推举也速该为首领的库里台大会，可是她并不愿意黄金家族冷落了自己的孙子塔里忽台，所以在她心里是仇恨也速该的，只是她考虑事情要比孙子更周全缜密。此刻，斡儿伯眼睛里射出逼人的光，“能够致人于死地的不只有钢刀，还有时间和忍耐。这件事以后都不许再提了。去吧，准备明天参加也速该和那个抢来的女人的婚礼。”

众人对这位老妇人一向是言听计从的。这时，他们只好退后一步，躬下身子，将右手放在左胸前，恭顺地应道：“是，奶奶！”

在斡儿伯压制了塔里忽台等人向也速该挑战的时候，百里之外的蔑儿乞人营地前边的空场上插着一圈火把，火光照亮了蔑儿乞人一张张被仇恨燃烧的脸，案子上摆着一排在历次对蒙古部作战中阵亡祖先的灵牌。三姓蔑儿乞人的首领——脱黑脱阿站在主祭者的位子上，他身后是蔑儿乞部的另一首领合阿台和赤勒格儿。萨满在跳神，皮鼓咚咚、腰铃哗哗，透着一股阴森肃杀之气。

脱黑脱阿拉刀，横举，众人纷纷跪下。脱黑脱阿向天祈祷：“我脱黑脱阿，对着三姓蔑儿乞人的祖先，对着被蒙古人杀死的在天之灵起誓，为了雪耻，蔑儿乞人一定会与塔塔儿人结成盟约，抢回所有的蒙古女人，做妻做妾、做奴做仆，而且还要杀死每一个遇到的蒙古男人！”

众人三呼：“雪耻报仇，雪耻报仇，雪耻报仇！”

脱黑脱阿雪耻报仇的命令由许多传令的骑手传遍了所有蔑儿乞人放牧的牧场，使每个牧马的、牧羊的蔑儿乞男子把刀抽出鞘来，跟随脱黑脱阿首领去杀蒙古人。

那时草原上的部落，所有的男人都是牧人，所有的牧人又都是战士。平时他们为了生存放牧畜群，战时不用征召也不用报名，跨上马背，抽出随身佩带的弯刀就是战士。蔑儿乞人就这样在一瞬间把一支军队召集起来了。

蔑儿乞人又派出使者说服塔塔儿人。早就预谋对付也速该的铁木真兀格兴奋地搓着手：“好！蔑兀真笑里徒，你去牧场把塔塔儿人都招回来！这一次我一定把俺巴孩的子子孙孙都杀光斩尽！一个也不剩！”

一个个传令的骑手对每个营地的塔塔儿男人喊道：“哎，快把刀抽出鞘来，我们的铁木真兀格首领要带领我们去杀蒙古人了——”塔塔儿人也在一瞬间将一支军队组建起来了。

脱黑脱阿率领的蔑儿乞人与铁木真兀格带领的塔塔儿人汇合成一股强大的马队携带着仇恨和死亡冲向蒙古人的驻地。

在蒙古人的驻地里，人们还完全不知道灾难即将来临。男女老幼为了也速该首领和诃额仑的婚礼，都换上了节日的盛装。他们平日的生活太单调太枯燥了，难得有这样一个可以痛痛快快唱歌跳舞和喝马奶酒的机会，他们要好好地乐上一乐。

也速该新剃了头上的短发，把一圈长发结成两条辫子垂在耳朵的两边，显得更英俊了。在二哥和四弟的陪同下，他满面红光地走出了自己的蒙古包。早就等候在外边的人们腾起了一片欢呼。部落的百岁老人——蒙力克的父亲察剌合将一张弓和一个箭壶佩戴在也速该身上。一个大家称为“百灵鸟”的歌手，拉起了马头琴，唱起了祝词：

这支箭能振作萎靡的精神，
这支箭能消灭征战的敌人，
这支箭是对付豺狼的利器，
这支箭能保护兴旺的牧群。
这一支箭哟，可汗用过的令箭，
这把箭，插在你的箭壶吧，
你的婚事哟，会一帆风顺！
这把箭，佩在你的身旁吧，
你身边的邪气哟，会化成吉祥的云。

蒙力克牵过一匹马交给也速该。百灵鸟又唱起了祝词：

雄狮般的脖颈啊，
星一般的双眼。
猛虎似的啸声啊，
麋鹿般的矫健。
狼似的耳朵呀，
凤尾似的鬃毛。
彩虹似的尾巴哟，
钢蹄踏碎千座山。
这才是新郎骑的，
去迎亲的骏马哟。
身挂繁盛的汗珠，
四蹄踏开幸福的道路。

也速该将别人递过的一碗马奶子倒在那马长长的鬃毛上，英武地跨上了马。在欢声笑语中走向新娘子的“娘家”——蒙力克的毡包。

蒙力克妻和豁阿黑臣搀扶着打扮得十分鲜艳的诃额仑走出了蒙古包。

新郎和新娘朝火堆跪下，向着永存的长生天顶礼膜拜。

这个过程是短暂的,围着火堆所进行的欢庆活动却是漫长的。人们欢快地跳起第一支舞蹈,吃着手扒肉,喝着马奶酒。吃完了喝完了再跳再唱,唱过了跳过了再吃再喝,直到肉吃得打起了饱嗝,酒喝得烂醉如泥,歌也唱不成调了,舞也跳不稳步了,一个个相继倒在草地上呼呼大睡起来,全然不知道死神的到来。

也速该与诃额仑的酒虽然喝得不多,但是他们的心早就已经醉了。在一个布置一新的蒙古包里,两个人面对面地侧身躺着,相望着。也速该抚弄着诃额仑的辫子说:“我好像在很久以前就遇到过你。”

“在什么地方?”

“好像是在梦中,又好像是奶奶带我回去弘吉剌那一次。”

“你到过弘吉剌部?”

“我奶奶是弘吉剌部著名的美女,在很久很久以前,奶奶曾经带我去过弘吉剌部。从那以后,在我的记忆中就保留了一个弘吉剌小姑娘,她头上带着一个满是金黄色鲜花的花环,骑着一匹枣红马。对了,嘴里还吹着一片马兰。”

“真的?”

“嗯。”

“那真的是我。我小时候最喜欢编迎春花花环戴在头上,爸爸给了我一匹枣红小马,还教我用马兰叶子吹各种赞歌!”诃额仑说着支起身子伏在也速该的身上,摩挲着也速该的脸颊。

也速该深情地说:“我已经等待你很久很久了,诃额仑!”

诃额仑叹息道:“我遇到你真的太晚了,也速该!”

也速该扳过诃额仑,支起身子用手指点着诃额仑的鼻子说:“我要你给我生十个儿子!”

“哟,要那么多?”

“再多几个也行。”

“啊,不想要女儿?”

“女儿怎么骑马打仗?我要打败蔑儿乞人、塔塔儿人,还要打败大金国,为祖先俺巴孩汗报仇,为蒙古人争口气,没有儿子怎么行?”

“好,我就只给你生儿子,生好多好多的儿子!”

两人开心地笑了起来。

大地雷鸣般的响起了万马奔腾的声音。铁木真兀格、蔑兀真笑里徒、脱黑脱阿、合阿台、赤勒格儿率队奔驰而来。

在地上躺着的蒙力克头一个被这声音惊醒。有经验的草原人都有一种本领,他们把耳朵贴在地上,倾听大地震动的声音就可以判断出有多少人马向自己逼近。蒙力克醉卧的时候恰好耳朵贴着了地面，忽然被大地震动的声音惊醒，立即吓出了一身冷汗。他一边大声喊着，一边跃上一匹光背儿的马。“快起来呀——塔塔儿人和蔑儿乞人杀来了——”他骑在马上奔跑着，用马鞭打着地上熟睡的蒙古人，敲打着一个个熟睡的蒙古包，声音都变了调儿了，“塔塔儿人、蔑儿乞人杀来了——快起来呀——”

人们被喊醒了，吓醒了。多年的战乱纷争强化了他们自卫的本能，不要人指挥，他们第一个念头就是奔向自己的马匹，抽出自己的弯刀。

从睡梦中惊醒的塔里忽台披着衣服跑出自己的蒙古包，气急败坏地大声咒骂着：“也速该！该死的也速该！都是你惹的祸。蒙古人又要流血了！”

早已披挂整齐的也速该过来一把推开他：“闭上你的乌鸦嘴！难道十五年前，铁木真兀格出卖的不是你的祖父吗?!”他对蒙力克命令道，“蒙力克，把蒙古勇士们召集起来，去迎击我们的仇人！”

万名蒙古健儿列队，刀枪如林。战车上战鼓作响。萨满在跳着、念着，为出征的人们请求长生天的保佑。送行的妇人们将马奶酒一勺一勺地洒在路上，祝愿出征的亲人平平安安。

也速该一举手，鼓声就停止了。也速该激动地说道：“大家是不会忘记的，十六年前，先可汗俺巴孩用一颗光明磊落的心，仅带着几个随从来到塔塔儿部去送女成婚。但是，怀着豺狼心肠的塔塔儿首领铁木真兀格，竟将俺巴孩汗捆起送给了金国，残忍的金熙宗把我们的先可汗活活钉死在木驴之上！”

“俺巴孩、俺巴孩、俺巴孩！”群情激奋，高呼。

也速该振臂高呼：“牢记先可汗遗言，向塔塔儿讨还血债！”

“报仇，报仇，报仇！”蒙古健儿的吼声惊天动地。

鼓声大震，也速该等人上马，率领军队出发。也速该边走边向夹道相送的父老亲人点头致意。他望见豁阿黑臣搀扶着诃额仑站在自己的蒙古包前，诃额仑眼睛里含着泪花。也速该用力夹了一下马肚子，战马加快了步子。脱朵举着秃黑军旗紧跟上去。

同一年前一样，也是在金秋季节，也速该的秃黑军旗给塔塔儿人带去的是仇恨和死亡。同一年前不一样的是，诃额仑从一个新娘子变成了产妇。

蒙力克的妻子也来了，她帮着豁阿黑臣扶诃额仑躺在席地铺开的羊皮褥子上。诃额仑疼的脸上的汗珠子不断往下流。豁阿黑臣唠叨着说：“唉，主人偏偏在这个时候不在身边！”

蒙力克的妻子同情地对诃额仑说：“多少年了，蒙古人的日子一直是与仇恨、战争一起过的。你们弘吉剌人过惯了安稳日子，对这种杀杀砍砍的生活不习惯吧？”

诃额仑倒是不得不接受这个事实，做了蒙古人的妻子，就应该听从长生天的安排。既然战争像从山上滚下来的一块大石头一样谁也没有力量阻止它，那么她就只有默默地祝愿自己的亲人们能在战争中取胜，愿他们的利箭能射穿敌人的喉咙，马刀能砍下敌人的头颅，祝愿自己人都能平安归来！

"啊！"诃额仑捂着肚子厉声大叫，蒙力克的妻子抓住她的手说："用力抓住我的手，大口喘气。"诃额仑求助地紧紧抓住了蒙力克的妻子的手，挣扎，呐喊，一个时辰一个时辰地过去了，不知道诃额仑流了多少汗水……"哇——"一个婴儿湿漉漉地落在了羊皮褥子上。

这天，太阳升起的时候，得胜的蒙古人回来了。一个勒勒车上的木笼里囚着铁木真兀格，那情形与十六年前被押往金国首都的俺巴孩汗有几分相似。蒙古人扬眉吐气了，因为他们这次重创了塔塔儿人，而且俘虏了他们的首领铁木真兀格！这胜利使他们忘记了这次战争中自己人也流了许多血，更想不到这次捉到铁木真兀格会给塔塔儿人心里埋下多少仇恨的种子，而在下一次塔塔儿人的报复当中自己将会付出多么大的代价。不，有眼前的胜利就足够使他们陶醉了！百灵鸟在马上唱起了凯旋之歌，人们在马上手舞足蹈，有的竟站在马上跳起舞来。

豁阿黑臣闻声跑出蒙古包，朝也速该大声喊道："也速该首领，也速该首领！快去看看您的儿子吧！"正在手舞足蹈的也速该翻身下马，不顾一切地跑向自己的蒙古包。惹得众人哈哈大笑起来。也速该把枪插在帐篷门口，喊了一声："我的儿子在哪儿？"便闯了进去。

蒙力克的妻子拦住冲锋似的奔向诃额仑的也速该："轻点儿，孩子刚睡了，哎呀，你别吓着孩子！"也速该哪里会听她的，看见诃额仑身边躺着的婴儿，上前一把将他托了起来，嗓门儿像牛吼一样的粗："黄金家族的勇士哪会那么胆小！哎，小手攥得这么紧干什么？给爸爸看看，你从长生天那里带来了什么宝贝？"他轻轻掰开婴儿的小手。只见儿子的小手里攥着的是一块凝血，像苏鲁锭长矛头一样形状的凝血！

诃额仑支起身子好奇地问："孩子手里有什么？"

也速该的嘴都合不上了："一块凝血，不，一支苏鲁锭长矛！啊，诃额仑，你真了不起，给我们生了一个手握苏鲁锭长矛的儿子！将来他一定会成为一个威震天下的草原英雄！"

苏鲁锭长矛是常常被立在营地门口的一杆高大的长矛，一向被看做蒙古人的战神，战士出征前要请萨满向它致祭，每次战争的胜利都是因为有它的呵护和保佑。也速该得了这么一个手握苏鲁锭长矛的儿子，自然喜不自禁！

诃额仑看着丈夫被战争的硝烟熏得漆黑的脸，眼睛里涌着幸福的泪水说:“你给孩子起个名字吧!”

也速该略作思索,说:“嗯,他是我俘虏铁木真兀格的时候降生的。那小子挺能打仗,名字也不错,‘铁木真’是铁之变化的意思,我看就让我们的儿子叫‘铁木真’吧！只有我们的儿子才配叫铁木真！名副其实的铁木真!”说着他抱着孩子跑出了蒙古包,对那可儿脱朵大声命令道:“把那个铁木真兀格给我砍了！世界上只有一个铁木真,他是我的儿子,独一无二的铁木真!”

也速该高兴地把儿子举向天空,小铁木真哭起来。

公元 1162 年农历 7 月,也就是南宋高宗绍兴三十一年,金世宗大定二年,女真人与汉人中原逐鹿,鹿死谁手还未见分晓的时候,在中国北方,在斡难河畔的一个蒙古包里,手握苏鲁锭长矛般一块凝血的铁木真在战乱中降生了,他的名字本身就深深地打上了社会动乱的烙印。谁能知道就是这个孩子,改变了 13 世纪中国历史和世界历史的进程呢？他,就是后来被毛泽东在《沁园春·雪》里称作“一代天骄”的成吉思汗。

两匹快马在奔驰,马上的骑手是也速该和九岁的铁木真。

蒙古族是马背上的民族,铁木真自然也要在马背上长大。从生下来他便注定是个战士,那么人生的头一课就应该是弯弓盘马,而射猎就是实习作战的最好的模拟课堂。一只狍子在奔跑,也速该拉开弓又合上,他想试试儿子的力气和技艺。少年铁木真心气正盛,这时早已搭箭拉弓,一箭射出去,还真准,正中那狍子的屁股。

可能还是铁木真的力气太小了,射的又不是致命的地方,狍子虽然中了箭,却依旧能够奔跑。父子二人追了上去。也速该边追边对铁木真笑着说:“好儿子,箭法不错,就是劲儿小了点儿。要多喝马奶子,多吃奶油,多吃牛肉、羊肉,给我快快往大里长!”说罢,爽朗地大笑起来。

那头狍子跑着跑着快要接近树林的时候忽然扑倒在地。也速该父子跑上前,下马低头查看。咦？狍子的头上又中了一箭。铁木真正在惊疑的工夫,一匹马从对面林子里跑出来,马上跳下一个八九岁的男孩子。这孩子好看的脸上却有一股傲气:“放下,那是我的猎物。”口气是命令式的。

铁木真眉心一皱:“你说什么,明明是我先射中的!”

“你射中的是它的屁股,我射中的是它的头！狍子当然应该归我所有了。”那孩子说。

“若是没有我先射中它,你连它都见不着呢。”

“没有我把它射倒,它早就逃得无影无踪了!”

铁木真心想,这个家伙实在难缠,就让着他一点吧,于是就说:“好吧,我们一人一半儿!”

那孩子却不肯妥协:“那要看看你是不是可以将我摔倒。”

“我要是摔倒你呢?”

“狍子全部归你,但若是我将你摔倒,你就要乖乖地将狍子放在我的马背上。”

铁木真把帽子往地上一摔:“来吧!”

两个孩子走起了跤步,然后同时发起了攻击。铁木真一个“手别子”将那孩子掼倒,回身去拾地上的狍子。

“慢!”那个孩子猛地爬起来。铁木真转过头来,自食其言在草原上可是很让人看不起的行为:“怎么?你想要反悔啊!”那孩子却十分平静地说:“我说过你赢了我,狍子是你的。但是我并没有说怎么才算是赢。”也速该感到意外地看着那孩子笑了,他索性坐到地上看这场争执如何了结。铁木真眉毛竖了起来,说:“怎么才算是赢啊?不会是倒在地上才算是赢吧?”

“三局两胜!”那孩子话一出口,不待铁木真反应过来,猝不及防地一个“穿裆靠”把铁木真掀翻,拍拍手上的土说:“起来吧,最后一跤决定胜负!”

铁木真觉得受了对方的愚弄,却又无法反驳——因为三局两胜也在情理之中,只得跳了起来,心想这一次可得小心,不能让这个家伙取胜!他往前一扑,那孩子也早有警惕,一下子闪开。铁木真再扑,那孩子再闪开。铁木真镇定下来:“嗯,想速胜是不成了,认真对付吧!”两个人开始重走跤步,一场互相提防、互有险情和机会的较量开始了。也速该侧卧一边,嘴里咬着一根草棍,饶有兴趣地看着他们的角逐。

终于,铁木真找到了一个机会把那孩子掼到地上。

那孩子趴在地上不起来。铁木真坐到他旁边儿,喘息着说:“你,你摔得不错!”

那孩子也喘息着说:“我刚刚得过一场病,没,没力气。等以后,我,我再来你的牧场,找你,我们再比!”

也速该站了起来,问那孩子:“你叫什么名字?是谁家的孩子?”

“我叫札木合,是札答阑部的。”

“啊,你是札答阑氏的孩子?”

札木合的自尊心受到了严重的打击,他眉毛一竖反诘道:“怎么?你也认为我们札答阑人是遗腹子的后代,就因为我们是异族血统,所以瞧不起我们是吗?”札答阑人的祖先是蒙古人在战争中俘虏的一个怀孕的女人生下的,在蒙古部里一向被人们视为异族人。也速该看看这个孩子,马上正色道:“札答阑人与孛尔只斤氏同为蒙古人!”札木合站起来悻悻地说:“但是你们是黄金家族!”说完之后转身就走。铁木真叫住他:“札木合!”

札木合转回头。铁木真抽出一支箭来,握住一端,走近札木合,将握箭的手伸向札木合:“你愿意同我结成安答吗?”(“安答”相当于汉族的结拜兄弟）札木合的眼睛盯着铁木真。铁木真说:“你有志气,有智慧,我虽然已经有了四个弟弟了,还是愿意有你这样的兄弟!”

谁能拒绝这样真诚的相约呢？札木合一把攥住了那支箭的另一端。两个少年朝着远处的山峰跪下,大声地对长生天宣誓说:“我铁木真（札木合）愿意同札木合（铁木真）结为安答,从今以后,同生死,不相弃,永远不背叛誓言!”

铁木真从脖子上摘下一个铜灌的髀石:“好安答,这个铜灌的髀石给你作个纪念吧！让我们的友情像铜铸的一样牢固!”

“髀石”是一种吉祥物,当时的草原人认为脖子上戴一块髀石可以逢凶化吉,遇难呈祥。

札木合接过信物,也从脖子上摘下了自己的公狍子髀石给了铁木真:“我的这块公狍子髀石虽然不如你的铜灌髀石贵重,可它是我的心爱之物。它虽然不是铜灌的,可我对你的友情会比铜灌的还要坚固!”

“来吧,把狍子砍开,我们两个安答一人一半!”

“不,我方才输了。”

“我们是安答,要有福同享,有难同当嘛!”

“好,我要了!”

两个孩子抽出刀来,走向狍子。也速该过来,把他们插在地上的箭拔起来说:“等一等,你们两个安答说说,等你们长大了,头一件大事要干什么?”

铁木真和札木合同时响亮地回答:“打金狗！报血仇!”

“好!”也速该赞许地点点头,“你们一定会成为蒙古草原上最出色的英雄！你们方才发过誓了。”他庄重地举起那支箭:“天在上,地在下,我也速该为你们作证,谁背叛了安答,就同此箭!”他咔地一声将箭撅断。

两个孩子的眼睛里闪烁着兴奋的光芒！当然也包括也速该在内,万万不会料到,这一对安答在长大之后竟然会角逐不断,不单单是三局两胜这样简单啊!

也速该的那可儿脱朵策马驰来,一边跑着一边喊着:“首领……首领,快,夫人快生了!”

也速该得意忘形地哈哈大笑道:“哈哈,她还真是一个会生儿子的好女人!”脱朵咧着大嘴笑道:“我早就知道夫人是一个会生儿子的好女人。”

也速该哈哈大笑着纵身上马,扬鞭夹蹬,马奋蹄长嘶着向营地飞奔。铁木真与脱朵随后追去。

诃额仑头缠青布,怀抱婴儿。也速该侧坐在妻子的身边。

诃额仑苦笑着说道:“这一次生了一个女孩。”

“女孩也很好啊。”也速该指着铁木真这一群虎小子说道,“九年的时间你为我生了四个儿子。”又指着自己的别妻说：“她也给我生了两个儿子，已经六个了嘛！”

“你不是说过要十个儿子吗？”

“往后你们俩都使着劲儿给我生儿子，那还不快！”也速该哈哈大笑，把女孩吓哭了。铁木真拍拍小女婴：“不哭，小妹妹不哭。”老仆豁阿黑臣赶紧过去哄孩子。

也速该看着在摇篮边哄妹妹的铁木真。对诃额仑眨眨眼睛说：“看看铁木真，那个样子真像是一个阿爸！”老二哈撒儿朝弟弟们做个鬼脸重复道：“看看铁木真多像是一个阿爸！”孩子们都哈哈大笑起来，也速该笑得更响了。诃额仑嗔道：“你再这么笑就出去吧！”

也速该止住笑，若有所思地说：“啊，不笑了，不笑了。我还要跟你商量一件大事呢！”

“什么事？”

“给铁木真娶个媳妇儿！”

“什么？”

“给他定一门亲事。”

“天哪，他还是个孩子！”

“在母亲眼里他永远是孩子。”

“他才九岁！”

“九岁不小了！”也速该拉过铁木真拍拍这儿拍拍那儿，说，“你看看咱这儿子比草原上的公马还健壮，好箭法，好武艺，骑上马能追上风，已经是个男子汉了嘛！”

第二章　儿子铁木真结姻亲
父亲也速该遭毒害

也速该带儿子去弘吉剌部求亲的消息迅速传到了泰赤乌家族的营地中,先可汗的遗孀斡儿伯将孙子塔里忽台招到身边说道:"也速该现在正在去弘吉剌部求亲的路上,此行必然会经过塔塔儿人的驻地。你为什么不让塔塔儿人帮助你除掉这个对手呢?"

塔里忽台愕然:"我让塔塔儿人帮助我除掉也速该?塔塔儿人恨每一个蒙古人。"

斡儿伯拍拍孙子的脑袋说:"你脖子上长的是牛头吗?!"

塔里忽台眼睛一亮:"啊,我明白了!"他已经领略了祖母的意思,大步跨出毡包,给也速该设置陷阱去了。并不知情的也速该主仆三人晓行夜宿,饥餐渴饮,不疾不徐地走了七天七夜,一路平安地进入了弘吉剌部的地界。白亮亮的贝尔湖展现在他们眼前,三个人的神情立刻轻松起来。太阳西沉,把他们过河的影子拉得长长的,三人骑马踏着影子向前。过了一道河,也速该命令设营。脱朵点起一堆篝火,每人支起一个单人帐篷。也速该带着铁木真,去打野味充饥。这一路上,他们一直是喝冷水吃肉干儿,够辛苦的了,要好好吃上一餐,再美美地睡上一觉。

一条河流的岸边,有丹顶鹤和鹭鸶在漫步走动。铁木真喜不自禁、目不暇接地赞叹道:"啊,这儿可真美啊!"

也速该笑着说:"你如果跟弘吉剌的哪个姑娘定了亲,就要在这里住上一年呢!"

铁木真手指着远处问:"那白色带红顶子的是什么鹰?"

也速该笑了:"那不是鹰,长脖子的是丹顶鹤,短脖子的叫鹭鸶。"铁木真搭弓就要射,也速该按住铁木真的手腕说,"不要打扰他们,让他们自由自在地活着吧。看见河里的小岛了吗?那上边有野鸭子在抱窝,还有些不知名的小鸟。我们浮过河去吧!"

"我不会泅水。"

"铁木真,你想将来成就一番大事业,就什么都要学会!还等什么?脱衣服!"

铁木真和也速该脱衣服下水,向河中的小岛走去。水越来越深,也速该游了起来。铁木真学着也速该的样子,可没几下子就不行了,呛了一口水。

也速该过来用手托住他的胸口。铁木真向前游去。也速该一边自己游着一边指导儿子,慢慢地他抽回了手。铁木真紧张地自己向前游着……

夜幕降临了,三人吃饱喝足了,钻进了单人帐篷。铁木真还不想睡,躺在草地上,望着天上的星星和月亮。

"父亲。"

"嗯?"

"听说女真人像烈马一样强悍,是吗?"

"怎么说呢?女真人原来以狩猎为生,又受契丹人压迫,人人都会骑马射箭,敢拼敢杀。人们常说,女真人人一满万,就能无敌于天下。后来果然出了一个英雄名叫完颜阿骨打,领着女真人造了反,没过几年就推翻了大辽国,不久又攻下宋朝的汴梁,俘虏了宋朝的两个皇帝。现在金朝势力强盛,不仅想打过长江,还想统治整个草原呢!"

"汉人像绵羊一样软弱,是吗?"

"啊,不!像杨家将,像岳飞、韩世忠,他们也像烈马一样强悍!"

"那为什么打不过女真人呢?"

"他们的皇帝不行。他们的皇帝分不清好人坏人,往往让坏人得势,好人倒霉。岳飞父子不就是被秦桧害死的吗?"

铁木真陷入了沉思。

次日,贝尔湖水被朝霞染红了,铁木真钻出了帐篷向湖边跑去,也速该和脱朵牵着马走到湖边饮马。铁木真捡起一个小石块向湖面掷去,湖水被打出两个水漂。他又捡起一块掷出去,也只打出三个水漂。这时从另一个方向掷来的石块却打起一连串的水漂。他惊奇地抬头望去,一个小姑娘向他笑着,一双水汪汪的大眼睛不住地眨着。

"你是谁?"

"我叫孛儿贴。你是谁?"

"我叫铁木真。你住在这儿吗?"

"我家住在湖的东边。"

"你是弘吉剌人吗?"

"当然了,这儿是弘吉剌部的故乡嘛!你住在哪儿?"

"我是蒙古乞颜部人,住得好远好远,到这儿要走七天七夜呢!"

"你们就是人们常说的'生鞑靼''黑鞑靼'吧。"

铁木真不高兴了,说:"你们才是'生鞑靼''黑鞑靼'呢!"

小姑娘爽朗地笑着:"这都是汉人叫的,他们说我们是熟鞑鞑、白鞑鞑,你看,我总比你白吧?"

在两个孩子对话的时候,也速该的身后响起了说话声:"是也速该亲家吗?”三人回头,也速该认出了眼前站着的人,惊喜地叫了一声:“啊,德薛禅亲家!”两个人热情地扑到一起,互相拍打着,笑着。

“是什么风把你这稀客吹到呼伦贝尔来了?”

“是吹熟草籽、吹黑皮肤的秋风!”

德薛禅回头对走到身边的孛儿帖说:“这是黄金家族的英雄,是你诃额仑姑姑家的人,还不赶快行礼!”孛儿帖笑着,躬身向也速该施礼。德薛禅看看铁木真对也速该笑问:“你的儿子?”

也速该说:“铁木真,还不快叫舅父!”

“舅父。”铁木真爽快地叫了一声。

德薛禅开怀大笑:“也速该,你和诃额仑真是后继有人了,又是一个草原英雄!走走走,到我的毡包里歇歇脚,喝杯茶!”

德薛禅的帐篷与也速该家的毡包大不相同,这里摆放着许多中原人的用具。显然,弘吉剌部的生活水平远远高于一般草原牧民。德薛禅与也速该坐在桌子两边,他的夫人朔坛从精美的火炉上取下烧开的铜壶给他们沏茶——不加奶子的茶。

德薛禅高兴地对朔坛说:“听见没有夫人,也速该是来给铁木真定亲的!”

朔坛惊喜地说:“是吗?你的梦还真的应验了。”

“什么梦?”也速该奇怪地问。

德薛禅拈着胡须笑道:“昨晚上,我梦见一只海东青,带着太阳与月亮落在了我的手掌上。海东青是草原上空的英雄,太阳和月亮是我们所仰望的部落可汗与后妃。”他用手指了指帐篷外的铁木真说:“你看看,今天果然有一只海东青落在我手掌上了!”

天气热的时候,草原人习惯把毡包的下边一圈毡子卷起来通风。三个大人坐在毡包里就能看见两个孩子在井台边打水饮马。铁木真摇了半天水桶,也打不上来水,两个孩子大笑起来。孛儿帖接过井绳一摇,水满了。两个人摇起轳辘。铁木真好奇地问:“你们住的帐篷里,带四条腿的是什么东西?”

孛儿帖没听明白:“什么?”

“就是长长的,方方的,上边铺着羊皮……”

“那是床!睡觉的地方。”

“睡觉为什么要架起来?”

“离开地面,睡在上边就不凉不潮了。”

“啊,床。床上那些滑滑的、花花的是什么?”

“是缎子被,中原人都盖它,比皮子又轻又软,可舒服呢!”

“床旁边架子上蓝色套子里装的是什么?”

“书,是我阿爸看的用契丹文、女真文和汉文写的书。”

“你认识字吗?”

“认识一点点女真文。我教你认字吧?”

“不用。”

“为什么?”

“给蒙古的祖先报仇靠的是弯刀,读书有什么用?”

“阿爸说,读书可以增加人的智慧。”

“人的智慧装在书本里?”

孛儿帖大笑起来。铁木真也跟着笑了。

帐篷里三个大人相视而笑。朔坛夫人说:“看这两个孩子,已经像是很早就认识了。”也速该也正色地欠起身子说:“真是天缘巧合,德薛禅亲家,请把您的掌上明珠孛儿帖许给我做儿媳妇吧!”

德薛禅也同样郑重地说:“多求而与之不见得崇敬,少求而与之不见得低贱。女子之命,不可老于生身之门。我们一言为定,就把小女许配给您的儿子吧!”

三人高兴地笑起来,这门亲事就这样定了。德薛禅对夫人说:“拿酒来!”

在朔坛夫人斟酒的时候,也速该终于忍不住地问德薛禅:“你这茶里不放马奶和盐,没意思,是汉人喝的吧?”

德薛禅笑道:“你还不习惯,喝久了慢慢会上瘾的。”

也速该连连摇头:“这东西不好,喝茶水的汉人打不过喝马奶的女真人。草原人一喝这种东西,也就变得文弱了,永远要受女真人的欺凌。”

德薛禅被也速该奇怪的推理逗得哈哈大笑。朔坛夫人端上酒壶、酒杯让道:“也速该亲家,请尝尝这汉人酿的酒吧!”

也速该按照习俗,敬天敬地之后,一口喝下一杯酒,马上辣得直用手扇舌头。德薛禅看得大笑不止说:“汉人的酒你喝了不会变得文弱吧?”也速该也憨憨地笑了。

就在也速该与德薛禅论酒论茶的时候,塔塔儿人的驻地里,贵族也客扯连送走了一个鬼鬼祟祟的蒙古人:“你回去告诉你的主人塔里忽台,我们塔塔儿人不会因为他送来的消息而感谢他的,将来战场上见!”

那蒙古人上马走了。也客扯连进了帐篷,坐在首领蔑兀真笑里徒和十三岁的札邻不合的对面。三个人的心情都很激动。札邻不合是铁木真兀格的儿子,九年前他的父亲被也速该杀死,这个仇恨使他过早地成熟了。当他听到塔里忽台报告也速该要经过自己驻地的消息后,复仇的火焰升腾起来:

"我一定要杀了他,用他的名字给我将来的儿子命名!"他对叔叔蔑兀真笑里徒说:"我已经想好了一个办法,我们不会损伤一个人,就能除掉他!"

"是吗?你有什么好办法?"蔑兀真笑里徒问。

札邻不合眯起眼睛说:"我想在也速该回来的路上……"

一群羊在吃草。铁木真仰面朝天躺在草地上,孛儿帖双手支着下巴卧着,两只小腿弯在上边,不住地摇摆着。这两个孩子虽然还不明白真正意义上的夫妻是怎么一回事,可他们已经相处得十分融洽了。对铁木真来说,孛儿帖对于草原外边事物的了解,使他大大地开阔了眼界,这些事物常常是他们两个谈得最多的话题。

"孛儿帖,大金国比你们这里还大、还富有吗?"

"当然,他们住在高高的城墙里,有数不尽的财富!"

"用高高的城墙围起来,那还怎么放牧牛羊,怎么骑马射箭呢?"

"人家中原人会种田、做工、织布,根本就用不着放牧牛羊;除了战士,老百姓也用不着骑马射箭。"

铁木真以不屑的口气说:"连骑马射箭都不会,这种人没有什么了不起!"

孛儿帖点头表示赞同:"那倒也是。"

一只牧羊犬过来嗅铁木真。铁木真一下子跳起来,孛儿帖不知发生了什么事,也坐了起来。铁木真躲到孛儿帖身后:"快,快让你家的狗走开!"

孛儿帖将狗抱在怀里说:"它不会咬你的。"

铁木真还是后退着,嗫嚅道:"你,你最好还是让它远一点儿吧!"

"怎么?你还怕狗?胆小鬼。"孛儿帖撇嘴说。

铁木真脖子一梗,说:"我不怕豺狼虎豹!"然后又不好意思地一笑,说:"就是从小怕狗,因为我被狗咬过一次!"

脱朵骑马跑了过来,招呼道:"小主人!也速该首领要走了!"

朔坛夫人把吃的喝的都帮脱朵捆在马上。德薛禅对也速该说:"铁木真留在这儿,你只管放心好了。我待他会比待孛儿帖更好的。"

也速该说:"哎,你可不要惯坏了他,该管就管,该打就打!"

德薛禅打趣地说:"管自然要管,打,我可舍不得!"

也速该和脱朵上了马:"铁木真,要跟你岳父多学本事!我走了。"也速该催马离去,脱朵跟了上去。铁木真望着远去的父亲,他并没有过多的离愁别绪,因为他很快就习惯了德薛禅家的一切。可是他万万没有料到,与父亲的这一别竟会成为永诀!

札邻不合的计划是要在也速该回斡难河源头的路上毒死他。草原上有一种不成文的规矩,骑马经过正在进餐者之旁时一定要下马。同时,不必等主人相让，就应与主人一起进餐，主人要以饮食相待。这既是客人对主人表示应有的敬意，也是主人殷勤待客的一种表示。札邻不合想的计策就是在也速该必经的地方，摆一场宴席。他派出了许多哨探，暗地里监视着也速该的行踪，生怕错过了这次复仇的机会。

这天，时近黄昏，有人来报，也速该来了！札邻不合命令马上摆宴，篝火上加了湿柴，炊烟如柱般升向天空，把酒向四处泼洒，让酒香随风飘散开来。大家又唱又跳，引诱也速该上钩。

也速该催马向前，忽听前边传来宴饮之声，不由得勒住了马。脱朵说："前边有人在宴饮，我们绕过去吧？"

也速该眼睛一瞪说："我们是盗马贼吗？走，向主人表表敬意。"

"如果是塔塔儿人怎么办？"

"在塔塔儿人的驻地还会是别的人吗？"

也速该催马向前。脱朵叫道："首领，我们同塔塔儿人可是世仇，您要三思啊！"也速该听都不要听，催马直奔宴会而去。脱朵只得跟上。

蔑兀真笑里徒见也速该二人走来，与大家站起来热情相迎："啊，远方的客人，扯克儿山的黄色野甸居住着好客的塔塔儿人，让我们飘香的马奶酒给远行的人添几分游兴吧。"

也速该见对方没有呼出自己的名字，便笑道："南飞的大雁落落脚，不只是因为口中饥渴，也是对地主的友好。不过，我们还要赶路，就只喝三碗吧！"

蔑兀真笑里徒豪爽地吩咐道："好，那就换大碗来！"

"我去吧！"札邻不合走进临时搭的帐篷，拿了三只大碗，并把毒药撒在其中一只碗里，手端托盘走出帐篷。也速该已经在席前就坐，蔑兀真笑里徒接过托盘，将碗一溜儿摆好："请！"

札邻不合将马奶酒碗端在手里，口中唱道：

飘香的奶酒啊真醇美，
远方的贵客请你干一杯。

也速该很有礼貌地谢过主人，接过酒碗来。脱朵干咳了一声，也速该道："尊敬的主人，这杯酒让我借以表示一个远方游子对主人的敬意吧！"

蔑兀真笑里徒毫不犹豫地接过酒碗，恭敬地一饮而尽，然后又点头让道："贵客请！"

札邻不合端起第二碗酒，口中唱道：

酒里的情意呀深似湖水，
沁人心脾哟，人不醉。

也速该接过碗，用手指点酒向上、向下弹了两下，又在额头上抹了一下，然后喝了下去。札邻不合又端起第三碗酒，蔑兀真笑里徒也端起酒碗，札邻不合唱道：客人畅饮哟，主人相随，千言万语哟，关在我心扉。二人举碗，先后一饮而尽。札邻不合唱道：喝下去的是孤儿的血和泪，冤冤相报你能怨谁？也速该看着札邻不合一愣，蔑兀真笑里徒摔碗大笑："也速该，你没有认出我来吗？我就是你杀不死的蔑兀真笑里徒！你再看看这孩子是谁？他就是铁木真兀格的孤儿札邻不合。你杀了他的父亲，他给你喝了毒药酒，送你离开人世，这回总算扯平了！"

"你?!"也速该拉刀，脱朵也慌乱地抽出刀来。也客扯连一挥手，十几个塔塔儿人包围了他们。

也速该愤怒地说："蔑兀真笑里徒，你不够个勇士！战场上的争端应该在战场上解决，昔日的仇敌也不妨同桌共饮，你为什么像小贼一样暗下毒手?!"

札邻不合指着也速该说："也速该，你已经死到临头了，还充什么英雄好汉。如果我们是小贼，完全可以派上万部众截杀你，将你碎尸万段。今天，我们看你像个草原英雄，才让你死的时候有个完整的尸体。"

也速该瞪着札邻不合说："你这个小畜生，刚刚有车轮子高就这样阴狠歹毒！有朝一日，我的后人给我报仇时，抓住你们塔塔儿人，凡是超过车轮高的男子一个也不留！"

蔑兀真笑里徒冷笑道："留着一些话跟你抢来的老婆去说吧。如果路上不耽搁，在药力发作之前，你还能见到那个将要成为寡妇的诃额仑。"然后对塔塔儿人说，"上马！"塔塔儿人闻声一齐上马奔去。

也速该欲追，脱朵哭道："首领，快，我们还是快回去吧！"

毒酒是缓发的。开始，为了赶快回到斡难河源头，也速该主仆还能策马快奔。后来，也速该的药力发作了，坐在马上摇摇晃晃，他们的速度慢了下来。最后也速该终于滑下马来，昏死过去了。脱朵只得将他搭到马上，用绳子捆好，骑上马，牵着也速该的马继续往家里赶……

当也速该慢慢睁开眼睛的时候，已经躺在自己的蒙古包里了。包里来了许多人，他想坐起来却未成功。诃额仑托起他的头，也速该说："蒙力克呢？我要见他。"

"首领，我在这儿。"蒙力克答应着凑近了也速该。也速该伸出手，蒙力克拉住他，也速该吃力地说："蒙力克，我去为铁木真求亲，归来时被塔塔儿人暗算了。我恐怕活不成了。你,你快去弘吉剌部,把铁木真接回来!"他又叮嘱道,"不要说我被害的事。"

"我马上就去。"蒙力克答应一声跑出了包门。朔坛夫人听说蒙力克要接回铁木真,脸沉了下来:"难道诃额仑把儿子交给我们还有什么不放心的吗?"

蒙力克连忙解释说:"不,不是这个意思。诃额仑只是想看看铁木真,然后就把他送回来。"

"你不是看见了嘛,铁木真在这儿如同在家里一样。你回去告诉诃额仑,让她别忘了,男子定亲后要住在未婚妻家,这是我们草原代代相传的规矩。我想,诃额仑亲家应该按这个规矩办事的!"她回身对孛儿帖说:"孛儿帖,去给远方的客人饮饮马。蒙力克亲家,请进我们的帐篷,喝点儿茶吧!"

蒙力克见朔坛夫人不肯应允自己接走铁木真,自己又不能向德薛禅夫妇说出也速该中毒的真相,只好向德薛禅恳求说:"德薛禅亲家,请您千万俯允我们这个不情之请!还是让铁木真随我回斡难河吧!"他再次施礼。

德薛禅是弘吉剌部出了名的智者,他一开始就预感到有什么不测,因为如果不是有什么必要的原因,也速该是不会为了免除诃额仑的挂念就让人来接儿子回去的。何况,据他了解,诃额仑也不是那种没有见识的女人。他抬手制止了妻子的再次拒绝,问蒙力克:"你打算什么时候带铁木真走?"

"马上!"

"不在这儿住一宿,歇歇你的马吗?"德薛禅试探着问。

"不用。我的马,脚力还可以。"

德薛禅的心里更明白了,他对铁木真说:"铁木真,你跟孛儿帖去马群给自己和蒙力克叔叔挑四匹好马来。"

孛儿帖瞪大了眼睛看着父亲:"阿爸,你真的要放铁木真走?"

德薛禅叹息着说:"亲家如此想念孩子,你就让他回去一趟吧!"

蒙力克生怕再有什么变故,赶紧施礼:"多谢德薛禅亲家!"

朔坛夫人见丈夫都答应了,也就不欲再说什么。孛儿帖和铁木真骑上马,奔向牧场去寻找马匹了。

孛儿帖不高兴地问铁木真:"你愿意跟蒙力克回去吗?"

"你不是听到了嘛,我母亲病了,我得回去。等母亲病好了,我马上就回来!"

"你母亲再舍不得你怎么办?"

"不会的。我回去就跟母亲说,这里有多好。"

"你母亲是弘吉剌人,怎么会不知道这里好呢?"

"可是她不知道你父亲、母亲对我有多好,还有你——"

“我怎么?”

“你更好!”铁木真说完一扬鞭子跑了开去。孛儿帖也打马追去。他们到底还是孩子,这一阵狂奔,把要分别的烦恼暂时丢在了一边,策马追逐的兴奋,引发了一阵阵笑声。

一个牧人打了一个口哨,分散的马群集到了一块儿。铁木真骑在马上,手执套马杆,两腿一夹马肚子,坐骑冲向马群。孛儿帖也手执绳套跟了上去。铁木真选中一匹强健的儿马,追赶,出杆,套上马脖子。那马奔跑挣脱,铁木真握住套马杆不放,被那马拖住奔跑。孛儿帖追上前又甩出绳套,套住那马的脖子,两个人合力制服了那匹烈马。

铁木真和孛儿帖骑着两匹马,各牵一匹马走向自己的毡包。越是接近毡包,两个人越是感到分别的艰难。他们谁也不说话,默默地来到毡包前,下了马。铁木真见孛儿帖低着头,不进帐篷,叫道:“孛儿帖!”孛儿帖背过身去。

铁木真上前,扳过她的肩头,孛儿帖抹了一把眼泪:“你还会回来吗?”

铁木真的鼻子有点儿酸:“净说傻话,你是我的未婚妻子,我按规矩要住到把你娶回斡难河呢,怎么会不回来?”

孛儿帖从脖子上摘下一串珠子,扒开铁木真的衣领,套在他的脖子上:“你这匹烈马,让我套住了。等你再回来,我一步也不许你离开我!”

铁木真整好了衣领:“你等着我!”

孛儿帖的泪眼望着铁木真:“你想着我!”

铁木真和蒙力克骑马走了。铁木真在马上回过头,向孛儿帖她们招手。孛儿帖追过去。朔坛夫人看着自己的女儿,埋怨着丈夫:“他们两个已经分不开了。你就不该让铁木真走!这算什么规矩!”

德薛禅目光深邃地望着铁木真的背影说:“我想,也速该亲家的家里一定出了什么大事。铁木真不一定能回来了!”

这一天晚上,蒙古各家族的贵族首领们都围在也速该身旁。躺在羊皮褥子上的也速该一阵剧痛,他捂着腹部,咬紧牙关挺住。也速该的四弟答里台满头大汗地从外边跑进来,二哥捏昆太石问:“铁木真回来了?”答里台摇摇头。

也速该喘息着,断断续续地说:“我,我怕是不行,不行了!”他扭头盯着门口,问道,“铁,铁木真,还,还没有回来!”

诃额仑哭着说:“快了!也速该,你要等着他呀,一定要等他!也速该!”也速该有气无力地对众人说:“我死后,留下,留下七个孩子,两,两个寡妻,顾不上了!

“拜托,拜托各位了,替我,替我照顾,照顾她们。我以前有什么做得,不对，不对的地方，就骂我好了。请，请不要，不要怪罪她，她们！”他的目光停在塔里忽台的脸上，他还不知道就是这个族弟送了他的命。

“父亲，我回来了！”铁木真一步跨进了包门。

诃额仑大声哭出来：“铁木真，你可回来了！”

众人分开，铁木真和蒙力克走近也速该。也速该忽然红光满面，一下子挺起身来，无比激动地说：“铁木真，记住，我是被害死先可汗俺巴孩的塔塔儿人用药酒毒死的！无论蒙古部谁当了首领，只要遇见比车轮还高的塔塔儿男人都杀掉，一个也不留！”说完，他大睁着双眼，紧攥着双拳死去了。

铁木真一时间怔住了。诃额仑一下子扑到奄奄一息的也速该的怀里大哭起来。也速该的几个别妻与儿子也发出了“呜呜……”的悲声。在一旁围观的人无不欷嘘。铁木真的眼睛里闪烁着光芒。耳畔却震响着也速该的临终嘱咐，他缓缓走到父亲的面前跪下，咬牙发誓说：“父亲，您的深仇我一定要报，您就放心去吧！”

第三章 铁木真一家遭抛弃 蒙力克一心为主人

也速该被毒死，其中最高兴的自然是塔里忽台。不过，他并没有立刻为难铁木真母子，因为也速该还有一个哥哥和一个弟弟，还有诸如像蒙力克、术赤台、阿勒坛等许多朋友，这让塔里忽台不敢轻举妄动。就这样，诃额仑母子们度过了半年平静的日子。半年之后，在一次祭祀祖先的仪式上，塔里忽台终于开始向孛儿只斤家族进行挑衅了。

在一个能容纳几百人的帐篷里，北面帐壁上挂着十多位蒙古先祖的画像，桌上摆着香炉，供着羊肉、牛肉、马肉和马奶酒。以斡儿伯夫人、塔里忽台为首的泰赤乌家族，以捏昆太石、答里台为首的孛儿只斤家族，以额里真妃、撒察别乞为首的主儿乞家族等蒙古贵族排成纵队站在帐篷里。

斡儿伯扫视了一眼众人，以长者的口气明知故问地对答里台说："诃额仑和她那一群孩子们呢？"

"啊，我三嫂带着孩子们到山前给也速该望祭去了。"

"什么？！"斡儿伯眉梢一扬，大声地说，"全部落祭祖这样的大事，难道也可以姗姗来迟吗？"

额里真妃立即响应："太不像话了！婶娘，我看，时辰已过，我们就开始祭祀吧！"

"好，开始！"斡儿伯一声令下，萨满的鼓声响了起来。斡儿伯领先跪下，众人随后跪下。斡儿伯祷告道："列位先人在上，今天乞颜部的泰赤乌家族、主儿乞家族、晃豁坛家族，还有孛儿只斤家族的老老小小，来给你们上供了。祝愿你们在上天心安体泰，愿你们的在天之灵保佑我蒙古各部人丁兴旺、牛羊肥壮、生活安定、福寿双全……"她故意将黄金家族的孛儿只斤家族说在晃豁坛家族后面，这也是对捏昆太石兄弟的一种试探。捏昆太石和答里台相互望了一眼，没有更强烈的反应，他们知道，怀有野心的塔里忽台早早晚晚要对也速该的亲人们下手的。

"望祭"是蒙古人怀念已故先人的一种仪式，并不一定是在亡故者的坟前，而是在山前向亲人祭奠。铁木真等七个孩子在山前跪了一排。诃额仑焚香，别妻烧纸，诃额仑叨念道："也速该，也速该，你含恨而死已经半年了。我们带着你的六个儿子、一个女儿来看你了。"

铁木真想到了父亲的遗言，含泪说："爸，您的深仇大恨我们还没有报，可您放心，等我们把塔塔儿男人都杀尽了的那一天，一定来山前望祭，告慰您！”

一家人放声大哭，只有铁木真咬着牙关忍住了眼泪。这时，老女仆豁阿黑臣慌慌张张地跑来报告说：“夫人，泰赤乌家族的长辈斡儿伯，不等你们回去就开始祭祖了！你们快回去吧，再晚到一步连祭祖的供品也分不到了！”

根据蒙古族当时的习惯，祭祖的供品要分给所有的同族人，即使没有参加祭祖大典的人也有权获得应得的一份。如果不分给谁供品，就等于不承认他是蒙古人，等于开除了他的族籍，这可不是一件小事。母子们加快了脚步往回赶，可等她们赶到会事房的时候，桌上的供品已经空空如也。诃额仑追上正要离去的斡儿伯：“婶祖母，我们应当分得的祭祖供品呢？”

斡儿伯冷冷地回答说：“你们来晚了。”

诃额仑愕然：“婶祖母，也速该虽然死了，难道我的儿子们就不能长大成人了吗？祭祖的供品人人有份儿，凭什么不分给我们？你是不是已经不把我们算作是乞颜部的人了呢？”

斡儿伯看看在一旁观望的捏昆太石和答里台，有意强硬起来：“诃额仑，这半年来，你们母子遇饭便吃，遇水便饮，我们亏待过你们吗？可祭祀祖先这样大的事情，你们却迟迟不到。既然你们眼里没有祖先，还有什么资格分享祭祖的供品呢？”

“你？！你们这是什么意思？”诃额仑据理力争，“也速该是替你的丈夫俺巴孩汗报仇，才与塔塔儿人结怨而遇害的。如今他尸骨未寒，难道你们就要抛弃我们吗？”

“哼，也速该的死也许是因为他抢了你这个倒霉的女人的缘故吧？”斡儿伯说完就走。诃额仑欲待争辩，塔里忽台拦住她，阴阳怪气地说：“你那丈夫活着的时候，给我起了一个‘乞邻秃黑’的绰号，人们都以为我是一个吝啬而贪婪的人。他的死也许还是诬蔑我的报应呢！”诃额仑气极语塞，塔里忽台扬长而去。

铁木真早就压抑不住心中的愤怒，从背后追上塔里忽台，抓住他的手就咬。塔里忽台挣开手，一脚将铁木真踢倒。铁木真一滚，爬起来还要往上冲，也速该的别妻怕他吃亏，拉住了他。铁木真挣扎着喊道：“放开我，不许他咒骂我阿爸！”他又环视众人：“你们，你们为什么不说一句公道话？你们没有良心了吗？”

人们默默走开了，连捏昆太石和答里台也叹口气走开了。只剩下诃额仑一家人孤零零地站在那里。

斡儿伯边走边对塔里忽台说：“你看见了吧？连也速该的哥哥、弟弟都不敢站出来替诃额仑讲话了，该是你称汗的时候了！”塔里忽台兴奋得直搓手掌，说：“长生天到底没有忘记俺巴孩的子孙！”

也速该的那可儿脱朵见孛儿只斤家族人势已去，马上投靠到塔里忽台帐下，当了塔里忽台的那可儿。这天晚上，他骑着马在乞颜部蒙古人的各个营地上奔跑着传达新主子的命令：“斡儿伯大妃有令，乞颜部贵族中的男人，到会事房议事啦。”

乞颜部贵族的男人们都听从斡儿伯的招呼，到议事房来了。额里真妃知道斡儿伯有大事要决定，实际上这次会议相当于库里台大会，她怕儿子撒察别乞吃亏，也跟着进了会事房。脱朵有新主人撑腰，神气活现地拦住了额里真妃：“额里真妃，斡儿伯大妃只传令让蒙古贵族男人来议事，您来干什么？”

“她不是女人吗？”额里真妃指着坐在主位的斡儿伯说。

“她是大妃。”

“我不是大妃吗？”

斡儿伯怕节外生枝误了大事，便宽容地说：“脱朵，让额里真妃进来吧！”

撒察别乞推开了脱朵，扶额里真妃走到显要的地方坐下。塔里忽台与斡儿伯交换了一下不安的目光。贵族们都坐好了。斡儿伯扫视一下众人说：“大家听着，也速该死后，蒙古乞颜部一直没有推举出新的首领。作为部落的长辈，该是我说话的时候了！我的孙子塔里忽台是俺巴孩汗的长孙，也速该死后，蒙古部理应由他来统率！他是当然的可汗！”

果然，额里真妃头一个反对：“是吗？塔里忽台，你向大家说说，连也速该都只配称军事首领，你有什么战功，要称可汗呢？”

塔里忽台尴尬着。斡儿伯脸上的肌肉抽搐着，强词夺理地说：“也许我的孙子还没有可以称道的战功，可他是俺巴孩汗的嫡亲孙子！”

额里真妃寸步不让：“我的儿子撒察别乞是斡勤巴尔合汗的嫡亲儿子！”

斡儿伯的脸又抽搐了两下，她真的遇到对头了。她知道这样争执下去自己占不到什么便宜，而且会误了打击孛儿只斤家族这个最为要紧的事，于是妥协地说：“那好，是不是称汗，以后再议。现在，塔里忽台有件要事同大家商讨。”让塔里忽台领着大家来商讨要事——这就等于说，塔里忽台实际上已经是乞颜部的首领了。不过，塔里忽台没有顺顺当当地成为乞颜部的可汗，心里很不舒服，可是也没有办法，他没有能力同时对付孛儿只斤和主儿乞两个黄金家族，还是先打击一个对手才是上策。于是，他干咳了两声说：“大家知道，是也速该抢了那个不祥的女人——蔑儿乞人的妻子诃额仑，是也速该杀了塔塔儿人的首领铁木真兀格，这才使我们蒙古部腹背受敌。如今，也速该一死了之，可塔塔儿人、蔑儿乞人却时刻准备乘机报复我们，蒙古部就要遭受前所未有的灾难了！所以，我决定马上迁徙。全部落人一律都走,只有一家例外——把诃额仑这个不祥的女人和她的小崽子们留下!"说罢他握紧了刀把,瞪着两眼问道:"有人反对吗?"

为给孙子助威,斡儿伯厉声地问:"有谁想为了那个抢来的女人而与整个蒙古部落作对吗?"没有人答话,她鹰一样的眼睛逼视着也速该的哥哥和弟弟:"捏昆太石、答里台!"

答里台与哥哥对望了一眼,表示说:"我们,我们,我们当然应该顾全大局。"

塔里忽台手一挥:"好,大家连夜迁徙!"

额里真妃又挺身而出:"慢!往哪儿迁徙?"

塔里忽台恨得牙根直痒:"当然是跟我走!"

额里真妃挑战般地问:"为什么不能跟我走?"

塔里忽台火了,大吼一声:"你今天一定要同我作对吗?"

撒察别乞说道:"不错!我们也是黄金家族,为什么要跟上你这个乞邻秃黑!"他向众人扫视一眼,"蒙力克,术赤台,答里台!跟我撒察别乞走吧!"

"我不想走!"蒙力克不卑不亢地说了一句,站起身走了出去。塔里忽台有点慌了,真有人敢挑战他的权威!有了开头的就有效仿的,果然术赤台也站起来说:"我自己能找到放牧的地方。"他也走出了议事房。答里台趁机拉一把他的二哥捏昆太石,两个人也走了出去。塔里忽台最怕的是答里台兄弟站在诃额仑一边,便在他们后边大声威胁道:"答里台,捏昆太石!你们要是不想家破人亡,就别同我作对!"

两兄弟走到帐外,商量道:"四弟,怎么办?"

"我们管不了铁木真他们了。"

"我心里觉得有点儿对不住也速该。"

"我们不去追随也速该的对头也就是了。"

"好吧,远走高飞吧!"

"要不要跟诃额仑告个别?"

"跟她说什么,说孛儿只斤家族大势已去,现在只有听凭塔里忽台和撒察别乞的摆布?"

答里台看看月光下的蒙古驻地:"蒙古乞颜部,完了!"

塔里忽台带领着泰赤乌家族的人迁徙。

撒察别乞领着主儿乞家族的人往另外的方向迁徙。

答里台和捏昆太石领着自己的家人和奴隶也在迁徙。

斡儿伯坐在驼车上看见也速该家的奴隶和部众和蒙力克、术赤台家族的人还没有走的迹象,就对塔里忽台说:"派人去,赶他们走!"塔里忽台回身对脱朵说:"你带人去赶他们走!"

脱朵这么受重用，响亮地应了一声，带着一队人向没有迁徙的蒙古包奔去。随着一阵斥骂声，泰赤乌人从牛栏里轰赶牛群出栏，拆毁孛儿只斤家族的蒙古包，用马鞭驱赶着不愿意离去的人们……

蒙力克的父亲察剌合老人跑出包门，问站在门口的蒙力克："发生什么事了？"蒙力克愤愤地告诉父亲："塔里忽台下令驱赶也速该的部众跟他们一起转移牧场。"

"答里台和捏昆太石呢？"

"扔下铁木真一家走了！"

"这算什么亲兄弟！他们的情意让河水给冲走了吗？！"

察剌合老人急忙往人声喧嚷的地方走去。脱朵正驱赶着一家人从察剌合老人跟前走过。察剌合老人走上前拦住脱朵的马头，斥责说："脱朵，你身为也速该的近侍随从，也速该尸骨未寒，你怎能为虎作伥，帮助塔里忽台抛弃他的寡妻、幼子呢？"脱朵却用他的道理说服起察剌合老人来了："察剌合，您都活够一百年了，应该知道这个道理——也速该已经死了，好比河水已经枯干，巨石已经破碎。水干了就养不住鱼虾，石头碎了就失去了靠山。蒙古人是在仇敌包围下生存的，靠的是英雄的保护，也速该死了，铁木真母子已经担不起保护属民百姓的责任了。听我的劝，你们也走吧！"察剌合老人还坚持说："脱朵，铁木真母子需要帮助，你留下来吧！"脱朵冷笑着说："让我帮助他们，连他的伯父、叔叔都扔下他们走了！"他回身对跟随的人马车辆挥挥手："快走！"又对察剌合老人说："你也叫上你的儿子蒙力克，一起走吧！"察剌合老人拉住马笼头："我不走，也不让你走！""老东西，你松手！""不！你这个忘恩负义的东西，除非你砍断我的手臂！"远处的塔里忽台在喊："脱朵，快点儿跟上来！"脱朵急了，举枪刺向察剌合老人："你个老不死的，松开！"察剌合老人中枪倒下，脱朵驱赶众人追上了塔里忽台。

被吵醒的铁木真出了包门，四下观望，看见了被脱朵刺倒的察剌合老人，急忙跑过来，托起老人的头，惊呼道："察剌合爷爷，你怎么了？"察剌合老人喘息着说："铁木真，你父亲辛辛苦苦聚集起来的百姓，都被塔里忽台赶走了……我对不起也速该，没有……照顾好……你们！"察剌合老人头一歪，死了。

蒙力克和诃额仑赶到了。铁木真对母亲说："母亲，察剌合爷爷为了阻拦离去的人们，被狠心的脱朵刺死了！"

蒙力克扑向父亲的尸体，悲痛欲绝。铁木真对极度震怒的诃额仑说："母亲，我们的百姓都走了，牲畜也都被带走了。"诃额仑一句话没有回答，她跑向自己的蒙古包，跃上拴在包前的银合马，拔起秃黑军旗向离开的人们追去。铁木真也上马追了上去。

诃额仑和铁木真一前一后地远远奔来，一群百姓发现了她们，引起一阵骚乱。诃额仑跑到近前，在马上摇着秃黑军旗，围着人群边跑边喊："乞颜部的百姓们，父老兄弟们，你们认识这面秃黑军旗吧？它代表着统帅的权威！也速该虽然不在了，但我和也速该的儿子铁木真还在，秃黑军旗还在，听我的命令，赶快回到营地去！"

铁木真也大声喊道："乞颜部的百姓们，不要听信塔里忽台的挑唆，跟我回去呀！"

也许是这面秃黑军旗仍旧留着也速该的英灵，一部分乞颜部百姓又跟随诃额仑回到了原来的营地。然而，诃额仑母子毕竟没有也速该的号召力，不久，他们禁不住塔里忽台的威逼，又都散去了。只有蒙力克一家还坚持留在诃额仑的身边。

两年过去了，离开了部众的生活太艰难了。蒙力克倒是不改初衷，他的妻子可是耐不住了，白天黑夜地跟他嘀嘀咕咕，闹得他也不得不听从妻子的意愿，决定离开铁木真一家。可是，他无颜向铁木真和诃额仑告别，只好在一个夜晚，悄悄地套上了自己的勒勒车，带上自己的毡包、牛、羊和马匹，准备上路了。蒙力克最后望了一眼他们同铁木真一家驻扎的营地，凄然地长出了一口气说："我真不知道该不该走。"

妻子怕丈夫反悔："为什么不走？这两年，你像父亲一样地照顾铁木真和他的弟弟妹妹。他们都称呼你为蒙力克父亲了，这还不够吗？"

"住口吧，你这个长舌头的母羊！"蒙力克知道这也是引起妻子嫉妒而极力主张离开诃额仑的原因之一。其实他同诃额仑之间真的没有什么。

妻子的醋劲儿又来了："我为什么不能说？我们与也速该本来不是一个家族，可是比任何一个与他同姓的人更尽心尽力。现在，是我们自己都要活不下去了，不走干吗？同诃额仑一起去死吗？"

蒙力克不愿意再同她争辩，狠狠地照着牛屁股抽了一鞭子，勒勒车往前走动了。

"这就走吗？"声音来自黑暗的路边——哦，到底还是让诃额仑发现了。走动的牛车停了下来，蒙力克低下了头，蒙力克妻把头别向一边。

"你们应该事先告诉我一声，我好准备准备给你们送行啊。"诃额仑继续说："你看，这么匆忙，我一时真……"

蒙力克的脸直发烫："诃额仑，你不要羞辱我了！"

"不，你一家有恩于我们，我再糊涂也不敢对你们不敬啊！"诃额仑真诚地说："都怪也速该死得太早，我的族人薄情，才把我和孩子们推到了水里火里煎熬。让我感到人间尚有真情在的，就是你们一家人了！我心里真是感激不尽呢！铁木真，过来，给你蒙力克父亲磕头！给婶母磕头！"

铁木真从黑暗里走出来，朝蒙力克跪下磕头，含泪说："蒙力克父亲，婶母，你们一路保重！"

蒙力克要拉起铁木真："铁木真！我对不起你们！对不起也速该！可是我……"

铁木真跪着不起："蒙力克父亲！那您能留下吗？"

诃额仑制止道："铁木真！你起来，让你蒙力克父亲走吧！"

蒙力克的妻子狠了狠心说："诃额仑，铁木真，你们不要记恨我们，我们实在是自己也难养活自己了。你看看我的儿子们，都饿成什么样子了！"

"我知道，我知道。与其大家一起饿死，还不如分开的好。"

蒙力克愧疚地说："我们走了，你会更艰难的！要不，我还是把这两条牛和三只羊留给你们吧！"

"蒙力克！"他的妻子诧异道："没有了牛奶羊奶，我们的孩子们吃什么？"

蒙力克觉得妻子在诃额仑面前表现得太自私，使自己太没面子了。他呵斥道："你给我住口！"

"算了。"诃额仑赶紧说，"因为受我们连累，你几乎损失了全部财产和奴隶。这仅有的牲畜再给了我们，你一家人怎么活呢！"

蒙力克的妻子倒是从心里感激诃额仑的这几句话呢，她不再言语了。蒙力克想想也是，他叹了口气，走到铁木真面前说："铁木真，快快长起来吧！记住，只要你需要，我蒙力克随时都会实践也速该首领的遗言的。"铁木真含泪点点头。蒙力克上了马，打了牛一鞭子，两辆牛车拉着蒙力克的全部家当走了。

也速该的别妻、豁阿黑臣和铁木真的弟妹们从蒙古包里出来，站在诃额仑和铁木真的旁边。一家人就这么站着，直到东方现出鱼肚白色。

从部落首领一下子沦落到同奴隶差不多又比奴隶的生活更艰难的境地，这种不能再坏的变化使诃额仑反倒平静下来了。也速该死时，诃额仑夫人已经生了四子一女：长子铁木真、次子哈撒儿、三子合赤温、四子帖木格，女儿帖木仑。也速该还有一个"别妻"，相当于汉族的妾，生了两个儿子：别格帖儿与别勒古台。诃额仑对全家人说："我们的牛羊、骆驼、马匹都让泰赤乌人赶走了。现在最后一户部众也离开了我们，我们只剩下三个女人、七个孩子、一个蒙古包和五匹银合马了。往后怎么办？把你们的打算都说说。"

也速该的别妻满面愁容地开了口："塔里忽台的良心被狗吃了！抛下我们还不算，连我们家的牛羊畜群也都赶走了！牲畜是蒙古人生活的来源，没有了畜群，今后的日子可怎么过呢？"老仆妇豁阿黑臣也说："牲畜没有了倒是小事。草原人自古以来就结成氏族和部落，现在，离开了氏族和部落，我们的生活还有什么保障呢？"

她们的话都是实情。别妻的大儿子别格帖儿把这一切都归结到最后一个离开的蒙力克身上,不满地说:"这个蒙力克,连他也要不辞而别! 铁木真还叫他什么蒙力克父亲,他不配!"

铁木真对这个异母弟弟一向没有好感,听他攻击蒙力克,反驳说:"别格帖儿,蒙力克父亲是最后一个离开我们的,为了这个他应该受尊敬,而不是受抱怨!"

而别格帖儿根本不把铁木真放在眼里,瞪起眼睛坚持说:"可他到底是抛下了我们! 早离开晚离开有什么区别!"

铁木真比别格帖儿的声音还要大:"有区别! 他为了我们,自己的马、牛、羊、骆驼都丢失了! 你还说他的坏话,这是忘恩负义!"

诃额仑不耐烦了:"够了。"

母亲是别妻,这种地位使别格帖儿的自尊心特别强,其实也可以说是最脆弱、最容易受伤害。于是他就反其道而行之,为了保护这个自尊,平时的表现便很孤傲和乖戾,现在他又犯老毛病了,故意挑事儿地咕哝一句:"哼,他离开我们怕是另有原因吧!"

别妻吓了一跳,赶忙制止儿子:"别格帖儿,你胡说什么!"

别格帖儿却把脖子一梗说:"我没有胡说! 我听见蒙力克同他妻子吵架了。那女人不愿意自己的丈夫成为别人孩子的'蒙力克父亲'!"

"你?!"别妻打了别格帖儿一个嘴巴。蒙力克妻子由于嫉妒而与丈夫吵架的事,大家都听见过,但都不愿意把这种尴尬的事情捅破,别格帖儿这样直白地喊叫出来,是不合时宜的。铁木真头一个跳起来,抽出腰间的解刀:"你?! 别格帖儿,收回你的话!"他瞪圆了眼睛看着别格帖儿,别格帖儿并不认错。

诃额仑对别格帖儿这样的表现很生气,但因他毕竟是别妻的儿子,便把怒火撒在自己儿子的身上:"铁木真,别格帖儿也是你父亲的儿子,你的刀只能砍金狗、塔塔儿人和蔑儿乞人!"铁木真看了一眼母亲,顺从地收起了刀。诃额仑不愿意再继续这类的话题了,当前最应该做的是如何将所有的人都发动起来渡过难关,她说,"铁木真,你是长子,是这片营地里最大的男人了,你应当知道自己肩上的责任!"

铁木真咬了咬牙说:"我知道。不管有没有人帮助我们,不管怎么艰难,也要活下去! 要不,谁给父亲报仇?"

诃额仑看看大家:"你们同意吗?"众人点点头。

诃额仑走进蒙古包。少顷,她返身出来,已经脱去了华丽的蒙古袍,头上戴着柳枝为架,用青毡包成的固姑冠,腰系一条牛皮带,一脸的庄严认真的神色。一家人肃然起敬地望着她。诃额仑动情地说:"你们知道我们蒙古人是怎么来的吗?”大家你看看我,我看看你,不知道她究竟想说什么。

她的眼睛看着天边,继续说道:“两千多年前,蒙古人跟突厥人发生内讧,让突厥人战败了,一场大屠杀过后,蒙古人只剩下两男两女,他们便逃到了一个叫古儿涅昆的地方,在大山和森林里藏了起来。一年又一年过去了,十年又十年过去了,一百年又一百年过去了。他们生了许多子子孙孙,人越来越多,多得大山和森林都装不下了。为了要走出这严寒的峡谷和狭窄的山道,他们找到了一处经常在那里冶铁的铁矿,集合起全体部众,在森林里采伐了整堆整堆的木材和煤,宰杀了七十头牛马,从它们身上剥下来整张整张的皮,做成了风箱。就在那山坡下堆起了木柴和煤,用七十个风箱一起扇燃木柴和煤,直到山岩熔化,蒙古人得到了无数的铁,通道也被开出来了。他们这才一起走出大山,迁徙到草原上。”

铁木真从故事中醒悟过来,说:“母亲,我明白了。我们没有了牛羊,可草原还在;我们没有了部众,可还有双手!更主要的是我们心里有仇恨,肩上有重任,非活下去不可!”

“对!求人不如求己,自强就可自立。”诃额仑举目向草原望去,坚定地说,“草原能够哺育我们的祖先,也能养活我们黄金家族的后代!铁木真,你是长子,是你父亲的继承人。现在,你就是这里的首领,将来蒙古人振兴之后,你就是蒙古的可汗。你该行使自己的权力了!”诃额仑庄重地对大家说,“大家听着,从今天起,铁木真的话就是最高的指令,都必须服从他!”

铁木真感觉到自己巨大存在般地挺了挺腰板儿,说:“大家都听着:哈撒儿,你去削一把桧木剑,领着合赤温去挖些地榆、狗舌,认识吗?”

哈撒儿摇头。豁阿黑臣说:“小主人,我跟他们去吧。”

“我同意了。”铁木真又对别妻说:“二娘可以留下,顶替豁阿黑臣,照看帖木格和帖木仑,母亲带别格帖儿和别勒古台去挖点山韭菜和野葱。我自己去牧马。”说罢他看了看诃额仑,“母亲,您看这样行吗?”

诃额仑对铁木真的话不置可否,却用行动来表示支持:“新首领已经发布命令了,我们只有服从。走吧,孩子们。”

别妻领着帖木格和帖木仑留在包前,其余的人向草原和林中走去。

从此,林子里经常会出现诃额仑带着别格帖儿与别勒古台手持桧木橛子挖野菜的身影;而草场上则时常出现铁木真与哈撒儿兄弟放马、刷马、给马割过冬草料……一家人就凭借着这马奶与山韭菜、野葱生活,偶尔可以吃到一点荤腥的竟然还是土拨鼠!

第四章 少年鲁莽杀死胞弟 追击马贼不幸被俘

铁木真一家在艰难的生活中度过艰苦的岁月，但是他们并没有被艰难压垮、压死。这其中的每一个人都没有忘记也速该的遗言，他们在为活命而劳作的同时，铁木真还带着弟弟们弯弓盘马。说起来真是奇怪，他们过的仅仅是可以延续生命的日子，但是一个个的筋骨却像小马驹一样结实，而那几匹银合马也在不知疲倦地回报着小主人——下了两个活泼可爱的小马驹儿。他们已经有七匹银合马了！连最小的妹妹帖木仑也能帮妈妈干活了，在诃额仑挤马奶的时候，她拿着点燃的草绳子，放在母亲的手臂旁，给母亲熏着蚊子。老仆豁阿黑臣用草原上流传着的最古老的故事滋养着七个小主人："黄金家族的先祖朵奔蔑儿干死后，他的妻子阿阑豁阿又生下三个儿子。她原来的两个儿子猜疑母亲有私情，排斥后生的这三个弟弟。在春天的一个夜晚，阿阑豁阿祖母煮着腊羊肉，把五个儿子叫到面前，让他们并排坐下，给他们每人一支箭让他们去折。他们一折就断了。阿阑豁阿祖母又把五支箭合起来让他们轮流去折，结果谁也没有折断。阿阑豁阿祖母对两个大儿子说，每夜都有黄白色的光从天窗射进来抚摸我的肚皮，那光透入我的肚子里，那个人是随着日月的光亮，像黄狗似的爬着出去的。这样看来，我生的这三个孩子，一定是上天的儿子，是凡人不能相比的，你们兄弟五人都是从我肚皮里生出来的。如果像一支一支箭分开那样的脆弱，会被任何人击败；你们如果同心合力，好比五支箭放在一起那样的坚固，任凭什么力量也很难对付你们……"

可是，铁木真和他的两个异母弟弟之间并没有像阿兰祖母的儿子们那样同心合力，相反，他们一直都别别扭扭。别格帖儿对铁木真的首领地位最不尊重，"他凭什么当首领？他有战功吗？他不过是兀真生的儿子罢了，要我当首领，会比他干得更好！"因为他心里存了这样的芥蒂，平时自然处处故意给铁木真出难题，找别扭。这种事日积月累，终于在一个夏日的中午酿成了一桩血腥的罪恶。

积劳成疾，过度的劳累和劳心使诃额仑病倒了。铁木真把哈撒儿、合赤温、帖木格和帖木仑叫来，严肃得像个成年人般地对弟弟妹妹们说："听着，我们的母亲太苦了，今天我们去给她弄点好吃的补补身子。"

小妹帖木仑一听有好吃的，高兴得拍手跳起来："太好了，有好吃的了！"

二弟哈撒儿呵斥道："帖木仑！你听好了，是给母亲弄好吃的！"帖木仑泄气地安静下来。铁木真领着弟弟妹妹出发了。

蒙古人那时是不吃鱼的，可是除了鱼还有什么能给妈妈补身子呢？他们没有捕鱼的工具，铁木真想出一个笨办法——垒坝。他们将一条小溪用石头和泥土两头堵上，然后再把堵住的水淘出去，水淘下了，再抓憋在里边的鱼。为了给母亲抓鱼，几个孩子认真地干着，一个个弄得浑身满脸都是泥，累得汗流浃背。苍天不负苦心人，他们终于有了收获，抓住了一条不小的鱼！铁木真将鱼装进皮桶里送到岸边，又继续摸鱼。

在岸上坐着的最小的弟弟妹妹——帖木格和帖木仑过来看鱼，帖木仑伸手就抓，帖木格啪地打了帖木仑的手一下："别动！"帖木仑一抽手，桶被弄翻了，鱼在地上蹦，帖木仑趴在地上扑鱼。铁木真大怒，跑上岸来，一巴掌把帖木仑打哭，拾起地上的鱼，放进桶里，又去河里淘水。

哈撒儿过来哄着妹妹："帖木仑，妈妈好不好？"

"好！"

"妈妈天天为我们受苦，多瘦啊！哥哥是想捞鱼给妈妈吃的。好让妈妈身子壮壮的、好好的。你倒要拿来玩儿，对吗？"

听二哥一解释，帖木仑不哭了，她走到水边对还在摸鱼的铁木真说："大哥，帖木仑是个坏孩子，你再打我吧！"

铁木真蹲下，抱起妹妹，贴着她的脸说："不，你明白了道理，就是哥哥的好妹妹！"他脸上的一块泥蹭到了妹妹脸上，五个孩子相视而笑了，笑得那么开心和甜美。

"铁木真安答！"

铁木真扭头一看，原来是他的安答札木合骑着一匹马走了过来，高兴地迎上去："札木合安答！"

札木合下了马奇怪地问："你们捞鱼做什么？"

没等铁木真回答，拾柴回来路过这里的别格帖儿和别勒古台走了过来。别格帖儿看着札木合，冷笑着说："这是那个札答阑人吧。"

憨厚的别勒古台不明白："哥，什么是札答阑人？"

别格帖儿恶毒地说："谁知道他们是哪路野种？"

札木合的脸白了。铁木真瞪起了眼睛。别格帖儿越发起劲地接着说："札答阑是外族血统的意思。因为他们的始祖是蒙古部祖先孛端察儿抢来的孕妇生的男孩，所以，他们一直受到排斥和鄙视，你难道连这个都不知道吗？"

铁木真忍不住教训别格帖儿说："难道他们不是一样喝三河源头的水长大的吗？"

别格帖儿见铁木真接了话茬，便直对他顶撞道：“他们就不配喝三河源头的水！”

札木合脸上的肌肉抽搐着，他的自尊心在流血。铁木真抢前一步，指着别格帖儿斥道：“别格帖儿，我不允许你辱骂我的安答！”

别格帖儿还是一脸的嘲笑：“你就再也找不到比他更好的安答了吗？”铁木真盯视着别格帖儿，别格帖儿迎着铁木真的目光，并不回避。札木合本想发作，可他更想让铁木真替他制服别格帖儿，那么最好的办法就是激怒铁木真。他懂得欲擒故纵的道理，便一声不响地走向自己的马，做出要躲避伤害的样子。这一招果然奏效，铁木真赶上去拉住他：“札木合，过来，我们对长生天再结一次安答！”说着从札木合的背后抽出一支箭，攥住一头，将箭伸向札木合。札木合也一把攥住了那支箭的另一端，两个人朝着远处的山峰跪下，大声说：“我铁木真（札木合）愿意同札木合（铁木真）结为安答，从今以后，同生死，不相弃，永远不背叛誓言！”

别格帖儿一脸嘲笑地看着他们。别勒古台这时却发现了桶里的鱼，觉得很好玩儿，伸手要去抓，哈撒儿推开别勒古台：“你别动！”

别勒古台寻求支持地跑向别格帖儿：“哥，我要看鱼！”

别格帖儿上前要去提桶，哈撒儿将桶背到身后。别格帖儿比哈撒儿高出半个脑袋，手臂自然也长得多，他扳过哈撒儿，抢过桶交给别勒古台。别勒古台拎桶就跑，哈撒儿拔腿紧迫。别格帖儿一伸脚将哈撒儿绊了个狗呛屎，自己也跑掉了。哈撒儿爬起来时，别格帖儿已倒掉了桶里的水，将鱼举在空中，一边笑着气他们，一边向林子跑去。别勒古台在后边追去：“哥哥，给我——”帖木格和帖木仑大哭起来。哈撒儿咬牙切齿地说：“我们昨天射到一只小鸟，被他们夺了；今天我们给母亲捉到的鱼，又被他们抢了。像这样下去，还怎么在一个天窗下面过日子？”

铁木真瞪起了血红的眼睛。札木合觉得时机成熟了，便煽动说：“这是也速该叔叔的别妻生的那两个儿子吧？他们是两只豺虎，是两只灵獒！”

铁木真咬牙切齿地重复着札木合的话：“他们是两只豺虎，是两只灵獒！”

札木合进一步鼓动着：“留下他们是祸害！”

哈撒儿也催促铁木真：“哥哥，母亲说过，你现在就是我们的首领，他们不服从你，你就应该杀了他们！”

铁木真一下子找到了那种巨大存在的感觉——我是首领！在草原部落里首领的权威是不容挑战的，对于不肯服从的部众，落在他头上的惩罚就是死亡！他拔了拔腰板儿，像首领一样地开始发布命令了：“哈撒儿！”

“在！”

“跟我去杀了他们!”

铁木真兄弟拔腿往蒙古包跑去。札木合的目的达到了,心里涌起无比的快慰,上马走开了。

铁木真兄弟从蒙古包里取出弓箭往树林里跑。正在捅马乳的豁阿黑臣看见了,奇怪地问合赤温:“你们的哥哥要去干什么?”

合赤温不答。帖木仑抢着说:“我知道,他们是去杀别格帖儿和别勒古台哥哥。”

“啊?! 为了什么?!”

“他们抢了我们给妈妈抓的鱼!”

“糟了!”豁阿黑臣慌忙向草原跑去,“夫人,夫人!”

穿过树林,铁木真和哈撒儿听见山包上别格帖儿和别勒古台的笑声。两人示意,从两个方向包抄上去。

山顶一块大石头上,别格帖儿和别勒古台点起了一堆火,用树枝穿着那条鱼在烤着,烤熟一点吃一点儿。“哥,该轮到我吃一口了!”别格帖儿把送到嘴边的鱼递给别勒古台。别勒古台刚要吃鱼,就发现铁木真一脸杀气地爬上山来。“哥哥!”他喊了一声向旁边跑去。别格帖儿闻声抬头,见哈撒儿已在十几步外拉开了弓,他回头欲逃,铁木真也已从身后出现,搭箭开弓。

“你,你们要干什么?!”别格帖儿后退着。

“你是父亲的不肖儿子,我要教训教训你!”铁木真恶狠狠地说。

别格帖儿看见眼前的阵势害怕了,大声喊道:“铁木真! 泰赤乌人加给我们的苦难还没到头,今后还不知谁能报仇呢? 你们为什么把我看作眼中钉、肉中刺?”

“你不是我的眼中钉、肉中刺,你是我们家族的豺虎、灵獒! 我今天就要铲除你!”铁木真拉开了弓。

别格帖儿明白将会发生什么了,他一咬牙站起来,像个心目中的草原英雄那样挺直了身子说:“那好吧,你铁木真既然想当蒙古的草原英雄,总不至于射一个手无寸铁的人吧? 你有胆量给我一张弓、一支箭吗?”

铁木真听了这话,从心里倒有几分赞许别格帖儿,他没有求饶,而是像个真正的敌人一样地同自己对峙,这样自己便可以正大光明地同这个异母弟弟较量高低了。他对哈撒儿说:“把你的弓箭给别格帖儿!”

哈撒儿将自己的弓箭扔给别格帖儿,自己退到旁边。别格帖儿接箭在手,与铁木真走到相当的距离,站好了位置。铁木真说:“你先射吧!”

哈撒儿大声喊道:“同时射!”

铁木真看都不看弟弟:“你不用管!”

别格帖儿乐得先下手,他担心铁木真改变主意,便很快地射出一箭。也是他太急切太慌张了，那只箭从铁木真的耳边飞过。铁木真连眼睛都没有眨一眨。别格帖儿这下子慌了，他咽了一口唾沫，眼睛盯住铁木真的手。铁木真稳稳当当地搭上箭，弓弦一响射了出去，那箭正中别格帖儿的前胸。

"啊！"别格帖儿跌坐在石头上，"你！"他挣扎着说，"我和别勒古台虽然是别妻生的，可我们有同一个父亲！我死后，你，不要毁了我们的炉灶！不要抛弃我的弟弟，别，别勒古台！"别格帖儿头一歪，死了。铁木真和哈撒儿奔过来。哈撒儿发毛地说："他死了！他真死了！"躲在树后的别勒古台哇地大哭出声，向山下跑去。

诃额仑和也速该的别妻听到豁阿黑臣的报告便连忙向小山上跑来，一边跑一边叫着铁木真的名字。她们在山坡上遇到了逃回来的别勒古台，就知道不测之事已经不可逆转地发生了！

别妻扑在别格帖儿的尸体上痛哭失声，诃额仑拔下射在他胸前的那支箭，把暴怒的目光投向跪在地上的铁木真。诃额仑一边拿箭杆狠狠地抽打儿子，一边骂道："你！铁木真，你手握凝血而生，你，你像个白吃胞衣的哈撒儿狗！你是性情暴烈的山猫猛豹，还是残忍地自冲其影的海东青啊?!"箭杆打断了，诃额仑转身寻找"武器"，她拾起地上的弓，摘下弓弦向铁木真抽去，"你是乘风雪袭击牧人的野狼！是自食其子的狠鹘！迫害自己的朋友，吃掉自己的伙伴，我打死你这个不成器的畜生！"

豁阿黑臣跑上山来，见铁木真的脸上已经被打出了血，抱住诃额仑劝道："夫人，别打了，这样会打坏他的！"

诃额仑不依不饶："放开我，我要活活打死这个孽障！"铁木真脱下袍子，露出了光身子："豁阿黑臣，让母亲打死我吧！"

豁阿黑臣死抱住诃额仑不放："夫人，铁木真首领是因为别格帖儿抢了他们为您捉的鱼才发怒的，您就看在他们一片孝心的份儿上，饶了他们吧！"

从山下赶来的帖木格和合赤温给诃额仑跪下："妈妈，饶了哥哥吧！"

帖木仑也爬上来哭喊着："妈妈，我怕呀！"

诃额仑悲从中来，停住了手中的鞭子。可是当她一眼看见别妻母子三人的悲惨情景时，就又举起了弓弦鞭抽打起铁木真："啊，你比豺虎还凶，比灵獒还狠，你怎么配当蒙古的可汗？我留下你有什么用啊……"

时光又过去了三年，铁木真十六岁了，嘴巴上已经长出了细细的绒毛。铁木真家的蒙古包已经并排支起了四个，属于他们的牛、羊已可以称之为"群"了，银合马也达到九匹了。而这时，那个几乎忘记了他们存在的塔里忽台却又幽灵般地出现了。

事情是由那九匹银合马引起的。这天，当铁木真一家从睡梦中醒来的时候，发现他们的九匹银合马不见了！最先发现的是豁阿黑臣，她每天都是第一个起来挤马奶的人。这天早晨她从外边慌慌张张地跑进来，上气不接下气地喊道："夫人，小主人！有人偷了我们的马！"铁木真和诃额仑等爬起来就往外跑——果然，那九匹他们一家赖以生存的银合马不见了。铁木真手一举："不要出声！"大家静了下来。他把耳朵贴在地上谛听，凭着牧人灵敏的听觉，从大地传递的信息里知道了："那面！"

哈撒儿和别勒古台拔腿要追，铁木真像个真正的领袖人物一样地布置说："哈撒儿，你和别勒古台留下，守好门户。帖木仑，拿我的弓箭来。"

诃额仑在儿子上路的时候嘱咐说："铁木真，能追回来更好，你可千万不要有什么闪失。"

铁木真气喘吁吁地奔跑着。他知道要徒步追上骑马的人有多难，他必须一刻也不能停留，好在盗马贼走得并不远，看样子也不很快。他沿着断断续续的马蹄印和马粪便的踪迹急急匆匆地往前追赶。当他气喘吁吁地翻过了一道山梁的时候，忽然听到背后有人喊他："喂——请等一等！"

铁木真停住脚步回头看去，见一个十五六岁的男孩子骑马赶了上来。铁木真喘息着问："你喊我，有事吗？"

那男孩子说："我们的马被盗马贼盗走了，你看见了没有？"

铁木真摇摇头说："我的九匹银合马，也被人偷走了，我正在追呢。"

"是吗？"那男孩子向他伸出手来说，"你上来，我们一起去找！"铁木真高兴地抓住那男孩子的手上了马，指着地上的蹄印说："那边！"两个人骑着一匹马追了上去。一直追到了日头快落山，他们发现了还在冒着热气的马粪，这说明盗马贼就在眼前了。

偷马的是以脱朵为首的七个泰赤乌家族的人。他们是在赶着一大群马匹转移营地的时候顺手牵羊，偷走了铁木真家的银合马的。其实到现在他也不知道马的主人究竟是谁。他见天色已晚，就命令大家停下宿营。

在路上，铁木真已经知道那男孩子名叫博儿术，也是乞颜部的，论起来他们还算是同族兄弟呢。两个人下了马，用缰绳把马腿拴上，空手向山坡摸去。刚刚爬上山梁便一眼看见了马群，也看清了盗马的是七个大人。博儿术问铁木真："你害怕吗？"

铁木真笑一笑："怕也不行，马是我们的命！"

铁木真拉着博儿术退了回来，他已经有主意了："他们人多，我们也学他们吧，偷！"

博儿术看看天："那好，到夜里再说。"

他们将马藏在一个山凹处，博儿术从马褥子里取出了干肉和水。铁木真走时匆忙，什么也没有带，跑了一天的路，因为急于追赶盗马贼，早已忘记了饥饿，现在看到了自己家的马，急切的心情缓和下来，还真是觉得饿坏了。

两个人大嚼了起来，这顿饭吃得特别香，然后躺下来倒头便睡了。一直到了后半夜，两人醒了，看看天上的星星，确定了时辰，便开始悄悄向山坡那边摸去。看样子泰赤乌人也困了，躺在火堆旁鼾声大作。没费什么周折，两个人便摸进了马群。忽然，他们听见火堆的灰烬旁有动静，二人赶紧伏下身子。火堆旁坐起了一个人，他打了个哈欠站起来向这边走来，走了几步又站下了，随后传来了撒尿声，铁木真明白，这家伙是起夜，不是发现了自己，心稍稍定了下来，不过立即又紧张起来，因为那人撒完了尿竟向马群走了过来。铁木真和博儿术都掏出了解刀，眼睛盯着他。那人在马群边站住了，指点着马群大致数了一遍，又打了个哈欠转身走回篝火边。

铁木真认出了那人竟是脱朵，"原来是这个畜生，真恨不得一刀捅了他！可现在最要紧的还是偷回自己的马。"他们等了一会儿，脱朵那边发出了鼾声。铁木真向博儿术示意，两个人走近一匹银合马。那匹马"咴咴"地叫了起来，两人吓了一跳。铁木真赶紧抚摸着它，那马把脸贴在铁木真的脸上蹭着，其他几匹马也走了过来。铁木真一个个地抚摸着它们！他太爱这些马了，连自己的叔叔、伯父都离开了他，就是这九匹银合马，以前没有，今后也永远不会背叛他！博儿术也找到了自己的马，两个人拉着马翻过山坡，有几匹泰赤乌人的马恋群，也跟着一起来了。他们骑上马，赶着马群跑开了。

脱朵被马蹄声惊醒，一下子坐了起来。发现少了马，立刻把大家喊起来，解开马腿上绊着的缰绳，上了马，跑上了山岗。看了看，天还黑着，看不见马的踪影，便下马用耳朵贴近地面听，然后跨上马，带领众人向铁木真逃走的方向追去。

骑马的人追赶赶马的人是不难的。太阳刚刚出来，脱朵等人翻上一座山梁便看见了下边平川上的铁木真和博儿术。脱朵高兴了，七匹马像箭一样冲了下去。

铁木真发觉有人追来，取下弓箭对博儿术说："博儿术兄弟，你赶快离开。"

博儿术也取下弓箭："不，在困难的时候扔下朋友，不是草原人的习惯。"两个人同时勒住马，开弓放箭。

两个泰赤乌人中箭，一人落马身亡，一人伏在鞍上跑了几步也滑下鞍来。脱朵勒住马喊道："啊，小子，你偷了我们的马，还敢伤人?！

铁木真冷笑道："还有比把别人的财物据为已有，反倒说别人是贼的人更厚颜无耻的吗？脱朵，你真的认不出我了吗?"

脱朵怔了怔，打量着铁木真。铁木真说："我就是你背叛了的铁木真！快放马过来吧！"

脱朵一阵兴奋，大声欢叫着："啊！是铁木真！弟兄们，抓住铁木真，回去塔里忽台首领一定有重赏!”

铁木真大喊一声:“别过来!”在脱朵等愣神的工夫,铁木真搭弓在手,朝天空瞄准。脱朵等抬头观看,见一只大雕正在高高的天空盘旋。铁木真一箭射去,正中大雕的头,大雕应声而落。脱朵身后的一个泰赤乌人大喊:“啊,射雕英雄!啊,他是射雕英雄!快逃啊——”便带头拨马逃走,众人也都惊慌地逃之夭夭了。地上留下一个奄奄一息的伤员,那人哀号道:“别扔下我,救救我呀——”

铁木真和博儿术兜回马。看了看伤者,下了马,撕下一条衣襟,给伤者止了血,又一起把伤者抬到马背上:“愿长生天保佑你!”

铁木真拍拍马屁股,马驮着伤者走了。走了几步,伤者兜回了马头,对铁木真说:“铁木真主人!你还记得乞颜部会唱歌的百灵鸟吗?我是你们家的门户奴隶。我有两个儿子,都是不错的铁匠。现在我知道铁木真主人已经长大成人了。我们一直怀念着旧主人,都想早早地离开塔里忽台!”

铁木真感激地说:“好,百灵鸟,欢迎你回来。你告诉那些不忘旧情的乞颜部百姓,我铁木真盼望他们回来。”

“我记住了。铁木真,你的好心一定会有好报的。”

在铁木真与博儿术相遇的地方,两个人下了马。铁木真对博儿术说:“把我的九匹银合马留下,剩下的你全赶回去吧!”

“不,你的战利品,还是你带走吧!”

“没有你,我恐怕追都追不上这伙贼人呢。”

“铁木真,到我们的蒙古包里坐一坐,让我父亲给你做一只味美的帖勒羔羊吧?”

“不啦。你的友情已经够让我满载而归的了。”

“你一连苦熬了几天了,就是一匹骆驼,也该卧下来喘喘气吧?”

“我何尝不想到你温暖的毛毡上,直一直我快要折断了的腰啊!可我担心母亲这几天一定寝食难安,我只有赶快回去,她才能放心。”

“好吧!铁木真大哥,替我向你家里人问候,我真是一刻也舍不得离开你了。我想回家跟父亲商量商量,搬到你们那边一起设营。”

“可我的家几乎一贫如洗了!”

“我父亲说了,将来蒙古人中兴的希望就在你的身上。你等着我,我的话像箭一样,射出去就不会回头!再见吧,射雕英雄!”

脱朵逃回后,把见到铁木真的事报告了斡儿伯。

“这么说,他们一家并没有饿死?”斡儿伯已经老得颤颤巍巍的了,她盘腿端坐着听完了脱朵的报告后说,“也速该的——就是那个抢来的女人生的第一个儿子——那个射大雕的——他叫什么?”

恭敬地坐在一边的塔里忽台回答说:“叫铁木真。”

“嗯,是这么个鬼名字,他今年有十六岁了吧?”斡儿伯问。

“是,是的。”塔里忽台回答。

脱朵夸张地说:“他身体强壮得像头公牛。五十步外,一箭射死了我们一个牧马人,再一箭就射中了云彩里的大雕!”

“谁让你们去盗马!下贱!”斡儿伯到底是黄金家族的长辈,先可汗俺巴孩的大妃。脱朵吓得往后缩了缩。斡儿伯长出了一口气,六年前她以为只要抛下了她们,她们就会冻饿而死的。不料,在那个抢来的女人的照料下,她的那些孩子们居然都像飞禽的雏儿般羽毛丰满了,像走兽的羔儿般筋骨强壮了。斡儿伯痛苦地闭上了眼睛。

塔里忽台小心地问:“祖母的意思是……”

斡儿伯睁开眼睛瞪着孙子:“你的脑袋不要只用它喝马奶酒,为什么不想想,他们都长大成人后,能和你们善罢甘休吗?”

塔里忽台蛮有把握地说:“我带人去把他们都杀掉!”

“嗯?!”斡儿伯睁开眼说,“你想让草原上的人都来骂泰赤乌人欺寡凌弱、斩尽杀绝吗?”

“祖母……”

“射死一只头雁就够了。”

“杀掉铁木真?”

“对!就为了他残忍地射死了自己的弟弟,你这个做长辈的,难道不应该替诃额仑管教管教他吗?”

塔里忽台的眼睛一亮:“对!这是再正当不过的理由了!我这就去!”

塔里忽台领着几百人的队伍出发了。

由脱朵带路,塔里忽台的人马来到了铁木真的驻地,蒙古包却不见了。塔里忽台在马上逡巡着问脱朵:“是这儿吗?”

脱朵指着地上的马粪说:“是,没错!您看。”

塔里忽台四下看看:“跑了?追!”脱朵一马当先追了过去。

在一片林子里,预感到危险将要来临的铁木真一家人正在稍大一点儿的空地上搭着蒙古包。奉命找野味的别勒古台追一只兔子追到林子边,远远看见了马队扬起的烟尘,马上奔回家向铁木真报告。诃额仑和铁木真将一家人藏在山崖的缝隙中,之后同哈撒儿、别勒古台一起砍树木做藩篱,准备迎战塔里忽台。

塔里忽台的队伍包围了铁木真家的营地。塔里忽台指挥部众像拉网似的搜向树林。

藩篱里面铁木真母子四人引弓待发,急于立功的脱朵首先出现在他们的射程之内。别勒古台一箭射出去，那箭贴着脱朵的头皮飞过，脱朵大叫一声："他们在这儿。"伏在地上不敢抬头了。哈撒儿连发两箭射中了两个泰赤乌人的咽喉。他的箭法要比别勒古台准得多，在弟兄们之间也是最好的。发现了目标的塔里忽台指挥泰赤乌人全压了上来。不过，他们见到有人中箭倒下，便都小心起来，铁木真等人的箭虽然压得他们抬不起头，却不再有人中箭身亡。包围圈在一点点地缩小。

铁木真说："停一停！他们人太多，我们的箭少，这样下去不行，把箭都交给哈撒儿一个人。哈撒儿，你要百发百中！"大家都把箭交给了哈撒儿。哈撒儿躲在藩篱里面，瞄准敢于冒进的泰赤乌人，真的箭无虚发，吓得泰赤乌人不敢前进了。

塔里忽台见部众怕死，不敢向前，便躲在树后向藩篱里面喊话："诃额仑嫂子，我是塔里忽台，你听见我说话吗？"

诃额仑听出了塔里忽台的声音，在藩篱里答道："塔里忽台，六年前你已经煽动部众抛弃了我们，今天又来斩尽杀绝，难道我们不同是一个祖先吗？不同是黄金家族的后裔吗？不同样担负着为先祖报仇的责任吗？"

"诃额仑嫂子，你教子不严，你的大儿子铁木真射死了他的异母弟，你竟然无动于衷！我祖母要我来教训教训他，让他知道知道我们蒙古人的规矩！"

"我已经教训过他了，就不劳你操心了！"

"你只要让他出来见见我，我不会伤害你们的！"

"塔里忽台，也速该没有看错你，你就是一个贪心不足的'乞邻秃黑'，我不会把儿子交给你的！"

"你担心我贪心不足，是吧？嫂子，只要你交出铁木真，我以长生天的名义发誓，再不动你家一根皮绳一根树棍儿！请你相信我！"

"塔里忽台，你已经有负于我们一次了，我劝你不要用自己人的鲜血再有负于我们吧！"

"诃额仑，你这个固执的女人！我带来了三百个泰赤乌人，你若再顽抗，我会让你玉石俱焚的！"

铁木真紧张地思索着，泰赤乌人太多了，虽然暂时把他们顶住了，可是时间一长，这薄薄的藩篱是挡不住塔里忽台的。要是真让塔里忽台攻破了藩篱，那时母亲和弟弟妹妹们就会全遭不测。当两个大人在喊话的时候他已经跨上同他最亲的那匹银合马，拍了拍马的脖子说："好朋友，全看你的了！"他催马纵身跳过藩篱，大叫了一声："塔里忽台，我是铁木真，我在这儿——"

脱朵手指铁木真："是铁木真！"塔里忽台手一挥，泰乌赤人一齐追了上去。诃额仑等人跑出藩篱，哈撒儿大声喊道："大哥快跑！"

诃额仑捂住了眼睛："长生天保佑我的儿子！"

铁木真单人独骑飞快地奔跑，塔里忽台的人马在后面紧紧追赶。铁木真钻进帖儿古捏温都儿山山口。塔里忽台的人马也跟进山口。一转眼，铁木真不见了。塔里忽台勒住了马，众人也都停下来。这是一个很窄的峡谷，两侧是陡峭嶙峋的山石，地势像迷魂阵一样复杂，人钻进去是很难找到的。可里边再无别的出口。铁木真钻进的是一只口袋。塔里忽台放心地命令大家："点起炉灶煮肉，支起帐篷睡觉，一直等到这个射雕英雄自己走出来！"

山谷里，铁木真在一棵树上拴起了银合马，自己爬到树上，找一根较平展的树杈，用腰带将自己捆在上面，也躺下了。心想，危险暂时是没有了，就是还没有吃东西，要是有点什么吃的就好了。唉，还是忍着点儿吧，反正，妈妈和弟弟、妹妹们总算平安无事啦。

山口处的泰赤乌人却是有备而来，太阳落山的时候，烤肉的篝火把山崖映得通红，泰赤乌人大吃大喝着。篝火快灭的时候，他们一个个打着饱嗝，除了哨兵之外，都舒舒服服地躺下睡了。

一天、两天、三天过去了，在焦虑中度日的诃额仑忍受着等待的煎熬，一家人偎在一起，马奶和野菜放在中间，无人去动。帖木仑突然抽泣道："妈，我怕！"诃额仑紧紧搂着小女儿。诃额仑的心里也很害怕，她不知道铁木真怎么样了，如果塔里忽台抓不到铁木真，会不会再回来？是不是应该搬到一个更安全的地方？可是如果走了，铁木真回来后，会不会也找不到家人？又想到铁木真没带一点儿吃的东西，都三天了，饿坏了身子可怎么办？

脱朵用鞭子敲打着一个个帐篷："快起来，快起来！"人们一个个从帐篷里钻出来。塔里忽台站在队前说："听着，我们已经在这里等了四天了，这小子一定以为我们走了，我们就将计就计，退出山口两箭之地，躲起来，等铁木真上钩！"众人上马开始后撤，山口处空出了很大一块地方，就像张着的一张网。塔里忽台领着泰赤乌人在草丛中潜伏着，等着铁木真的出现。

一缕阳光照在铁木真的脸上，铁木真醒来。他把一只小野果放进嘴里嚼着，这东西挺解渴，可就是不顶饿，这几天他全靠着挖些野菜生吃充饥。这时他只觉得四肢无力，心里发慌。他看看四周，又听听动静，从树上下来，心想，塔里忽台大概走了吧，便摇摇晃晃地解开拴在树上的马缰，可连上马的力气都没有了，牵着马——倒不如说是扶着马向山口走去。来到山口，两条沉重的腿好像活动开了，他想上马，一拉马鞍子，鞍子竟脱落在地上。铁木真怔了一下，弯腰查看，绑马鞍的扳胸肚带都扣着，他心中诧异："肚带扣着，鞍子脱落还说得过去；扳胸扣着，鞍子为什么会脱落呢？啊，一定是长生天警告，不让我出山！"于是他整理了一下马鞍，牵着马又进了山口。，在草丛里埋伏的塔里忽台见露了头的铁木真又返回了山口,霍地站起来大声,命令道:“快放箭!快追——”泰赤乌人有的射箭,有的上马。等塔里忽台领人追到山谷里,又不见了铁木真的人影儿。塔里忽台咬着牙说:“退回去,再把山口堵上!我看看他铁木真能挺到什么时候!”

时间又过去了两天,铁木真已经在山里藏了六天了。百灵鸟端着奶茶走进塔里忽台的帐篷。塔里忽台问他:“有动静吗?”百灵鸟担心铁木真的安危,故意说:“一点儿动静都没有,怕是饿死在山里头了吧?”

脱朵在一旁说:“不会,听说这小子是靠吃野果野菜长大的。”

百灵鸟摇头说:“可里边光秃秃的净石头,有多少可吃的野果野菜呢?”

塔里忽台躺下,长出了一口气说:“就让铁木真吃石头吧!”

的确,铁木真把能找到的野果野菜都吃光了,满眼能见到的净是石头。心想,六天了,差不多了吧,于是站起来,稳了稳身子,牵着马摇摇晃晃地向林外走去。走着走着,忽然一脚蹬空,跌倒在地上,昏了过去。恍恍惚惚地铁木真回到了贝尔湖畔,他躺在草地上,孛儿帖抚摸着他的脸颊……铁木真的头动了动,原来是银河马在舔着他的脸,铁木真醒了过来。他从领口里掏出孛儿帖给他的那串珠子,向远天望去。那马又显得十分不安地拱铁木真,铁木真摸摸马鬃,马用牙咬着他的衣袖,拉他起来。铁木真暗暗奇怪:“什么事?你要我干什么?”他坐了起来,看见了在不远的地方,有一只狼在吃一只小鹿。铁木真咽了两口唾沫慢慢站起来,拔出解刀走了过去。那只狼听到动静,抬起头来看着铁木真,龇着牙,发着威。铁木真停了一下,又瞪起血红的眼睛,向死鹿走近。铁木真走到死鹿边,盯住狼,蹲下身去。狼后退几步,又龇牙发威。铁木真眼睛盯着狼,手握刀子割向死鹿,一条生肉塞进了嘴里,他用力嚼了起来。狼看着他的样子,不住地向后退。铁木真突然大喊一声:“啊——”狼吓了一跳,落荒而逃。铁木真仰天大笑,直到笑出了眼泪。他举手向天大吼道:“塔里忽台,泰赤乌人,你们要我死吗?我偏要活,我偏要活——”突然一阵恶心,他躬身呕出了一块鹿肉,喘息着倒下了,泪眼向天…

山口处,塔里忽台带着泰赤乌人已经上马准备进山了。塔里忽台巡视着,对大家说:“铁木真已经憋在里边九天了,真是铁变化来的也该化了!”众人被他的话逗笑了,他也满意自己的幽默,接着说,“大家注意了,一定要把铁木真的尸体找着。头一个发现他尸体的有赏!就赏铁木真骑的那匹银合马!”众人又大笑起来。

“铁木真!”突然,有人惊呼一声。众人向山口望去,铁木真果真出现了。塔里忽台和泰赤乌人怔住了。铁木真尽力站直身子,笑了笑说:“哟,父老兄弟们,六年没见了,你们的耐性还这么好啊!足足等了我九天。塔里忽台叔叔，为了我这么个无名晚辈，您何必兴师动众呢，是不是太抬举我了？”

“废话少说，看我回去怎么调教你！”塔里忽台一挥手，两个泰赤乌人欲扑上去抓铁木真。

铁木真搭箭拉弓厉声喝道：“不许过来！”众人后退躲藏。铁木真笑了，“别怕，我要吃饱了再走！”

“嗯?!”塔里忽台哈哈大笑道，“可以，给他拿肉和水来！”

百灵鸟赶紧端过肉、水，铁木真坐下伸手刚欲抓肉，塔里忽台一使眼色，脱朵和两个泰赤乌人立刻按住了铁木真。塔里忽台冷笑道：“你还想吃肉？我非让你当个饿死鬼！捆起来！”铁木真被架着走到塔里忽台面前，塔里忽台不怀好意地笑着。铁木真“呸”地吐了塔里忽台一口唾沫，塔里忽台反手给了铁木真一鞭子。几个泰赤乌人上前，马鞭子雨点儿般的落在铁木真的身上、头上。

铁木真被喂下一口马奶，苏醒过来，慢慢睁开眼睛。看见抱着他给他喂奶的是一个姑娘，姑娘身后是个同自己一样大的少年。他想动，发现身上带着木枷。姑娘喊了一声：“爸爸，他醒过来了！”一个中年男人走过来。

铁木真问：“这是什么地方？”

“泰赤乌部的营地。塔里忽台把你交给我来看管。”

“你叫什么？”

“我叫锁儿罕失剌，是个给塔里忽台首领捅马乳的奴隶。这是我的女儿合答安，这是她的哥哥赤剌温，他正好是诃额仑夫人生你的那一年出生的。”

合答安说：“爸爸，现在天晚了，不会有人来了，把这木枷卸掉，给他洗洗身上的伤吧？”

锁儿罕失剌点点头。赤剌温给铁木真卸掉木枷，锁儿罕失剌给铁木真擦洗鞭伤，合答安端过了茶和肉。铁木真抓起羊腿一咬一大口，不料噎得直伸脖子。合答安赶紧给他摩挲前胸：“慢点，先喝奶茶吧，小心噎坏了！”

锁儿罕失剌眼睛湿了：“唉，这个塔里忽台，连吃的东西都不给他。都是一个祖宗的血脉，为什么心就这么狠毒？他就不怕长生天看见惩罚他？”

合答安低声说：“铁木真，父亲说了，你多吃点，多喝点，再美美地睡上一天一夜，明天晚上——”她压低声音，“明天晚上让我哥哥帮你逃走！”

铁木真惊讶地说：“你们，你们放走了我，塔里忽台会杀你们全家的！不行，不行！”

合答安说：“爸爸说，我们是塔里忽台的奴隶，拿我们卑微的性命换小主人高贵的性命，也值得了！”

铁木真激动地抓住老人的手，欲语不能。

第二天傍晚。合答安往马褥子里放干肉，锁儿罕失剌往皮桶里灌奶。

蒙古包外,赤刺温在给一匹马备鞍子。带着木枷的铁木真看着这一切很是兴奋,他就要自由了!忽然,赤刺温惊呼一声:“爸爸!有人来了!”合答安赶紧跑到门口从帘子的缝隙里往外看,她紧张得心都要跳出来了,是脱朵带着两个泰赤乌人径直朝蒙古包走来。

脱朵对迎出包外的锁儿罕失刺说:“塔里忽台首领说了,明天是四月十六,是青草复生牧民移营的日子,塔里忽台首领要用铁木真的人头祭天祭山。你把他交给我吧,今天晚上,由我来看守。”

合答安泪流满面,咬着自己的手哭着背过身去。脱朵进了包门,见铁木真闭着眼睛,躺在地上,用脚踢了踢。锁儿罕失刺说:“他浑身是伤,又没吃东西,动都动不了啦!”脱朵唾了一口,让他带来的两个人将铁木真架起,拖了出去。

合答安一下子扑在锁儿罕失刺的怀里:“爸爸!他们要杀铁木真了!您快想办法救救他呀!爸爸!爸爸!”

锁儿罕失刺摇摇头,老泪纵横地说:“不该呀!长生天不该这么早地收回铁木真啊!”

塔里忽台的金顶大帐里,泰赤乌部的贵族们席地而坐,杯觥交错,酒酣兴浓。

大帐外篝火旁,部众们狂欢乱舞,杯盘狼藉。百灵鸟一脸悲伤地拉起马头琴,唱了起来:

漆黑的夜晚呀,阴森森,
孤独的驼羔哟,苦找寻。
亲爱的妈妈你在哪里哟,
我痛哭嚎啕无处寻。
我想念妈妈呀,泪洒尽,
好似钢刀呀,割我心,
找遍了草原都找不见哟,
地冻天寒冷煞人!

在一个破旧的蒙古包里,脱朵等三人看守着铁木真。铁木真像泥一样瘫在地上,眯着眼睛看着脱朵三人喝马奶酒。那两个看守醉倒了,脱朵也有腔没调地跟着外边百灵鸟的歌声唱起来。

铁木真坐了起来:“脱朵!”

脱朵一怔:“干什么?”

“你给我父亲当了那么些年那可儿,七年前,又杀了蒙力克的父亲——

察剌合老人。”

“你，你要怎样？”

“一会儿，我就要死了，你不怕我到长生天那里告你？”

“你告我？”

“你知道，我是手握凝血而生的！”

“嗯，那，那又怎么样？”

“我死了，我的灵魂是不会死的，愿意去哪儿就去哪儿！想来看看你就来看看你。不信你去问问萨满。”

脱朵开始害怕了，可怜兮兮地说：“小主人，我也是出于无奈啊。你应该还记得，帮你父亲抢你母亲，有我；帮你的父亲活捉铁木真兀格，有我；护送你去弘吉剌部求亲，还有我；我还差一点和你的父亲一同喝下塔塔儿人的毒酒。我对你们家如何你应该清楚？”

“以后呢？”

“以后我变成了塔里忽台的侍从，各为其主嘛，这并不是我能决定的！”

“那好，你给我一碗马奶酒喝！若是我喝醉了，死的时候就不会那么痛苦，也许我的灵魂也会放你一条生路！”

“行，行！”脱朵端着酒碗，怯生生地走近铁木真。铁木真猛然横枷一击，正好打在脱朵的头上，脱朵昏了过去……

第五章　铁木真施计巧逃脱
札木合重情结知己

营地上，准备祭天祭山的人们正在热烈地跳着、唱着。萨满与刽子手走过来，人们肃然。塔里忽台知道现在的时辰已经到了，便走进了祖母斡儿伯的蒙古包。他走到铺前跪下，对平躺着的斡儿伯说："祖母，祖母，你还可以听到吗？"

"我听着哪！"像是一句十分遥远的回答。

"马上就要拿铁木真的人头祭山祭天了！你老人家等一等啊！"

"我——等——"说完，她又动了动嘴唇。

"你说什么？"塔里忽台将耳朵贴近斡儿伯的嘴。

斡儿伯使尽最后气力："我升天，要铁木真，给我带——路。"塔里忽台被震撼了，他一步步跨出帐外。

空场上，祭桌已经摆好，萨满已在等待，刽子手也在等着听令。

塔里忽台在几个贵族的簇拥下大步走来，他走到祭桌前大声命令道："祭天，祭山！"

萨满的鼓声响了，脚步动了，腰铃摆了，传呼人高喊："带铁木真——"

一队武士列队走去。两个刽子手捧着刀，喝了口酒，祭了刀。

人群中锁儿罕失刺、百灵鸟悲戚的脸上流着泪水，更多人的表情是兴奋的、嗜血的、惶恐的、好奇的。

突然，那小队武士杂乱无章地跑回来，边跑边叫："跑了，跑了！人跑了！塔里忽台首领，铁木真跑了！"塔里忽台"啊"了一声，向关押铁木真的蒙古包跑去。他闯进蒙古包，见两个人醉得不省人事，脱朵头破血流地躺在地上呻吟："快，首领，铁木真，跑，跑了！"

塔里忽台抓住他："他往哪儿跑了？怎么会跑了？！"

脱朵含糊不清地说："不知道，他，他一定是有长生天，长生天帮，帮他！"塔里忽台推倒脱朵，暴躁地抢过一根鞭子抽打地上的三个人。一个泰赤乌人跑来喊道："塔里忽台首领，快去看你的祖母！"

塔里忽台怔了一下，扔下鞭子，赶紧向金顶蒙古包跑去。

塔里忽台分开喊叫的众人，来到斡儿伯身边，斡儿伯手在乱抓，塔里忽台握住她的手。斡儿伯问："铁木真跑了？"

塔里忽台狠狠地说："您放心，我这就把他抓回来！"

斡儿伯往上翻着眼皮。塔里忽台赶紧说:“他带着木枷,又十多天没吃没喝,一定跑不了。”斡儿伯猛地挺身坐起:“铁木真……”

众人惊呆了,斡儿伯两手伸向上前方,大张着嘴,不动了。半晌,没有呼叫,没有悲声。塔里忽台缓缓地将祖母放平躺好,帮她闭上眼睛。一个急转身,快步走出帐外。他看看围在外边的部众,沉重地说:“我的老祖母——像阿阑豁阿祖母一样的老祖母,为了先可汗俺巴孩,为了蒙古的乞颜部,为了我们泰赤乌家族,操劳了一辈子,她升天了! 可是,她没有闭上眼睛,她最后一句话说的是‘铁木真’!”

泪水从他的眼睛里涌了出来,他大声命令道:“都给我听着! 为了泰赤乌人永久的安宁,为了还没有离开营地上空的斡儿伯老祖母的灵魂能够得到安宁,马上给我分头搜索,抓到铁木真立即处死,我只要他的脑袋祭祀天地! 快,快去抓铁木真!”

人们闻风而起。马蹄飞奔,脚步杂沓,火把摆动。刀在草丛里乱拨,枪在树棵中穿刺,一个个毡包被翻得乱七八糟。山坳里火把如龙,快速涌动,树林到处都亮着跑动的火把,沸腾了一般。

天亮了,锁儿罕失剌拖着枪,打着哈欠,迈着蹒跚的脚步走到自己的蒙古包外,一屁股坐在木墩上,捶着自己的后背。合答安走出蒙古包,四下看了看,走近父亲。锁儿罕失剌叹道:“唉,整整一夜没合眼,又饿又困。塔里忽台说了,吃了早饭还要去找。”他说着说着笑了,“铁木真许是有长生天保佑,上万人把方圆几十里的山坳、树林,像梳马鬃似的搜了一遍,硬是没找着他!”

合答安也笑了。锁儿罕失剌站起来说:“喝点奶茶,吃块干肉,得睡一会儿,我的骨头都快散了!”说着走进蒙古包。

锁儿罕失剌一进蒙古包就怔住了——铁木真就站在他面前。“啊,天! 你怎么会在这儿?!”

赤剌温在一旁解释道:“他带着木枷躲藏在河水里面,天快亮的时候才跑到我们家。”

锁儿罕失剌看看地上的湿衣服和木枷:“烧掉,快烧掉!”合答安将衣服扔进炉灶,然后用斧头劈木枷,放在炉灶里烧。

铁木真说:“老人家,我得走,借我一匹马行吗?”

“不行!”老人一口回绝道。

“爸爸! 您就借给他一匹马吧!”合答安替铁木真求情。

锁儿罕失剌说:“我不是说不借给他马,是说他不能现在走! 现在,各处要道都留了岗哨,他走不多远就会被塔里忽台抓住的!”

合答安快急出了眼泪:“那怎么办?”

"就藏在我家,先躲几天再说!"

"在这儿?爸爸,他们已经来搜过两遍了,这里一样不安全。你快想个办法呀!"

锁儿罕失刺想了想说:"羊毛!小主人,只好委屈你了,你先在羊毛堆里躲一躲吧!"

铁木真扑通一声跪下了:"大伯!"

锁儿罕失刺慌忙跪下扶起他:"哎呀,使不得,您是黄金家族高贵的主人,我是卑贱的奴隶。鸟儿被苍鹰赶进草丛,丛草还能救它性命,我们父子三人难道连草木都不如吗?"

铁木真感激地说:"老人家,我铁木真如有出头之日,一定要报答你老人家的救命之恩!"

锁儿罕失刺摇摇头:"我锁儿罕失刺不是施恩图报的小人。合答安,你到外边看看,有没有偷看的眼睛。"

合答安拎着奶桶出了蒙古包。她走到母马旁一边挤着奶一边四处看了看,确定是安全的,放下桶跑回去,向包里招手。锁儿罕失刺、赤刺温扶着铁木真出了蒙古包。合答安等父女三人将最大的一堆羊毛从下边掀了一个洞,让铁木真钻了进去,又将羊毛整理好。铁木真在羊毛堆下用手撑出一个空当,长长地嘘了一口气

脱朵头上缠着浸出了血渍的布,骑马跑来招呼赤刺温和锁儿罕失刺再去搜索铁木真。塔里忽台认为留下铁木真就是留下了一条祸根,他迟早会要了自己的性命,就是翻遍整个营地,也要把他搜出来。他认为铁木真带着木枷,身体又很虚弱,不会跑出去太远,所以,就又带着部众搜寻去了。树林、山坳、河边、马群、羊群……他要把所有可以藏人的地方再搜一遍。

躲在羊毛堆里的铁木真虽然还算安全,可农历四月中旬午间的太阳已经很热了,铁木真在羊毛下边更是闷热,身上出的汗像水洗的一样,他张着大嘴,喘息不止。没过多久,铁木真就喘不上气来了,他不顾一切地从羊毛里拱了出来。正在蒙古包外收拾牛肉干的合答安看见了,大惊失色地四下望望,赶紧跑了过来,说:"小主人,你千万不要出来呀!让人看见就没有命了!"

"不行了,我热得要死啦!"铁木真还要往外钻。

合答安按住他:"你等着!"她跑回蒙古包,拿出一口袋水来,递给铁木真。

铁木真汗出得太多了,渴极了,他大口大口地喝着水。合答安关切地问:"怎么样?好一些了吗?"

铁木真喘着粗气说:"里边,又闷又热,连气都……透不过来。"

合答安想了想，说："你用点儿力，把羊毛往上推着点儿。"铁木真照着做了。合答安一躬身也钻进羊毛堆里，用自己的身子将羊毛拱出一个空隙："小主人，快缩进来！"铁木真缩了进来，两个人的中间有了一点儿空隙。合答安问："这样好一点儿吗？"铁木真感觉的确好多了，可将心比心，合答安也要同自己一样受罪，他真有些不忍。合答安看出了他的心思，说："你好一点儿就成，不要管我。"

塔里忽台搜寻了大半天仍然一无所获。脱朵对他说："首领，这么搜都没搜出来，他会不会藏在营地的哪家蒙古包里？"塔里忽台被提醒了。

赤剌温心里一惊，马上反驳说："营地里不是已经找过了嘛，再说，谁不知道铁木真对泰赤乌人是祸害，谁敢冒着杀头的危险隐藏他？都是你没有看住他才让首领吃这么多的苦！"

锁儿罕失剌也接着儿子的话茬说："哎，脱朵，你从前是也速该的那可儿，是不是你有意放了你的旧主人铁木真哪？"

这句话对脱朵可是致命的一击，他气急败坏地指着赤剌温父子："你！你们可不能血口喷人！"

一向多疑的塔里忽台盯住脱朵，脱朵吓得直往后退："首领，你不要听他们胡说，我对您可是忠心耿耿啊！"

塔里忽台咬牙吩咐道："把脱朵给我捆起来！"百灵鸟早就对脱朵恨之入骨了，他和几个人上来按住脱朵就捆。脱朵大叫冤枉，不一会儿就被四马攒蹄地捆了个结实。

天黑了下来，羊毛堆下不那么热了。合答安说："小主人，我该回蒙古包给你弄吃的了。"

铁木真一把抓住合答安的手："合答安，你真好！"

合答安也十五岁了，正是情窦初开的年纪，同一个比自己大一岁的男孩子挨得这么近，在她来说还是第一次。她眼睛里含着泪水问铁木真："小主人，你不会忘了我吧？"

铁木真虽说一直没有忘怀孛儿帖，可那还是九岁孩子间的两小无猜的纯洁之情，同一个女孩子耳鬓厮磨地偎在一起，也自然有一种冲动。他信誓旦旦地说："我怎么会忘呢？难道我能忘了这次的磨难吗？那么我就忘不了患难之中把温情和熨帖给了我的合答安。等我有了出头之日，一定来娶你。"

"你订过婚了。"

"嗯，是弘吉剌部的孛儿帖。"

"她好吗？"

"好！和你一样的好。"

"不,她是高贵的弘吉剌人,我是个泰赤乌的奴隶,怎么能同她相比呢?"

"合答安!"

"我只有一个心愿,你能答应吗?"

"你说吧,我答应你!"

"将来你真有了出头之日,让我做一个奴婢,侍候你一辈子吧!"

"合答安,我的好人!"铁木真一把抱住合答安。合答安也紧紧地拥抱铁木真。铁木真说:"不,我一定要娶你!"

赤剌温将装满马奶的皮壶挂在马背上,还有一个用牛胃做的皮口袋,里边装的是合答安做的干牛肉。蒙古人可以把一整头牛的肉晒成干儿,全装进一只牛胃里。合答安把弓箭交给父亲。锁儿罕失剌对合答安示意,让她到外边看着点儿。然后拿起箭壶将箭取出来,只给铁木真留下两支,对铁木真说:"小主人,你可以走了。马没备鞍子,是怕万一被人发现认出马的主人来;没给你火镰,是为了不让你投宿,不让你生火做饭,好日夜兼程逃离虎口;这两支箭是给你自卫的,多了怕勾起你的好斗之心而误了大事。见到诃额仑夫人告诉她,塔里忽台要血洗你们的营地,你们得赶快转移。"

铁木真佩服地想,这个锁儿罕失剌可真称得上算无遗策了。这时合答安急匆匆地跑了进来:"爸爸,有人来了!"

锁儿罕失剌大惊:"快,快钻进羊毛堆里!"

合答安领铁木真跑了出去。赤剌温坐下抓起一根手扒羊肉,用刀子割着吃了起来,锁儿罕失剌倒在毡子上装睡,耳朵紧张地听着动静。包门被撞开,脱朵一步跨了进来:"赤剌温,你个小驼羔子,咬不死我!塔里忽台首领让我来看看,是不是你们父子把铁木真藏起来了!"

赤剌温跳起来:"什么?我藏铁木真?是你在塔里忽台首领面前说什么了吧?"

"不错。"

"好你个脱朵!你搜吧,今天你要是从我的蒙古包里搜不出铁木真来,我就跟你拼个你死我活!"

"你少跟我来这一套,我当然要搜!"他回身对包门外喊了一声:"进来,搜!"百灵鸟和一个泰赤乌人走了进来。奶桶里、箱子里、衣服堆里——凡能藏人的地方,都翻遍了。

锁儿罕失剌装作被吵醒的样子说:"你们在找什么?"

脱朵失望地踢了一脚赤剌温面前的肉盆,赤剌温一下子跳起来,抓住脱朵:"你?!走,我们去找塔里忽台首领说理去!"

脱朵眼珠一转:"哎,你妹妹合答安呢?"

合答安走了进来。脱朵推开赤剌温,走近合答安:"你深更半夜的去哪儿啦?"

合答安一瞪眼睛:"我干吗要告诉你?"

"你不说就是有鬼!"。

锁儿罕失剌护住女儿:"脱朵,女孩子的事你也管吗?"

合答安白了脱朵一眼,脱朵语塞。百灵鸟对脱朵说:"没有就走吧?"

"不,到外边搜搜!"脱朵说罢走出包门。

锁儿罕失剌一家随着脱朵等走出来。脱朵将勒勒车的上下、羊栏、捅马乳的牛皮桶都查看了一遍,最后他的目光落在羊毛堆上。

锁儿罕失剌等人紧张起来。脱朵走到羊毛堆边,听了听,然后用枪往里边戳了戳。

锁儿罕失剌和合答安交换了一下担心的目光。脱朵回头看了看,锁儿罕失剌干咳了两声。脱朵对百灵鸟说:"把这堆羊毛给我翻个个儿!"

百灵鸟和另一个泰赤乌人走近羊毛堆,一面一个,一抱一抱地倒着羊毛。脱朵在一边站着,目光在锁儿罕失剌、合答安、赤剌温和羊毛堆上游移着。

百灵鸟抱起一抱羊毛,露出了铁木真的头。铁木真惊恐地看着百灵鸟。百灵鸟赶紧示意他不要作声,又示意他挪到翻过的羊毛一边。铁木真照做了。百灵鸟迅速将一大抱羊毛堆在铁木真身上,不一会儿,铁木真便被埋在新堆起的羊毛里。这时,一大抱羊毛堆在铁木真露出的脚上,百灵鸟吃惊地一看,是另一个泰赤乌人干的。两个人都不动声色。大堆的羊毛变成小堆了。脱朵抬手命令道:"停下!"他走到羊毛堆边,用枪往里边用力戳去,一下、两下、三下,上上下下戳了个遍。

合答安的心抽紧了,锁儿罕失剌的眼睛瞪大了,说着紧紧攥起了拳头。脱朵失望地停了下来。赤剌温反过劲儿来,冲上去揪住脱朵:"脱朵,你找啊,翻哪,搜啊!铁木真在哪儿?在哪儿?在哪儿?"

脱朵气馁地后退着。赤剌温拉住他:"走,我们去找塔里忽台首领说理去!"说着扯着脱朵走开了。百灵鸟和另一个泰赤乌人像什么事也没有发生一样,跟着走了。合答安见人已经走远,赶紧奔到剩下的小堆羊毛前,一抱一抱地翻了起来,直到把羊毛抱光,也不见铁木真。铁木真从另一堆羊毛里钻出头来。合答安一屁股坐在地上哭了起来。

是命运之神还是历史老人,把一个本来可以享受锦衣玉食的黄金家族的后代,无情地投入了一次次生与死、铁与血的磨难之中。也许正因如此,这个被命运和历史虐待了的铁木真,才改变了欧亚两洲的历史和命运吧!

铁木真含泪上马,兜着圈子,不忍离去地看着合答安。合答安哭着跑进蒙古包。锁儿罕失剌用力打了马一鞭子,马扬蹄而去。合答安又急忙跑到门口,父女俩望着消失在夜幕中的铁木真,合答安扑通一声跪下来向长生天祈祷:“长生天保佑他吧!”

铁木真策马奔跑着,月光下他的眼睛里泪光闪闪。

回到自己家的营地时,铁木真愣住了。他离开时的营地上只剩下一缕缕青烟和一堆堆灰烬。“妈妈——”他转着圈子大声喊道:“哈撒儿——别勒古台——”回答他的只是空谷回音。

铁木真颓然地坐在石头上。忽然,他被一只手拉起来就跑。铁木真扭头一看,是他的安答札木合。两个人迅速跳进一个土坑,转身伏在坑边向远处望去。一支马队远远地出现了,二龙吐须阵势围了过来,为首的正是塔里忽台。泰赤乌人到了废墟前,兜马转了一圈,塔里忽台朝另一个方向奔去,马队跟随他,像来时一样快地走了。两个人放心地坐了下来。铁木真取出水袋喝了一口水,递给札木合:“你已经长成一条汉子了!”

“几年没见,你已经成了草原上到处传颂的射雕英雄了嘛!”

“这几年发生的不幸太多了!我的一家人也不见了……”

“我知道他们在哪儿。”

“啊?!他们在哪儿?”

“等一等,不要着急嘛,我要再次同你结为安答!”

“现在我正在落难之中,一无所有,而你……”铁木真打量了一下札木合华丽的衣服。

札木合郑重地说:“铁木真,你是高贵的黄金家族,我是札答阑的后代,可是你一点儿也不嫌弃我,同我两次结为安答。现在你落难了,我们发过誓,要有福同享,有难同当,我一定要帮助你重振孛儿只斤氏黄金家族!”

札木合取出一支箭,握住一端伸向铁木真。铁木真果断地伸出手紧紧握住另一端。

地上三堆土,土上插着九根草棍。二人一起跪下对天盟誓:“长生天在上,我铁木真(札木合)愿与札木合(铁木真)结为安答。今后愿同生死,不相弃,有福同享,有难同当。如违背此盟,天地不容!”

二人磕头,站起来紧紧地拥抱在一起。

“大哥回来啦!”哈撒儿见铁木真骑在马上喊道。

在山上挖野菜的别勒古台、合赤温手拿着桧木橛子迎上来,笑着、跳着跟在马后奔跑着。在河边玩耍的帖木格、帖木仑也迎上来,笑着、叫着跟在马后奔跑。

别妻和豁阿黑臣迎出了帐篷。铁木真下马,把缰绳交给哈撒儿。

诃额仑在门口出现了,她嘴唇抽搐,泪如雨下,半晌说不出话来,只是向儿子张开手臂。铁木真大步走向母亲,一下子跪在地上。

“铁木真,铁木真,铁木真!”诃额仑搂住儿子的头喃喃地念着他的名字:“你可回来了! 把妈妈想死了!”

豁阿黑臣呜呜地哭了起来:“小主人平安地回来了,你还哭什么呀?”她嘴里劝别人自己却哭得更厉害了。

铁木真感情激动、绘声绘色地向全家叙述了自己这些天的经历。塞翁失马,安知非福,死里逃生,名扬天下。面对着一个又一个突如其来的灾难,铁木真没有被吓倒、被征服,而是不息地奋斗,勇敢地抗争。在危难中,他不仅结识了几个可以生死相托的知心朋友,而且遇到了品德高尚的恩人与情人,而“射雕英雄”的名声从此也传遍了蒙古草原内外。

诃额仑听到铁木真讲述脱险的经历后颇为感慨地说:“铁木真,以后若是有机会一定要好好报答他们的恩情!”

铁木真说:“我们现在要立刻把蒙古包拆掉,马上搬走。今后我们要经常转换营地,塔里忽台是无论如何不会放过我们的!”诃额仑的脸色严峻起来。

第六章　牧羊人巧逢怪道士　铁木真偶遇心上人

铁木真的事业刚刚出现一点转机，他的敌人却正在处心积虑地策划着一场对他的报复行动。

两个蔑儿乞人与已经蓄了胡子的赤列都的弟弟赤勒格儿一前一后簇拥着铁木真兀格的儿子札邻不合与他的儿子走向蔑儿乞首领脱黑脱阿的金顶大帐。一行人在大帐门前停了下来，赤勒格儿率先走进了大帐。一会儿，三姓蔑儿乞人的首领——脱黑脱阿和合阿台、答亦儿兀孙随赤勒格儿一同走了出来。

“是尊贵的塔塔儿首领札邻不合屈尊驾到了吗？请进！”脱黑脱阿让道。

札邻不合一面进帐，一面嘲讽地说：“啊，原来蔑儿乞人还在，还这么兴旺，这么富有。”

合阿台眉头微微一扬，反问道：“年轻人，你这话是什么意思？难道有谁向你说过，我们蔑儿乞人从草原上消失了吗？”

札邻不合一笑说：“那倒也不是。只是我从四岁那年被蒙古人赶出了自己的营地，失去了我的父亲铁木真兀格之后，好像就再也听不到蔑儿乞人的消息了。是不是你们把也速该抢了赤列都的妻子的那个深仇大恨，扔进牛粪炉子里，烧成灰烬了？”

合阿台眼睛一瞪：“我们在积蓄力量，等待时机！”

札邻不合仍旧一脸嘲讽地说：“是吗？现在你们认为积蓄的力量是不是可以打败那个率领不到一百个男人的射雕英雄铁木真了呢？”

脱黑脱阿太不喜欢这个傲慢无理的塔塔儿人了：“札邻不合，你千里迢迢地来到这里，不是为了羞辱我们蔑儿乞人的吧？”

“我是来送给你们一个报仇雪耻的机会。”札邻不合对脱黑脱阿说：“也速该的儿子铁木真，正迎娶他的新婚妻子走在路上。偏巧这妻子同当年也速该抢走的赤勒格儿的嫂子诃额仑一样，也是弘吉剌部的美女。”

赤勒格儿一震，他想到了当年自己同哥哥在迎亲回来的路上遇见蒙面的也速该抢亲杀人的残酷一幕，血都沸腾了，他要为赤列都报仇。

脱黑脱阿的眼睛里射出仇恨的光。

不儿罕山山前，克鲁伦河河畔。

公元 1179 年的一个夏日。这一天，不儿罕山从早到晚一直为铅色的阴云笼罩着，有几分沉闷，也多了几分神秘。

夜色渐浓时，一轮皎洁的明月终于冲出了凝滞的云层。

沉闷的暮霭立时变得清朗了许多。若浓若淡的月色开始漫不经心地洒在草地、河流和蒙古包上，漫不经心地勾勒出一幅静谧的夜景。

就在这时，在轻纱般的昏暗中出现了两个快速游动的身影，这两人好似天外过客一般，一眨眼间就来到不儿罕山前。他们脚步轻灵，穿行于错落各处的蒙古包之间，竟然没有惊动那些听觉敏锐的牧羊犬。待得来到近前，但见二人羽衣黄冠，装束奇特，原来是草原上难得一见的中原道士。此时，几经跋涉之后，二人虽然脸色憔悴，甚感饥渴，但却依然健步劲走，显然身负较深的武功。两人一壮一少，壮者为一身材高大的中年道士，只见他胸前斜挂两柄长剑，瘦削的脸上一双眼眸精光四射，虽然身处昏暗却也凛然生威。更奇的是，他的背上居然还背着一个熟睡的孩子。在他的身后是一年轻道士，月色之下但见他身材适中，面目清奇，雍贵的气质倒更像一位世家子弟，只是他虽然身无负重，仍只能勉强跟上中年道士。

他们直奔克鲁伦河而来。尚未及河边，中年道士已感到冷冷水气，他轻轻吐出一个字："水。"

"还有一个人。"说话的却是他背上的那个孩子。

孩子说得没错，克鲁伦河畔的确是有一人。此刻，那人正盘膝端坐在草地上，好像一尊凝固的雕塑。在静夜里出现这样一个人原本已经让人有些惊讶，更令人不可思议的是，月光居然一点点在他身上汇集起来，直至在他的周身罩上了一层闪烁不定的淡橘色光环。年轻道士急忙垂下眼睑，以为自已窥到了天地灵光，心也怦怦乱跳起来。

当他再抬起头时，光环已然消失，只剩下一个凝然不动的魁梧背影如岩石般矗立，显现出一种恒定和气势。

孩子挣扎着从中年道士的身后滑落下来，随手摘下一个盛水的钵盂，向河边飞跑过去。可是，此时吸引他的已不是克鲁伦河清澈的河水，而是那个奇怪的"雕像"。他在河边蹲下来，目不转睛地注视着"雕像"。许久，他用维吾尔语轻声问："你是人吗?"

"雕像"动了动。孩子看到了一张无法形容却终生不能忘怀的脸，幼小的心灵升起了一种天真的崇拜。"你是人吗?"他继续问，用的却是契丹语。

"雕像"微笑了，这是一位很年轻的牧人。他听不懂孩子的话，不过看出孩子是赶过远路的。他走向孩子，从他手中接过钵盂，舀了满满一钵盂水，"喝吧。"然后用表情说。孩子没有急着喝水，而是回头向他的同伴招手："师父，师兄，快来啊。"

牧人回头注视两位外乡人。年轻道士立刻被两道深邃的目光所吸引，尽管他学道多年已有很高的定力，却仿佛无法自拔。一时之间，他竟有点痴了。

被称作师父的中年道士以痛饮来催促两位徒弟不要耽搁。喝完后他们又将随身的牛皮水袋灌满，准备上路。孩子边走边向那位奇特的牧人招手，也不管他能否听懂，执著地说："除了我师父、师兄，你是我见过的最不一般的人。别忘了我们，我叫瑞奇峰，西辽人，他们是我的师父青松道长和师兄石抹重辰。等我长大了，说不定会来找你。你叫什么名字？"

年轻牧人依然微笑着。他并不知道孩子在说什么，但他能感受到一种期待的眼神。他缓慢地举起手，向孩子挥了挥。

牧人的身影逐渐模糊。当月光下碎银一般的克鲁伦河完全退隐进无际的黑暗中时，中年道士蓦然回首，一张因久历风霜而冷肃的脸亦骤然而变——多年前，他应蒙古部的忽图赤大汗之邀参加一个孩子的隆重的人篮仪式时，曾听过一个神奇的传说，而此刻，他突然产生了一个奇怪的联想。他不由得喃喃自语，声音低沉却充满敬畏："传说十多年前，漠北草原出现了一个手握赤血块出生的孩子，莫非此人就是他？"

是的，是他。这个年轻牧人就是传说中的那个孩子，许多年后名震世界的成吉思汗，而此刻，他的名字叫铁木真。

两匹白马沿着捕鱼儿湖（贝加尔湖）迤逦而行。一路行来，由于一直没有见到人烟，年少的骑手开始焦躁起来："大哥，还要走多久才能到啊？"

"别勒古台，你累了？"铁木真心不在焉地问。

"不累。我是着急，我想快点看到新嫂嫂，看她长得美不美。"

铁木真的心中蓦然掠过一丝奇怪的不安。他倒不担心成人后的孛儿帖是否美丽，他所担心的是，九年的时间是否已让一切物是人非。

毕竟，九年是段不短的时光。

父亲去世那一年，铁木真只有九岁，他的二弟哈撒儿七岁，异母弟别勒古台六岁，四弟合赤温五岁，五弟帖木格三岁，还有一个妹妹尚在襁褓之中……

"大哥，你怎么不说话？你在想什么？"

"我在想，"铁木真收回思绪，默默地看着弟弟，"我们应该先找个人问问清楚。"

"到哪儿找人？这个地方连个羊腿都不见……咦，那边真还过来了一个人。"

铁木真顺着别勒古台手指的方向望去，只见一匹通体乌黑的骏马在草原上狂奔，离他们越来越近，越来越近……

不好！铁木真心中暗惊。"别勒古台，你待在这里别动。"他一边叮嘱一边催开了坐骑。没容别勒古台明白过来发生了什么，铁木真已向黑马迎头冲去。就在马头相错的瞬间，铁木真双脚离镫，以一种快得令人难以置信的速度向后滑落，接着又在空中拧过身来，从一侧稳稳地扣住了惊马的口环。整个过程如兔起鹘落，一气呵成，别勒古台看得眼花缭乱。

惊马"突突"打着响鼻，四蹄腾动，似要摆脱突如其来的控制。铁木真借着冲力向前滑动了几步，便稳稳地定在了地上，任凭惊马如何挣扎，他都纹丝不动。几番较量，惊马终于温驯地垂下了头，心甘情愿地服输了。

铁木真松开马嚼子，长长地吁了口气。直到这时他才发现，马背上还坐着一位少女，惊马如此狂奔，真难为她竟没摔下来。

"姑娘，没事了。"他爱怜地拍了拍马脖子。

少女却好似呆了一般，一双眼睛直直地看着前方，面如白纸。

"姑娘，没事了，下来走动走动吧。"

少女这回听懂了。强烈的惊悸与后怕，使她眼前一黑栽下马去。铁木真眼疾手快，一把接住了她："别勒古台，酒。"

几口酒下去，少女的脸上慢慢浮出血色。过了一会儿她睁开了眼睛，首先映入眼帘的是抱着她的铁木真的脸。"我怎么了？"她懵懵懂懂地问。

"你的马惊了。现在，你感觉好些了吗？"

"我头晕、恶心，我……"少女猛然意识到自己还躺在一位陌生男人的怀里，不由得羞红了脸，挣扎着站起身来。

铁木真牵过少女的马，那马一副做错事的样子，胆怯地垂着头。"上马吧，我可以送你一程。"

"不，不！"少女满脸张惶，"这马我说什么也不骑了，我走着回去。"

铁木真又是好笑又是怜惜地打量了少女几眼，有那么片刻，他暗自惊诧少女的清丽："你叫什么名字？家住哪里？"

"我叫玉苏，家在前面不远。大哥你们呢，是过路的还是找人？"

"找人。"

"可以告诉我找谁吗？或许我认识。"

"德薛禅。"

"你找孛儿帖姐姐的阿爸呀——太巧了！这样吧，你跟我走，我带你去见一个人。"

"你认识孛儿帖？"

"在我们这里，有谁不认识孛儿帖姐姐呢？大哥，你别多问了，我保证给你一个惊喜。"

玉苏仍旧不敢单独骑马，铁木真急着赶路，只好让她坐在自己身后。天近晌午时，他们来到一个地方，这里人很多，你来我往的，显然人们正在为一场即将举行的婚礼忙碌着。玉苏跟主人打了招呼，好客的主人暂且将远道来的客人安置在一棵树下席地而坐。不多时，一位身着素色衣衫的姑娘亲自为铁木真兄弟送上了马奶酒。

四目相对的一刹那，铁木真不觉呆住了。他看到了谁？为什么他的心跳会加快、嘴里会发苦？他并不认识这位姑娘，却又似乎有点熟悉，只见她身段苗条灵巧，皮肤象牙般洁白细腻。尤其是她的眼睛，仿佛缀在天幕上的启明星，眼波明亮而温柔。姑娘的出现，像秋月黯淡了星光，像春泉冷落了群芳……她究竟是谁？但愿她不是孛儿帖——但愿她就是孛儿帖！

姑娘的目光也滑过一丝疑讶。是什么促使她一定要走近些看看他的脸？是那支骤然拨响在她心间的《神鹰曲》，还是年少时就已熟悉的等待和梦想？她不知道，她只知道从她第一眼看到他起，就想走近好好看看他的脸，看看他的目光……

"孛儿帖，快来啊！"那边有人在叫，姑娘答应了一声就要离去，临走前特意转身又看了铁木真一眼。铁木真此时早已站起，目光中仿佛燃烧着两团火："孛儿帖，真的是你吗？"孛儿帖的眼中顿时盈满了泪水，一个刻骨铭心的名字就在她红润的双唇间颤动。

"孛儿帖！"铁木真竭力克制住内心的激动，温和地说，"我正准备去看望你和先生。"

多么熟识的称呼！九年来朝思暮想，长生天真的给她送来了他。孛儿帖再也顾不上众目睽睽，任凭泪水滚滚落下："铁木真……"

看着她精致优雅、不染风霜的脸，铁木真欣喜过后，恍然意识到这九年来他与孛儿帖的生活，好似天上地下。"孛儿帖，没想到吧，我这样来了。"他心平气和地示意自己简朴甚至称得上寒酸的衣着。

孛儿帖全不在意："你来了就好，只要是你来了就好。"

"孛儿帖，他就是铁木真吗？"一位衣着与气度都与众不同的青年分开人群，似有不恭地问。

孛儿帖含笑点头："铁木真，你还记得越图公子吗？迭克首领的侄儿，小时候我们在一起玩过。今天就是他的妹子出嫁，越图请我来帮忙。"铁木真猛然想起，友好地向越图伸出手。越图却视而不见，只对孛儿帖说："母亲让我来找你，妹妹要重新盘一下头。"

"我知道了。"孛儿帖急忙看了铁木真一眼。莫名其妙地受到如此冷遇，铁木真居然处之泰然，孛儿帖的内心升起一种真切的敬意。九年等待，但愿长生天不负她的痴情，给她一个值得她爱的男子汉。"婚礼一结束，我就带你回家。玉苏，你也过来帮个忙。"

"好的，姐姐。"又转向铁木真调皮地笑道："我说带你去见个人，见对了吧?"

重新站在德薛禅雄阔的大帐前,铁木真的内心可谓五味俱全。得到通报的德薛禅和夫人朔坛匆匆迎出帐外。"岳父、岳母。"铁木真大礼参拜,别勒古台也跟着跪在大哥的身后。德薛禅急忙搀起兄弟俩,一手一个,注目端详。如果说,九年前德薛禅曾为铁木真感到过吃惊,那么此次的惊奇则更胜上次。艰难和挫折不仅未能磨去他的锐气,反倒为他平添了许多坚韧和成熟,德薛禅欣赏的正是这样的男子汉。

亲人团聚,自有说不尽的悲喜,道不完的思念。朔坛夫人拉过铁木真的手,真是看也看不够,问也问不完:"我的孩子,这些年你到底是怎么过的?你的母亲,弟弟妹妹,他们都还好吗?"

"都好。您不必太牵挂。"

"怎么能不牵挂呢!我猜也猜得出来,这些年你们一定吃了不少苦,而且我知道最苦最累的一定是你的母亲诃额仑。要说诃额仑,年轻的时候在我们翁吉亦惕部那可是最美的姑娘,眼睛亮得像天上的星星,哪个小伙子要是被她看上一眼,一宿都会睡不好觉。这些年没有了丈夫有力的臂膀,她仍将你们一个个培养成今天的男子汉,光凭这一点就知道你们的母亲是多了不起了。对了,孩子,我怎么听说你还遭到过泰亦赤惕部塔里忽台的追杀?"

"是。不过,天无绝人之路,一家好心的牧民救了我。"

"塔里忽台可是你阿爸的堂弟啊,他居然做得出这种事情,长生天一定会惩罚他的。只可惜这些年,你岳父一直打探不到你们的消息,要不,你们也不会遭这么多罪。"

"没关系,都过去了。再说,苦难也是一笔不小的财富啊。"

"可……"

德薛禅含笑打断了夫人的话头:"好了,夫人,闲话稍后再叙,我们还是先说正事吧。我刚才在心里盘算了一下,三天后是个黄道吉日,我们不如给铁木真和孛儿帖把婚事办了吧,你觉得如何?"

"好。是该早点给他们完婚了,这样一来,也好了却我们多年的心愿。"

"可是……"铁木真张口欲言。

"怎么?你觉得时间不合适吗?"

"不,不!女婿是有点惭愧,因为此次来得匆忙,并不曾带来聘礼。"

"这是小事,你无需放在心上。当年你阿爸曾留下过聘礼。"

父亲留下过两匹从马,但那实在算不上真正的聘礼。

看到铁木真依旧无法释怀,德薛禅说话的语气也变得严肃起来:"你若是实在过意不去,从今以后就用你矢志不渝的爱与一个统一了的蒙古土地作为送给孛儿帖的礼物吧。可以成为孛儿帖丈夫的人，应该是具备包容天地万物的心胸，这才是最重要的。”

铁木真抬头注视岳父，没有说话，只有神情肃穆而坚定。

第七章 铁木真娶亲遭为难 孛儿帖不幸被掳劫

夜幕垂落，星月如画。

铁木真独自站在河边，深深呼吸着凉爽的水汽。在这一刻，他很难理清缠绕心头的万千思绪，岳父一家的态度既在预料之外，又在意料之中，但是他不可以将内心深沉的情爱搁置在一旁，恢复一种理性的思考：让孛儿帖一副柔嫩的肩膀去帮他承担生活的重担，他真会心安理得吗？明天是否应该将一切实情坦言相告，给孛儿帖一个重新选择的机会？

起风了，河面上水波鳞动，恰似他起伏不定的心潮。没有听到脚步声，却听到一声温柔的微责："天凉了，你就这样站着？"

铁木真急忙循声望去，静夜中，孛儿帖双眸如星。"你还没睡？"

"我看见你出来，就来寻你。我在你身后站了许久，在猜着你的心事。"

"我的心事……你猜到了什么？"

"你一定在担心，怕我吃不了苦，所以你准备将一切都告诉我，让我按照自己的心愿做出选择。"

铁木真讶然望着孛儿帖，意外使他半晌无言。

孛尔帖恬淡地笑了，语气中流露出不可更改的决心："即使漂泊不定、缺衣少食的生活，也不会让我改变初衷。记得小时候每当阿爸给我们讲完故事后，你总是要我为你弹唱那支《神鹰曲》，你说你希望自己长大后能像神鹰一样自由翱翔。现在你长大了，马背就是你的翅膀，而我，会用我的一生为你弹唱。"

"孛儿帖，你……你说的当真？"

"当真。铁木真，我不想瞒你，在我等你的这些年，我常常问自己，如果我等待的铁木真是个很平庸、很普通的男人，我还会嫁给他吗？我一直找不到答案。可是，当你昨天意外地出现在我的面前时，我才意识到答案其实早存于我的心灵深处。经历了挫折和磨难之后，如果你还会出现在我的面前，只能证明一件事：坚韧、机智和顽强。一个具备这种品质的人，再加上敏锐的头脑、宽广的心胸，天下还有什么事可以让他畏缩不前？苦难是试金石，在苦难面前只有两种人，一种是勇士，一种是懦夫。"

"孛儿帖，"铁木真情不自禁地伸出双臂，将心爱的姑娘揽在怀中，"得你这句话，我铁木真也不枉此生了。"

孛儿帖温存地摇摇头:“得与你相伴,我将心甘情愿地接受命运安排给我的一切,既不奢求,也不抱怨。我很明白,你不会只属于我,或者只属于任何其他的女人,你属于马背,属于草原。等有一天你跨上战马时,让长生天为我作证:我的爱会成为你的盔甲,你的利剑!”

铁木真更紧地拥住了孛儿帖,胸中似有万马奔腾。可遇而不可求的天赐良缘,命运化身为美丽聪慧的孛儿帖,对他九年艰辛备尝的生活予以厚报。人生若此,夫复何求?

一水月影,尽被夜风拂皱,繁星如眼,静静地、温情地俯视着如此相知相惜的一对爱侣。

婚礼如期举行。草原上的婚礼有一套固定的程式,即订婚、献哈达、喝许亲酒、送彩礼、敬酒取名、拜天娶亲,是为“六礼”。行过“六礼”后才能迎娶新娘。

拜天娶亲前,女方家的亲友傧相常常要出许多题目百般刁难新郎,这既是为了增加婚礼的喜庆气氛,也是为考验新郎的智慧,所以新郎必须做好过文关、武关的准备。

铁木真倒没有太多的担心,岳父特意为他请了一位见多识广的老人做他的首席傧相,老人尤其擅长祝颂竞唱,几个时辰的唇枪舌剑,你来我往,铁木真终于被簇拥着走到一座新起的五彩帐前。孛儿帖就在帐中,铁木真多想快些看到那张梦萦魂绕的笑脸。

“且慢!”一个青年武士拦住了铁木真,冰冷的话语里极尽挑战之意,“你还有三关未过,难道就想摘走我们翁吉亦惕的月亮?”

铁木真显然早有预料,不慌不忙地笑道:“请越图公子出题。”

“你说,什么最能显示草原男儿的本领?”

“驯马、摔跤、射箭。”

“好,你来看,那边的马桩拴着一匹野马,或许还是一匹疯马,我手上有一把弯刀,你是要驯服它,还是要杀死它,随你。”

铁木真顺着越图手指的方向望去,只见一匹鬃毛蓬乱、双目贯血的黄骠马正在拼命挣扎,它的四蹄被结实的牛皮绳拴在桩上,却仍然野性不减,真想不明白当初它是如何被捉住的。铁木真略一思索,从越图手中接过弯刀,向野马走去。人们屏住呼吸,紧紧注视着他的一举一动。

野马看见有人近前,野性发作得更厉害了。铁木真围着它转了几圈,越看目光中的赞赏越浓。他伸手拍拍马脖子,随即抽出弯刀割断了拴绑它的绳索。就在最后一道绳索断裂的同时,铁木真敏捷地跃上马背。立刻,野马像箭般冲了出去,转眼消失在人们的视线外……

一个时辰过去了,天色渐晚,仍不见铁木真的踪影。不少人都坐不住了，越图也有些后悔，生怕铁木真有个三长两短。正在焦急时，一匹快马急驰而至，马上之人边跑边兴奋地大喊："铁木真回来了，铁木真回来了！"

果不其然，不多时，只见一匹无鞍马驮着一位勇士从远处缓缓而来。在短暂的惊愕之后，人群中不觉爆发出山涛般的叫好声。是啊，二十多位各部勇士也未制服过的野马，此时在铁木真手下仿佛变成了一只驯顺的小鹿。

铁木真径直来到越图的面前，平静地问道："还有什么？"

越图注视着他，目光里已经少了几分妒意，多了几分敬重。他拍拍手，立刻，一个有如半截铁塔似的黑壮大汉推开人群站到越图的面前，瓮声瓮气地问："主人，你要我同谁摔跤？"

越图以目示意铁木真。

"是你吗？"他转身望着铁木真，铁扇一样的大手随便地在铁木真的肩头拍了拍。

被拍的肩头如受重击，铁木真不易觉察地皱了一下眉头。他明白，对付这样一个"铁塔"，只可智取，不能力敌。

"铁木真，不论你用什么方法，只要能将他摔倒，就算你赢。"

人群自动让开一块空地，屏息注视着一场即将开始的恶斗。铁木真却并不急于出击，而是站在几米开外从上到下打量着黑大汉，思考着对策。忽然，他向黑大汉走去，黑大汉以为他要有所行动，急忙站稳身形，准备迎战。不曾想铁木真依然没有发动攻击，而只是走近前去，俯在黑大汉耳边低低说了几句什么，随后就见黑大汉脸色一变，双臂随之抬起。说时迟，那时快，对这突如其来的变故人们尚未及反应，铁木真的双臂这时已闪电般地托住了黑大汉的腋下。黑大汉只觉半边身子一阵酸麻，脚下不由得打了个趔趄。旁观者但见铁木真身形闪动，仿佛只是不经意地随手一拉、一推，再看黑大汉时，竟已然立足不住，一个跟头重重地摔在地上。

一时间，所有的人都惊呆了。自跟随越图以来，从来没有人摔倒过黑大汉，而铁木真竟在一招之内"解决"了他，这究竟是神助还是天意？越图再也顾不得体面，从地上一把揪住黑大汉的衣领，怒道："你……你……这是何故？"

黑大汉的眼中露出一丝惊惧，好久才讷讷回道："他说，'你的主人不该对我不限条件，这对你很不利，因为我不会跟你硬拼，而会找你的弱点打。你有两处地方需要格外注意，一处是你的眼睛，另一处我待会儿告诉你。我要出招了，小心！'"

越图回头望着铁木真，慢慢站起身来，目光中闪动着复杂的光芒。他与孛儿帖青梅竹马一同长大，尽管他明知孛儿帖已经许配给铁木真，也知道这些年孛儿帖从未忘情铁木真，可他的内心始终存有一份痴念，他希望有一天能证明他比铁木真强，更希望能以此得到孛儿帖的爱。但现在，他突然发现铁木真实在不是比他强一点半点，铁木真不但轻而易举就打败了他，而且让他输得心服口服。

"越图公子，第三题呢？"

越图犹豫了片刻，竟一时说不出该让铁木真去射什么。蓦然，他瞥见了天上的一轮明月，脑子里突然一阵冲动，一个念头也脱口而出："你能把天上的月亮射下来吗？"

人群一片哗然。铁木真似乎也愣住了。

迭克首领实在看不下去了。侄儿设"三关"为难铁木真倒也罢了，怎么能提出这种无理的要求呢？他正欲出面干涉，一个轻柔而又镇定的声音在沉寂中响起："铁木真，看着我！"

人们循声望去。不知何时，孛儿帖出现在新帐前，她已脱去新娘妆，换上了她与铁木真重逢相见时的那身素淡的衣衫，尤其令人费解的是，她的手中还举着一面精致的手镜。只有铁木真立刻明白了她的心意。在众人的疑惑中，只见孛儿帖不慌不忙地将手镜噙在口中，镜面斜上，映出一轮明月。

面对心上人期许的目光，铁木真缓缓摘下弓箭。

"不！不要射！我认输！"越图大叫。

铁木真没有理会越图，他的心里、眼里只有月光下那个不惜以生命为他做靶标的女人。他明白这一箭他必须射出，因为孛儿帖要他全始全终。他也明白这一箭射出有多难，因为无论角度还是力度，只要有一点出现偏差，他都会遗恨终生。

弓，在他手上慢慢拉圆……所有的声音忽然都消失了。朔坛夫人刚要站起，却被德薛禅伸手按住了。在众人仿佛十分漫长的注视中，只见铁木真松开了手——弦响箭出，直奔孛儿帖而去……

手镜应声而碎。孛儿帖傲然挺立，渗出血迹的嘴角露出了会心的笑容。

短暂的惊愕过后，越图第一个冲向铁木真。接着，其他人也冲过去，他们将铁木真抬起，欢呼着抛向空中……

蒙古包里聚着铁木真一家人。诃额仑对孛儿帖说："你我都是弘吉剌人，自古以来弘吉剌与蒙古乞颜部就结为姻亲，你到了这里也算亲上加亲了。按蒙古人的规矩，你是长嫂，如果弟弟妹妹们有什么不是，你要多加指教。"

孛儿帖点头不语。德薛禅夫人说："孛儿帖是我们家唯一的女儿，在家娇惯了点儿，还望亲家多多指点。亲家儿女成群，个个英雄豪爽，黄金家族后继有人了！孛儿帖能成为一个英雄的妻子，也了却了我和德薛禅多年的心愿。"

诃额仑真诚地说:“亲家过奖了。自从也速该不幸早逝,我们家道中落。要复兴祖业会有千辛万苦,孛儿帖将要和我们共同承担这份艰难,我真有些过意不去呢。”

孛儿帖抬起头说:“婆母,我父亲告诉过我,勤劳是最可靠的朋友,安逸是最凶恶的仇敌。我愿意和铁木真一起吃苦,一起奋斗。”

小妹帖木仑突然冒出了一句:“嫂子真是个好嫂子!”一句话逗得众人开怀大笑。

这天清晨,孛儿帖和帖木仑在挤马奶。她忽然感到一阵恶心,帖木仑吃惊地问:“嫂子,你怎么了?是不是病了?”孛儿帖摆摆手。帖木仑拔腿就跑,孛儿帖想叫住她,又一阵恶心袭来,她弯腰想吐。帖木仑已经跑进了蒙古包。

不一会儿,德薛禅夫人急匆匆跑出来:“孛儿帖,孛儿帖!哎呀,你是不是累着了?”孛儿帖摇摇头。德薛禅夫人恍然大悟,对着女儿的耳朵悄悄问了句什么,女儿点了点头。德薛禅夫人笑了。

这时帖木仑拉着诃额仑赶来。诃额仑关切地问:“孛儿帖怎么了?”德薛禅夫人对她说了句什么,两人开怀大笑起来。帖木仑大瞪着眼睛,不知所以……

德薛禅夫人准备回去了。她打开包裹,取出一件黑貂皮战袍对诃额仑说:“这是我和德薛禅送给翁姑的礼物,请夫人收下吧!”诃额仑和她的儿女们惊讶地看着战袍。这是一件黑貂皮战袍,太贵重了。

德薛禅夫人解释说:“其实这战袍原本就是蒙古部落的瑰宝。当年俺巴孩可汗同塔塔儿人、女真人作战,常常穿这件战袍。他去世三周年的时候,你们乞颜部立了一块九尺高的石碑,请了我家的德薛禅用九天九夜刻下了九十九个契丹字的碑文。这件战袍是作为酬谢给了德薛禅的。今天,也算物归原主了。希望铁木真能继承俺巴孩汗的遗志,干出一番惊天动地的伟业来!”铁木真庄重地接过战袍。

德薛禅夫人上了车,车子动了。孛儿帖流着泪跟车送行,车子越走越快,孛儿帖恋恋不舍地跟着车子跑。德薛禅夫人在车上喊道:“孛儿帖,你自己好好照顾自己啊!”孛儿帖终于站住了脚,车子越来越远了。孛儿帖捂着脸抽泣,铁木真用臂膀搂住了她。

桑沽尔溪边竖起了一座洁白的毡帐,铁木真迎回了自己美丽的新娘。

送亲的人已陆续返回了,玉苏却执意留了下来。她告诉孛儿帖:来之前她已经征得父母的同意,她要陪伴孛儿帖,回报铁木真对她的救命之恩。

靠着岳父的鼎力相助,一些过去曾经追随他父亲,后来却被迫离去的旧部重又聚集在铁木真周围。作为他下步计划的第一步,他派哈撒儿去请他的挚友博儿术。一年前，他因家中马匹被盗，得博儿术全力相助夺回失马，从此之后，俩人结成莫逆之交。

常言道，一日不见，如隔三秋。而今一年阔别，竟恍若隔世。与博儿术相见拥抱时，铁木真最深的感受莫过于此了。时间的推移，无限地延伸了朋友间的情谊，他感到他比任何时候都需要博儿术的帮助，纵或他此时依然一无所有，心中却仿佛装有千军万马。

铁木真和博儿术反复商议了他们的下一步行动，最后得出共识：以他们目前的处境，要想立足草原，必须尽快找到一个坚强的靠山。然而，谁比较合适呢？草原上实力最雄厚的当属克烈部落首领脱斡邻汗，但脱斡邻汗未必肯帮助那些与他素昧平生的人。

这个话题一直持续到饭后的闲聊。诃额仑夫人听两个年轻人一再提到脱斡邻汗，忍不住插话道："若说起脱斡邻汗，与我们家倒也有些渊源。他曾与你阿爸结拜过，他们是安答（结义兄弟）。"

铁木真顿觉精神一振。"安答"是一种神圣的关系，但是为何以前从未听母亲说起过呢？"母亲，您给我们详细说说。"

诃额仑夫人将手中赶制的衣服放在膝上，微微眯起眼睛，脸上显出回忆的神情。"那是很久以前的事了。那会儿，你还不到两岁，有一天，脱斡邻汗带了几个随从来到我们的营地，一副很狼狈的样子，请求你阿爸出兵助他夺回汗位。说起来，这也是脱斡邻汗自己造的孽，当年为了争夺汗位，他杀死了自己的好几位弟兄，他的叔父忍无可忍，才从乃蛮借来军队出其不意地将他赶下汗位。他四处借兵碰壁，不得已前来求助你的阿爸。你阿爸一向视扶危救困为己任，听了他的哭诉，当即发兵跟他去了。汗位被顺利地夺了回来，他就在黑林与你阿爸结为安答。后来，他的儿子桑昆出生了，他又将你认做义子，说是要你给他儿子做兄长。"

"既然如此，您一定了解脱斡邻汗的为人了，为什么这些年来您从未打算过寻求他的帮助呢？"

"儿子，脱斡邻汗不是那种知恩图报、胸襟广阔的人，他为人贪吝自私，又耳软善变，你若不设法打动他的心，单凭你父亲的旧情，他未必肯真的对你施以援手。所以，妈妈劝你还是要三思而后行。"

"母亲的意思是……"

"你想，克烈是草原上数一数二的大部落，我们没有的他们有，我们有的他们更是多得数不清，你能拿出什么作为晋见之礼呢？"

铁木真思索着母亲的话，不能不承认母亲的话很有道理，但他也不想因此放弃这个难得的机会。办法可以想，多年的经验告诉他，只要孜孜以求，就没有办不成的事。

帐中出现了片刻的沉寂。孛儿帖最先舒展开了微蹙的秀眉，平静地说道："我有办法了。""哦？快，说说让我们听听。"铁木真急切地催促妻子。"你忘了我们还有一件貂皮战袍了吗？这是我们目前所能拿出的最贵重的礼物了，把它献给脱斡邻汗，他必定喜欢。"

笑影扬上了铁木真的眉梢，如释重负中既有欣慰，亦有歉疚。诃额仑夫人深情地注视着儿媳。一个女人，为了她心爱的丈夫，往往可以不惜一切。诃额仑夫人看得出，孛儿帖不是个寻常的女子，她有头脑、有远见，懂得怎样做才是对丈夫最好的爱。半生含辛茹苦，诃额仑夫人从未像现在这样对未来充满信心。从容、坚定、敏慧，孛儿帖简直是她青春时的延续。她坚信，铁木真能得孛儿帖为妻，不只是他个人的幸运，更是整个孛儿只斤家族的幸运。

脱斡邻汗的黑林老营位于图拉河畔，沿途景致秀丽迷人。不过，铁木真无心欣赏风景，他只想快些谒见脱斡邻汗。

进入脱斡邻汗大营前，为慎重起见，铁木真派博儿术先行求见脱斡邻汗，禀明来意。不久他得到回答：欢迎安答的儿子。为示诚意，脱斡邻汗还派儿子桑昆到营外相迎。桑昆坐在马上以一种阔主人打量穷亲戚的神情倨傲地注视着铁木真一行，即使铁木真在博儿术的引见下向他行礼时，他也只是轻蔑地哼了一声，再无任何表示。

对桑昆明显的无礼，铁木真无动于衷，依然平静而坦然。桑昆的心底猛然生出一股难捺的怒火，让他自己都始料不及。他没想到，他这个草原第一大部的堂堂太子，居然会对一个不值一哂的无名小卒无端地充满了惊惧与戒备。

铁木真回身请出夫人孛儿帖。桑昆怔怔注视着向他婷婷下拜的孛儿帖，一时间只觉心旌摇动、情难自抑。他的身边从来不乏美女，但这个女人却是独一无二的，她仿佛是水做的身姿，雪绘的容颜，云给的飘逸，月赐的明慧。很早就听人说过这个草原美人，但她真人却比人们所描述的还要高贵，还要迷人。孛儿帖半晌不见桑昆回话，微微有些尴尬。铁木真会意地走到妻子身边，握住她的手。他们站在一起，就像天地间最和谐的一道风景。桑昆的眼睛似乎被什么狠狠刺了一下。为了掩饰自己的失态，他从马上傲慢地躬了躬身，随即请铁木真一行入营。

黑林脱斡邻汗的营地戒备森严。路上，铁木真关切地询问了几句脱斡邻汗的近况，桑昆心不在焉地敷衍着，然后，他们便沉默了，直到脱斡邻汗的大帐前，两人再没说一句话。铁木真将博儿术和妻子留在帐外，自己先行晋见脱斡邻汗。桑昆将他引到脱斡邻汗座前，铁木真大礼参拜，态度谦恭而从容。

“起来吧。你就是铁木真，也速该安答的儿子?”脱斡邻汗居高临下地问。

“正是儿臣。”

脱斡邻汗目不转睛地端详了铁木真良久。“像，像！你的脸盘尤其像我那安答。来，坐下吧，都是自家人，不必客气。听说你还带来了我的儿媳，怎未见她?”

“她和博儿术候在帐外，等父汗传唤。”

“嗨，哪儿来这么多虚礼！合勒黑，你代本汗去迎他们一下。”为显示对铁木真的恩宠，他吩咐元帅合勒黑。

“扎。”合勒黑躬身而退。

脱斡邻汗指指桑昆：“你们两个已经认识了吧?”

铁木真看了看桑昆，恭敬地回答：“认识了。”一旁的桑昆却一脸不屑。

不多时，合勒黑请入孛儿帖和博儿术。风姿绰约的孛儿帖一走进大帐，帐内仿佛立刻明亮了起来。脱斡邻汗忘乎所以地凝视着孛儿帖，一时好似忘了自己身在何处。

帐中突然出现了短暂的寂静。孛儿帖镇定地从博儿术手中取过貂皮战袍，交给铁木真。铁木真双手捧着，恭恭敬敬地献给脱斡邻汗：“父汗，这件貂皮战袍是我们夫妇的一片孝心，请您收下。”脱斡邻汗回过神来。他接过貂皮战袍，双手在上面轻轻摩挲着，脸上露出满意的笑容：“铁木真，宴席就要摆上，你和孛儿帖今日须陪为父痛饮几杯。”

“扎!”

酒宴尽欢而散。脱斡邻汗的态度远比铁木真所能想象的要好，让人不安的只有桑昆，他傲慢敌意的目光似乎隐在一片暗影中，时时闪露着难以捉摸的内涵。铁木真有一种预感，这个瘦削沉默的青年，将成为他们克烈之行的最大障碍。

脱斡邻汗留铁木真夫妇在克烈部小住几日，铁木真同意了。按照铁木真原来的设想，他很想乘便考察一下克烈军队的编制及训练情况，怎奈桑昆处处作梗、横加拦阻，为避免节外生枝，铁木真只好遗憾地放弃了这个打算。这是整个做客期间最让铁木真扫兴的事实：无论他如何努力，都不能改善与桑昆的关系，桑昆似乎是他天生的敌人，并且可能成为永远的敌人。

辞行的日子终于到了。在铁木真逗留克烈的十多天里，脱斡邻汗与他朝夕相处，情同父子。离别在即，脱斡邻汗念及也速该昔日的恩义，当面许下重诺：“铁木真，我的义子，我将帮你收拢离散的旧部，恢复祖宗的基业。你既称我为父，我自会对得起你。”

铁木真深深施礼，表达内心深切的感激。

桑昆奉命送铁木真出营。一路上,两人默默无语。到达营外,铁木真勒住坐骑,客气地说道:“太子请回吧,我们后会有期。”桑昆也不虚套,摆摆手,目光中依然凝固着冰冷的敌意。铁木真毫不介意,挥马离去。

目送着铁木真远去的背影,桑昆内心五味翻腾。他有一种预感,他的父汗正在将一只猛虎放归山林,对此,他却无能为力。他与父汗之间始终存在着一种微妙的、复杂的矛盾——既无法相容,又无法分离。父汗对他缺乏应有的信任,他是克烈汗位唯一的汗位继承人,可从血腥屠杀中夺得汗位的父汗却无时无刻不在提防有人会觊觎他的位子,即使对他这个独子也不例外。如果说这些矛盾还算潜在的话,铁木真的出现,则完全是个危险的信号了。以他这些天来的观察,铁木真绝非久居人下之人,他早晚会成为克烈部最危险的敌人。可惜,父汗不仅执迷不悟,相反还沉浸于铁木真的殷勤,若非如此,他早就设法对铁木真下手了。铁木真不除,克烈恐怕终受其害,他无论如何得想个办法,以绝后患……

铁木真,咱们走着瞧!

取得了强大的克烈部的支持,铁木真的地位进一步得到了巩固,一些善于洞察其他部族动向的勇士纷沓而至,其中就有铁木真少年时代的挚友朝伦。

与朝伦同一时间到来的,还有铁木真儿时的玩伴者勒蔑。他们两人日后都成为铁木真帐下的勇将。

秋末,草地返黄,四野萧瑟,袅袅飘动的炊烟里也似乎带有了几分寒气。这时,乞颜部已迁回水草丰美的桑沽尔溪,正在做着越冬的准备。水光清幽的桑沽尔溪上,夕阳拉长了两个熟悉的身影,斜斜地投射在皱皱褶褶的水面上。若不是专注地思考着一些问题,铁木真不会注意不到妻子眉目间闪现着的幸福的神采,那样,他或许就知道今天对妻子来说是一个多么不同寻常的日子。

嫁给铁木真已半年有余,孛儿帖无时无刻不在盼望着能早些怀上孩子。从脱斡邻汗营地回来不久,她就有了一种异样的感觉。今儿下午,她独自去请教莫日根大夫,不料莫日根大夫出诊未归,他的侄儿小莫日根大夫给她做了诊断,结果证实了她的感觉完全正确:她怀孕了。

这是她与铁木真的第一个孩子。

她真想立刻将这个好消息告诉丈夫,可看到丈夫若有所思的样子,又打消了这个念头。反正有的是时间,她何不将这甜蜜的喜悦悄悄延长一宿。然而,她没想到的是,等待她的明天却让她痛苦终生……

草原像个广阔的舞台,经常交替上演着各式各样的悲喜剧,而且大多事先没有征兆。第二天凌晨,铁木真被一阵隐隐的、急促的马蹄声惊醒,他翻身下地，将耳朵紧贴地面，警觉地倾听着、判断着。忽然，他一跃而起，推醒还在熟睡的妻子，转身冲出门外。

有人偷袭！

博儿术正向他飞马驰来，两匹战马穿梭于蒙古包之间，刺耳的哨声惊醒了营中所有的人。迎战已不可能，敌人有备而来，仓促的迎战势必导致全军覆没。既没时间弄清来者是谁，也没时间弄清对方人数多少，铁木真只好指挥部众先向不儿罕山撤退。

诃额仑夫人在纷乱的人群中四处呼唤、寻找着孛儿帖。哈撒儿焦急异常，劝说母亲先走，由他来接应大嫂。然而，哈撒儿营前营后跑了几个来回也未见到大嫂的身影。他以为大嫂一定随人群先行撤走了，便回头协助大哥指挥军队且战且退。仗着道路熟悉，乞颜军队甩开了穷追不舍的敌军，退守山中并迅速封锁了进山的通道。

敌人被阻在山外，乞颜部暂时躲过了危机。直到将部众安置完毕，铁木真才得空去看望家人。亲人们用一种异样的目光默然迎视着他，他们中间，唯独没有孛儿帖。铁木真只觉脑子"嗡"的一声，这突如其来的打击使他完全丧失了理智。他猛地掉转马头，此刻，他的头脑里只剩下一个念头：即使拼得一死，也要救出心爱的妻子。

一双有力的手紧紧攥住了他的马缰。"您冷静些！您这样下去只能白白送死！"铁木真根本听不进去，他狂怒地向试图劝阻他的博儿术咆哮："你敢拦我？滚开！"

博儿术毫不退让。由于激动，他严厉的声音也微微发颤："我们没有带出来的，全都让敌人夺走了、掳走了。不是你一个人有仇有恨，你好好看看他们，看看他们！你身为一部首领，怎能为一已之私去盲目拼命？你这样做非但救不出孛儿帖夫人，还会葬送你自己的生命，甚至是整个部落的命运。纵然你不惜命，可如此不负责任地抛下你的亲人朋友，抛下所有信任你、追随你的部众，你不觉得自已太自私自利了吗？冒险是天大的愚蠢，你若是个敢于面对挫折、面对灾难的男子汉，就一定要冷静！"

博儿术的一番话让铁木真稍稍清醒了一些，但是他的心仍有一种要炸裂的感觉，他发疯般地挥刀向身边的一棵树狠狠砍去。博儿术伫立在原地，满含同情地注视着他的首领，他比任何人都理解首领的感受，那不单是失去爱妻的痛苦，更有连一个柔弱的女人都保护不住的耻辱。

铁木真长久没有回头。

这时，一骑快马冲到博儿术面前，马上骑者朝伦望着铁木真的背影，压低声音报告说："已经查明，偷袭我们的是篾尔乞部，他们声称是为报旧仇而来。"

博儿术意外地皱起眉头。他一直以为偷袭者是塔里忽台的泰赤乌部，却没想到是篾尔乞部。不过，他们所说的“旧仇”又指什么？

“母亲。”这时，哈撒儿一声惊叫，一把搀住旁边脸色惨白、摇摇欲倒的诃额仑夫人。报应啊报应，长生天，你报应我也罢了，为什么要报应我那贤惠无辜的儿媳！诃额仑夫人悲愤欲绝。

“母亲，”铁木真上前握住母亲冰凉的双手，“您一定知道这是怎么回事儿。”

泪水滴落在儿子的手上。往事如烟，而她那时只不过是个十九岁的姑娘。当年，她还是篾儿乞人赤列都的未婚妻，就在与赤列都回乡成亲的路上，不料却被也速该一眼相中，然后被也速该抢走。此后数月，也速该寸步不离守护在她的身边，百般温存体贴。渐渐地，她被也速该火一样的挚爱征服了。旧日的创痛平复后，她竟然情难自抑地爱上了这个抢走她的也速该，而且远胜于她当初爱赤列都。这也难怪，也速该毕竟是出类拔萃、受人景仰的勇士，她倾慕他，就如同小鸟倾慕翱翔九天的雄鹰……

赤列都，今生无缘，我欠你的，来生也无法偿还。我非水性杨花的女人，这一切都是命运的安排，只是，你为什么不将旧的仇恨放下，还要挑起新的仇恨？听着母亲低缓的诉说，铁木真明白了纠缠于上辈间的一段恩怨。他觉得不可思议：一个被抢来的女人，原本应该恨，却偏偏找到了无悔的爱情，这难道也是长生天的安排？然而，他不是赤列都。他决不会放弃自己的女人，决不会放弃属于自己的一切。

呆立一旁的别勒古台突然迸发出一声压抑的抽泣，他将头深深埋进诃额仑的怀中，竭力吞咽着自己的哭声。帖木仑哭了，合赤温、帖木格哭了。哈撒儿费力地忍住泪水，将悲痛埋在心底，将仇恨的火焰燃起。

铁木真却恢复了镇静。现在还不到流泪的时候，为夺回孛儿帖，夺回被敌人掳去的部众，他比任何时候都需要一个冷静而清醒的头脑。尚不知道敌人会将他们围困多久，要做的事情还有很多，他必须像过去一样有条不紊地指挥接下来的行动，他必须等待，等待可以将悲愤尽情宣泄的那一天。

在巍巍不儿罕山度过了一个不眠之夜。不料，第二天的事态发生了令人吃惊的变化：敌人竟然无声无息地撤走了。

铁木真唯恐其中有诈，连忙派哈、朝伦、者勒蔑带三队人马先后出山打探。不久，派出的人陆续返回，确证了敌人撤退的消息，一丝冷蔑的微笑掠过了铁木真的唇角：一支不能善始善终的军队必定会在某一天断送自己，他们既然给了他机会，就等着他挥向他们的复仇之剑吧。只是孛儿帖，你到底如何了？

孛儿帖带着玉苏来到马厩时，马厩里的马已经全被放走了。机灵的玉苏忙去赶来一辆牛车，让孛儿帖坐了进去，然后亲自赶车向不儿罕山赶去。可是，牛车终究太慢，她们很快被篾尔乞士兵追上了。眼见躲闪不过，玉苏索性将牛车停在路边。

“喂，你是谁？牛车里装的什么？”

“我是铁木真首领家的女奴，昨天帮人去剪羊毛，怕耽误了主人的事，赶了一宿，今早刚赶回来。这里出什么事了，怎么到处乱哄哄的？我本想找个人问问，可所有的人都跑得跟有野狼在后面追着似的。对了，你们是谁？我好像以前没见过你们。”玉苏一副天真娇憨的样子，有板有眼地说道。

“你当然不认识我们了。乖妹子，你既觉得很乱，那就待在这儿等我们回来吧。你不是想知道我们是谁吗？待会儿，哥哥们挨个儿让你知道我们是谁。”敌士兵不辨真伪，嬉笑着挑逗了玉苏一番，便策马而去。

玉苏松了口气儿。镇定下来后，她开始四下寻找合适的藏身之地，发现不远处有一片密林，便赶着牛车向那里走去。就在这时，一队人马追了上来，问玉苏车上是什么？并要打开，玉苏急得哭了，其中一位中年将军怀疑地扫视着玉苏和牛车，催马来到玉苏面前。

“车里是什么？”他用马鞭指指牛车。

“羊……羊毛！”

中年将军冷冷地瞟了玉苏一眼，眼神令玉苏不寒而栗。“羊毛？打开！”

“你们要干什么？”玉苏用身体拼命护住牛车，极度的紧张使她忘却了恐惧。

“杀了她！”中年将军轻描谈写地下令。

“慢着！玉苏，打开车门！”车中传出了一个平静的声音。

中年将军亲自打开了车门，出现的景象顿时惊得他后退了一步。

车中端坐着一位年轻女人，她目视前方，冷肃泰然，犹如一尊美丽的雕像。短暂的惊愕过后，中年将军立刻断定，这个姿艳色绝的女人只能是铁木真的妻子、素有“草原美人”之称的孛儿帖，也即他们此次偷袭的主要目标。半晌后，他喃喃地说：“好个贵重的‘羊毛’！”

孛儿帖恍若不闻，只伸出手来，轻轻为玉苏拭去泪水。

孛儿帖被捕的消息很快传到篾儿乞大首领脱黑脱阿的耳中，脱黑脱阿闻讯喜出望外。考虑到此行的目的已经达到，再对不儿罕山围困下去也占不到更多的便宜，第二天一早，他便做出了撤军的决定。

胜利者们带着满足和掠夺来的财富踏上了归程。脱黑脱阿策马赶上了走在前面的那位不苟言笑的中年将军。“赤列都，那女人呢？”

原来中年将军正是当年被也速该夺去妻子的赤列都。“我让人先把她押走了。”

“说说看,怎么样?”

“什么怎么样?”

“什么怎么样!你是木头啊!我在问你,孛儿帖美不美?我曾听人说,那女人娇嫩得很,肤如凝脂、美若天仙,你既见了,一定知道传言虚也不虚?”

“不知道。”赤列都面无表情,目不斜视。

脱黑脱阿的脸上闪过一丝不悦,但片刻后他叹息一声,无可奈何地摇摇头:“老二,这回总算没有白来,怎么着也算替你报了一半的旧仇。老子债儿子还,只可惜没把诃额仑一起夺回来。二十年的宿怨一朝得报,你也该高兴高兴,舒一口憋了这些年的闷气了吧?”赤列都依然无语。

高兴?这世上难道还有什么事值得他高兴?二十年前,他不是没有享受过爱情带给他的无尽欢愉,他曾那样痴迷地爱过诃额仑,原想能伴着她恩恩爱爱地度过一生,岂料命运毫不留情地捉弄了他。

的确,当初诃额仑是看到也速该等人来意不善,才催促他只身逃走的,而他人虽逃脱,心却丢在了与诃额仑分手的路上,带回去的不过是具躯壳。最初的十年,他孑然一身孤零零地生活着,再没有一个女人能够走进他的心,他只想有朝一日还能重新夺回诃额仑,还能继续拥有她。然而,当也速该死于塔塔儿人手中后,他的幻想才彻底破灭了。诃额仑早已不再属于他!一个女人,不畏流离失所的苦难生活,不畏风险迭出的恶劣环境,坚定顽强、无怨无悔地抚养教育她的子女,决不能仅仅归结于母爱,其间必然包含着一个妻子对丈夫刻骨铭心、忠贞不渝的爱情。他无可挽回地输给了已故的也速该。

他始终搞不清楚,他前生究竟造了什么孽,长生天才会如此费劲心机的惩罚他、折磨他?对于此次的胜利,他丝毫感觉不到任何的快感。他之所以同意出兵,是因为诃额仑被夺早在二十年前就已经变成了整个部落的耻辱。为了部族的荣誉,他们必须雪耻。但是他们足足等待了二十年。二十年!对比这期间所忍受的痛苦与仇恨,难倒他们还可以笑出来吗?

第八章 丈夫设计妻子得救 妻子生子丈夫欢喜

胜利让篾儿乞部欢呼沸腾了。

脱黑脱阿决定当众将孛儿帖许配给两个弟弟中的一个,他要以此来重重打击铁木真,从而羞辱铁木真。孛儿帖在篾儿乞人的狂歌乱舞中被推进了人群,四周立刻掀起一片惊呼和怪叫的声浪。人们目不转睛、无所顾忌地欣赏着孛儿帖的仙女容貌,无论那目光是充满了淫邪还是别的什么,莫不包含着由衷的艳羡。

孛儿帖浑然不觉。她静静伫立在脱黑脱阿面前,既不挣扎,也不惊慌。脱黑脱阿突然放弃了要尽情羞辱这个草原美人的打算,几乎称得上和颜悦色地说:"孛儿帖夫人,你长了这样一副高贵的相貌,早该过上皇后一样的生活,可你看看你现在的样子,啧啧……连本王看了都觉不忍。本王一向心慈,今儿成全你,让你与本王的亲兄弟成婚。以后,绫罗绸缎、华帐美食任你享用,强似你跟着铁木真那穷小子吃苦,你以为如何?"孛儿帖微微垂下头,手,下意识地抚在小腹上,在静默中做着最后的抉择。

她并不畏惧死亡。为了比生命更珍贵的家族荣誉,为了对铁木真忠贞不渝的爱情,她宁愿选择一死。问题的关键在于,她肚里已经有了铁木真的骨肉,她是否有权利将这个小生命一同带走?这毕竟是她与铁木真的第一个孩子,铁木真还蒙在鼓里。她好后悔那天没有将实情告诉他,她怎知灾难的降临只在一夜之间?或许,她应该把孩子生下来交还给丈夫,可如果那样,未来的日子里不知将要忍受多少误解和屈辱,她真的不知道自己是否可以承受……生?死?孛儿帖将目光投向了遥远的天际。铁木真,原谅我。为了你,为了我肚子里的孩子,我必须选择活下去。铁木真,你了解我现在的处境吗?你明白我此刻的痛苦吗?我坚信你会来,总有一天你会来,也许到那时,我能向你证明的只有我一颗清白的心。可是,只要我能亲手还给你我们的孩子,我所忍受的一切耻辱又算得了什么呢?

"考虑清楚了没有,孛儿帖夫人?"脱黑脱阿继续追问。

孛儿帖收回目光,平静地点点头。

"同意了?"脱黑脱阿反而不敢相信自己的眼睛了。

孛儿帖酸楚地一笑,极淡极淡。

脱黑脱阿瞅了瞅二弟赤列都。赤列都端坐一旁,好似一块没有生命的石头，对眼前的一切都充耳不闻，视而不见。无奈，脱黑脱阿将目光转向了他最小的同父异母弟弟赤勒格尔。三兄弟中，数赤勒格尔最丑陋、最窝囊、最没出息。“赤勒格尔，就让孛儿帖做你帐子里的女人吧。”

人群中再一次掀起不小的骚动。赤勒格尔做梦也没想到这样的美事会落在自己头上，一时大张着嘴，愣住了。

狂乱的人群中，只有一双锐利的眼睛自始至终在观察着、分析着孛儿帖，这个人就是赤列都。从第一眼见到孛儿帖起，赤列都就知道她绝不是一般的女人。她使他一次又一次想起诃额仑。凭着他对诃额仑的了解，他敢说不论诃额仑最终是否为也速该所征服，她最初肯定反抗过。孛儿帖却连一点反抗的企图都没有，面对如此厄运，她以出奇的冷静默默承受了，倘若不是具备一种超常的勇气和坚定的信念，甚至男人也很难做到这一点。这样的女人又岂是赤勒格尔或是他及其他人所能消受的？这样的女人永远只属于她所爱的男人……

“赤勒格尔，你还愣着做什么？快把你的女人带走吧。”脱黑脱阿催促一旁乐呆了的三弟，然后端过一碗酒来，仰头喝了下去。孛儿帖最后望了一眼不儿罕山遥远的山影。铁木真，你快来吧，我和孩子在等你！

赤勒格尔做梦也没想到今生今世能娶孛儿帖为妻，甚至在有过那一次之后，他仍然不敢相信她已成了他帐中的女人。在他的一生里，还从来不曾对哪个女人这样痴迷地爱过，唯独对孛儿帖，他恨不能为她做任何事，只为换回她哪怕一丝浅浅的微笑。他从不敢奢求太多，只要能看着她、陪伴她，为她尽一点心意，对他而言就已是莫大的幸福了。

自那次之后，孛儿帖夜里都罩着厚厚的铠甲入睡，哪怕有一点点响动她都会惊醒过来，惊惧地望向睡在另一头的赤勒格尔。为了日后可以名正言顺地产下腹中的胎儿，她权衡再三，不得不违心地献出一次清白，事后她便立誓决不再做这种对不起铁木真的事了。

好在赤勒格尔从来不曾勉强过她。经过一段时间的共同生活，孛儿帖开始了解赤勒格尔的为人。他懦弱、善良，恰恰因为遇上了他这样的好人，她才得免于更多的屈辱。的确，她并不爱他，而且可能永远也不会爱他，但在内心对他却是存有一份感激及怜悯的。

盛夏来临，即使再宽大的衣袍也开始遮不住孛儿帖日渐隆起的腹部了。她每日深居简出，悄悄地为即将出生的婴儿准备着衣物。粗心的赤勒格尔却浑然不觉，如蒙鼓里。其实，最近以来他也隐隐觉出了孛儿帖身体方面的某些异样，只是由于缺乏经验，一时却又弄不清变在哪里。直到有一天，他才偶然发现了孛儿帖的秘密。

那天，他被人拉去喝酒，回来时孛儿帖已恬然入睡。借着酒意，他萌生了好好看她一眼的冲动，于是来到孛儿帖的床前。这一次，孛儿帖没有醒来。在酥油灯朦胧的光影下，孛儿帖的唇角挂着一丝忧郁的笑意。赤勒格尔痴痴地凝视着这个令他神魂颠倒的女人，真想……忽然，他的视线被枕边稍稍露出的一样东西吸引住了，出于好奇，他轻轻将它抽了出来。

原来是一只绣制精巧的小鞋。到了此刻，赤勒格尔再愚钝，也终于明白了孛儿帖那隆起的腹部的原因所在。孛儿帖在一阵发狂的摇晃中惊醒过来，她坐直身子，诧异地望着赤勒格尔："你这是做什么？"

赤勒格尔将小鞋举在眼前，急促地问道："为什么，为什么有了孩子你也不肯告诉我？我真的那么让你讨厌吗？"

"不，他不是……"孛儿帖说不下去了，泪水奔涌而出。赤勒格尔，你怎会实心到丝毫不怀疑孩子来历的地步？

"你哭了？你怎么哭了？都怪我不好，我不该对你发脾气，其实我是太意外，太高兴了……"

"不要说了，求求你，不要再说了！"孛儿帖用手堵住了耳朵，少见地失去了自制力。即使那次被迫失身，也不曾让她体味过这般撕心裂肺的痛苦，因为从赤勒格尔欣喜若狂的表情里，她第一次对即将出世的孩子那不可预知的命运产生了深刻的忧虑。

铁木真从来没有想过，会让失去的永远失去。

还是桑沽尔溪边那座白帐，不同的是没了心爱的人相伴。在孤独和痛苦的煎熬中，铁木真正积聚着复仇的力量。

博儿术赴克烈部请求援兵之行未获脱斡邻汗应允，对此，铁木真早在预料之中。篾儿乞部雄踞草原经年，部众骁勇善战，自非等闲，纵然克烈部号称草原第一大部，与之相比亦无绝对优势，再加上脱斡邻汗早年曾吃过篾儿乞部之亏，自然而然会对其心有忌惮。对于此事，铁木真看得十分清楚：倘若没有决胜的把握，别说脱斡邻汗不会轻易同意出兵，他铁木真也不会去冒这种风险。这次请援只不过是他的第一步棋罢了，他要让脱斡邻汗想起自己曾经许下的诺言。

经过前次的事变，铁木真变得更为缜密起来。对于这次的复仇计划，除向脱斡邻汗求援之外，他还安排有第二步棋，即设法与札答阑部的年轻首领札木合取得联系，以形成三部联兵的格局。札木合与脱斡邻汗一样，早年也曾饱受篾儿乞人的掳掠与凌辱。铁木真知道，这些仇恨，脱斡邻汗和札木合一生都不会淡忘，只因他们始终惧怕篾儿乞人的勇悍才忍气吞声至今。假如现在有一个机会，使他们能够联合起来，合三部之力共同报仇雪耻，他们的立场和态度必定发生彻底的转变。乞颜的新仇连同克烈、札答阑的旧恨，合力消灭篾儿乞，对三方都有益无害。铁木真深信，不论是脱斡邻汗还是札木合，最终他们都无法抵挡得到财富、奴隶、草场、牛羊、兵源，既消灭宿敌又壮大实力的巨大诱惑，而只要他们两部都同意出兵，就能保证他们任何一方都不会轻易毁约。

不过，铁木真也清楚地看到，这两步棋中还存有这样一个关键，那就是必须首先攻克桑昆这座顽垒，三部联兵的计划才能得以顺利实施。经过一段时间的努力，不儿罕山铁木真的营地显然兴旺多了——一眼望不到头的帐篷，来来往往的部众。又有一队移民进了营地，为首的男人向迎接他们的诃额仑、铁木真等行礼："夫人，小主人，当初我们鬼迷心窍了，受不了塔里忽台的压力，叛离了你们，现在我们醒悟了，无论您怎样惩罚我们，我们也要回来依附你们。请收留我们吧，夫人！"

一行人下车下马纷纷跪倒："请收留我们吧，夫人！"

诃额仑说："现在我的儿子铁木真已经成为草原上驰名的射雕英雄了。他是首领，一切由他做主。"

一行人朝铁木真跪下："请铁木真首领收留我们吧！"

铁木真说："都起来吧，无论过去你们如何对不起我们，你们今天能回来，我还是欢迎的。只是有句话我必须告诉你们，以后如果再有类似的不忠，我的欢迎词就会改为马刀和苏鲁锭长枪了。"

一行人叩头："不敢！"

铁木真的四叔答里台回来了。这是一支数百人的移营队伍，一辆辆勒勒车上装着毡帐和什物，车队中间夹着畜群，绵延数里之遥，答里台走在最前面。

诃额仑、铁木真、哈撒儿、别勒古台闻讯飞马赶来，人们闪开，下了马的母子四人走近答里台。答里台泪水涌出眼眶："诃额仑嫂子，你好啊！"

诃额仑摇头凄然地说："不好，举目无亲、孤苦伶仃的日子给我的脸上烙下了太多的皱纹，给我的心上增添了太多的伤痛。"

"啊，苦了你啦，诃额仑嫂子！"答里台看看铁木真，"你是铁木真？"

"我是铁木真。"

"多像也速该呀！"

哈撒儿说："我是哈撒儿。"

"听说是个神箭手？"答里台又接着说。

别勒古台上前："我是别勒古台。"

"是个大力士。你母亲的事，我很难过！"答里台又接着说，"嫂子，我二哥病了半年多了，临终之前告诉我说，蒙古包没有漏洞，雨雪是落不进来的；乞颜人如果不离散，孛儿只斤家族哪里会受这么多的磨难？他嘱咐我一定要把他的儿子忽察儿带回来，交给你！"

他把忽察儿叫到近前,忽察儿含泪向诃额仑行礼:“婶母!我父亲说,他被长生天招回去了,他的过错只有靠我还有四叔父替他补偿了!他一再说,无论将来发生什么波折,我们一家人再也不要分离了!”

“哦!我们一家人今后无论如何也不再分开了!”这不只是诃额仑的回答,也是铁木真的心声。

与泰赤乌家族一向不合的主儿乞家族也在考虑如何对待孛儿只斤家族的问题。额里真妃和撒察别乞、不里孛阔等首领们在大帐中议事,一开始意见就出现了分歧。

撒察别乞的族弟不里孛阔不同意投靠铁木真,他认为在泰赤乌人欺凌也速该孤儿寡母的时候,主儿乞人曾为虎作伥过,现在看着人家强大起来了,又厚着脸皮去投奔人家,这样做很不光彩。撒察别乞却主张还是及早归顺的好,他担心铁木真战败了蔑儿乞人之后,会联合札木合和脱斡邻来对付曾经有负于孛儿只斤家族的泰赤乌人和主儿乞人。双方各持已见,争得不可开交。撒察别乞的母亲额里真妃骄傲地站起来说:“你们争什么?我们投奔铁木真,并不是投降铁木真!不要忘了,我们是主儿乞人!铁木真算什么?我们在他的妻子被蔑儿乞人掠走的时候与他们联合,对他是一种恩惠。”

主儿乞人是合不勒可汗的长支后裔,是合不勒汗在所属的部众之中,挑选那些手能挽弓的、胸有胆识的、器宇轩昂的、身怀技艺的勇士们组成的。主儿乞就是英雄中的英雄所生的意思。额里真妃说到这话的时候,不里孛阔和撒察别乞都挺起了胸膛。就这样,本来是害怕报复的主儿乞人,却以救世主的架势全族开往不儿罕山。

在他们将要接近不儿罕山铁木真营地的时候,傲慢的额里真妃让人马停了下来,派不里孛阔去不儿罕山通报铁木真,说主儿乞人知道他有难,率队来帮助他了,让铁木真母子排队前来迎接。

不里孛阔打马走了。撒察别乞担心地望着不里孛阔的背影想,铁木真能不念旧恶,不计前嫌吗?像是看出他的心思一般,他的门户奴隶木华黎叹息一声说:“刀劈进水里,过一会儿水面就平静如初了;刀要是砍在了人的身上,尽管伤口可以愈合,可疤痕是一辈子也抹不掉的。”

撒察别乞白了他一跟,一个奴隶也配对这样的大事发表看法吗?不过他得承认木华黎的话是有道理的,便对母亲说:“我们为什么一定要来讨这个没趣呢?”

额里真妃比儿子有更深一层的考虑:“铁木真的妻子被人抢走了,有这么多的人相继来归,以后还会有更多的蒙古人投奔他。所以,只有在铁木真的身边,暗中把人都拉过来,你才能在有一天像合不勒可汗那样成为蒙古部的主宰！不然，下一个在蒙古部落里称汗的就是铁木真了！”

“如果铁木真不是用马奶酒而是用马刀来迎接我们呢？”

“你腰间挎的是树枝子吗？最多不过是畅畅快快地流干身上的血来证明我们不愧为合不勒汗的长支后裔！”

撒察别乞心想，目前看来也只有这样做了，便让大家就地休息，吃点儿干肉，喝足水，准备迎接——管它是马奶酒还是马刀呢！

木华黎却又有自己的见解：“不必庸人自扰。铁木真的力量太小了，他面对的敌人又太强大了，他需要的是联合一切朋友，哪怕是暂时的朋友。他怎么会对主儿乞人动马刀呢？”

额里真妃认为木华黎很特别，撒察别乞却看不起这个卑贱的奴隶。额里真妃告诉儿子：“木华黎的见解总是出人意料。你要么用他，要么就杀了他。”撒察别乞却不以为然。其实额里真妃的见解还是对的，就是这个撒察别乞瞧不起、不愿用的木华黎，后来成为成吉思汗的第一员上将，为成吉思汗立下了没有任何人能比的功勋。

突然，有人大喊一声：“铁木真来啦——”撒察别乞紧张得命令大家立即上马，退到车阵后面准备迎战。一时间，主儿乞人的车阵里空气都凝结了。可是偏偏只有木华黎一个人不听命令，仍然若无其事地还坐在原地喝着马奶子。

铁木真的二百人的队伍临近了。不里孛阔加快了速度，率先朝主儿乞人的车阵跑来。撒察别乞认出了不里孛阔，这才判定铁木真不像是来寻仇的。额里真妃有几分得意地说：“我们是几千人的队伍，他铁木真不得不俯首低头！”

不里孛阔跑到近前报告说：“铁木真母子来迎接了！”

铁木真下了马，他带的从人分成两列排好，铁木真同诃额仑一起走进主儿乞人的车阵，向撒察别乞的大帐车走了过来。撒察别乞扶着额里真妃下了帐车。

诃额仑笑容可掬地先开口说：“是我们那尊贵的额里真妃吗？”

额里真妃回应道：“啊，像松树一样挺拔的诃额仑，你不但有弘吉刺人美丽的脸庞，而且有蒙古勇士也速该一样的才干！这就是那个多灾多难的射雕英雄铁木真吗？”

铁木真上前施礼：“婶母！我就是那个从出生起就在磨石上磨，在烈火里炼，磨炼一遍又一遍的铁木真。”

额里真妃摆出长辈的架子说：“好孩子！我们主儿乞家族是伟大的合不勒汗的长支后裔，在族人危难之时，我们总是会证明我们的血统是多么高贵。所以，听说你有了难处，我们不是像泰赤乌家族那样幸灾乐祸，而是带着我们光荣的勇士们向你伸出了救援之手!”

“多谢婶祖母和撒察别乞叔叔!”铁木真对身后说,“拿马奶酒来!”

博儿术从铁木真身后闪出,递上托盘。铁木真恭敬地将一碗碗奶酒递给额里真妃和撒察别乞……

哈撒儿怒气冲冲地闯进了铁木真的大帐,质问铁木真:“哥哥!你去迎接主儿乞家族的人了?还是同母亲一起到他们的帐车前,列队相迎的?!”

“不错。”

“你忘了他们同泰赤乌人一起强抢我们的牲畜,逼走我们的奴隶和部众了吗?谁不知道主儿乞人一个个以英雄自居,骄傲得像多长了一只角的公山羊,你以为他们会真心实意地帮助我们吗?谁知道他们来投奔我们是包藏着什么样的祸心!”

铁木真霍地站了起来:“我没有忘!永远也不会忘!”

“那你为什么不用马刀砍断他们偷东西的贼爪子!”

诃额仑对哈撒儿说:“你吵什么?坐下!”

哈撒儿看了一眼诃额仑,气呼呼地坐下了。诃额仑耐心地对哈撒儿说:“同我们结过怨的人太多了,我们能一个个地睚眦必报吗?”

“那也不用像对待恩人一样欢迎他们!”

铁木真的口气要比母亲强硬得多,因为他的心里还在为了刚才看见主儿乞人傲慢的表现而生气,正好把气撒在弟弟身上:“糊涂!你们想没想过,除了泰赤乌族人,就数主儿乞人伤害我们最深。我们在他们来归的时候,给他们这样的礼遇,那些背弃过我们的蒙古各部族人,就会减少疑虑,主动地来投奔我们。连这个都不懂,你还有脑子吗?!”

哈撒儿不说话了。铁木真发作之后心里好过了不少,他继续说:“我们现在最主要的敌人是蔑儿乞人,连塔塔儿人害死我们父亲的仇恨都要往后放一放。现在,我们需要人,多多的人!不管他们心里想什么,只要能帮我打败蔑儿乞人,就都可以做朋友!我为什么要吝啬马奶酒和礼仪?”

博儿术进帐说:“铁木真首领,又有人来投奔您了!”

哈撒儿问:“谁?”

铁木真和诃额仑站起来。铁木真说:“不论是谁,准备美酒!”

各部落先后来投奔,只有桑昆这座顽垒实在太难攻克了,铁木真几乎用了三年的时间,才使他不再从中作梗。

从桑昆坚决反对用兵篾儿乞之初,铁木真即数次派人秘密进入黑林,向桑昆的几个亲信和宠姬赠送了大量财物。这些人得到好处后,自然不遗余力地劝说桑昆,于是桑昆的耳边每天都会充斥着关于篾儿乞的议论。日复一日,篾儿乞丰富的兵源、草场、奴隶对他产生的诱惑,逐渐压倒了他对铁木真根深蒂固的厌恶以及幸灾乐祸的心理，他慢慢想通了，既然帮助铁木真可以壮大自己的力量，他又何乐而不为？尽管他想通的这段时间实在太长，铁木真却很有耐心，在这三年的时光里，他的军队从区区的二百人变成了八千人。

夏末秋初，脱斡邻汗派人来请铁木真赴黑林一会。铁木真早在意料之中，当即分派二将朝伦、者勒蔑莫守护老营，自己则带二弟哈撒尔、三弟别勒古台和博儿术前往赴约。

从带新婚妻子到黑林谒见脱斡邻汗，一晃又是三年多。比起那时来，现在的铁木真更让人刮目相看：果敢、沉着、成熟、无畏，他已成为名副其实的战士之王、草原之鹰。

铁木真见礼完毕，脱斡邻汗温和地说："我的儿子，我曾答应过你，帮你重聚离散的部众，做你坚强的后盾。自你遭逢不幸，为父心里着实不安，皆因篾儿乞势力强大，为父不能不稳妥备战。如今，大事已成，你且安心等待，札木合首领一到，我们即刻共商出征事宜。"

"谢父汗。"铁木真由衷地说。接着，他又转向桑昆："谢太子。"桑昆冷哼一声，未置一词。

铁木真并不介意，坐下与脱斡邻汗叙些别后情况。宴席刚刚摆上，侍卫来报："脱斡邻汗，太子，札木合首领已到营外。"

"哦？"脱斡邻汗没想到札木合来得这样快，急忙吩咐，"桑昆，你和铁木真代为父去迎一下札木合首领。"

"扎。"铁木真、桑昆同声答应，但个中内容不尽相同。

桑昆有意安排了隆重的场面欢迎札木合，欲借这种强烈的对比表明他对札木合的重视和对铁木真的不屑。铁木真无暇品味桑昆的用心，他的注意力只在札木合身上，急于知道十三年后的札木合变成了什么样子。

两队人马越离越近。在迎面而来的风尘仆仆的数十骑中，有一位身材中等、体态匀称的年轻武士格外抢眼。他鼻峰挺立，面色苍白，目光咄咄逼人，一身华丽的衣着，脸上混合着简慢、谦恭与若有所思的表情。铁木真一眼就认出这正是他的安答札木合。

"札木合首领，久违了。"桑昆抢先一步与札木合拥抱见礼。

札木合同样热情洋溢："桑昆太子，你也好吧？"随即，他将审视的目光转向铁木真，半晌，才客气地笑道："如果小弟没认错，你一定是铁木真义兄吧！"

"是我，安答……"铁木真欲言又止，他天生不善客套，再说，札木合表现出来的生分也让他有些尴尬。

桑昆怕他两人一会儿谈个没完，急忙催促："札木合首领，我父汗还在恭候大驾,不如我们边走边谈。”

“好。太子,请。义兄,请!”

“请。”

三人并辔而行。一路上,札木合主动与铁木真谈些童年往事,倒也十分融洽。有谁可以预知未来?令铁木真和札木合两人都始料不及的是,他们的这次相会,竟从此拉开了蒙古草原长达数十年的统一与分裂的战争序幕。

而且,还将铁木真一步步推向了成功的巅峰。

各部重要将领已齐集脱斡邻汗的大帐。脱斡邻汗居中高坐,威严庄重,很有一代草原霸主风范。这种场合,脱斡邻汗为尊,众人自然都等他开口发号。

脱斡邻汗亦当仁不让:“今日召集诸位前来,是为确定出征前的诸种事宜,如起兵时间、人数、集结地点、行军路线、统一指挥等等,并望能一一落实才是。篾儿乞人素以勇武刚猛著称,又据地势之险,实是我三部的强劲对手。因此,我们切不可等闲视之。”

脱斡邻汗说完,大帐之中出现了短暂的沉寂。桑昆暗暗向克烈元帅合勒黑使了个眼色,合勒黑会意,起身说道:“各位首领、将军,联兵大计既已确定,何时出征乃首要问题。如今正值夏末秋初,暑热未消,战马不耐长途奔袭,况且即刻出兵时间紧迫,准备仓促,反于我军不利。依在下愚见,不如等准备充分后再行战事,诸位以为如何?”

“但不知合勒黑元帅所谓‘准备充分’需要多长时间?”札木合问道。

“一边吊驯马匹,一边备战,一月足矣。”

“噢……”札木合沉吟着。

“莫非札木合首领认为不妥?”

“兵贵神速,延迟一天就会多增加一分危险,但合勒黑元帅所虑未尝没有道理……那么就以一个月为限吧。否则,一旦篾儿乞做好迎战准备,后果不堪设想,我方徒增无谓伤亡不说,只怕还会功亏一篑。”说到这里,札木合略微停顿了一下,见大家都深以为然,又继续说道,“此外,我还有些想法,周与不周,也供脱斡邻汗、义兄和诸位将军参考。出征日期既定,出兵人数也当早为明确,我意脱斡邻汗发兵两万,我部发兵一万,义兄酌情发兵,这样,我们方可保证兵力上的优势。至于集结地点,可选在离篾儿乞最近的不勒豁峡谷,我方在此会合后,可将兵马分做两部,其一部担负正面攻击,吸引敌方注意,另一部则迂回侧翼实施偷袭。因篾儿乞人所据乃易守难攻之地,若不先从内乱其阵脚,恐难以遽破。此役的关键在于所出奇兵能否顺利实施偷袭,而负责正面攻击的部队主要是为了牵制和迷惑敌人,待偷袭成功后,里应外合,一举达到全歼的目的。至于何时、何地、何种方式的偷袭最为有效,需要我们多花费些时间进行研究,或者在座诸位有何高见,不妨一一提出,大家共同商议。”

札木合的安排固然井井有条,最难得的是他的才略和清醒,连脱斡邻汗也不能不对这位年轻首领刮目相看。

札木合目视铁木真,铁木真含笑点头,以示钦佩和赞许。

“铁木真义子,你有什么要补充的吗?”脱斡邻汗以长者的口吻相询。

“没有。只有一个请求,将偷袭任务交与我部,一个月后,我一定给诸位拿出一个可行的方案。”

“札木合首领,你意如何?”

“我信得过义兄。”

作战方案基本确定,剩下最后一项议题:谁做联军统帅?

札木合首推脱斡邻汗。

脱斡邻汗辞道:“此次出征,干系重大,本汗已决定将我部两万兵马交由桑昆指挥,本汗愿随军而行,为诸位助战。桑昆还像一只第一次去独自觅食的猎鹰,尚不具备指挥大军作战的能力,所以联军统帅无须将他考虑在内。依本汗之见,札木合首领才德服众,是联军统帅的合适人选。”

札木合起身欲辞,合勒黑劝道:“札木合首领,联军号令统一,指挥起来才能得心应手。大家目标一致,并不在帅位谁属,你就不要谦让了。”

铁木真也说:“我乞颜部愿为安答马前卒,听任驱策。”

至此,札木合不好再固执己见,慨然应允:“承蒙脱斡邻汗、义兄及诸位抬爱,札木合不才,也只能勉为其难了。不过,我既为帅便当有言在先,大战期间一切攻守进退须听我调度,否则,诸位现在就另请高明。”

“札木合首领,我们都是言而有信之人,你放心好了。”脱斡邻汗委婉地说道。

“好!既然如此,请桑昆太子、铁木真安答做好准备,一个月后,按我规定的时间、地点、路线集结,统一行动,违约者,军法处置!”

现实的利害冲突,引起草原各部的分离聚和,失去了心上人的铁木真不得不寻找可靠的朋友。当时脱斡邻汗和札木合成为他最早的盟友,而他们三人之间的友好与分裂、聚合与敌对,恰恰构成了蒙古草原一场有声有色、惊心动魄的历史活剧。

1181年夏,铁木真十九岁了。乞颜部、札答阑部和克烈部的联合行动达成了协议,对蔑儿乞人的战争开始了。

札木合同铁木真站在大帐外看着烟尘起处。脱斡邻汗同他的弟弟札合敢不、儿子桑昆并辔而来,到了近前,脱斡邻汗一摆手,他的大队人马停了下来。脱斡邻汗下马走向札木合和铁木真笑着说:“两位首领已经到了?”

札木合冷冷地问道："脱斡邻汗，今天是五月初几了？"

脱斡邻汗愣了一下："啊，对不住，我，我们来晚了三天。札木合，你是这次三部联军的统帅，该怎么处罚，请发话就是！"

"这是头一次，我不希望有下一次！"札木合说罢返身进了大帐。

桑昆见札木合还真要起统帅的威风来了，愤愤地说："我们克烈部出兵比他多一倍，出于客气才推举他当统帅，他倒认起真来了！"

铁木真知道这次联合有多么重要，便息事宁人地对脱斡邻汗说："父亲，请进帐吧！"脱斡邻汗宽容地一笑进了大帐。金顶大帐里居中坐着札木合，左右坐着铁木真、脱斡邻汗。参加这次会议的札答阑部的将领最多，有札木合的弟弟给察儿、族弟豁儿赤，还有同札木合一起设营的蒙古贵族蒙力克、阿勒坛、术赤台等。

札木合与铁木真和脱斡邻汗小声商量之后说："承蒙脱斡邻汗和我的安答铁木真的信任并推举，由我来指挥这次对蔑儿乞人的战争。札答阑部出兵一万，乞颜部出兵一万，克烈部两万。我们四万联军同仇敌忾，要一鼓荡平我们共同的仇敌！请诸位看地图。"

豁儿赤展开一张牛皮地图，札木合指着西北方向说："三姓蔑儿乞人居住在不兀剌川、斡儿洹、薛凉格河一带。从我们这里——斡难河的源头出发，有两条路可走，一条是绕过不儿罕山直指不兀剌川；另一条是绕道东北，渡过勤勒豁河。第一条路近，而且不用过河，但容易被敌人发现；第二条路远，还要过一条河，却可以出其不意地突然出现在蔑儿乞人面前。我想采用后一方案，诸位意下如何？"

斡脱邻汗点头说："嗯，好，铁木真我儿，你说呢？"

铁木真也表示赞同："攻其不备，出其不意，是个出奇制胜的好方案，我看就按札木合安答的部署办吧！"

札木合精神抖擞地指着地图说："那好。铁木真从这里，脱斡邻汗从这里，我从这里，三路进军，我们这就去打破脱黑脱阿的门窗，掳掠他们的财物，抢夺他们的妻女，杀绝他们的儿童，赶走他们的福神，把他们的全部部众一扫而光！开始行动吧！"

札木合的部署是对的，不过，由于脱斡邻汗来晚了三天，有可能暴露联军偷袭的意图，为了能够达到奇袭的效果，铁木真让自己参与突击的士兵都有两匹马可以换乘，这样就可以在行进中歇马不歇人，赢得被脱斡邻汗损失的时间。就这样，铁木真的队伍像狂飙一样扑向了蔑儿乞人。

马蹄声的巨大轰鸣使一个蔑儿乞人的营地震颤了。

马队横推过来——马队过后，蔑儿乞人的一片营地被荡平了。

"铁木真来了，快跑啊！"脱黑脱阿大帐所在的营地响起了一声嘶喊。人们从沉睡中惊醒,他们或披着衣服或光着身子从一个个帐篷里跑出来。哭着,喊着,奔跑着,像炸了营的马群。

正戴头盔的赤勒格尔手略微一停,扭头紧紧盯着孛儿贴,目光流露出一种古怪的神情。孛儿帖一时怔怔无语。梦寐以求的时刻终于来到,她却恍若置身梦中。玉苏脸色苍白,方寸皆乱:"夫人,我们该怎么办?"怎么办?逃走,显然已不可能。况且外面箭矢横飞、刀枪乱舞,带着孩子万一出点意外,还不如留下来静观其变…

时间不容孛儿帖多做思考,这时,六七个如狼似虎的士兵突然闯入帐中,恶狠狠地抓住了她和玉苏。玉苏拼命挣扎,被一个士兵一拳击昏在地。

"你们……"

"把这丫头拖出去扔到牛车上。夫人,你最好乖乖地跟我们走,否则休怪我们不客气。"

"你们要把玉苏怎么样?"

"夫人,你就别问那么多了。请吧,最好别让我们费事。"

孛儿帖向门外走去。她知道任何反抗都无济于事,为了孩子,这样或许更明智些。

战争的酷烈程度从惊恐万状、四散逃命的人流中可以感觉出来,孛儿帖坐在封闭的牛车中,心里依旧挂念着生死未卜的玉苏。

因疏于防备而招来今日之祸,脱黑脱阿三兄弟悔之莫及。

铁木真指挥的偷袭部队顺利渡过勤勒豁河,打了他们个措手不及。听说二哥赤列都战死,大哥脱黑脱阿下落不明,赤勒格尔权衡再三,决定沿敌人偷袭的勤勒豁河逆向而行,期望能够出其不意。

孛儿帖的心跳得很急。

外面的情形到底如何了?到处是嘈杂混乱的声音,间或夹杂着几声悲惨的哀鸣,孛儿帖断定自己正在逃难的人流中,但她想象不出赤勒格尔的士兵要将她带到哪里。

忽都跑进父亲的大帐,对已经爬起来的脱黑脱阿说:"父亲,快,铁木真联合札木合和脱斡邻,四万骑兵已经渡过勤勒豁河,马上就要杀来了!"

脱黑脱阿来不及穿靴子,光着脚就跑出去,同儿子一起上了马,忽都见脱黑脱阿往东北跑,大声呼叫道:"父亲,敌人从东北来!"

脱黑脱阿喊道:"忽都,快跟上我!"忽都跟上来对脱黑脱阿说:"父亲,你急糊涂了吗?!铁木真就在对面!"

脱黑脱阿说:"儿子,我们只有迎着敌人跑,才能逃出敌人的包围!"

忽都恍然大悟,钦佩父亲的见解,对已经上马的部众喊道:"听着,脱黑脱阿首领在这里,快跟上来!"

赤勒格儿和数十骑蔑儿乞人随脱黑脱阿父子奔出营地，答亦儿兀孙也带数十骑跟了上来。

"杀！"一片喊杀声响起，铁木真的骑兵像风暴一般刮进已经十分混乱的蔑儿乞营地。

一阵残酷的厮杀，一阵慌乱的奔逃，一堆熊熊的大火，一片声嘶力竭的哭喊……然后一切都安静下来了。蔑儿乞人没被杀死的全都放下武器做了俘虏。

身边的一切在铁木真的视线中都仿佛变得模糊不清了。

随着战事的深入，他却苦无所候。渐渐地，他伫立在自己凄冷的心境中，好似化作了没有生命的雕像。

难道他注定要失去孛儿帖吗？那么他苦心经营、数年备战又有什么意义？

失去她的日子里，他才备感她的可贵。这世上的女人很多，却再不会有孛儿帖，不会有谁令他如此刻骨铭心。人生常得美女相伴并非难事，难的是得一红颜知己——孛儿帖就是他今生难求、来生或遇的红颜知己。

漫长的相思，孤寂的等待，他能够忍耐下来的全部原因不正是为了重新得到她、拥有她？可此时，他满怀希望的呼唤变成了痛苦焦灼的嘶哑，依然不见心爱人熟稔的身影。

孛儿帖，孛儿帖……

长生天真的要让他接受这种惩罚吗？

身边的侍卫中突然出现了一阵轻微的骚动，随后他听到了一声细细的啜泣和呼唤："铁木真……"

他不敢相信地垂下头，如入梦中。

"铁木真。"又一声呼唤仿佛近在耳边。他慌忙弹掉眼中的泪水。

首先进入他眼帘的是牵住他马缰的一只纤手，顺着手臂看去……哦，孛儿帖？

空气骤然间凝固了。

直到那只精致的没有丝毫改变的手颤抖着、温柔地触在他的手背上——

"孛儿帖！"他大叫一声，跳下马来紧紧将爱妻拥入怀中。

孛儿帖依偎在丈夫温暖宽阔的怀抱中，全部思念、爱恋、羞辱、伤痛都化作无声的清泪滚滚而下……

铁木真捧住妻子的脸，为她拂拭着泪水。"孛儿帖，别哭，别哭，让我好好看看你。"

孛儿帖的泪水反而流得更快了。

铁本真更紧地搂住妻子。还是让她尽情地哭吧,谁知她忍受了多少屈辱,度过了怎样艰难的时光?

不过,还有一件事,“朝伦,速去通知脱斡邻汗和札木合首领,就说我已找到夫人,即刻就前去会合。记住,尽量阻止他们杀戮太多。”他仍然拥住妻子,“孛儿帖,我们走吧,他们会在脱黑脱阿的大帐等我们。”

对蔑儿乞人的战争胜利结束了,克烈部回师黑林,乞颜部和札答阑部这两支蒙古人的队伍一起撤回斡难河源头。铁木真和札木合这一对安答不想再分开了,他们表示愿意在一起放牧。

这场战争对铁木真来说还有两个意外的收获,头一个是他在死尸堆中拾到了一个头戴貂皮帽,脚穿鹿皮靴,身披貂皮衣的五岁的男孩儿,铁木真把他送给母亲做了养子;再一件就是孛儿帖在凯旋的路上生下了一个男孩儿。

在铁木真同札木合一起返回斡难河源头的路上,孛儿帖说肚子疼得厉害,铁木真让队伍停了下来。

诃额仑像个作战的总指挥那样吩咐着:“铁木真,你快将孛儿帖抱下车来。博儿术、者勒蔑,你们找人把蒙古包支起来。哈撒儿,你快去割一捆苇子做垫子。别勒古台,你削一把苇刀,用来割脐带。孛儿帖,你不要紧张,孩子只是想出来看看这个世界,不过,现在还不到时候。你别害怕,要放松,我生过五个孩子,托长生天的福,每次都顺顺当当的。”

人们都按她的吩咐做了。

豁阿黑臣从孛儿帖的身后将她抱住:“她说得对,我虽是没有下过羔儿的母羊,可我知道生孩子对于人来说,一点也不比母羊更难。”

不过,孛儿帖的孩子生得可比母羊下羔困难得多。从下午一直折腾到半夜,孩子还没生下来。铁木真十分焦急。札木合走近铁木真阴阴地说:“这个不速之客怕是不能给你带来好运。”铁木真愣了一下。

札木合说:“安答,我是札答阑人——我的祖先是抢来的怀孕的女人生下的儿子。到现在,不是还有人一直歧视我们吗?”

铁木真诧异地说:“可我的孛儿帖怀的是我的孩子。”

“她被抢到蔑儿乞人那里已经八九个月了。”

“可女人生孩子是要怀胎十月的!”

“小产呢?谁能保证说孛儿帖不是因为惊吓、颠簸而早产了呢?”

铁木真语塞。孛儿帖又在叫,札木合摇摇头,走开了。铁木真僵立在那里。

听了方才札木合挑拨性语言的者勒蔑走过来说:“铁木真首领,方才的那只鸟叫得可不好听!不像喜鹊,倒像是乌鸦!”铁木真没有留心者勒蔑的话，匆匆进了蒙古包。

孛儿帖蹲在苇子上，由两个女人架着。她满头大汗，见铁木真进来，无力地叫了一声："铁木真！"把手伸向了他。

铁木真上前，握住她的手。孛儿帖头一低，伏在铁木真的肩膀上："我要死了吗？"

诃额仑嗔道："铁木真，你再等不及也不要进来嘛！"

铁木真不理会母亲，对孛儿帖说："孛儿帖，这个术赤（不速之客的意思）来得不是时候！"

"术赤？这是你给我们的第一个孩子起的名字吗？我多想能给你生下一个儿子来再死！"

"孛儿帖！这孩子让你受了多大的苦啊！"

"为了给你生个勇士，让他跟着你去征服草原，消灭金狗，我就是死了，也，也不怕！"说罢孛儿帖又尖叫一声。

诃额仑推着铁木真："你出去吧！"

铁木真在离开包门的时候对豁阿黑臣说："豁阿黑臣，你出来一下。"

豁阿黑臣跟着铁木真走出包外。铁木真长长地吁了一口气说："孛儿帖跟那个蔑儿乞人……"他问这话有些艰难，但是终于还是说出了口，"跟那个该死的蔑儿乞人睡过觉吗？"

豁阿黑臣吃惊地看着铁木真："你问些什么呀小主人？你是不是蒙古人？你的妻子被人抢走了是你的错，是你的耻辱。现在你把你的妻子又抢了回来，你应当高兴，骄傲！你却在责备一个蹲着撒尿的女人是不是给你保守贞节，即使那样也是你的无能！连这个都要让我一个老女奴教给你吗？"

者勒蔑在一旁笑了："回答得好！这可比方才那只乌鸦叫得好听多了！"

铁木真抓住豁阿黑臣："我是问你，这孩子是不是我的？是我的还是那个该死的蔑儿乞人的？！"

"你自己都不知道吗？还要来问我，糊涂的男人！"

铁木真还要问，他们身后响起了诃额仑的声音："铁木真！"

铁木真松开豁阿黑臣，豁阿黑臣走进了蒙古包。诃额仑对铁木真说："我知道你想知道什么。我告诉你，孛儿帖是被那个蔑儿乞人强暴过，可是她一直爱的是你。她和豁阿黑臣被关在土坑里，天天盼着你能把她救出来，好回到你的身边。她一个女人还能做什么？打仗、报仇是你们男人的事，你自己没有保护好自己的爱妻，让她被人抢去受苦，受凌辱，应该道歉的是你！"铁木真低下了头。诃额仑继续说，"至于这个孩子，是你的，因为孛儿帖在被抢走之前就怀了他。我知道这事，德薛禅夫人和小帖木仑都知道这件事。"

“你为什么没有告诉我?”

“我还没有告诉你,她就被蔑儿乞人抢走了。”

“事后您为什么一直不说?”

“我怕给你多添一份担心! 这有什么不对吗?”诃额仑说:“你以为我怎么样?”

“母亲!”

“不是作为母亲,是作为一个女人!”

“您是我一生中见过的最优秀、最值得敬重的女人!”

“真话?”

铁木真指着东方出现的鱼肚白说:“我对着就要升起的太阳发誓。”

诃额仑冷冷地说:“我就是你说的那个该死的蔑儿乞人的哥哥的妻子,被你父亲抢来,生下了你们四个兄弟!”诃额仑说罢走回蒙古包。在包门口她又站住,回身对铁木真说,“记住,儿子,我是个女人,凭这个我有理由告诉你,对你的孛儿帖,今后无论发生了什么事,你永远也不要向她问起她同那个蔑儿乞男子之间发生的事,提都不要提!”她转身进了包门。

铁木真怔怔地站在那里。者勒蔑过来说:“怎么样,首领? 这回你想明白了吧? 可有一件事我不大明白,你的那个安答为什么在那孩子还没有出生的时候说那样的话?”

铁木真还是按照自己的思路想着:“没有保护好自己的妻子,是我的错。我会像以前——不,我要尽量比以前对她还好! 可是,这孩子是不是真像母亲说的那样,真是我的孩子呢?”

者勒蔑一笑说:“那得看你自己了?”

“看我自己?”

“看你是不是能把他调教得像一匹草原的骏马,而不让他成为羔羊和豺虎。”

这时有人喊了一声:“太阳出来了!”

铁木真和者勒蔑扭头向着东方,那里已经是一片红光。豁阿黑臣从蒙古包里跑出来:“铁木真——”

铁木真回头急问:“怎么了,孛儿帖怎么了?”

在铁木真往包门跑的时候,里边传出了婴儿的啼哭声,哭声是那么响亮。铁木真大步进了蒙古包:“孛儿帖——”

孛儿帖满头大汗,甜甜地笑着:“术赤,术赤。”

铁木真不解:“什么?”

“你的儿子,整整折磨了我一夜,太阳出来他才降生,是太阳神送给我们俩的客人——术赤!”

铁木真泪光闪闪地说:“你为他受了多少苦啊!”

“不,是为了你!”

“孛儿帖,我是个没用的男人,可我以后要做得好些,再也不让任何人欺负你!”铁木真猛然站了起来,跑出蒙古包。身后是婴儿的啼哭声。

者勒蔑走过来问:“是个挤牛奶的,还是个骑马的?”

铁木真说:“是个骑马的。”

者勒蔑大声呼喊道:“铁木真首领有儿子了——有了一个骑士了!”

随即,四面八方都响起各部的欢呼:“呼瑞——呼瑞——”

在遥远的东方出现了一束红光,萨满击响了祭太阳的鼓声。铁木真朝着太阳的方向跪下。

太阳升起了。人们跳起了环舞,唱起了祭太阳歌。

第九章　铁木真受邀请合营　札木合违心意结拜

按照蒙古人的规矩，三部主将再一次聚到一起，一同商议如何分配篾儿乞的部众和财产。铁木真主动放弃了自己应得的那一份财产，而将它们全部分赠给脱斡邻汗和札木合，从而答谢他们的相助之恩，集会开得皆大欢喜。

会后，三部徐徐撤军。铁木真在途中与脱斡邻汗、札木合分手，回到了蒙古主营。

诃额仑夫人重又见到心爱的儿媳，喜悦之情无以言表，对术赤更是格外钟爱。不仅如此，她还将玉苏认作义女，亲自做主让她嫁给了博儿术。

战后的平静中，铁木真的力量继续壮大。

第二年秋天，孛儿帖为丈夫生下了次子察合台。孩子刚刚满月，札木合向铁木真发出了合营的邀请。铁木真权衡利弊，决定接受邀请，随后举部迁往札木合驻扎的豁尔豁纳黑川营地。

迁营很顺利，豁尔豁纳黑川处处呈现出一派热闹繁忙的景象。不过，札木合与铁木真热烈拥抱时，首先注意到的还是他这位义兄今非昔比的实力。

日落西山时，札木合的大帐内酒宴已近尾声，劳碌了一天的人们开始各自散去。

凝腊拖着僵直的双腿慢慢走在回家的路上。整整一个白天的挤奶，累得她这会儿每迈一步都觉得吃力。当她正想坐下来歇息一下时，远处突然传来一阵“得得”的马蹄声，凝腊不由得惊喜地回头，等待着正飞马向她驰来的骑手。

渐渐看清了，马上是一位干练的青年，独特的骑姿显示出一种内在的傲岸与激情。然而，他的表情却与他的年龄极不协调，甚至称得上古怪。公平地说，假如他那双黑白分明的眼睛里不是凝固着拒人于千里之外的冷漠，那张棱角分明的脸上不是凝固着过多的严厉和阴郁的话，他还确实相当英俊呢。

青年在凝腊身边勒住了坐骑：“你怎么今天回来这么晚？上来吧！”他的语气很冷，像初春的料峭。

凝腊嫣然一笑，顺从地让青年将她拉到马上，看得出，她早已习惯了青年这种生硬的态度。

"你好像很累。"即使表示关切，青年的语气也是平淡的。

凝腊将脸靠在他的背上，懒懒地说："你刚回来，也难怪你不知道，今天是札木合首领与乞颜部的铁木真首领正式合营的日子，大家都忙了一天。"

"噢……"青年漫不经心地应了一声，随后，凝腊忽然感到他的身体一下子绷紧了，"你说谁，铁木真？"

"是啊。"

"那么你是否见到铁木真本人了，他究竟是个怎样的人？他说过些什么没有？"青年一反平素的冷漠，居然急切地连连追问。

"我只远远地看了他一眼，哪里听到他说什么！不过，我倒是感觉他蛮威风的。"

"札木合首领待他如何？"

"他们很亲热——好像很亲热。"

青年微微皱起眉头，沉默了。

此后，直到一座亮着灯火的帐篷前停下来，他没有再说一句话。凝腊轻盈地跳下马背，抬头望着他："木华黎，你不进来吗？"

"不了。"叫做木华黎的青年淡淡应道，已经催开了坐骑。

"明天，札木合首领要与铁木真首领举行正式的结拜仪式，一定很热闹。"目送着木华黎离去，凝腊在他身后补充了一句。

木华黎住的地方离凝腊家不远。当年木华黎的父亲古温将军在世时，凝腊的父亲温都是他家的老总管。古温将军去世后，木华黎本人被札木合罚做了奴隶。这之后，许多故交亲友为避嫌疑再不敢登门来往，只有温都一家义不容辞地承担起照料昔日小主人的重责，成为木华黎在艰辛孤独的日子里最知心、最亲近的人。但即便如此，木华黎依旧很少向他们敞开心扉。他与他们的距离，不是什么主人与奴仆间的距离，而是出于一种不愿袒露内心隐秘的考虑。父亲的惨死，使原本孤高傲世的木华黎一下成熟了许多，为了保护自己，为了求得生存，他不得不将内心紧紧封闭。何况迄今为止，他还不曾遇上一个人可以开启他的心灵，可以让他以生命相随，至死无悔。

这些年来，木华黎早已学会坦然面对命运的变迁和非人的待遇。从表面上看，他除了放马，几乎过着与世隔绝的生活。事实上，他却无时无刻不在关注着草原各部的动向。他分析过，目前草原上实力最雄厚的仍属克烈、乃蛮、札答阑、塔塔儿、泰亦赤惕等部落联盟。然而，综观这些部落联盟，皆因缺少一位雄才伟略的英主，终究承担不起一统草原的重任。

就在他怀才不遇、彷徨无计之际，铁木真这个名字引起了他的浓厚兴趣。且不说这位年轻首领出生时的种种传奇和经历的诸多磨难，单是他独树一帜、雄霸一方的迅速崛起就足以令人刮目相看。此人的出现使木华黎仿佛在重重迷雾中看到了一线希望,虽然他还不能完全确定。

对于这次合营,木华黎觉得无非会产生两种结果:一是铁木真时时处处受到札木合的掣肘而难有发展乃至自生自灭;二是铁木真能够充分利用孛儿只斤家族高贵血统的号召力以及自身非凡的胆略游刃于札答阑这块藏龙卧虎之地,最终在不动声色中赢得人心。至于结果如何,最终恐怕只能取决于铁木真个人的才能、魄力和眼光了。

当然,还有天意!

合营,是铁木真的机会,也是他木华黎的机会,他一定要抓住这个机会,尽早与铁木真见上一面。

清晨,木华黎像往常一样起来得很早。他刚跨出帐门,就见凝腊急匆匆地向他跑来:"木华黎,我要去札木合首领那里帮忙,我们一起走好吗?"

木华黎未及回答,一骑快马向他急驰而来,马上的人远远便喊:"木华黎,札木合首领让我通知你,今天你不用去放马了,带队去黑川狩猎。"

"知道了。"木华黎面无表情地回答,马上的人话一传到,立刻扬鞭而去。

"这不是成心嘛!"凝腊气恼地跺着脚,"今天大家都可以参加宴会热闹一下,为什么偏偏你不能?"

"不要紧,我会尽快赶回来的。凝腊,你先走吧,我还要准备一下。"

"那……你自己小心。"凝腊无可奈何地叮嘱着,走了。

木华黎返回帐子,略略做了准备,然后他从怀中取出一张羊皮地图铺在桌上,认真地研究起来。这是一张草原形势图,他足足用了三年时间才将它绘制完成,现在,他划去了篾儿乞,在札答阑旁重重地填上了乞颜部。札木合会在这种时候派他去黑川狩猎,可见札木合对铁木真还是有所防范的,一个让札木合时刻防范的人,想必非比等闲了。

良久,木华黎收起地图,眼中闪过一道高深莫测的光芒。

铁木真与札木合的结拜安答仪式格外庄严隆重。这是他们第三次结为安答,也标志着两部正式结盟的开始。

祭天完毕,铁木真解下嵌满金片的腰带系在札木合腰间,札木合亦以装饰着宝石的腰带回赠。互赠腰带是安答结拜仪式中最具象征意义的一环,因为腰带在草原人心目中意味着个人自由,除非在敬天地时或赠与心心相印的朋友,否则绝不轻易解下。

札木合从案几上拿过酒壶,斟了满满一杯酒:"义兄,我敬你。"

铁木真并不推辞。他注视着与他有着共同的祖先并且自童年起就与他结下深厚情谊的札木合,发自肺腑地说:"安答,为兄也敬你一杯,愿你我兄弟二人从此患难与共,永不相弃。"

札木合饮毕,扔下酒杯,与铁木真会心大笑。

方才谨严的气氛一扫而尽,乐声悠扬,美酒醇厚,参加结拜仪式的人们按照各自的身份地位坐在相应的位置上,尽情品尝美食佳酿。

时间在愉悦的气氛中不知不觉地溜走了。夜幕垂落时,外面忽然喧闹起来。

在点燃的堆堆篝火边,皮鼓被狂热地敲响,火不思的琴弦似要拨断,这是一处清冷而自由的天地,没有尊卑,不分贵贱,两部百姓围聚在篝火旁,翩翩起舞,纵情歌唱。

月色渐浓,铁木真和札木合也相偕来到欢乐的人群中。此时,鼓点已不那么急促,在火不思欢快的尾音中,一个年轻女孩的出现引起了所有人的瞩目。

她的舞姿那样轻盈,像原野奔跃的小鹿;她的歌喉那样婉转,像啁啾花丛的百灵;她的眼神那样纯洁,像灵动莹润的水晶;纯白的衣衫,红红的腰带,又像飞落人间的仙鹤。

“这姑娘是谁?”铁木真低声问身边的札木合。

“凝腊,一个女奴。怎么,义兄对她有兴趣?”

“她真是与众不同。”

札木合眼珠一转,心生一计:“义兄若中意于她,小弟愿将她作为礼物赠与义兄。”

铁木真含笑摇头:“安答误会了,为兄只是欣赏她的清纯神韵而已,哪里有什么非分之想?”

“莫不是怕嫂夫人见怪?”

“就算是吧。总之,此事权当玩笑。”

札木合不以为然:“义兄,你还像小时侯一样,凡事都太过认真。好,小弟以后自不会操这份闲心。”

“安答……”

札木合摆摆手:“义兄不必解释。我们三次结义,我还信不过你吗?”

“他们回来了!”不知谁惊喜地大喊一声,立刻,人群中产生了不小的骚动。凝腊也随着人群向外跑去,经过铁木真身边时,她略微停了停,脸上露出了灿烂的笑容。

铁木真颇觉意外地向她点点头。

凝腊飞快地离去了。

“是打猎的人回来了。”札木合向铁木真解释了一句,随后挽起他的手臂,“累了吧,义兄,我们进帐休息吧。”

“也好。”

百余人的打猎队伍满载而归,成为当天的英雄。男女老少簇拥着洋洋得意的猎手们，凝腊被挡在人墙外，怎么也看不到木华黎，急得差点哭出来。正无奈间，一只手按在了她的肩上。

“木华黎。”

“宴会结束了吗？”

“没有。我知道他在哪里，我们快点。”

将近篝火边，木华黎放慢了脚步，然而，札木合和铁木真的座位处，二人已不在那里了。

“他怎么走了？”凝腊喃喃自语。

木华黎远远地望了一眼札木合的大帐，眼里闪过一丝淡淡的失望。

合营并未给两部人们的生活带来太多的影响。

自合营以来，铁木真与札木合经常同榻而眠，同桌而食，感情日渐亲密。这样的日子转眼月余，一天，札木合正与铁木真商议军队训练诸事，侍卫进来报告，说札木合的同父异母弟给察儿回来了。

札木合急忙要他进来。铁木真正欲起身，被札木合伸手按住：“自家兄弟，何必多礼！”给察儿旁若无人地径入帐内。

“哥。”他粗声粗气地对札木合说了句，算是打了个招呼，然后就一屁股坐在桌边。

“给察儿，来，我给你介绍一下，这位是我们的义兄铁木真。这段时间你一直不曾回来，还没有见过他呢。”给察儿斜眼瞟了瞟铁木真，没说话，伸手取过一只大碗给自己斟满了酒。

铁木真向他点点头，淡然一笑。给察儿只顾端起酒碗“咕噜咕噜”猛灌一气。铁木真简直不敢想象，这个给察儿会是札木合的亲弟弟。他们兄弟之间的差别何其之大！札木合精明强干，心性玲珑，给察儿却这样粗陋不堪，无论从外形还是内在气质二人都相去甚远。

札木合对给察儿的无礼颇觉难堪，若不是碍于铁木真在场，他真想将他轰出帐去。他们这一对异母兄弟素来感情不睦。平时，兄弟二人总是各行其是，互不干涉。若无大事，给察儿也多是待在自己的营地，很少回来。合营之初，札木合即派人通知过给察儿，但给察儿一直没回来。在札木合的内心，其实倒也不希望给察儿回来，他怕就怕出现今天这种令人尴尬的场面。

“给察儿，你今天怎么有空回来了？”札木合强压怒火，讪讪地问。

“不欢迎？”

“瞧你说的话！你既然来了，就不要急着回去了，正好义兄也在，我们几个不如多盘桓几日。”给察儿不置可否地“哼”了一声。

铁木真也说：“确实，我也正好请给察儿兄弟到我的营地做客。”

给察儿冷冷地瞟了铁木真一眼：“你的营地？你的营地是吗？”他似嘲弄

似轻蔑地有意加重了“你”字的语气。

“给察儿!”札木合忍无可忍,气得脸色铁青。

铁木真息事宁人地微微一笑:“给察儿兄弟想必对我有什么误会?我们两部合营一处,力量不是更壮大了嘛。”

“义兄不要理他,他是个粗人,不会说话。”札木合怕铁木真下不了台,急于圆场。

“没什么,自家兄弟,我不会介意的。”

“好,痛快!”给察儿抓起酒壶,为自己和铁木真倒了两碗酒,“难得铁木真是个痛快人,鄙人敬你一碗。”

看着俩人干杯,札木合暗暗地嘘出一口气。给察儿大笑着将酒碗掷在一边:“铁木真首领,鄙人老早听说合不勒大汗曾传下过两柄削铁如泥、吹毛断发的宝剑,唤作金星银鹰剑,不知有何来历?是否传到首领手中?”

给察儿的问题提得十分突兀,铁木真略一思索,认真地回道:“是在我的手中,可惜只剩下其中一柄金星剑了。当年,我高祖合不勒被推举为蒙古各部联盟的大汗时,曾请西域匠人为他打造两柄宝剑,开炉之夜,梦见一只银鹰噙金星落入炉中。

恰在这时,忽听一声轰然巨响,我高祖惊醒过来,剑炉开封,双剑同出,一柄月光下隐显金星,一柄阳光下隐显银鹰,因此被称作金星银鹰剑。后来,这两柄剑随我高祖转战南北,屡立战功,在草原上也算无人不知、无人不晓。我高祖去世后,将汗位传给了他的堂弟俺巴孩,却将这两柄剑传给了他那力能拔山的四儿子,也就是我的叔祖忽图赤汗。俺巴孩汗被塔塔儿人及金人设下许亲骗局阴谋害死后,部众一致推举我叔祖做了大汗。这之后,我叔祖先后率兵与塔塔儿人打了十二仗,皆因塔塔儿人得到金国的支持而打了个平手。第十三次,他将金星银鹰剑授予我父也速该巴特,命我父率兵出征塔塔儿,我父用这两柄剑生擒了塔塔儿部的大首领铁木真兀格,始获全胜,并为我取名铁木真以示纪念。不久,我叔祖病逝,我父继承了他的汗位,却令人费解地自废汗号。到了我九岁那年,父亲带我到翁吉亦惕我母亲的族里求亲,临行前将金星剑交与我母亲收藏,他只带了银鹰剑上路,不幸的是,他在独自返乡途中被塔塔儿人毒害。塔塔儿人因忌惮我父神勇,将银鹰剑以熔铅灌死,此后我们便将银鹰剑与父亲一同埋葬了。”

“如此说来,使用过金星剑的都是些鼎鼎有名的大英雄了?让我看看。”

铁木真伸手摘下佩剑。给察儿接剑在手,掂了掂分量,又以行家的眼光审视片刻,随即拔剑出鞘。顷刻,一道华光闪过,晃了一下他的眼睛。“好剑!”给察儿脱口赞道,手随声动,竟迅疾地将手中剑对准铁木真的咽喉直刺过来。离铁木真的咽喉处不及一分时,又将剑收住。一切都在短短的瞬间完成。札木合惊得面如土色……铁木真却始终一动未动,甚至连眼睛都不曾眨一下。

"给察儿!你,你……"札木合勃然大怒。铁木真反赞道:"进于未防之际,控于难收之时。给察儿兄弟当真功夫了得。""义兄,这……""安答无需动怒,给察儿兄弟决无恶意,只不过试试为兄的胆量而已。"给察儿将宝剑推回鞘中,冷笑一声,用力拍到铁木真面前:"算你有种!我此来不为别的,专为领教一下铁木真首领的刀剑功夫。怎么样,敢不敢跟我出去一较高低?"

札木合气急败坏:"给察儿,你太过分了!"

给察儿瞪圆了眼睛,咆哮着:"轮不到你来教训我!铁木真,我明人不说暗话,你若胜得我手中剑,证明你有资格待在豁尔豁纳黑川,否则,我请你从哪儿来再回哪儿去,少在我面前现眼!"

面对给察儿的无礼和挑战,铁木真平静如初:"早闻给察儿兄弟有扳牛之力,登枝之轻,确也想讨教一二。"

"好,请!"给察儿率先站起,手向门外一指。

札木合知道他再无力阻止这场争斗了。

在帐外的空地上,给察儿仗剑以待。

札木合跟在铁木真的后面,不放心地叮咛:"大家还是点到为止吧。"铁木真微微一笑,给察儿却轻蔑地撇了撇嘴,冷哼一声。

周围不知何时开始围上一圈人,而且越聚越多。

铁木真握剑在手,轻松地弹了弹剑锋。给察儿陡然出招,挺剑向铁木真刺来,其敏捷与他笨重的身躯极不相称。几乎没看见铁木真怎么动作便架住了给察儿的剑。给察儿立刻感觉出铁木真的力量,他用足气力,竟不能向前移动分毫,于是急忙撤剑,两人重又战于一处。

一时间,剑来剑往,似疾风夹裹的雪片,又似九天飞离的寒星,这一番游龙斗狠,委实让围观者大开了眼界。给察儿的剑法素以快疾稳狠著称,在札答阑除一两人外鲜有对手,但与铁木真相比仍然稍逊一筹。旁观的札木合心似明镜:抢攻者心浮气躁,势难久持,可惜给察儿自己还蒙在鼓里。即使外行也能看出来,铁木真从一开始便采取了守势,他若非给安答的弟弟一个面子,就是为了引逗给察儿使出浑身解数。给察尔久战无功,索性使出杀招,剑剑直逼铁木真的要害。铁木真闪转封挡,身轻如燕,灵展如猿,逐一化解着对方的进攻。

看到给察儿剑招用尽,铁木真不失时机地反守为攻。给察儿疲于招架,步法渐乱,不知不觉被铁木真逼到了死角,无有转身余地。铁木真知他败局已定,急忙撤剑,退出几步开外。"给察儿兄弟,承让了。"

给察儿背倚毡帐,面红耳赤,羞莫能言。围观的人群中响起了一片嘈杂的议论声，札木合上前，冷冷相劝："给察儿，你若不着忙，就不要回营了。"给察儿一言不发，来到拴马处，赌气离去了。

铁木真正觉心里过意不去，札木合笑着挽住他的手臂，边走边说："随他去吧！让他也知道知道天外有天、人外有人，省得他总是恣意妄为、目空一切。改天，我再带他来拜望义兄，当面谢罪。"

禁不住札木合再三挽留，铁木真直到下午才告辞回营，兀鲁兀惕营地时，兀鲁兀惕部首领主尔台和忙兀惕部首领惠勒答尔在帐外草地上下棋闲谈，看见他，他们十分热情地邀他进帐小叙。

当时，札木合所掌握的大小部落达数十个之多，而主尔台的兀鲁兀惕部和惠勒答尔的忙兀惕部堪称这个庞大部落联盟的精华和支柱，札木合得以稳居盟主宝座，与这两位首领的拥戴密不可分。

此外，主尔台、惠勒答尔与铁木真也有很近的亲缘关系，他们同为蒙古历史上第一位大英雄孛端察尔的后人，主尔台年长铁木真一岁，在辈分上是他的叔父，惠勒答尔则是铁木真的同年兄弟。铁木真一向敬重他们二人的神武忠义，早存一份结交之心。

三人回帐分宾主落座，惠勒答尔迫不及待地问道："铁木真首领师承何人？一手好剑使得真可谓鬼神莫测。"

铁木真不料有此一问，颇觉意外地笑笑："哪里有什么师父啊！小时候，和弟弟们一起狩猎，看虎豹相搏、鹿鹤嬉戏，自己琢磨的。"

主尔台伸出大拇指："了不起，了不起！首领天赋，果真非常人能及。今晨我与惠勒答尔路过札木合首领的营地，正见你与给察儿比试。你后来使出的剑路看似不守章法，实则占尽先机，所以这半天我和惠勒答尔一直在猜测你的师父是谁——原来却是自己！"

铁木真这才恍然大悟："怎未见你们？"

"我们没过去。"惠勒答尔笑道，"给察儿为人傲慢凶悍，武艺高强，自出道以来，还只败在俩人手下，一个就是首领你。"

"另一个呢？"

"木华黎。"

"木华黎？他又是怎样一个人？"

"在札答阑有两句话这样评价他：没有木华黎驯不服的烈马，没有木华黎射不中的鹰隼。不知你是否听说过？"

铁木真遗憾地摇摇头："如此说来，他是一位了不起的勇士了？"

"岂止是勇士！应该说是一位勇谋兼备的奇才才对。"主尔台接过话头，由衷地称赏。

"这倒怪了，既有这等奇人异士，我为何从未听札木合安答提起过？"

“这个么……”惠勒答尔与主尔台对视一眼，神情立刻变得谨慎起来，“我们也不能确知详情。木华黎是古温将军的独子，札答阑得有今日威势，是古温将军追随札木合首领的父亲——已故的宝力台首领一手创建的。宝力台首领死后，又是古温将军将年幼的札木合推上了盟主的宝座，谁知最后，古温将军死得十分蹊跷，也十分悲惨。尤其令人费解的是，即使那时，当事人也对所发生的一切讳莫如深，如今事过境迁，别人自然更无法了解其中的是非曲直，恩怨纠葛了。”

铁木真无意探究别人的隐私，适时地扭转了话题：“但不知这位木华黎家住何处？”

“莫非你有意结识他？”惠勒答尔意味深长地注视着铁木真。

铁木真默认了。

“在札答阑部与亦乞列思部之间，你找一个人，他是古温将军家昔日的总管，名叫温都。古温将军去世后，是这位义仆将木华黎接到身边照料的。”

“你对他的情况这样了解，想必与他很熟吧？”

惠勒答尔摇头笑了：“哪里。其实我与木华黎没有任何交往，木华黎生性孤傲冷僻，一般人想接近他也难。我告诉你的这些，多是我从别人那里听来的。他这个人在人们心目中如同一个谜，迄今为止还没有人可以解开谜底。若首领对他有兴趣，不妨试试，或许能够成功。”

“此话怎讲？”

“一个小秘密，这是我与叔父多年一赌。”惠勒答尔向主尔台递了个眼色，狡黠地笑了。铁木真的好奇心越发被激发起来了。

次日，趁营中无事，铁木真不通知任何人，托了猎鹰海冬青，独自一人向黑川方向驰去。已经踏上进入黑川的林间小道了，突然，一直乖乖停落在他肩头上的海冬青凌空飞起，盘旋数周后又“嘎嘎”叫着向前飞去。铁木真不知发生了什么事，急忙策马紧紧相随。

尚有数箭之地，铁木真便明白了海冬青惊飞的原因。原来是一位驯手在追赶一匹埋头疯跑的野马，从他手持套马杆的骑姿来看，他正于追逐中寻找着合适的时机与角度。

驯马常被视做勇者的游戏，一向最具刺激性和挑战性，铁木真顿觉精神一振，勒马静观那人身手如何。

转眼间，驯手追到野马近前，果断地将手一扬，套马杆分毫不差正中目标。铁木真暗赞一声，继续注目观看。

野马虽被套住，却不肯服输，它又蹦又跳，奋力挣扎。谁知恰在这万分紧张的时刻发生了意外，驯手的套马杆突然折断，驯手仰面朝天向后摔去。

铁木真大吃一惊，正欲上前相助，却又目瞪口呆地停住了。只见驯手非但没有摔下，相反，他借着落势钩镫换脚，将一只脚钩在马镫之上，紧贴于马肚一侧，仍对野马穷追不舍。及得迫近时，驯手抛下半截套马杆，纵身一跃，稳稳当当落在了野马的背上。

野马身上忽添重负，顿时野性大发，它长嘶一声，前蹄凌空跃起，马身几近竖直。然而任凭它怎样奔跑跳跃，驯手都如同粘在它身上似的。如此几番较量，野马终于精疲力竭，打着响鼻，无奈地低头服输了。

驯手此刻也是一身热汗，他跳下马背，心满意足地拍拍马脖。那马回过头，亲热地舔了舔他的手，异常温驯。

此时，铁木真已来到近前。虽然听到了马蹄声，驯手依旧保持着原有的姿势未动。

铁木真赞道："这位壮士，好身手！"他毫不掩饰内心的钦敬之情。

驯手循声回头。刹那间，他觉得浑身血液好似停止了流动：难道会是他吗？

铁木真显然更吃惊，驯手的年纪之轻大出他的意料。

"您……"

"在下铁木真。请问壮士的大名，属于哪一个部族？"

果真是他——那一个想见又不得不见的人。

"我叫木华黎，主儿乞人氏。"驯手腼腆地回答，平日的严肃已经荡然无存。

木华黎！

难道他真是惠勒答尔口中的那一个木华黎吗？

第十章　木华黎初次显风姿　铁木真求全难思量

就在昨天,铁木真才第一次听到了木华黎这个颇具传奇色彩的名字。就是因为这个名字过于响亮,让他无论如何也想不到木华黎竟然会如此年轻。说真的,刚才若不是亲眼所见,任谁说他也很难相信一个驯手在套马杆折断之后,不但有惊无险,还相当果断、相当漂亮地驯服了野马。尤其是木华黎借着落势钩镫换脚那一瞬,给铁木真的感觉仿佛木华黎的身体在临落地时忽然折为两截。仅此一招,足令铁木真对木华黎那超乎寻常的敏捷、胆气和应变能力叹为观止;仅此一招,亦足以证明主尔台、惠勒答尔对他的推崇绝非虚谬……

铁木真稍稍走近几步,用一种鉴赏的目光端详着面前的騣马。

这是一匹体格壮硕、雄健无比的宝马,遍体通黑,毛色乌亮胜如闪缎,除马蹄外全身上下绝无一丝杂色。而它的奇特之处也在于,它的四蹄纯白如雪,好似刚刚踏雪而行。

踏雪而行……踏雪神驹?居然是踏雪神驹!

踏雪神驹堪称马中极品,通常生长在崇山峻岭中,矫捷机警,性烈如火,常人见都难见,更别提驯养在侧。当年,铁木真的叔祖忽图赤汗曾得到过一匹,此后便如绝种一般,不料今日在这里得识,铁木真简直喜不自禁。

"好一匹烈马!"他不知赞马还是赞人。

木华黎微微一笑,一语双关地说:"越烈性的马,一旦驯服,就越能成为驯者的伙伴。铁木真首领,您若喜欢这匹踏雪神驹,不妨将它留在身边。"

铁木真看看木华黎,脸上既无惊奇之色,更无推辞之意:"那我愧领了。"他喜悦地说,坦率质朴,一如心境。

木华黎很久没有这般心动的感觉了。原来这世上最令人心折的永远莫过于男子汉那全无虚伪矫饰、坦荡如砥的襟怀。一个真诚的人又怎会拒绝真诚的馈赠?何况还是惺惺相惜的英雄。

铁木真伸手从腰间摘下宝剑:"木华黎,我们一见如故,这柄剑请你收下,权做纪念。"

木华黎接剑在手,立刻认出:"这不是那对在草原上久负盛名的金星银鹰剑中的金星剑吗?我不能……"

铁木真笑着打断了他的话头:"难道一柄剑还能比人更重要?你不必推

辞，此剑正合你用！对了，我还想问你，你既是主儿乞人氏，因何又到了札答阑？”

“此事一言难尽，纠缠着两辈人的恩恩怨怨，首领若有兴趣，改日听我细述。”

铁木真点点头，拉着木华黎席地而坐，俩人随意地攀谈起来。

因与木华黎相谈甚洽，铁木真返回营地时已近黄昏，他顾不得吃饭，急切地唤出妻子，非要她去欣赏一下他新得的宝马。

孛儿帖对马不在行，不过单看丈夫那副得意的样子，她也知道这马有些来历。“这马是你驯的吗？它的样子够凶的。”

“你还没见过它真正凶的时候呢。说实话，就是我驯这马，也需费许多功夫。”

“听你说话的语气，这马是别人送你的了？”

“不错。你猜猜看，会不会是一个有漂亮女儿的老头？”

“那我可要恭喜你了，既得马，又得人。”

“你呢？果真如此，你吃不吃醋？”

铁木真朗朗笑起来。夫妻俩正彼此逗趣，博儿术来了。看到他，铁木真十分高兴：“你来得正好，快来看看我新得的马如何。”

博儿术双目微闪，脱口而出：“踏雪神驹！”

铁木真敬佩地看着他：“好眼力！”

“您从哪儿得来的？”

铁木真并不相瞒，将他目睹木华黎驯马以及由此与木华黎相识的经过一五一十地讲给了博儿术。

“木华黎……”博儿术重复着这个名字，脸上现出若有所思的神情。

“你好像知道什么？”

“我听忽必来谈起过他。”

“忽必来？”铁木真的脑海里迅速掠出一个形象：结实的骨架，忠厚的外貌，一蓬络腮胡子与朝伦堪称伯仲。“我想起来了，这位忽必来是隶属巴鲁赤思部的一位年轻将领，对吧？”

“对，是他。”

“他怎么说？”

“他所说绝非一家之言，不少人都说木华黎是位胆识兼备的文武奇才，可惜为人孤傲冷漠，不易接近。”

铁木真不以为然地摇摇头。木华黎给他的印象完全不同，非但不孤傲、冷漠，相反处处表现出一种天性的爽快和坦诚。

铁木真一生不唯嗜才如命，而且慧眼独具。虽是短短的接触，但他已认定，木华黎之才比起人们的赞誉实在是有过之而无不及。

令人费解的倒是惠勒答尔闪烁其词地提到的木华黎与札木合之间的恩怨纠葛。博儿术好似看透了铁木真内心的疑惑，他一语道破天机，让铁木真大吃一惊："忽必来还说，木华黎与札木合首领有杀父之仇。"

原来如此！

"首领，下一步您有何打算？"博儿术饶有意味地问道。

铁木真会心一笑，不置一词。

五月的一天，铁木真正在帐中与博儿术推敲着即将开始的军队训练时，帐门被撞开了，别勒古台惊慌的表情和变了调的声音一同出现在帐中："大哥，不好了，术赤出事了！"

"他怎么了？"铁木真霍然站起，颜更色变。

"他被惊马踏伤，一直昏迷不醒。"

铁木真如遭雷击，急忙奔出大帐，策马如飞而去。

此刻，在术赤的帐中，莫日根大夫正在全神贯注地给术赤处理着胸部的几处踏伤，其中最严重的一处在左胸，马蹄在这里留下了致命的一击。

当大夫终于满脸疲惫地停下来时，铁木真竟什么都不敢问了。

莫日根回视铁木真："首领，你派个人随我回去配药，另外派人在附近给我备一空帐，这些日子我不能离开公子左右。"

"好，别勒古台，博儿术，你们俩人速去安排。"

"扎。"

莫日根正欲出帐，铁木真唤住了他："莫日根大夫，请您实话告诉我，术赤他到底有没有生命危险？"

莫日根直视着铁木真汗水涔涔的脸，坦率地回道："孩子太小了，但愿他能逃过这场劫难。"

"您……您一定要想法救活他啊！"

"我会尽力的。"

当帐中终于只剩铁木真一人时，他再也控制不住揪心的懊悔，一下子跌坐在儿子身边。假如可能，他真想代儿子去承受这场意外的灾难。

似乎过了很久，别勒古台和博儿术满头大汗地回来了。

"大哥，一切都安排好了，母亲正在照顾大嫂，我没敢惊动她。"

"你大嫂……也好，此事切莫让她知道。"

"我懂。大哥，要不……一会儿你别去了。"

不去怎么能行？

一会儿札木合要带隶属札答阑联盟的十几位部落首领前来观看乞颜的军队训练，他这个军队统帅如何能不到场？可儿子……他忧虑地注视着儿子青紫的小脸，好不容易才狠下心肠：“大夫，玉苏，术赤就劳你们费心了，我一定尽快赶回。”

他率先走出帐门，连头也没敢回。

乞颜的军队训练一向一丝不苟，这与上至统帅下至各部将领的严格要求、以身作则有着密切的关系。精明的札木合不得不承认，铁木真带兵的确很有一套。他此行的目的，本就是借机探一探安答的真正实力。

除了个别几个人，没人觉察到铁木真的不安，铁木真根本不敢去想生命垂危的孩子。或许正应了祸不单行这句话，不容他稍稍缓解一下焦灼的心情，一匹快马急驰而至：“首领，夫人……夫人情况不好，老夫人让你赶快回去！”

铁木真屹立不动，脸色早已变得铁青。

将士们不知发生了何事，纷纷停了下来，队形有些散乱。札木合驱马上前，正欲张口，铁木真厉声喝道：“继续练！”声音不是很大，却透着一股震慑人心的威严和力量。操练继续进行。此情此景，不唯乞颜将士，即令那些前来观看训练的人也不能不为这位年轻首领坚定如铁的意志所感动。报信的士兵不知所措地站在原地。铁木真始终没问一句妻子的情况——不是不想，而是怕知道实情后再难自持。

还有儿子……铁木真只觉得时间好似停滞了一般，紧紧咬着的嘴唇已然现出几个血印。太阳为什么还不落山？太阳为什么还不落山！原谅我吧，孛儿帖，我无法为私事而放弃训练，没有铁的纪律就带不出铁打的军队。你一定要挺住，求你了，无论如何要挺住——等我回去。

札木合含义复杂的目光落在了铁木真挺直的脊背上。这个人真的是铁石心肠吗？如果换了孛儿帖是他的女人，他宁可失去世间的一切，也会在她需要时赶回到她的身旁……

孛儿帖的情形的确越来越糟了。难产将她折磨得奄奄一息，而在剧烈的痛楚中更让她心胆俱裂的是爱子的伤势。帐内，接生婆满头大汗，几乎陷入绝望；帐外，所有的人都束手无策，唯有揪成一团的心在企盼着奇迹的出现。谁也没注意天色渐渐昏暗下来。几次晕死过去的孛儿帖仿佛听到了一声急切的、熟悉的，也是最亲爱的呼唤，这呼唤立刻灌注于她的体内，与此同时，一匹毛色乌亮的黑马像旋风般卷入人们的视线。就在铁木真的双脚落地的瞬间，帐中蓦然传出了婴儿响亮的啼哭。

诃额仑一把拉住儿子的胳膊，热泪盈眶：“长生天保佑孛儿帖！长生天保佑我的术赤！”

精疲力竭的接生婆乐颠颠地从帐中走出：“是位漂亮的女公子，老夫人，您有福啊。咦！铁木真首领，您真的回来了？夫人要您进去。夫人身体太虚了,您一定不能让她分心劳神,她可是刚刚从鬼门关转回来的……"

接生婆絮絮叨叨的声音被掩上的帐门截断了,铁木真几步趋于床前,温存而又内疚地注视着爱妻没有一丝血色的脸。

"铁木真,术赤他如何了?"孛儿帖从枕边抬起目光,艰难地问。

"他……你别担心。"

"我要去看他。"

铁木真急忙按住挣扎欲起的妻子:"你不能动!术赤有我照料。"泪水顺着孛儿帖的面颊滚滚而下:"可怜的孩子,他怎么会被马踏伤呢?这个时候,他该多么需要母亲在身边啊……"

"我会守在儿子身边的,孛儿帖,你一定要相信我。"

走近儿子的寝帐时,铁木真突然感到心跳得很急,他急忙抓住门框,让自己定了定神,才轻轻推开帐门。

莫日根大夫正在给孩子换药,铁木真本能地察看了一下他的表情,从他略略舒展的双眉间,铁木真恍若看到了一线希望。可是再看儿子依然昏迷不醒,多少松弛了一点的心便又紧紧揪了起来:"大夫,我儿子怎么还未苏醒?他到底要不要紧?"

大夫眯起双眼注视了铁木真片刻,答非所问地说:"有时候,孩子的生命力是惊人的。"

"您是说……"

"不能大意。公子需要绝对的安静,所以我一直没让人来探望他。他只需要一个能让他产生安全感的人待在身边,这对他来说比药物更重要。"

"我会的。还有什么?"

大夫俯身抚摩了一下孩子的额头:"如果不出现异常情况,公子可能很快苏醒。我必须回去另配些药来。我走后,劳你费心看着点炉上的药引。"

大夫的话音刚落,术赤的小嘴竟真的嚅动起来,接着发出了一声微弱的呓语:"母亲……"铁木真一下坐到床边,抓住儿子冰冷的小手:"术赤。"

"母亲,"昏迷中的术赤断断续续地说道,"为什么……他……不喜欢我?"这恐怕就是这个敏感聪慧的孩子在神志不清时才肯道出的心底最深刻的隐痛。

铁木真好像被蝎子猛地蜇了一下,一时只觉心痛难忍。迄今为止,术赤从未叫他一声阿爸,他没想到,一个五岁孩童的倔强竟会如此深地刺伤他。他不知是证明还是忏悔地自语:"术赤,我的儿子,阿爸没有不喜欢你。"

大夫双目微微濡湿,转身悄然离去了。铁木真无意中流露的父爱让这位草原名医既感动也难过,直到此刻他才开始明白,铁木真也许永远说不清自己内心深处爱与恨的分量孰轻孰重,但终究否认不了这样一个事实:术赤在他的生命中早已成为不可或缺的一部分。

铁木真百感交集的目光久久凝注在儿子清俊的脸上，他还从来不曾有过这种心力交瘁的感觉。渐渐地，他的眼皮越来越沉了。

朦胧中，一只手轻轻扯着他的衣袖，他被惊醒了。

儿子！原来是儿子醒了！一阵狂喜霎时攫住了铁木真的心。

术赤的眼睛在瘦削苍白的脸颊上显得更深更大了，他无力地伸出小手，向父亲身后指了指。

炉子上的药罐正“吱吱”向外冒着泡。铁木真一跃而起，顾不上垫东西，空手将药罐端了下来，烫得他好一阵甩手。

术赤一直都在看着他。当他回到床边坐下时，术赤小心地捧起他的手，放在嘴边轻轻吹了吹。

铁木真顿觉两眼发潮，忙掩饰着笑道：“术赤，还疼吗？”

术赤的脸仍然半青半白，呼吸时弱时强，但他却倔强地摇了摇头。

“你哪里不舒服，一定要告诉阿爸。”铁木真自然而然地说出“阿爸”两字，并未觉得有何异样。

“阿爸——”孩子惊异地重复着，脸上慢慢绽开了甜甜的、满足的笑容。真够难为他，伤得这么重还能笑出来，要知道，他毕竟还只是个五岁的孩子啊。铁木真若非用全部意志克制着内心的冲动，真想将虚弱的儿子紧紧搂在怀中。

在一片悠长的静谧中，父子俩的心彼此贴得很近很近。

豁尔豁纳黑川深处一棵苍翠的柏树下，木华黎正牵着马慢慢走着。今天是他的生母雪尼叶夫人的忌日，每年的这一天，他都要前来祭奠。

远远地，他闻到了一股熟悉的气味，那是他母亲生前最喜爱的薰衣草的味道。因此，他知道那个人——札木合已先他而来了。

平心而论，对母亲的容颜，木华黎还不如札木合记得清楚，他只能从人们的回忆中，从父亲一生相守的眷爱中了解到母亲的才貌人品。自母亲去世后，父亲每年都要带继母和他来这里。札木合也来，而且总比他们来得早些，甚至在札木合杀死他的父亲之后，仍然不忘来祭奠他的母亲；唯一不同的是，他与札木合之间永远不会再有往日的情谊。

木华黎站在札木合身后不远的地方。

札木合没带侍卫。木华黎的手慢慢伸向了腰间的宝剑。

在冷漠的表情掩盖下，他的内心却在苦苦挣扎。感情在问他：杀了他吗？杀了他，为屈死的父亲报仇？理智却在回答：父亲终究是误杀给察尔的母亲在前，并且是死于给察儿而不是札木合的刀下，就算他怀疑这一切都是札木合精心策划的阴谋，仍没有足够的证据来支持他的复仇计划。何况，他确信父亲不会赞同他这样做。父亲对宝力台首领、对札答阑至死不渝的忠诚不可能不影响他的处世原则。札木合毕竟以一身维系着札答阑部落联盟的安危,杀他容易,却很可能因此将稍稍安定的草原迅速推向动荡杀伐的深渊,而这才是他最不愿意看到的结果。

木华黎慢慢松开了握剑的手。

“你怎么还不动手?我等你动手早就等得不耐烦了。”札木合以洞悉一切的口吻安闲而轻蔑地说。

“为什么?”

“今天是最好的时机,除了今天,你恐怕再也找不到杀我的机会了。”

“我不需要机会,我也不想杀你。”

“假如你弄清了你父亲的真正死因,你还会这样想吗?知不知道,你和你父亲一样,都有一个最不可救药的弱点,就是凡事但求问心无愧。而这世上又有多少事可以真正求个问心无愧呢?”

“那么你呢,你不杀我,难道就不怕为自己留下祸根?”

札木合的脸上露出鄙夷的神情:“你连这个都猜不出来?看来我实在高估了你的智慧。你还是问问她吧。”他闪过身,用手指着雪尼叶夫人的墓穴,“为什么我年年要来这里?因为这里躺着我生平最怀念的女人。我从来不是那种愿为别人恩情所累的人,但她的养育之恩我非报不可。如果你身上不是流着她的血,你以为我会冒险让你活在世间?何况,你父亲临终前恳求我放过他的妻儿,我念他忠直一世,不忍拒绝。”

“你既然念我父亲忠直一世,为什么还要杀他?”

“他不死,我札木合怎么能做札答阑真正的主人?他不死,谁又能保证他不会第二次带走我的部众,另立门户?有他活在世上一日,我就一日不得安宁。”

“我总算明白了你不杀我的真正原因。只要我不死,你用卑鄙手段害死我父亲的阴谋就不会昭然于世,我父亲的死就永远只能是场误会。对吗?”

札木合坦然地默认了。他怀着一种不可名状的心情等待木华黎拔出剑来,可木华黎已在瞬间将悲愤抹尽,平静得像块岩石。

札木合笑了:“我早知道你不会杀我。你和你父亲一样至死也不会扔掉你们所谓的‘忠诚’。好了,你不拔剑,我可要走了。”他近乎戏弄地踱过木华黎的身边,木华黎下意识地挺直了脊背。

意外地,札木合的目光被木华黎腰间的宝剑留住了。“金星剑?”他惊诧地停住了脚步,“你见过铁木真了?”沉默。札木合回过身来逼视着木华黎:“木华黎,少跟铁木真来往,这是我对你的忠告。”

回答他的依然是沉默。

札木合大笑起来："木华黎，我知道你在想什么。你在想我岂能主宰你的思想、你的灵魂，是不？可你别忘了，你的恩人温都夫妇，还有你的那位心上人凝腊，他们的生死可都在你手上握着呢。不，应该说是在我的手中，在我的手中握着呢！"接着，他语锋一变，"你最聪明的做法就是乖乖地听我的话，否则，到时死的不会只有你一个人。"说完，他撇下木华黎，狂笑着扬长而去。

木华黎的脸倏然变得惨白。此时此刻，他真的好想将札木合碎尸万段！

合营之后的第二个冬季，豁尔豁纳黑川的忽勒山附近突然爆发了凶猛的狼患，山下各部防范无效，人畜死伤无数，损失惨重。铁木真对此事十分关心，想要和安答联手除害，但却不知札木合是怎么想的，每一次他都是避而不谈。

第十一章 兄弟分合关系破裂 众人推举登上汗位

一场暴风雪过后，忽勒山附近的牧户开始从夹裹着雪花的凛冽的寒风里闻到了死亡的味道，他们在不得已的情况下只好向札木合求助。札木合经过一番筹划，召来了木华黎。

木华黎走入札木合的大帐时，札木合正背对着帐门烤火，听到脚步声，也没有回头。

“你找我来什么事？”木华黎的语气里透出淡淡的疑惑。

“最近狼患成灾，我思防范无效，不如组织一次大规模的猎杀，永绝后患。你在这方面一向经验丰富，我打算派你带人前去。”

“行，我去准备。”

札木合这才回过头来，别有意味地审视着木华黎。

木华黎平静地迎住了札木合的目光。

蓦地，札木合的心里有点不是滋味，他挥挥手：“没事了，你去吧。我让扎西配合你的行动。”

扎西是札木合的心腹，木华黎虽讨厌此人，却无由反对。

忽勒山的狼群越来越肆无忌惮。木华黎针对狼群习性，经过周密细致的调查，制订了猎杀方案，这个方案称得上天衣无缝。当木华黎率领狩猎队伍进入忽勒山时，野狼的命运似乎就被注定了。

然而，世事变幻，人们可以主宰狼的命运，却主宰不了自己的命运。

果不出所料，狼群按照木华黎的“指挥”，乖乖地进入了事先设置好的包围圈，只待木华黎一声令下，就会被聚而歼之。谁曾想，木华黎尚未发令，突见自己这边一阵大乱。接着，扎西带领手下人纷纷跳上马背，争先恐后地逃之夭夭了。

转眼的工夫，木华黎便只身处于群狼的攻击之中。木华黎将“九连环”取在手中时，心里异常冷静和清醒。“九连环”原本是忽图赤汗赠与他的父亲，他的父亲又留给他的。迄今为止，他还一次不曾试过它的威力。而今面对咄咄逼近的死神，他既不抱生还的希望，也不放弃最后一搏的努力。近了，近了，更近了……

木华黎稳稳地射出“九连环”，霎时，九只跑在最前面的狼挣扎了一会儿，便一个个伸头展足，倒地不动了。后面的狼受到震慑，行动变得谨慎了许多。但凡狼都有一种不达目的誓不罢休的特点，同伴的死更激起了它们复仇的野性，它们略作停顿后，分做两队，一队从两翼包抄，一队仍从正面向木华黎直扑过来。此时，除了拼死一战，木华黎已无路可退，他抽出金星剑，集中起全部意念，慢慢向左侧一棵枯立的树桩后退去。

白雪皑皑的忽勒山山谷里，就要开始一场人与兽、生与死的惊心动魄的大搏杀。

木华黎濒临绝境，反而勇气倍增，他将平生所学所练全都凝聚在剑尖，利用树桩做掩护，机敏地与群狼周旋着。随着群狼不断受伤或倒毙，他索性将身体暴露出来，剑走如风，零落星星血雨。群狼攻击的速度明显迟缓犹疑起来。形势转而对木华黎有利了。

恰在这时，一支不知从何处飞来的冷箭射中了木华黎的肩头。在剧痛之下，他手中的金星剑几乎落地，他急忙将剑交在左手。剩下的几只狼似乎看出了什么，一反方才的畏惧萎靡之势，重又向木华黎发动了新的攻势。木华黎正要举剑，忽觉心口阵阵恶堵，半边身体都开始酸麻肿胀。他立刻明白：他中了毒箭。他将身子斜斜地靠在树桩上，剑，无力地垂到了地上，在他逐渐模糊的视线里充斥着一道道灼亮的、穷凶极恶的绿光，接着便是一片漆黑……

木华黎悠悠转醒时，最先映入眼帘的是一位年轻武士似曾相识、沉稳亲切的脸庞。

“你终于醒了。”那张一直俯视着他的脸上露出欣悦的笑容。

“我……”木华黎试着发出了一点声音，“我的剑……”他用力说出。

武士急忙取过金星剑放在他的手边。“金星剑，九连环，一样不缺，你尽管放心。你中了毒箭，我带来的药物不全，只能暂时为你控制箭毒。无论如何，我们必须尽快下山，你一定要坚持住。”

木华黎的眼中迅速闪过一道若有所悟的光亮，他已经猜出武士是谁了。

博儿术。

作为铁木真最亲信的将领，博儿术的大名以及为人做派在整个札答阑部都可谓家喻户晓。

“是你救了我？”

博儿术微微一笑：“我们奉铁木真首领之命到忽勒山铲除狼害，听说你已带人先行人山，便随后追来。所幸的是，我们来得还算及时，赶上了射杀最后几只野狼。你不是带人上山的吗，怎么只剩下你一人，你肩上的毒箭……究竟是谁要暗算你？”

木华黎痛苦地闭上眼睛，没做回答。

博儿术不再追问，也没有必要追问。他清楚一切问题的答案，询问无非是为了进一步证实。

而木华黎的反应就是最直接、最有力的证实。

当时的情景多么惨烈啊！它使博儿术终其一生从未忘过那横亘于山谷中的野狼群尸，那凌乱的雪地上触目惊心的斑斑血迹以及血人一样昏迷不醒的木华黎。他无法不钦佩、不仰慕木华黎的神勇！他深知，如果当时木华黎不是中了毒箭，一定会创造手刃群狼、死里逃生的奇迹。

不！木华黎已经创造了奇迹！当死神以群狼的面目出现时，除了木华黎，恐怕再无第二个人可以与之斗到最后并且战胜它。

入夜，木华黎的伤势突然出现了恶化的迹象。

当木华黎再次苏醒时，已是四天之后了。

他觉得自己好像是被帐外的说话声惊醒的。这时，他身上虽然虚软无力，神志却异常清醒。他倾听着帐外的对话。

“你不用太过担心！大夫说他已经脱离了危险，现在所以仍然昏睡不醒只是由于体力还没有完全恢复。”

他熟悉这个声音。木华黎的心头不禁一热。

“我明白，可我还是……放心不下。”是凝腊，一定是他将凝腊接过来的。

“我有种感觉，今天他一定会醒过来。你先去休息会儿吧，这里有我守着。”

“不！还是您去吧，您都熬了四天没合眼了。刚才大夫临走时还交代，让您再睡一睡，否则，就算您是个铁人也会被拖垮的。我真的不知道该怎么感谢您才好，这一次如果没有您，木华黎他……”

凝腊后面的话似乎被什么截断了。

不一会儿，铁木真走入帐子。当他看到木华黎睁开的眼睛时，脸上立刻露出了惊喜交集的笑容。

“你……你终于醒过来了。感觉好点儿了吗？”他边说边快步走到木华黎近前。

木华黎目不转睛地凝视着他，只觉喉咙一阵哽咽：“您……”他挣扎欲起，铁木真忙伸手按住他：“别起来，你还不能动。”

木华黎紧紧握住了那只温暖的手，正要说什么，凝腊捧着一贴膏药从外面走了进来：“铁木真首领，大夫说……啊，木华黎，你真的……”她哽住了，泪水随即夺眶而出。

铁木真含笑看着她，伸手接过膏药：“我来吧。”

凝腊有些害羞地抹了把泪水：“那……我去给你俩炖些野鸡汤来。”

多亏救治及时，淤毒已基本散尽，铁木真细心地用盐水为木华黎清洗着肩头的伤口，然后又为他敷上膏药。他做这一切十分熟练与自然，就如同一个真心溺爱兄弟的大哥，毫不掩饰地流露出满心疼惜。

蓦地，木华黎侧过脸去，泪水从他微闭的双目中无声地渗了出来。铁木真理解地保持着沉默。很难说得清，铁木真对这个比他最小的兄弟还要年轻的青年怀有怎样的钦敬渴慕之情！从第一次见到他驯马时起，铁木真便立誓要将他置于左右，及至发现木华黎总是有意无意地回避他，他才意识到其中或许有什么难言之隐。为此，他始终不曾勉强过木华黎，他情愿等到最合适的时机。铁木真是在木华黎病情恶化的第二天凌晨带着莫日根大夫赶到忽勒部的。忽勒部与忽勒山同名，是受野狼侵害最严重的部落之一。木华黎只身斗群狼的事迹传开后，忽勒部的百姓几乎将他奉若神明，他们主动腾出几座最好的帐子给猎狼勇士住，同时为木华黎疗伤提供了一切方便。在木华黎昏迷的四天中，铁木真始终寸步不离地守在木华黎身边，不辞辛苦地做着力所能及的一切。他的所作所为，在他而言只是出于求才若渴以及忠实于友谊的天性，不想却深深打动了忽勒部的老老少少，甚而由此初步奠定了他在草原人心目中的明主地位。

而这，却是铁木真从未意识到的结果。更令他始料不及的是，这个结果在不久的将来，便开始发挥出超乎想象的作用。

时间是个奇怪的东西，有时它可以催化感情，有时它又会冷却感情，有时它更能改变感情：由恨到爱，由爱到恨，爱恨纠葛，恩怨莫辨。

铁木真对札木合的友情一如既往，依然看重他与安答的这种联盟关系，但事实上，有许多东西却在不知不觉中发生了深刻的变化。

对于铁木真非凡的能力，札木合从一开始便保持着清醒的头脑。他原想借合营将乞颜部控制在自己的势力范围内，进而达到控制铁木真本人的目的，岂料事情的发展越来越与他当初的计划背道而驰，以致他现在无法不问自己一个问题：与铁木真合营，他究竟做对了，还是做错了？

举行春祭的那一天，隆重的仪式过后，人们聚会、歌舞于黑川忽勒山山崖，铁木真很偶然地坐在一棵粗壮遒劲的松树下宴饮。当时，并没有谁会想到这一偶然的事件有什么特殊的意义。但春祭结束不久，一个传闻便围绕铁木真坐过的松树不胫而走，一时间，所有的人都在私下里谈论、品评着这个传闻。

原来，铁木真宴饮处的松树，正是多年前忽图赤大汗宣布就职的所在地，于是传闻说，这预示着长生天选中铁木真做全蒙古部落的大汗。

对于这个传闻，铁木真本人态度极其审慎。一方面，他深知这个传闻的分量；另一方面，他又本能地担心这一传闻会给他和札木合的联盟带来负面影响。果然不出他所料，自此，札木合与他的关系便越来越冷淡和疏远了。

那么，又是谁制造了这个传闻，他的目的何在呢？

“是你吧?”博儿术在峡谷见到刚刚练剑完毕的木华黎时,第一句话就问。

木华黎正背对着博儿术从树上解下马缰,听他发问,回过头坦然一笑:“怎么,难道我做错了?”

博儿术略一沉吟:“当然不是。尽管这种传闻势必产生两种结果:一种是帮助铁木真首领赢得更加广泛的支持,另一种是导致他与札木合首领的关系走向破裂。但无论如何,‘天意’不可不用。‘天意’可以左右人心,人心才是立业的根本。”

木华黎欣慰地注视着博儿术:“我的心意,只有将军最了解。不过,将军又是如何猜到的?”

博儿术淡然一笑,算作回答。

木华黎却立刻解出了这微笑中“舍你其谁”的敬意。他的心里不由得涌起一股惺惺相惜的热潮。

博儿术和木华黎并肩向谷外走去。片刻后,博儿术沉吟道:“此传闻一起,札木合首领表面上不动声色,内心却不会不充满戒惧。依你所见,照这样下去,这个联盟还能维持多久?”

“恐怕时日无多。札木合生性多疑,无容人之量,铁木真首领声威日隆,对他来说绝不是一件愉快的事情。何况,合营后铁木真首领的所作所为应该已经让他意识到,合营本身就是他在决策上的一个最大失误。”

“说句心里话,再合着我也放心不下。有的时候,越是胸怀坦荡、光明磊落的人,越是容易遭到暗算。我还想听听你的分析,倘若他们分手,将会出现怎样的局面?”

“铁木真首领的力量会得到成倍的壮大,而且少了札木合的掣肘,正宜大展宏图。”木华黎边说边从怀中掏出一张羊皮地图,就近将它铺在博儿术面前的石头上。“将军你来看,这是我绘制的草原形势图,这里是札答阑,这里是克烈,这里是乃蛮……”他的手随着讲解在图上圈点着,“铁木真首领与札木合分手后,必然要回这里——桑沽尔溪。桑沽尔溪地势开阔,水草丰美,是大部落首选的聚居之地。此后,考虑到克烈、札答阑、乞颜三大部落联盟彼此间利害关系一致,暂时的相安无事是完全可能的。以此为保证,铁木真首领便可先图四周分散部落,或伐或降,一举达到稳固后方、壮大力量的目的;次图塔塔儿,洗雪数代积怨;再图泰亦赤惕,解决所有的敌对力量;最后直取乃蛮。到那时,数百年来四分五裂的草原将重新归于一统,而且还将出现一位具有雄才伟略的共主!”木华黎由于信心十足,声音显得高昂而振奋。博儿术怀着敬佩的心情注视着这个才智非凡的青年,既为他的情绪所感染,也为他的远见卓识所折服。

“那么札答阑和克烈部呢？”

“当草原上出现一个众望所归的新政权时，札答阑联盟很可能最先四分五裂，但札木合的个人力量也不容忽视。札答阑联盟的精华和支柱说到底是主尔台的兀鲁兀惕部和惠勒答尔的忙兀惕部，这二人禀性忠义，只要他们不离开札答阑，札木合的根基就不会彻底垮掉。至于克烈部，因为有桑昆从中作梗，很可能出现时敌时友、亦敌亦友的局面。形势发展虽难完全预料，但有一点可以肯定，草原终将归于一统，而担此大任者非铁木真首领莫属。”

博儿术不再说什么，只是伸出手，与木华黎紧紧相握。这一相握，也自此奠定了他们终生不渝的友情。

终于，木华黎收起地图：“这张地图是我用三年时间绘制而成的，图中标明了各大部落相对固定的活动区域和活动范围内的主要河流、湖泊、山脉。请你代我将它转交给铁木真首领，将来铁木真首领一定派得上用场。”

博儿术郑重地接过：“不只是这张图，我更希望我们两人能很快聚首于铁木真首领麾下。”他意味深长地说。

孟春季节，按照游牧民族的习惯，要迁徙到水草更加丰美的新牧地。经过一天的跋涉，庞大的迁徙队伍越过忽勒山来到平地，准备就地宿营。其时，正值皓月当空，迁徙队伍以部落为单位，一辆辆牛车、马车驮着拆卸下来的帐篷以及老弱妇幼，吱吱呀呀地走在前面，军队则在后面督赶着畜群。

札木合与铁木真并辔而行。一路上，札木合很少开口，月色中，铁木真虽看不清他的表情，但能感觉到他心里装着很重的心事。

忽然，札木合驻马而立，他回望着被甩在身后的忽勒山，若有所思地对铁木真说道：“义兄，小弟尝闻老辈人讲，靠山扎营，对牧马者有利；靠水扎营，对牧羊者有利。这究竟是什么道理呢？”

札木合语出突兀，铁木真一下子被这句没头没脑的话问住了，好半晌无言作答。札木合似乎也不指望得到他的回答，他只深深地望了正在发愣的安答一眼，便催开坐骑独自前去了。

札木合一番隐晦曲折的话语和他突兀离去的举动在铁木真的心上罩上了一层不安的疑云。他勒马伫立，思虑良久，仍猜不透札木合这番话的真实用意。

“铁木真，你一个人站在这里做什么？”一辆马车在铁木真身边停了下来，车上坐着诃额仑夫人和孛儿帖。见儿子一副默默出神的样子，诃额仑夫人不由得关切地询问。

铁木真急忙趋前请教：“方才札木合与儿同行时说了一句很奇怪的话，他说：靠山扎营，对牧马者有利；靠水扎营，对牧羊者有利。这话，儿百思不得其解，母亲可知其中寓意？”

诃额仑夫人思索片刻，亦感莫名其妙，她问身边的儿媳："孛儿帖，你可明白？"

"儿媳明白。"孛儿帖胸有成竹地微微一笑，"都说札木合首领心胸狭窄，反复无常，如今看来果不其然。他已经开始对我们感到厌烦了。牧马者依山，牧羊者临水，二者本不该同路的。札木合不过借此暗示，不是同路人，最好分开过，这样对大家都好些。"

铁木真无法不信服妻子这番入情入理的推断，因为他深知以札木合为人的精细，决不会心血来潮说出这样两句模棱两可的话来，其中必然另有文章。而种种迹象表明，妻子的解释无疑是对札木合最近一段反常表现的最好注解了。

分开过，大家都好些。没想到，这就是他们三次结义的结局。

铁木真的内心不无感慨。他略一沉思，果断下令本部停止驻营，兼夜而行。为防不测，他又命朝伦、者勒蔑、哈撒儿、别勒古台分率一千精骑断后，并叮嘱四将，若非对方主动侵犯，尽量避免与任何人交手。

乞颜部借着夜色的掩护，从岔道离开了准备宿营的札答阑各部，向桑沽尔溪方向撤去。

夜色茫茫的草原上，难以准确判明方向，只能凭着感觉一味前行。巧的是，泰赤乌联盟的一部恰在乞颜部行进的线路上安下营寨，这会儿忽见如此一支庞大的队伍从天而降，还以为遇到了哪个敌对部落前来截营，于是丢下所有牲畜、辎重和一座座空帐仓皇逃走了。

乞颜部不战而获，意外地得到了许多"战利品"。其中最让铁木真高兴的是他在空营中拾到一个年幼的孩子，他将孩子献给了母亲，作为母亲的第二养子。此前，在攻打篾儿乞部时，他也捡到过一个孩子，是诃额仑夫人的第一个养子，唤做曲出，而这第二个养子，诃额仑夫人为他起名阔阔出。

天刚放亮时，铁木真始令本部就地稍事休息，这时他们已行至斡难河上游的乞沐尔合溪。整整一个晚上，铁木真都有一种感觉，似乎有什么人在远远地尾随着他们，由于不辨虚实，他命令后卫部队继续严阵以待。

他的担心显然多余了：来的不是他的敌人，而是他的新盟友。

原来，铁木真与札木合星夜分手的消息传开之后，在一些原属札答阑联盟的部落中激起了强烈的反响。

这些部落首领中，有的早在合营时就已暗中倾向于铁木真，有的则是在反复权衡利弊后确信铁木真远比札木合更适合领导他们去夺取新的奴隶和土地。

尽管有着各自不同的打算，他们的选择以及目标却出奇地一致。别看这些部落单个的力量或许不值一提，一旦合起来就形成一股不容忽视的势力了。

在所有归顺的部落首领中,最具意义和影响的应该说是豁尔赤的到来。豁尔赤既是拥有较强实力的巴阿邻部首领,同时也是一位享有崇高威望的萨满教主。

那个年月的草原,除了克烈部、乃蛮部信奉基督教外,其余各部均以信奉萨满教为主,萨满教主在议会中常常拥有很高的权力,有许多事情倘若没有萨满教教主的参与,就无法正常进行。

另外,从血缘关系上讲,铁木真和札木合只属于概念上的父系远祖,豁尔赤与札木合却存在着一脉相承的母系血统,但此次他仍然弃札木合于不顾,不仅带来了巴阿邻部作为晋见之礼,并且当众宣称:他亲眼看见一只独角青牛顶翻了札木合的车帐,大叫,"还吾角来!"同时,另有一头白色犍牛驮来了铁木真,大叫:"奉天命送汝主来,统治四方!"他甚至进一步解释说,这就是他为什么宁愿离开他的亲族兄弟札木合而来投奔铁木真的根本原因,一切皆是"天意使然"。

在笃信长生天的朴素而虔诚的草原人的心目中,是不可能怀疑一个可以自由来往于天地间,并能直接与天交流思想的教主的话的,所以他们当即接受了这个神秘的预言,并暗自庆幸自已选对了主人。

天近晌午,又有一大批追随者来到乞沐尔合溪。其中就有巴鲁赤思部的年轻将领忽必来,博儿术的堂弟斡歌连,者勒蔑的亲弟速不台。这三人其后都成为铁木真的亲信将领,其中尤以速不台功勋卓著,不但远征欧洲,而且一家出了四代名将,在蒙古历史上写下了浓墨重彩的一笔。

忽必来的到来不可避免地勾起了铁木真对木华黎的思慕和渴念,事实已然证明了木华黎不久前的推断:与札木合分手后,他的力量将得到成倍的壮大。言犹在耳,何以相会无期?

鉴于乞沐尔合溪地势狭窄,容不下这许多部落,铁木真决定按原计划迁至桑沽尔溪。他暂时成了这个松散联盟的共主,根据豁尔赤所说的天意,来年白月才是推举新主的吉时。而这段时日,也正好有助于每个人都去好好掂量一下心目中理想的大汗人选。

在外人的眼中,此时的铁木真似乎正为一种崭新的局面所鼓舞,只有孛儿帖清楚隐藏于丈夫内心深处迫不得已的苦衷。

铁木真一生重情守义,与札木合的关系不能全始全终是他一生最大的遗憾,甚至在札木合成为他真正的对手和敌人后,他依然牢牢记得札木合曾经给予过他的帮助和友情。

她总也弄不明白,为什么丈夫始终看不清他与札木合并非一路人,甚至两年共同的生活也没能使他认清札木合虚伪狡诈的真实面目。莫非,这就是那些胸怀坦荡、知恩图报的男子汉所共有的致命弱点?

风暴迭起的草原,总算获得了暂时的休憩和宁静。

自从发生了结束忽图剌统治的灾难性事件以后,蒙古汗统便中绝了。忽图剌死后,其子阿勒坛并没有继承汗位。到了公元12世纪末,蒙古出现了一种显而易见的形势:虽然铁木真和泰赤乌部之间仍互相仇恨,兄弟相残,各自为政,但总的说来,蒙古各部力量已逐渐恢复元气,逐渐强大起来,都渴望重新联合统一起来。关键问题在于应由谁来领导统一。拥有统一蒙古各部之资格的第一个人似乎应该是前蒙古三国最后一汗忽图剌之子阿勒坛。除阿勒坛以外,拥有这种资格的其他人中还有已故诸汗之一合不勒汗的诸位重孙,而铁木真就是这些重孙之一。与铁木真处于同一辈的还有他的堂兄弟薛扯别乞和泰出。最后,拥有称汗资格的还有铁木真的亲叔叔答里台。然而,恰恰就是阿勒坛、薛扯别乞、泰出和答里台这几位亲王决定推举铁木真为汗,决定让铁木真来中兴自忽图剌汗死后就无人继承的汗统。他们是否是要铁木真当名义上的主人而他们自己当实际上的主人?事态的发展证明确实不是如此。随着形势的发展,他们感到需要有一位战争指挥者,至少是需要共同征战时的战争指挥者。经过考虑,他们一致认为这位也速该把阿秃儿之子有能力担此重任。他们很可能曾一度在铁木真和札木合这两个人选中犹豫不决。在先前的部落联盟分裂时,他们确实也曾追随过札木合。但札木合不是王室后裔。蒙古各亲王家中一直珍藏着自己的家谱。从家谱上看,札木合这一门是蒙古祖先孛端察儿与一姘妇的后裔,而那个姘妇在同孛端察儿同居之前就已身怀有孕……这些姑且不论,仅就札木合的为人来说,他也不是理想的人选。尽管他才能出众,但事实证明他喜新厌旧,有始无终,虚伪,过分残酷,甚至伤害朋友。与札木合相反,铁木真不但不以王室后裔自居,而且具有很多优点:向来通情达理,处事公平,具有安邦治国之才。在处理同盟友的关系的问题上,他总是表现得谦虚有礼,但同时又不因注意谦虚有礼而妄自菲薄和损害自己的贵族气派,即使是在一位身着华贵皮衣的领主面前也是如此。由于以上原因,蒙古其他的亲王(铁木真的各位堂兄弟)也表示支持铁木真,愿意拥戴铁木真称汗。当然,他们转而支持铁木真也很可能是由于札木合身上的缺点使他们感到失望。

当时,他们在推举铁木真为汗时所使用的辞令也很具特色。他们对铁木真说:"吾等愿立汝为汗。汝若为汗,吾等愿为汝之先锋,破彼众敌;将所掳之美女艳妇悉送汝之帐下;将所获之好马良骥奉献汝之面前。方其草原围猎之时也,吾等愿为汝先驱而围之;于争战之日也,若夫吾等违汝号令,汝可剥夺吾等之家财与妻妾,砍下吾等黑头于地;于太平之日也,若夫吾等毁弃成约,汝可驱吾等远离亲人,弃吾等于荒野。"立下如此誓言后,他们便扶铁木真坐上毡毯，宣布他为汗，号成吉思汗。

推举铁木真为汗的这几位蒙古亲王对成吉思汗立的誓言表明，他们只打算尊成吉思汗为战争之指挥者和狩猎之首领，只想让他带领他们去进行劫掠和围猎。但这位新君主却立即开始以认真的态度组织其王国。这对上述几位亲王来说不能不是一种警告。成吉思汗一上台，就分职任事，任命了一批弓箭手，名为“箭筒士”，均是全心全意忠于他的武士，命他的两名忠臣孛兀儿出和者勒蔑为“箭筒士”之长。他对这两人说：“在吾影外无友之时，汝二人为吾影而慰吾心焉。汝二人自始跟吾至今，今当位于诸人之上也。”

成吉思汗的另一名将领速不台后来是蒙古史诗中的最优秀的战略家，在成吉思汗任命官员时，他向成吉思汗保证说：“愿以老鼠之警觉守护汝之财产，以乌鸦之勤奋为汝聚敛财物，如盖毡或风毡守护汝身。”

接着，成吉思汗对大家说：“妆等离札木合而来伴吾矣。若吾得天地之赞力与护佑，汝等皆为吾之诸忠臣之长，吾帝国之元老，吾终生之好友也！”

他分别给他们委以官职，想让他们能来分担他统治世界的重任。

当时其他大小王国的君主对铁木真称汗将持何态度呢？对于成吉思汗来说，他当时主要的外交活动是争取得到克列亦惕部王脱斡邻勒的支持。他过去曾承认脱斡邻勒是自己的保护人。现在，他决定派答孩和速格该为使往告脱斡邻勒。我们可以设想，如果当时克列亦惕部王对他的附庸的实力的加强感到不安的话，那么成吉思汗建立的这个蒙古新王国就很可能会昙花一现。但十分幸运的是，脱斡邻勒对铁木真称汗一事表示很高兴，尽管铁木真没有事先征求他的意见。他对成吉思汗派去的使者说：“汝等立吾子为汗，甚是！汝蒙古岂可无汗而居乎？”

与此同时，脱斡邻勒还向来使表示，他将永远支持蒙古新立之汗。

同札木合的关系问题却比较棘手。应该承认，在如何对待札木合的问题上，从根本上来说，成吉思汗过去干得并不高明。那天傍晚，孛儿帖对札木合的难解之言作了毫无根据的解释，当时的铁木真就根据这种毫无根据的解释不辞而别，因而和昔日的安答中断了宣过誓的友谊。更有甚者，他还诱走了札木合的一些忠实追随者。

登基之日，气氛极其庄严。人们将铁木真抬上由九匹白马拉着的洁白的车帐，军队列于四周，放眼望去，唯见兵甲辉天，气势雄浑。

豁尔赤这时又开始扮演他的独特角色。他虔诚地与长生天交换着心灵的语言，接受和领悟着神的旨意。大约半个时辰，他从天上回到了人间，睁开那双空灵彻透的双目，威严地扫视着所有等待天恩垂赐的子民，他的声音同样空灵彻透且玄机无限，像琴弦上掩颤的尾音，将每个字都清晰地吐入人们的心扉：“长生天晓谕蒙古部忠实的信徒们，铁木真将成为你们永远的主人,特奉上尊号'成吉思汗'!"

他的话音方落,人群中立刻爆发出震天动地的欢呼:"成吉思汗!成吉思汗!"

也许真是天意使然,恰在这时,数只五色瑞鸟翩翩飞来,它们一边轻柔地啼鸣着,那声音好像是"成吉思……成吉思",一边在铁木真头上盘旋,如此数周后,方才徐徐向远处飞去。

这一奇异景观,使所有在场的人都屏息凝神,敬畏莫名。至此,谁还能怀疑铁木真登上汗位不是天意使然?人群中再次爆发出响彻寰宇的欢呼声,一双双眼睛热泪交流,仿佛从这位年轻大汗的身上看到了草原统一的前景和希望。

所有的人跪在铁木真面前,发出了这一刻心底最真诚的誓言:"你是草原生就的英雄,你是天神垂青的后代!我们愿做你忠实的臣仆,为你冲锋陷阵,挡住横飞的箭矢;为你冲锋陷阵,取来仇人的首级;为你冲锋陷阵,献上美女骏马。他日若背此誓,甘愿接受长生天的严惩!"

铁木真庄重地说道:"诸位请起!今我为蒙古大汗,若果如诸位所言,平定天下后,天下也将由我与诸位共享!"

人们不约而同地望向年轻的大汗。

阳光在他的身上罩上了一层耀眼的金辉,他端坐华光中,双目如电,不怒自威,一派绝代风采恰如天神一般。

没有一个人起身,人们再次顶礼膜拜!

1184年,这是蒙古历史上永远值得纪念的一年,因为从这一年的这一天起,不满二十四岁的铁木真变成了成吉思汗。

1184年,也同样值得铁木真家族永远纪念,因为日后的蒙古国第二代大汗窝阔台就出生在他父汗登基的那一刻。

从铁木真到成吉思汗,于个人或许只意味着称谓的改变,于蒙古草原而言,却意味着一个崭新的开端。

第十二章　积蓄力量求得联盟 霸主气势初显风范

每逢重大的节日，铁木真都要举行盛大的宗教仪式，特别是在战争之前，利用宗教鼓舞士气。在对敌展开重大的军事行动之前，铁木真常亲自率领广大战士，举行萨满教对长生天祈祷的仪式，祈求长生天的佑护。以动员广大战士，以天的佑护、血族复仇思想，激发起广大战士的高昂战斗意志。在西征花剌子模国、出征金国之前，铁木真都曾亲自举行长生天佑护的萨满教宗教仪式。

铁木真不仅对萨满教厚爱有加，他还深知宗教对人们广泛而深刻的影响，对各种不同宗教一律实行保护政策，允许人们宗教信仰自由。他尊重各地区各民族人民的习俗，深获民心，这就大大有利于其征服事业的进行和对被征服区的统治。

这时他领导的蒙古乞颜部落已经拥有部众数万，精兵万人，马匹无数。但是与漠北强部，如克烈部、乃蛮部、塔塔儿部等以及札木合为首的诸部联盟相比，仍是实力较小的部落。

蒙古贵族推举大汗要发誓向大汗效忠，大汗有权力控制、指挥手下的贵族和部众。但是贵族们都有自己的财产、军队、百姓，实际上相当于一个个流动的诸侯国。尽管大汗权力很大，但若没有足够的力量控制手下，也只能徒有其名。铁木真虽然成了大汗，但其他几个没有当成大汗的贵族心中不服，且又是他的长辈或兄长，所以铁木真还面临着严峻的考验。面临着内外的巨大压力，铁木真仍旧需要寻找强有力的支持力量，他选择了联盟。

对于铁木真来说，他最主要的联盟活动是争取得到克烈部的王汗的支持。他过去曾承认克烈部的王汗是自己的保护人，现在，他决定派答孩和速格该为使往告王汗，尽管铁木真没有事先征求他的意见，王汗对铁木真称汗一事仍表示很高兴，他对铁木真派去的使者说："汝等立吾子为汗，甚是！汝蒙古岂可无汗而居乎？"王汗还向来使表示，他将永远同铁木真保持良好的结盟关系，保持世代的友好。王汗的支持是铁木真不败的后盾，但是强大的札木合的攻击仍然是一个严重的威胁。铁木真戮力图强，团结部属，上下一心，制定严格有效的法令纪律，组织起自己的宿卫部队，建成坚强有力的战斗核心，使得自己处于进能攻、退能守的有利地位。铁木真建立起蒙古历史上最为严格最为有效的战斗组织。他表现出超乎常人的远谋大略，靠着这些组织与法令，不仅形成了能够有效指挥整个部落的中军，而且减少了野心家的觊觎。这是他创业的基点，对于他日后的成功，极为重要。在此后相当长的一段时间里，铁木真称臣于王汗，联合王汗克烈部的强大兵力，逐一击破漠北强部和诸部联盟，逐渐壮大自己的实力。

铁木真自幼喜欢听老人们讲故事，从这些有关蒙古历史与人物的故事中，学习到辨别善恶是非及判断情势成败的能力。他又生长在艰苦的环境中，能够虚心地接近各种人物，进而了解他们的心理反应，所以铁木真的人生经验，远比一般人丰富。他自己开始为政，便立志吸取别人的长处，革除别人的短处和积弊。所以，他能集思广益，听取众人的意见，然后择善而从，彻底执行。为了巩固自己的汗位，他首先建立了内宿卫、外宿卫和散班巡察、物品供应四种部队，而这四种部队就是他指挥一切的行政首脑部门。队长、总队长，都是他的卫官，同时也是他的得力参谋，更是随时可以派遣去独当一面的大将。

这样的组织，不仅可以保证他的命令得以有效地执行，而且可以把政治、军事和经济的大权，都集于一人之手。

首脑部门之下，还有两种组织：一种是组成十三个“古兰”，作为作战部队；另一种对生产单位进行分工，如管牧马、管牧牛羊、管对外贸易、管招徕宾客、管训练骑射、管围猎、管户口、管技术等，这都是军国体制下的野战军与政治组织。铁木真为了自己的部属可以作战，便将部落的百姓分给各个将领。将每十个生活在一起的壮丁组成一个十夫队，让其中的一人担任十夫长，而每十个十夫队组成一个百夫队，任命其中的一个十夫长担任百夫长，再在百夫队的基础上组成千夫队，而千夫长就是将军。各级为长者发展并运用就近可用的资源，来养育、训练、支持和协助他们所指挥的部队，使之保持精力充沛、士气高昂、信心坚定，能以最好的状态参加作战行动。这是一种能够调动各级军官与士兵活力的体制，在蒙古历史上是第一次出现，充分反映了铁木真的战略之谋与组织之谋。

铁木真在宗教上利用萨满教在蒙古人中的威望，把萨满教当做一种宗教工具，宣称自己的统治是合法的“天意”；军事上推崇联盟策略，借助他人的力量崛起；政治上善于团结各阶层、各部落、各民族的人，得到民众的支持。铁木真正是依靠这些策略，广泛地联合各方面的力量，在蒙古高原中异军突起……

“一山难容二虎”，这一句千古相传的古训在蒙古大草原上得到了应验。当铁木真这只初生的幼虎渐渐成长起来的时候，他所依赖的伙伴再也不能容忍他的继续成长，因为铁木真的目标绝不仅是填饱自己的肚子，而是称霸整个草原。铁木真无法掩饰身上的霸气，他就无法阻止盟友变成敌人。

铁木真曾依附札木合,想依靠他恢复乞颜部。在札木合部,铁木真以天下国家为己任,以申大愿、立大志的言行举止打动了札木合部众多英雄豪杰之心。所以当他脱离札木合后,札木合的部属因怀念铁木真的才能与志向,而自愿脱离札术合,纷纷投靠铁木真。而铁木真在得到众人的归附与效忠后,也能充分发挥每个人的力量与才能,与他们共创大业。

铁木真追随札木合的时候,他身边只有博尔术、者勒蔑两个伴当,除了几位弟弟、妹婿孛秃外,其余都是家属,而乞颜部的百姓,也被札木合并吞为己有。铁木真依附札木合一年半左右,便离开了札木合,凭借射雕英雄的威名,各部人们都想投奔他。所以,铁木真独立不到一年,即收容众多部众,并有了许多的得力将领。特别是几位与铁木真有着近亲关系的蒙古亲戚的到来更使得铁木真如虎添翼。这几位亲王是:铁木真的叔叔答里台·斡惕赤斤、铁木真的堂兄忽察儿、主儿勤氏首领撒察儿别乞和泰出、忽图剌汗之子阿勒坛,他们都是离开札木合前来投铁木真的。此外还有者勒蔑之弟察兀儿罕、忽必来族人忽都思、博尔术的堂弟斡歌连、格尼格思人忽难,以及札只剌人末特合勒忽。这些人都是当时的有志之士,后来皆成为铁木真手下的大将,在统一战争中屡建奇功。这样,铁木真的力量越来越大。

铁木真称汗后,马上派人向王汗和札木合报告,王汗表示非常高兴。而札木合心里却不是滋味,他对前来报信的阿勒坛、忽察儿说:“你们在铁木真和我之间挑拨离间,在我的腰上刺了一枪,给我的胸前砍了一刀,然后背叛我,离我而去。”

札木合感觉到了铁木真咄咄逼人的气势,意识到如果坐视不管,铁木真将会给自己带来可怕的后果。因此他决定在铁木真羽翼未丰的时候,采取针锋相对的措施,给他一次沉重打击。为此,札木合联合了泰赤乌人、蔑儿乞人、塔塔儿人等各种势力,等待机会给铁木真致命一击。

铁木真的突然崛起在整个草原引起了轰动效应,在一年多时间中,一个名不见经传的穷小子竟然成了一颗耀眼的明星!他的对手们都惊恐不已,共同的利益使他们联合在一起,一场战争即将爆发。

正在札木合准备进攻铁木真之际,札木合的弟弟死在了铁木真的领地上,这件事情成为札木合发动战争的导火线。

当时,札木合的势力与铁木真势力范围相接,由于相互之间的摩擦不断,札木合的兄弟给察儿对铁木真的怨恨甚深。有一次,给察儿率部下进入铁木真部下拙赤答儿马剌的牧地,抢走马群。拙赤答儿马剌追上给察儿,一箭把他射死了。恰在这件事发生后不久,金国皇帝世宗去世了,章宗即位,札木合认为此时金国为世宗发丧,内部必然忙乱,无暇顾及属国之间的纠纷。泰赤乌诸部首领汪忽哈忽出等人也认为这是一个好时机,劝札木合出兵攻击铁木真。于是,札木合以弟弟被杀为借口,纠集了塔塔儿等13个部落,三万人马浩浩荡荡,对铁木真发动突然袭击,想将铁木真的军队一举歼灭。

但是,事情并没有像札木合想象中那么顺利。十三部联军虽然人多势众,但缺乏共同的基础,不过是各部贵族为维护自身利益的临时结合,这样的一群乌合之众,不可能真正协同作战。铁木真此时已经是许多草原人心目中的英雄了,得道多助。札木合以为自己的密谋天衣无缝,偏偏就在内部出了问题,给铁木真生存的机会。

战前,有一个名叫捏群的亦乞列恩人向铁木真透露了消息,他的儿子就在铁木真帐下,得知札木合要突袭铁木真,就迅速前来密报。

铁木真得到札木合进攻的消息后,立刻准备迎战。他按照严格的组织,把自己的属下组织成十三翼军队。"翼"在蒙古语中又被称为"古兰",是"圈子"之意,铁木真建立的这个组织,后来发展为军团。在古兰刚组建时,每个古兰有一千人,由一个千夫长作为统领之将,千夫长有亲兵九百九十九人,他自己兼任一个百夫长,加辖九个百夫长。每个百夫长之下有九十九人,分为十个组,百夫长自兼一个十夫长,另外辖有九个十夫长。每个十夫长率领骑士9名。在十三翼军队中,铁木真的母亲诃额仑统领的亲族、属民、奴婢等为第一翼;铁木真自己统领的直属部队,包括那可儿和护卫军,是全军的主力,是第二翼;第三翼到第十一翼,都是乞颜贵族们所属的部众,其首领有答里台、阿勒坛、忽察儿、撒察儿别乞等;第十二翼、十三翼是新近归附的旁支氏族的部众。这样,铁木真有十三翼军队,全军总共约有一万三千人,相当于札木合联军兵力的三分之一。

札木合刚刚越过土儿合兀岭,就发现铁木真军的前哨探马;再行军到答兰巴勒主特时,看到了铁木真的前锋;再往前进军千米,看到铁木真亲自率领军队,列队在山丘上,自上而下,严阵以待。札木合知其突袭之计已经泄露,又见铁木真布阵整齐,心里已经有了些怯意。正踌躇的时候,铁木真已派遣突击小队试探攻击,于是札木合来不及布阵,就命令部下攻击突击小队,杀死了铁木真的大将察合安。

面对强敌,为减少更大的损失,铁木真主动撤退到斡难河的哲列捏狭地。因为他采取措施拖住了札木合的主力,而使他自己的主力保存了下来。除了第十三翼溃不成军,损失惨重外,其他的大部队都按预期退入安全地带,没有受到大的损失。札木合看见前面是山与两河相间的狭窄地区,地势险恶,怕铁木真有埋伏,不敢再进逼,于是下令退军。

札木合知道自己内部的奸细泄露了密谋,于是亲自搜查。蒙古人称狼为大王,对有嫌疑不可靠的人也都称为大王,札木合就把这次行动命名为

"捕大王"。他连夜在本部之外的十二个部落中进行搜查,但是根本找不到真正的内奸,只好在十二个部落中滥捕所谓通敌的嫌疑分子,捉拿了许多无辜的人。札木合准备了七十二口大锅,把这些嫌疑分子当众煮杀,企图以此恐吓人们,不准向铁木真通风报信。如此残忍的行为,虽然暂时使得部下表面上顺从,实际上却更为离心。泰赤乌贵族们在胜利之后,也是志得意满,对待部属动辄恃强凌弱,攘其车马,夺其饮食,结果引起部属的强烈不满,心怀二心。所以,从长远处看,铁木真虽然在战场上失败了,但在道义上、政治上却获得了胜利。这一战以后,铁术真的力量不但没有被削弱,反而进一步壮大了,声望也得到了空前提高。

尽管铁木真在十三翼之战中失利,但他充分表现出了未来草原之王的机智和果断。他指挥若定,有进有退,在强敌面前保存了实力,吸引了更多的部众。相比于札木合的倒行逆施,他更像是此战的真正胜利者,

在札木合搜索奸细,乱抓乱煮以致让部下心寒的时候,铁木真却善于笼络他人,甚至能够把敌手吸引到自己一方。十三翼之战后不久,对札木合心怀不满的兀鲁兀部术赤台、忙忽部畏答儿各率所属族人离开札木合,前来投靠铁木真。术赤台和畏答儿后来成为铁木真的两员骁将。晃豁坛部的蒙力克本来是铁木真家的亲信,后来随札木合游牧,这时也率领他的七个儿子离开札木合,来到铁木真这里。

泰赤乌属部照烈部的驻地与铁木真的驻地相近,有一天照烈人和铁木真都来到草原的一座山上打猎,铁木真有意向他们靠拢,结果这一天的围猎十分顺利。照烈人很高兴,说:"我们就在这里和铁木真一起过夜吧!"他们共有四百人,由于没有带来锅和食粮,有二百人回自己的住所去了,剩下200人在此过夜。铁木真得知这一情况,立刻下令把他们所需的锅和食粮都送了过来。第二天继续打猎,铁木真故意将野兽赶向照烈人一边,让他们多所猎获。照烈人十分感激铁木真,说:"泰赤乌部将我们扔在一边,不理睬我们。过去铁木真同我们没有交情,却厚待我们,给了我们这些礼物。他真是关怀自己的部属和军队的好君主。"

照烈人返回自己的营地时,一路上向所有的部落传播铁木真关怀他人、好善乐施的君主风度。不久,照烈部的首领玉律把阿秃儿同马忽带牙答纳商议:"我们迁到铁木真那里去,听从他的吩咐吧。"马忽带牙答纳不同意,说:"泰赤乌人是我们的族人,怎能平白无故地跑到铁木真那里去呢?"因为他不同意,玉律把阿秃儿便和塔海答鲁带着自己的部众投靠了铁木真,他们对铁木真说:"我们就像成了没有丈夫的妻子,没有牧人的马群,泰赤乌贵族正在毁灭我们。为了你的友谊,让我们一起用剑去作战,去歼灭你的敌人!"

铁木真热烈地回答他们说:"我像个睡着的人,你拉扯我的额发唤醒了

我。我坐着动弹不得,你从重负下拉出了我,使我能够站立起来。我要尽力来报答你!”

照烈人归附了铁木真。虽然以后玉律把阿秃儿和塔海答鲁未能实践自己的诺言,也从铁木真那里叛逃了,但是更多的照烈人和泰赤乌的其他属民仍然陆续来到铁木真这里。他们说:“泰赤乌贵族们平白无故地压迫、折磨我们,铁木真却将自己身上穿的衣服脱下来让给我们,从自己骑的马上跳下来将马让给我们。他是个能为大家着想,为军队操心,能将国家和人民管理好的人!”

铁木真不但获得了人才,还获得了人心。人心是众望所归的关键,也是战争取胜的根本。铁木真获得了人心,所以,战争的胜利便也尾随而来。

十三翼战争是铁木真称汗之后的第一场战争,铁木真因为自己的战略和胸怀受到了各部族人的爱戴,成为众望所归的英雄。经过十三翼战争,铁木真的力量进一步壮大了。

塔塔儿人是草原上最强大的部落,他们虽然在金国、铁木真等汗王的多次打击下已经实力大减,但毕竟是一个传统的大部落,实力犹存。

塔塔儿地处蒙古东部,是金朝的属部,也是蒙古部的世仇。两个部落在很久以前就有仇怨。铁木真的曾祖父俺巴孩汗曾经被塔塔儿人诱捕,献给金国杀死。和俺巴孩汗一起死于金人之手的,还有克烈部王汗的祖父马儿忽思不亦鲁。马儿忽思不亦鲁是被塔塔儿部的首领纳兀儿不亦鲁所俘虏献给金国皇帝的,最后被残忍地钉在木驴上而死。马儿忽思不亦鲁的妻子为了给他报仇,给塔塔儿部献上了一百头羊、一百匹马、一百袋马酒,假装投降纳兀儿。每个袋子中都暗藏了一个克烈部勇士,他们身怀兵器,趁塔塔儿人大肆庆祝、喝酒狂欢的时候,从袋中跳出,杀死了塔塔儿部首领纳兀儿及列席的塔塔儿人。

塔塔儿部虽然受到了一定的损失,实力却依然强大,他们依附金国,做了金国对付蒙古的前哨,同时也对突厥各部进行防御,减少金国的后顾之忧。因此,乞颜部忽图剌汗除了对塔塔儿作战外,还对金国作战。塔塔儿的人从中作乱,使蒙古诸部不断与金国刀兵相见,在金军北征蒙古的时候,塔塔儿人也与金人联合作战,为虎作伥。不过,塔塔儿追随金朝,主要是慑于金国的强盛,一旦有利可图,随时也可以背叛。

第十三章 设下圈套借刀杀人 国家组织初步形成

铁木真时刻不忘与塔塔儿部的血海深仇，伺机报复。作为争霸草原的对手，铁木真对塔塔儿人更是一直放心不下，担心他们有朝一日会恢复元气，重新成为自己的死敌。但是形势却对他十分不利，铁木真自从和安答札木合反目以来，虽然不断取得胜利，但自身力量也折损不少，特别是蒙古内部发生矛盾，破坏了自己的凝聚力，声誉也受到很大的影响。与刚刚称汗时相比，铁木真的部众不但未能增加，反而日趋减少，大不如以前。这时东方有强敌札木合的札只剌部，西方有蔑儿乞部，南方有仇敌塔塔儿部，北方有泰赤乌部，四个部落都对铁木真虎视眈眈，十分危险。

为了挽救颓势，打开四面皆敌的危局，困境中的铁木真导演了一场大戏。铁木真一面加强与克烈部王汗的良好关系，作为自己的外援，另一方面则使用计谋，用对外之功，转移内部斗争的视线，消除内部矛盾。塔塔儿部是当前蒙古最大的威胁，又是蒙古的世仇，铁木真于是选定它作为打击的目标，准备利用金国之力，通过制造塔塔儿部与金国之间的矛盾，攻击塔塔儿部，以一部敌人消灭另一部敌人，自己从中渔利，重振声势。

这时，铁木真把握住了一个绝好的机会。塔塔儿部一直忠心为金国守御长城，不参加其他纠纷，对金国服服帖帖，但是却参加了札木合所组织的联军，攻打铁木真。

这个消息传到铁木真那里，他立刻感觉到这是个千载难逢的机会。蒙古是金国的属国，为了防止蒙古各部联合一心抗金，金国命令蒙古各部不准结盟，塔塔儿参加联军，对金国无疑是一种背叛行为。铁木真根据这种情况，制定了一个计策，他派人向金国告发塔塔儿部的不轨之行，请金国出兵讨伐。为了防止万一，一旦金国不相信，不肯出兵，就暗遣小队人马冒充塔塔儿人侵扰金国的边界，制造塔塔儿与金国边境上的纠纷，引诱金国出兵征讨。金国一旦出兵，必将征兵于草原各个部落，以考验各部落忠诚与否。铁木真利用这个时机，就可以假借金国的命令，号召蒙古各个部落以及东胡、突厥等出兵助金，有敢不从者，就用金国之命讨伐，如此自己就顺理成章成为草原各个部落的领袖。而塔塔儿部是蒙古各部的公仇，俺巴孩的子孙主儿勤部必将与己合力共同报仇，否则就以其忘报祖仇之罪讨伐他，也名正言顺。铁木真盘算已定，立即依计而行。

于是金国边境上塔塔儿入侵的事件，从此层出不穷。塔塔儿部落的领土面积广大，境内地势起伏不平，多大湖、大川、大山、大漠。铁木真的牧地与塔塔儿部落相邻，两部犬牙交错，人员经常接触，和平的时期两部互相交易，发生冲突后就不断地互相掠夺，也常常发生战争。

当时，塔塔儿人与汪古部、弘吉剌部被称为金国守边门的三只"猎犬"。因为这三部人世世代代为金国守御边疆，使其他部落不敢对金国的后方有觊觎之心，而塔塔儿部又是这三部之中的中坚，所以金国对它特别照顾与赏赐。由于塔塔儿部实在是过于强大，加上有金国作为靠山，气焰十分嚣张。铁木真认识到，要想打败塔塔儿部，必须割断它与金国之间的联系，借刀杀人才行。于是才设下此计，破坏塔塔儿与金国的关系，使他们变成仇敌。金国出兵征讨塔塔儿，铁木真也出兵帮助金国，一起攻击塔塔儿。这样，不但可以报得大仇，而且还可以重振铁木真在蒙古各个部落的威信，夺取塔塔儿部的财物，获得大量的人力物力，大大增强自己的实力。从长远来看，灭掉塔塔儿就是毁掉了金国在北方的屏障，切断其向北扩张的触角，还可以粉碎塔塔儿人与札木合的联盟，削弱札木合的力量，可以一举削弱统一草原和欧亚大陆的数个强大对手，清除前进的障碍，铁木真真是一举数得。

札木合生性多疑，他虽然与塔塔儿部结盟，共同对付铁木真，但是他总认为塔塔儿人与铁木真暗中勾结，对自己不够忠实，十分怀疑他们。此时札木合正专心扩大势力，对塔塔儿与金人之间的边界冲突更不放在心上，更没有察觉到这是铁木真的阴谋。克烈部王汗对塔塔儿部恨之入骨，他听说塔塔儿不断与金国发生冲突后十分高兴，非常希望金国一怒之下出兵讨伐塔塔儿部，既可报仇雪恨，又可以从中取利，扩大地盘。当然，王汗也不知道这是铁木真的阴谋，他和札木合在有意无意当中，走进了铁木真的圈套里，成了他可以利用的工具。

金国接连不断接到边境报告，知道塔塔儿人不断地入侵边界，烧杀抢掠，但由于塔塔儿人行迹飘忽不定，从没有捕获过一个人，更不知道这是铁木真用的计谋，因此十分恼火。金国认为边境地区不断发生入侵事件，是塔塔儿人不恭顺服从，准备反叛的征兆。1196 年，金章宗未加思考，就任命枢密使、左丞相完颜襄率军巡视边境，准备讨伐塔塔儿人。完颜襄率领大军驻扎在北方边境重镇临潢，他首先派人责问塔塔儿为何屡屡侵犯边界。塔塔儿遭人诬陷，当然矢口否认，他们知道这件事完全是蒙古人所为，蒙古人故意陷害他们，却说不出蒙古人是如何越过他们的领地，到达金国的边界的。为了辨明真相，完颜襄决定召塔塔儿部部主蔑古真薛兀勒图来当面解释，以此来断定他是否真心。结果，蔑古真薛兀勒图害怕遭到俺巴孩的下场不敢前来。于是，完颜襄断定他内心有鬼，宣布塔塔儿部的罪状，并通令蒙古各部落一同出兵，跟随金军一同讨伐塔塔儿。完颜襄亲率大军自南向北，蒙古各部从本部落出发，塔塔儿一时陷入四面楚歌的境地。

铁木真精心谋划的攻敌之势终于出现结果了。金国在毫不知晓当中，堕入铁木真的圈套，金军统帅完颜襄不仅没有丝毫觉察到铁木真的阴谋，反而还想借这次征调蒙古各部进行军事行动的机会，考察各部落是否忠诚。他的这一举动，正中铁木真下怀，为铁木真下一步的行动提供了有利的条件。铁木真接到完颜襄征兵讨伐塔塔儿的通令后，立即起兵。他表现得非常积极，郑重其事地派出专使，分赴各部落传达，行动速度竟然比金军还快。他要抓住这个千载难逢的良机，向这些虽也是蒙古人但已成为自己仇敌的塔塔儿人讨还旧债。

铁木真召集他的部众，他历数塔塔儿人的罪恶，先祖俺巴孩和斡勤巴儿合黑就是被塔塔儿人出卖给金国，被残忍地钉死在木驴车上的。塔塔儿是蒙古的敌人，金国也是蒙古的敌人，但现在既然出现了借助金国的力量向塔塔儿人复仇的机会，当然应当先向塔塔儿人开刀，而且，即使不追溯那么远的仇恨，蒙古也应该为他们的上一代报仇，铁木真的父亲也速该就是被塔塔儿人阴险地在食物中下毒害死的。铁木真说："塔塔儿人乃昔日毁吾父祖之仇人也。今乘此良机，吾等其并之乎。"在铁木真的鼓动下，整个乞颜部落终于齐心协力起来。

主儿勤部的领地在铁木真领地之北，自从失和之后，不常来往，此次征兵为祖宗报仇，不敢不从命，但惧怕铁木真在战斗指挥中加之以罪，迟迟不肯行动。铁木真为了使之必来，再次派使者前往劝告说："从前塔塔儿将我们祖宗杀害的怨仇，未曾得报。如今金国派完颜襄丞相前来剿灭塔塔儿部，我们应当趁此机会，去夹攻他。你们主儿勤部是蒙古名箭手聚集的部族，为祖宗报仇，应当出大力，因此我一定要等到你们前来助战。"主儿勤部首领最终也没有前来。铁木真等了六天，见主儿勤部竟然放弃为祖先复仇的大好时机不来，顿时明白，他担心主儿勤部会利用他出击时在其后方发动叛变。防人之心不可无，于是他设下了一个陷阱，留下少数老弱残兵看守营地，然后率领整个部族，帮助金人夹攻塔塔儿部。

塔塔儿四面受敌，完颜襄指挥下的金军首先从东南方向攻入营地，塔塔儿人抵挡不住，就在其首领蔑古真薛兀勒图的率领下，带着牲畜和财产，领着老人和孩子退向位于克鲁伦河与斡难河之间的语漓札河。这片土地是属于铁木真的领土，蔑古真薛兀勒图想把战争引到铁木真统治的地盘上。

正面攻击的任务落在了乞颜部的头上。铁木真请求克烈部进行支援，王汗欣然同意。没过几天，王汗就集合部队前来同铁木真会合了，他们沿语漓札河而下，两路联军从北向南进攻，金国军队从南向北进攻，直扑塔塔儿部而去。

两路军队来势汹汹，塔塔儿部首领蔑古真薛兀勒图不敢交战，他率领军队退入森林当中，用森林部落自卫的方法，砍树立寨抵抗对手。铁木真和王汗发起进攻，像围困野兽一样步步进逼，最后攻入寨中斩杀了蔑古真薛兀勒图。王汗指挥手下大肆劫掠金银珠宝，铁木真则让手下捕获战马，并占据了塔塔儿部水草最丰美的牧地。

金军统帅完颜襄对盟军取得的胜利非常满意。在金国眼中，克烈部仍是蒙古最强大的部落联盟，完颜襄对王汗说："汝等击垮塔塔儿部并杀其首领蔑古真薛兀勒图，有大功于金国焉，吾主将重谢汝等之劳也。"在庆功宴上，完颜襄封王汗为"王"。这是金国给予蒙古人的最高封号，由于此前王汗已有"汗"的称号，现在两个封号合起来就成了"王汗"。铁木真则被封为"札兀惕忽里"，即招讨使。对于金国来说，无论是"王汗"还是铁木真，都不过是服务于他们的棋子，金国赐给蒙古首领一些称号，只是对他们哄骗而已。但铁木真和王汗却得到了封号之外更为珍贵的东西，他们从塔塔儿人手中缴获了不少战利品，满载而归，各自返回营地。

在蒙古、克烈部和金国的联合打击下，塔塔儿部遭受了惨重损失。但它毕竟是一个强大的部族，经过几年的恢复，仍然具有一定实力。因此，铁木真于1202年再次领兵攻打这一夙敌，以求一举歼灭，永绝后患。

铁木真在出兵作战前，与部下约法三章，颁布了一道严格的军令：与敌人交战，不能因为贪恋财物而放弃对敌人的追击，一定要取得完全胜利后才能收兵；战胜敌人后，所缴获的财物全部归部落所共有，财产由部民共同分配，任何人不得私自占有；如果被敌人打退，退到最初冲出去的原先阵地时，就要进行反攻，敢有违令不攻者一律处斩！铁木真执法如山，法令一出，所有的将士纷纷响应，全军纪律肃然！铁木真这道军令是有为而发的，既是为了对抗强大的敌人，也是为加深更多追随他的部众的忠诚感。

蒙古部落间的战争是血腥的，他们以掠夺财物和屠杀复仇为目的，从来不顾及生命财产的损失。这种野蛮的行为不但大大影响了各部落的战斗力，而且也给蒙古生产的发展带来极大的消极影响。在这样的环境下，铁木真颁布这一军令，对于集中权力，加强对各个部族的统治，具有非常重要的意义。军令规定了战利品应于战争结束后收集，由大汗统一分配，论功行赏；规定了作战时军队必须服从大汗的统一指挥，奋勇杀敌，不许擅自后退、逃跑。规定了作战时军队不得只顾各自抢夺财物或随意进退。通过这个军令，铁木真成功地提高了大汗的权威，限制了部下各贵族的权力，加强了大汗的集中统一领导。各个有离心力的贵族不得随意进退，擅自行动，而必须绝对服从汗的集中统一领导。违反者，给予严厉处分直至处斩。这样就使铁木真的军队成为大汗集中统一指挥下的纪律严明、组织有序、行动一致、无坚不摧的钢铁之师！

经过一番惨烈的激战，蒙古大军彻底击败了塔塔儿人，俘获了大量的俘虏。为了处置这些俘虏，铁木真召集贵族举行秘密会议，征求大家的意见。按照传统的习俗，蒙古贵族们聚集在一座帐篷里，最后商量一致的结果是：塔塔儿人曾经杀害了蒙古部落的祖父，是整个部落的仇人，为了给祖先们报仇雪恨，凡是够车轮高的塔塔儿男人，一律杀死，剩下的妇女儿童则一律降为奴隶。

战争胜利了，铁木真的血族复仇也伴随而至了。在蒙古草原上，失败者只剩下被人屠戮的命运。被俘虏的塔塔儿人一直秘密关注着会议的进程。铁木真的妃子也速干是一名塔塔儿人，她的父亲也客扯连悄悄地等候在帐篷之外，打探自己的命运。大会还没有开完，铁木真的异母弟别勒古台从帐篷里走了出来，也客扯连见到了他，立刻走上前惊恐地问道："你们的议论结果，对我们塔塔儿人有利吗？"

别勒古台是一个胸无城府的人，他直接就把结果告诉了也客扯连："铁木真要把塔塔儿人凡是够车轮高的男人全部杀死，女人一律降为奴仆。"也客扯连虽然早有最坏的打算，但是对这一结果，听到后还是大吃一惊。全族的性命危在旦夕，他立刻跑去转告给其他塔塔儿人，让他们立寨据守，进行殊死抵抗。塔塔儿人走投无路，被迫团结一心，拼死与铁木真对抗。当铁木真的军队准备消灭塔塔儿的时候，他们遭受了重大损失，在执行屠杀够车轮高的塔塔儿男子时，塔塔儿人每人袖中暗藏一把刀子，发誓要在临死前找个蒙古乞颜人垫背。这样，在屠杀敌人的时候，铁木真的军队也遭受了很大的损失。

屠杀政策是血腥的，但是这并不能起到灭族的目的，塔塔儿人没有被赶尽杀绝。蒙古部落虽然互相为敌，交战不已，但是各个部落来往也相当密切，每个蒙古部落都曾和塔塔儿人通婚，或将自己的姑娘嫁给塔塔儿人，或娶塔塔儿姑娘为妻。在铁木真的妻子之中，两个深受宠爱的妃子也遂和也速干就是塔塔儿人，铁木真的弟弟合撒儿的妻子也是塔塔儿人，其他的很多蒙古贵族也娶过塔塔儿姑娘。联姻的关系使他们建立起了错综复杂的关系，很多蒙古人暗藏了一些塔塔儿人的孩子，不愿把他们杀死。铁木真曾交给弟弟合撒儿八百名塔塔儿儿童，让他把他们全部杀掉。合撒儿的妻子不忍杀死自己的同族，合撒儿对这些无辜的孩子也深感同情，他只杀掉了其中的四百人。这样，塔塔儿人并没有被灭种，他们秘密地留存于蒙古的各个角落，他们继续与蒙古人通婚生子，渐渐地融为了一体。塔塔儿人的后裔一直生存到现在。

铁木真表现出了他性格中坚毅的一面，对于不遵守自己命令的人，无论是亲属还是亲信，都绝不客气，毫不留情。由于别勒古台泄露了秘密，给蒙古军队带来了重大损失，铁木真非常生气，他当面指责别勒古台的过失说："亲族们开会议定的大事，却由于被你泄露了出去，给我军造成了如此大的损失！"他下令，今后开会商议军国大事，一律不准别勒古台参加。从此以后，别勒古台在蒙古军中从事审断斗殴、盗窃等案件，再也不能参加任何重大的会议，这个命令一直持续到他死去。以别勒古台尊贵的身份，却永远地远离了蒙古族的各种聚会，这足以见铁木真的惩罚之重，也显示出了他的执法之严！

这次战争的胜利，增强了铁木真的实力，为以后战胜强敌、兼并诸部，创造了更有利的条件。

塔塔儿部遭受如此毁灭性的打击，几乎灭绝。从此蒙古草原上只剩下了克烈部的王汗和乃蛮部太阳汗这两大势力可与蒙古部相抗衡。

铁木真对塔塔儿战争的胜利，使他的名声大振，当时一名巴牙剔部的"贤明老人"占卜预言道："札木合薛禅经常挑起人们的冲突，行使种种口是心非的奸计来推进自己的事业，这样的人不会成功。主儿勤部的撒察儿别乞欲图谋大位，但是他没有这个福分。蔑儿乞部的阿剌兀都儿有谋取大权的野心，他有一定的魄力和伟大，但他最后必将也一无所获。铁木真的弟弟合撒儿志向远大，他倚仗自己的力气和神射，可惜运气不在他的身边。只有可汗铁木真，具有称王称霸的相貌、气派和魄力。毫无疑问，他将来一定能够成就霸业。"这或许是后人对铁木真的种种神化演绎，却说明了铁木真在草原上已经深入人心。草原上的人都相信，老人的预言必将会实现。

通过一系列的战争和改革，铁木真的部队战斗力越来越强，他的直系部队已不是传统的部落集团了，而是初具雏形的国家组织。对于其他的贵族，他暂时还无力加以过多的限制，但是随着形势发展，他正用新型的国家机器去开拓绿色领土。这时，一些原来的氏族首领见权力受到削弱，对铁木真开始不满起来，其中主儿勤部首领撒察儿别乞、泰出最为突出，他们也在寻找机会，开始破坏活动。

在十三翼战争中，札木合纠集十三个部落，发动了十三翼之战，铁木真也针锋相对，组织十三翼进行抵抗。但撒察儿别乞、泰出两人率领主儿勤部临阵撤出，破坏了整个作战计划，使铁木真面临更为严峻的局面，最后不得不撤退，以保存实力。主儿勤部不服从大汗的命令，违背了当初拥立大汗时的誓言，按理应当受到惩处。但此时铁木真新败，最重要的是收服人心，所以将他们暂且放到一边。为了更大的事业，铁木真不得不隐忍下来。可是过了不久，又发生了新的冲突，使双方的矛盾更加激化。

十三翼之战后，由于札木合和泰赤乌人的横暴，许多原属于他们的人马前来投奔铁木真，大大加强了铁木真的力量。铁木真非常高兴，便和母亲、弟弟以及主儿勤的撒察儿别乞、泰出等人在斡难河边的树林里设宴庆贺，司厨失乞兀儿在诃额仑夫人、撒察儿别乞、撒察儿别乞的母亲忽儿真前面放了一只合用的盛马奶酒的木碗，而在撒察儿别乞的次母（父妾）额别该面前放了一只让她一个人用的木碗。忽儿真看到比自己地位低的额别该受到优待，顿时愤怒起来。她怀疑这是铁木真的主意，但不便直接向铁木真发作，便斥骂司厨失乞兀儿说："今天为什么不尊重我，却偏向额别该呢！"她下令鞭打了失乞兀儿。失乞兀儿被打，大声哭喊道："也速该把阿秃儿死去了，所以我才这样被人责打！"铁木真和诃额仑夫人因为主儿勤是乞颜氏族的长支，对此什么话也没说，忍耐下来。

紧接着，铁木真与主儿勤部之间又发生了另一场冲突。这次宴会时，铁木真的弟弟别勒古台掌管铁木真的系马桩，不里孛阔掌管撒察儿别乞的系马桩。合答斤氏的一个人偷窃了铁木真这边的马缰绳，被别勒古台捉住。那人是不里孛阔的部下，因此不里孛阔袒护他。为此互相争吵起来。别勒古台平素就惯于争强斗狠，便把右衣袖脱下，露出右肩膀，准备搏斗。不里孛阔则抽出刀来，一下子砍伤了别勒古台的肩膀。

别勒古台不愿为自己的事影响大家，所以虽然受了伤，还是满不在乎的样子，没有继续争斗下去。铁木真看到他肩上流血，问道："被谁砍成这个样子？"别勒古台回答说："我的伤不重，不要紧。不要急于报复，为我而闹得彼此失和，这可不好。"

司厨失乞兀儿被主儿勤人责打，别勒古台又被主儿勤人砍伤，铁木真终于无法忍受，他不理睬别勒古台的劝告，挥令部下折取树枝，又抽出捣马奶的木杵，与主儿勤人厮打在一起。铁木真占了上风，打败了主儿勤人，还把撒察儿别乞的母亲忽儿真和撒察儿别乞的另一庶母火里真扣押起来。

主儿勤部的首领撒察儿别乞和他弟弟泰出只好求和。铁木真也还需要主儿勤的支持，不想与之完全破裂，于是放还了两位夫人。撒察儿别乞等虽然一再向铁木真认错道歉，暗中却怀恨在心。宴会过后，他们就将铁木真如何骄傲，如何盛气凌人，如何不讲道理，胡作非为，实非帝王之相等，到处宣扬，以报复铁木真。

第十四章　者勒蔑勇救铁木真　昔日盟友反目为仇

各部落的人都知道铁木真早年曾经射死自己的异母兄弟别克帖儿,现在表现得志骄气盛,看来也是一个胸无大志之人。而且主儿勤部也是合不勒汗长子的后人,铁木真的孛儿只斤族,是合不勒汗的次子之后,于是大家认为,两个兄弟的部落,都不能和睦相处,又怎能与其他各部落和睦相处呢?所以大家逐渐认为,以前所传说的铁木真才德如何,都不是真实的。因而许多久想前来投奔的部落,都中途改变主意,而希望札木合能够改过向善,他们再去拥护札木合为汗。

铁木真了解到事情真相之后,知道是由于自己的骄傲行为所导致。就和别勒古台、博尔术、者勒蔑、忽必来、速不台等人商议。有的人主张立即攻打主儿勤部,以除去祸根。别勒古台则不同意,他说:"我们正准备干大事,怎能对小事不加忍耐,而挑起宗族之间的仇恨?应该是自行修德,以感化主儿勤部,使之能够回到身边来。"铁木真认为有道理,就听从了别勒古台的建议,暂时搁置,试图通过各种方式,将主儿勤部拉回来。

随着战争的进行,铁木真的实力也越来越强大,逐渐具备了与主儿勤抗衡的能力。铁木真像成熟的雄鹰能展翅飞翔了,他需要把部落内部的关系平定下来,以解决外出征战时的后顾之忧。

当铁木真围攻塔塔儿部最后的一个围寨之时,看到此寨虽然死守,但肯定会攻破,不需全部部队都在此硬攻,而塔塔儿部其他的溃兵,也有王汗前去追赶。于是,他把目光投向了下一个打击目标。铁木真判断,主儿勤部一定会趁此机会举兵反叛。于是尽量抽调主力,连夜沿奎屯河南岸西行,各军呈分进合击之势,以期一举歼灭主儿勤部。

主儿勤部首领撒察儿别乞与他弟弟泰出还不知铁木真已设下陷阱,在听说铁木真正率军攻打塔塔儿部的围寨之时,以为有机可乘,就出动全部的兵马,连夜奔袭,突袭铁木真的老营。可是,攻破这座营寨之后,才发现那只不过是一座空寨,所留老弱只有六十人,撒察儿别乞一气之下,杀死其中的十个人,而把剩下的五十人全部剥光衣服,让他们报告铁木真。万万没有料到,这五十人还没有出营寨,铁木真的部队就已从四面八方攻进寨来。

主儿勤部的人根本没有料到会有这种情况,以为铁木真的人马是从天而降,一时都吓得目瞪口呆,哪里还有斗志还手搏杀?结果全部被铁木真俘虏，只有首领撤察儿别乞和他弟弟泰出，慌乱中各夺得一马，死命冲出寨外，向北逃去。铁木真见他二人逃出，派出精兵快马，循着他们的足迹紧追不舍，终于把他们生擒活捉，押回营寨。

铁木真派人把撒察儿别乞、泰出押到自己面前，历数他们的罪过说："以前在斡难河林边宴席上，你的人将厨师打了，又将别勒古台肩部砍伤，我看在兄弟份上，都不深究，只求和平相处。可你们却一直不肯与我和好，这次为祖宗报仇，你们都是蒙古祖先的子孙，正该出力，可你们却忘掉祖仇，等了几天也不来。不去报仇也罢，你们倒靠着仇家，帮助仇家，来把本家当做仇人。当日你们推选我为汗时，都是怎么说的？现在应该实践你们自己当初的誓言吧！"撒察儿别乞和泰出二人无地自容，只好引颈受戮。铁木真下令处死了他们，把他们的部众分给了诸位将领。

铁木真并没有忘记在斡难河边的宴会上别勒古台被砍伤这件事。行凶的不里孛阔是合不勒汗第三子忽秃黑秃蒙古儿的儿子，在辈分上是铁木真的堂叔，在铁木真与主儿勤部的斗争中，他是主儿勤的得力帮手。据说不里孛阔有"一国不及之力"，所以得到"孛阔"的名字，"孛阔"的意思就是"力士"。铁木真在处死撒察儿别乞和泰出之后，开始寻找机会铲除他们的这个帮凶。

不里孛阔是蒙古部中的角斗高手。有一天，铁木真安排了摔跤比赛，他点名让别勒古台和不里孛阔二人进行角力。不里孛阔力气大，技术娴熟，只用一只手就把别勒古台捉住了，然后用一只脚把他绊倒，压住他使他动弹不得。但是不里孛阔畏惧铁木真在场，不敢使出全身力气相搏，所以他尽管已经取胜，却假装摔倒在地。别勒古台趁机翻身骑到不里孛阔的身上，压住他的肩膀，并抬头目视铁木真。铁木真正期待着这个场面，他面向别勒古台咬住自己的下唇。这是一个预定的暗号，意思是"可以下手了"。别勒古台会意，于是用膝盖顶住不里孛阔的脊背，双手扼住他的喉咙，用力折断了他的脊梁骨。不里孛阔被折断脊梁骨，仍不服输，说："我其实并未失败，只因为畏惧铁木真，故意跌倒，所以葬送了自己的性命。"说罢死去。别勒古台把不里孛阔的尸体拖出去，抛在野外。

1200 年春，铁木真和王汗在萨里川相会，经过一番秘密商议，决定共同出兵攻打泰赤乌部。泰赤乌部是铁木真的死敌，他们曾多次和铁木真作对。这一次，他们又和蔑儿乞部联合起来，来对抗铁木真和王汗的进攻。蔑儿乞部首领脱脱别乞派他的儿子忽都等人率领军队前来援助泰赤乌部。

铁木真和王汗的联军连连告捷，把泰赤乌部的阿兀出把阿秃儿一直追到斡难河边。阿兀出把阿秃儿重新组织力量作困兽之斗，双方在斡难河边进行了一场异常惨烈的大战，战事一直持续到夜幕降临。

战斗进行得异常惨烈。混战中,敌军的一名勇士趁乱一箭射中铁木真的脖颈,箭头射入很深,扎在了一根大血管上,铁木真血流如注,一下子昏迷了过去。铁木真从战马上摔落下来,他的忠实部将者勒蔑立刻飞奔到他身边,用战马将他带到安全地带,拔出箭头,用口吮吸干伤口的淤血,用衣服包裹好伤口,守候在铁木真身边。一直守护到半夜铁木真才苏醒过来,他气息微弱,喃喃道:"我的血要干涸了,我渴……"为了救回主人的生命,者勒蔑决定冒险。他把靴、帽和衣服统统脱下,只穿着短裤潜入敌营,希望找到马奶来给铁木真喝。战乱之中谁还会顾得上挤马奶呢!者勒蔑找了半天却怎么也找不到。者勒蔑没有放弃,更加细心地仔细搜寻,也许上天被他的忠贞之心打动了,者勒蔑意外地在一辆车上发现一桶酸奶,他大喜过望,偷偷地带了回来。者勒蔑的整个偷奶过程中,敌人都在熟睡,对他的行动浑然不知。

者勒蔑拿回酸奶后,找来水将酸奶调好,小心翼翼地盛给铁木真喝。铁木真连饮了三口,气息稍定,说:"我的心里敞亮多了。"于是坐了起来。这时东方已经初现曙光,铁木真视力已经清晰了,看到自己身边的一大摊血水,有点不大舒服,责问道:"怎么回事?为什么不吐远一点!"对于铁木真没有感激之意的责问,者勒蔑回答说:"您在昏迷之中,我不敢远离,只好将吸出的淤血吐在身边,我肚子里也咽下去不少。"铁木真又问:"你这次冒险去为我偷奶,如果被敌人捉住,岂不是要将我供出吗?"者勒蔑坚定地说:"我为了不被敌人发现丝毫破绽,就故意赤身前往。倘若被捉,就说我本打算投降,被发现后剥去了衣服,我挣脱绑索逃出。敌人见到我的样子,必然会相信我的话。我可以借机寻得一匹马逃回来。大王,我是这样考虑的,所以在您安睡的时候私自跑出去了。"

铁木真被者勒蔑的忠诚之举深深地打动了,他说:"我还能说什么呢?以前我被蔑儿乞人追迫,他们围绕不儿罕山搜查了三遍,那时你就曾救过我的性命。现在你又用口吮吸我的淤血,救了我的性命。我口干缺水,你又舍命到敌营去寻来酸奶,再次挽救我的性命。你这三次大恩,我铁木真永世不忘!"

泰赤乌人并不知道铁木真已经受伤,在夜晚的时候,他们就有一部分士兵偷偷逃离了战场。天大亮以后,泰赤乌人已经完全丧失了决战的勇气,趁着黎明的夜色溃逃去了。泰赤乌的属民被抛弃在营地里,这些属民都被铁木真收服。

王汗掳掠了许多牲畜、财物后,见好就收,就带着自己的军队回去了。而铁木真关心的则不是财物和人口,而是要一鼓作气,彻底消灭这一支死敌,为自己进一步统一草原,争夺最高的统治权扫清障碍。铁木真没有顾及自己的病体,带兵乘胜追击,歼灭了泰赤乌军队的残余,一直追到月良兀秃剌思一带，在那里擒杀了忽都答儿等泰赤乌氏首领。其他一些侥幸逃过的泰赤乌氏贵族纷纷逃到别的部落，阿兀出把阿秃儿和豁敦斡儿长等逃到了巴儿忽真一带，忽里勒则投靠了乃蛮部，泰赤乌部已经基本上瓦解了。经过这次大战，铁木真的一个主要劲敌泰赤乌部覆灭了。

打败了北方的泰赤乌部后，铁木真并没有就此罢手。紧接着，他把目光投向了原属于蒙古的合答斤、散只兀等部落。这两个部落分布在呼伦湖东面，他们的始祖是蒙古部始祖阿阑豁阿所生三个儿子中的不忽合塔吉（合答斤氏）、不合秃撒勒只（散只兀氏）。这两个部落人多势众，勇敢善战，拥有较强的力量，甚至连金国也不放在眼里，连年侵扰金国的西北部边境。弘吉剌等部的驻地在呼伦湖周围和其以北地区，也经常侵扰金国西北部的边境。

1195年，金朝派遣左丞相夹谷清臣统率大军向这三支部落发动猛烈攻击，又在1198年派遣完颜襄、宗浩等率领大军前来征讨，斩首一千多人，俘获了大量人口、牲畜和财产，大大削弱了他们的力量。不过此时金国的势力已经日渐衰微，所以在得胜之后却无力继续守卫边境，反而向内迁移了这一带的界壕边僾。两虎相争，两败俱伤，给铁木真提供了难得的可乘之机。

在此之前，铁木真刚刚被推选为大汗的时候，他曾派遣使者来到合答斤、散只兀两部，对其首领表示，既然同属于蒙古部落，就应当联合起来，共同对付敌人，希望和他们结成联盟，友好共处。这个时期，蒙古人还没有文字，只能口头传达意思，长期以来形成了采用巧妙的押韵的隐喻语言的习惯。使者就采用这种语言传达了铁木真的意思。合答斤和散只兀的首领们却没有听懂。这时有一个伶俐的小伙子却猜到了这些话的意思，便对他们说："这些话的意思很明白。铁木真告诉我们说，和他们不是一家子的蒙古部落，如今都成了他们的朋友，彼此结了盟。我们和铁木真是一家子，就更应当结盟做朋友，快快活活过日子。"

这个时候，铁木真的势力还很微弱，而两个部落却以骁勇善战而纵横草原，部落首领根本没有把初出茅庐的铁木真放在眼里，不但没有同意，反而辱骂使者，把锅里正煮着的羊血、羊内脏泼在使者脸上，使者受辱而归。对铁木真来说，这是极大的侮辱。但为了集中精力对付其他更强大的敌人，铁木真还是忍了下来。

此后，合答斤、散只兀部又多次和泰赤乌部联合，同铁木真为敌。这样，这两个部落就成为铁木真争霸夺权路上的绊脚石。

几年之间，铁木真借助王汗的力量，充分发挥他足智多谋的长处，迅速崛起，合答斤和散只兀这两个部落的首领也越来越不安，感到铁木真就要对自己下手了。

铁木真和王汗击败泰赤乌部落之后，合答斤和散只兀人更加紧张，他们知道灾难迟早要来临了。为了避免受制于人，他们计划先下手为强，突然袭击。他们联合朵鲁班、塔塔儿、弘吉剌等部，在海拉尔河下游北面的阿雷泉举行盟誓。

他们一起举剑砍杀牛马，订立了蒙古人中间最重的誓约，说："天地之主请听吧，我们立下了什么样的誓约啊！看这些牲畜，如果我们不遵守自己的誓言，破坏誓约，就让我们落得跟这些牲畜同样的下场！"他们发誓共同对抗铁木真、王汗。他们组成五部联军，计划先发制人，去攻打铁木真。

铁木真的岳父德薛禅是弘吉剌人，他知道消息后，就连忙暗中派人报告铁木真说："你的敌人们订立誓约，结成了联盟，齐心协力地朝你们方面出动了。"

铁木真闻讯，立即和王汗商量，进行了周密的部署，会同王汗从斡难河地区的虎图泽出发，向敌人发动反攻。

到了秋天，双方在捕鱼儿海子附近遭遇，展开激战。经过残酷的厮杀，王汗和铁木真的联军击溃了合答斤、散只兀等五部联军，给其以毁灭性的打击，俘虏了很多部众，掠夺了大量牲畜和财宝，铁木真全部交给了王汗。

这年的冬天，王汗率军沿河东行返回。铁木真的军队驻扎在金边墙附近的彻彻儿山。他并没有闲着，而是利用这段时间，独自对付一些势力不是很强大的部落，逐步拓展地盘，壮大实力，清除敌对势力。他发兵攻打塔塔儿部察忽儿斤·帖木儿、蔑儿乞部阿剌兀都儿、泰赤乌部乞儿罕太师的联军，在答兰捏木哥思原野展开大战，最后大获全胜，击溃了塔塔儿等部联军。

经过近二十年的征战，铁木真打败了塔塔儿部和泰赤乌部，为父亲和族人报了血海深仇；他对札木合和王汗采取先结盟，然后择时吞并的方法，有张有弛地利用他们的实力；他排除内忧，收服了主儿勤部，让自己的部族成为一个团结的队伍。随着他的不断征战，他的力量日益壮大，成为蒙古草原上的真正霸主。

铁木真成为乞颜可汗以后，蒙古高原上便形成了铁木真、王汗、札木合三足鼎立的局面。铁木真的崛起在草原上引起了轰动，他的威望和势力日渐强大，开始了与王汗和札木合之间的三雄争锋。

在铁木真称雄草原的过程中，他不断地吸引优秀的人才与他结盟，又保持着与这些英雄之间的巧妙争霸。他就像一个技艺精湛的棋手，在与对手的联盟和争斗中运筹帷幄、有分有合、游刃有余。

札木合与铁木真的人因争夺部众利益失和，札木合无法容忍铁木真对他的利用和背叛，他决定联合其他部落，共同讨伐铁木真。

两个无关紧要的人物，引发了二人之间的决裂。札木合幼弟给察儿被铁木真的部下札剌儿人拙赤答儿马剌杀死了。札木合本来就是个疑心重重的人，顾虑铁木真的日益壮大。他听说兄弟被杀，勃然大怒，决定将一切责任都归罪到铁木真身上，便以此为借口起兵攻打铁木真。这个时候的铁木真羽翼已经刚刚开始丰满，他不能容忍札木合的嚣张，立即组织起自己的军队部众。铁木真共组织起了一万三千名骑兵，他把这些部队划分成十三翼军队，按阵排列作战，开始了同札木合的较量，这就是著名的十三翼之战。

铁木真的力量远远处于劣势。札木合方面的总兵力超过铁木真方面一倍以上，而且训练有素，彪悍强壮。经过几次接触之后，两军大战一场，结果铁木真大败而归。

札木合获得胜利后，开始严酷地惩罚对手，他大肆屠杀被俘的亦乞列恩人，无论老幼病残几乎全部处死，引起许多部众的不满。这给了铁木真以可乘之机，据说有三十多个部落的五十多个贵族站到了他这一边，尊他为汗，与他一起抵抗札木合的进攻。这些贵族本来是与札木合结盟的，现在反而成了铁木真的盟友，札木合气急败坏却又无计可施。

铁木真汲取了与札木合初战失利的教训。他认识到这个时候如果单靠自己的力量，实力还远远不够，他所面临的强敌不但数量众多，而且力量强大，他必须有坚强的同盟，才可以在混战中立足。因此，铁木真刻意巩固与王汗结成的统一联盟。有了王汗这一可靠的同盟军，利用他所统帅的强大的克烈部的兵力，铁木真先后扫荡了蔑儿乞人，攻打了塔塔儿人，最后打败了札木合联军。依靠同盟的力量，铁木真不仅歼灭了一个个的敌人，而且乘机扩大了自己的势力，开拓了疆土，扩建了军队，为实现自己更为远大的理想奠定了基础。

可以说，在铁木真后来的几个主要敌人中，札木合是最为杰出的。他年富力强，与铁木真年龄相当，而且曾经是结义兄弟，从各方面来说他们都堪堪相敌。但是札木合的成长道路要比铁木真平坦得多，他年纪轻轻就成了札只剌部的首领，势力不断壮大，跻身于草原群雄的行列。而铁木真当时正受苦受难，牵着九匹马艰难过活，生活尚且不保，又怎么能问鼎逐鹿？

第十五章 铁木真认王汗义父 韬光隐晦隐忍待发

札木合一帆风顺的经历使他养成了很多致命的弱点。十三翼之战中，他的实力远远比铁木真强大，在战斗中也取得了胜利，但他没有乘胜追击，在铁木真内部不稳、势力尚弱的时候一举消灭，而是在取胜后他就退兵了。为了对背叛他的亦乞列思人施以惩罚，他命人装了七十口大锅把俘获的叛人活活煮死。但这种残酷之举反而使札木合大失人心，一方面使那些已背叛他的人不敢再回到他的手下，同时也激起了其他贵族的反感。这也注定他走上了一条和铁木真完全不同的谋权之路，也就是失败之路。

与札木合相反，铁木真具有令人归顺的气质和风范。由于幼年丧父，铁木真自幼在极度艰苦的环境中成长，经历了重重磨难的锻炼；他身受母亲的教育，胸怀重振父业的大志；他遇事冷静镇定，深沉有大略，养成了高度的自制能力，能够理智地控制住自己的感情。

在十三翼之战后札木合多次纠结各部落，与铁木真角逐了十余年，终于在1201年，被铁木真与王汗的联军彻底击败。此后，札木合先后依附过王汗和乃蛮太阳汗，已失去了和铁木真争霸的资格。1204年，铁木真击败乃蛮部太阳汗之后，寄身于此的札木合只带着少数随从作了最后一次逃亡。茫茫草原无立身之处，札木合最后被自己身边的亲兵抓起来送到铁木真那里。

打败了十几年相争的敌人，本来是件十分快意的事情，按照铁木真的性格他会毫不犹豫地处死敌人。但是这一次铁木真犹豫了，他对札木合的处理十分审慎，没有简单粗暴地把他当做敌人来对待，而是念及了往年的情谊。铁木真深记札木合自幼与自己为伙伴，曾多次结为安答，又有出兵帮助自己救回孛儿帖的恩情。札木合虽曾多年与自己在战场上角逐，但没有起过杀害自己的心，在十三翼之战没有乘胜追捕。当自己与克烈部交战于哈兰真沙陀时，札木合曾派人将敌人的部署告诉过自己，助己获胜；当自己在纳忽昆山上与乃蛮人作战时，札木合曾宣扬蒙古军的威武，使乃蛮人心惊胆战，不战而败。念及这些，重情谊的铁木真劝札木合降顺，重新做自己的安答，不愿将他杀死。

札木合也是草原的雄鹰，一直以当世英雄自居，他宁为玉碎，不为瓦全，既然在角逐中失败了，就不愿再苟且偷生。铁木真尊重札木合的英雄性格，于是答应了札木合的请求，赐他不流血而死。有关他的死法，有两种说法：

其一是断背而死，其二是被包裹在毛毡里然后被马蹄踏死。他死后，铁木真厚葬了札木合，并妥善地安置了他的家人。

克烈部的王汗也是草原上的雄鹰，但毕竟有些老迈了。反观铁木真的逐渐壮大，正是因为借助了草原雄鹰王汗的力量。如果没有王汗的支持，铁木真不仅无法在草原立足，甚至有可能在仇家的追杀中被杀死、饿死，日后的崛起更无可能。

铁木真在刚刚崛起的时候，他审时度势，意识到自己险恶的处境必须依托一个强有力的靠山，只有先安身立命，才能谋取以后进一步的发展；而王汗也清楚地认识到自己的力量也不够强大，需要铁木真这样的草原壮士的支持来丰满自己的羽翼，因此二者的结盟成为必然。铁木真小心翼翼地维护着同王汗的结盟，他每次出兵，抢得的牲畜、财物大部分都要献给王汗，这些手段博得了王汗的信任，巩固了他与王汗的关系。

1189 年，铁木真被推选为乞颜部首领后，由于实力不强，不足以对付众敌，他更加努力巩固与王汗的义父义子的结盟关系，利用王汗的支持、援助，与他联合出兵，一步步消灭曾经威胁过自己生存的仇敌。为了获得王汗的信任，铁木真努力恪守子臣之职，凡有虏获必先贡献给汗父王汗。

在王汗面临困难的时候，正是铁木真帮助他重建部落。铁木真家族与王汗部落有着深厚的历史渊源，铁木真的父亲也速该也曾经帮助过王汗，这也是他们之间的关系微妙巩固的原因。

历史上，王汗在父亲忽儿札胡思死后继承了汗位，为了独揽大权，他杀死了自己的两个弟弟：帖木儿太师、布和帖木儿。另外两个免于被害的弟弟是额儿客合剌、札合敢不。王汗的叔叔古儿汗起兵讨伐，将他击败，他被驱往山谷。后来王汗借助铁木真之父也速该的力量，才得以恢复汗位。

王汗恢复汗位后，又企图杀害额儿客合剌。额儿客合剌逃出，投奔了西面乃蛮部的亦难察必勒格汗。亦难察必勒格汗很怜悯他，也想乘机打击克烈部的势力，便出兵相助，击败了王汗。

王汗连弃三城，向西奔逃，其弟札合敢不投往铁木真。王汗一直逃到西辽的古儿汗那里。然而当时西辽也处在内乱之中，他又与古儿汗不和，因此难以在那里栖身。王汗在西辽不到一年，又踏上归途。他经过畏兀儿部的城、西夏国的城，随身所带只有五只母山羊和二三只骆驼。他以山羊乳、骆驼血为饮食，骑着一匹瞎眼黑鬃黄尾马，穷困潦倒，来到漠北的古泄兀儿海子。这里曾经是他和也速该一起住过的地方。

听到了王汗的悲惨境遇，铁木真特地派塔孩把阿秃儿、速客该者温二人前去迎接他。后来，铁木真又亲自到克鲁伦河的上游去见他，把他安顿在自己的牧地上。铁木真还从自己的属民那里征收了税物，供给饥饿贫弱的王汗使用。王汗之弟札合敢不这时正在金朝的边境上，铁木真请他回到蒙古。在他返回的途中，遭到蔑儿乞人袭击，铁木真派撒察儿别乞和泰出二人前往救援，札合敢不得以平安归来。

王汗在铁木真的帮助下，又回到土兀剌河的黑松林故地。在这里，他大摆宴席，重叙了和也速该把阿秃儿结为安答的情谊，并再次确认了他和铁木真的父子关系。

1197 年，铁木真出兵攻打蔑儿乞部脱脱别乞，在莫那察一带击溃了属于蔑儿乞部的兀都亦惕部，进行了大肆屠杀、掠夺。尽管这次战斗是铁木真单独行动，为了博得王汗的欢心，铁木真还是把战争中夺来的牲畜、财物等全部献给了王汗，自己丝毫也没有留下。他通过这种办法，进一步巩固了和王汗的联盟。

在铁木真的帮助下，王汗的势力逐渐得到恢复。王汗是个非常贪心的人。1198 年，他没有和铁木真商议，也没有约铁木真一同行动，自己率部单独出兵攻打蔑儿乞部，在不兀剌原野上打败蔑儿乞人，杀死了篾儿乞部首领脱脱别乞的儿子脱古思别乞，俘获脱脱的两个女儿忽黑台、察剌温，还掳走了脱脱的两个儿子忽都、赤剌温。此外，王汗还夺得了无数牲畜、财物、人口，却丝毫没有给铁木真。铁木真虽然知道，却装作不知，避免引起双方的矛盾。

重新掌握大权后，生性多疑的王汗变得更加多疑，甚至对于铁木真，他也越来越不放心，打算对其下毒手。有一次他和铁木真一起开会，他事先布置了杀手，企图在宴会上把铁木真抓起来。宴饮时，巴阿邻部的阿速那颜觉得气氛不对劲，起了疑心，为防不测，他将刀子插在靴筒里做好准备。他还特意坐到王汗和铁木真的中间，一边吃喝谈笑，一边不断地左顾右盼。王汗知道阴谋已经败露，才打消了这个愚蠢的念头。

王汗的卑鄙行为不但激化了和邻近部落的矛盾，也激起了他的亲属和部下的愤慨，他们聚在一起批评说：我们这位汗兄，像吹灰似的杀戮亲族，是个心怀恶意不成器的人。他杀了自己的亲兄弟，逃到哈剌契丹去乞求保护，是个不爱自己的国家，是受过艰难困苦的人。当初他七岁的时候曾被篾儿乞人掠去，给蔑儿乞人捣米过活，是父亲忽儿札胡思把他救了出来。他在 13 岁的时候，又和母亲一起被塔塔儿的阿泽汗掠去，给人家放骆驼，他想尽了办法才从那里逃出。后来他惧怕乃蛮亦难察汗的攻打，又往西边逃跑，穷途末路才来到铁木真这里。铁木真征收税物供养他，而现在他却忘了恩情，再起恶念。

这些批评被人听到，告到王汗那里。王汗下令把议论他的人都逮捕起来，只有札合敢不得以脱身，逃到乃蛮部去。王汗把被捕的人关到一个屋子里，斥骂他们说："你们说我在畏兀儿一带，西夏一带怎样来着？你们胡说什么！"王汗使劲地唾他们的脸，其他人也都起来唾他们的脸。责罚之后才把这些人释放掉。

所有这一切，铁木真都看在眼里，但是他隐忍不发。因为他知道，王汗毕竟是强大的克烈部的统治者，为了事业，他还必须与之结盟，借助这位"汗父"的力量去削平更危险的敌手。

虽然说战争残酷无比，但铁木真的战果却是无比辉煌的。公元1201年至公元1202年所经历的几场大战使得整个蒙古草原的形势发生了重大的改变。札木合的联盟被彻底击溃了，札木合归降了。现在蔑儿乞部亦是受到了很大的打击，泰赤乌部、塔塔儿部则被铁木真彻底消灭了，就连弘吉剌部在这个时间里也归降了铁木真。如今，蒙古草原上，只留下蒙古乞颜部、王汗的克烈部和西方的乃蛮部，三家对峙，鼎足而立。那个时候的铁木真占有了整个东方各部的牧场——水草丰美的呼伦贝尔草原，所以说，在这样得天独厚的自然条件下，牛羊马群也在不断地增加，人力和财力都已经今非昔比了，这也为他统一蒙古做好了充分的准备条件。

在蒙古草原的部落中克烈部是人数众多，影响重大，力量较强的大部。它和乃蛮部一样，因与文化发达的畏兀儿、西夏毗邻，相互之间经济文化联系比较密切，因为逐步吸取其先进经验，所以客观上促进了自己的发展。铁木真最初的振兴及战胜蔑儿乞、泰赤乌、札答兰、塔塔儿等部，不能说没有借助于克烈部的支持。在以往的历次战争中，克烈部的王汗几乎每次都与铁木真并肩作战，从这可以看作铁木真统一战线政策的胜利。但草原其他各部被消灭以后，蒙古乞颜部与克烈部却再也不能和平共居了，昔日亲密的盟友一变而成为势不两立的仇敌。

于是在黑林之盟以后，铁木真才发动了对蔑儿乞部的进攻，击溃了蔑儿乞惕的一个分支兀都亦惕蔑儿乞惕人，大肆对他们进行了屠杀和掠夺。他将这次战争中夺得的东西，全部给了王汗与他的那可儿们。从此，王汗的势力重又巩固，现在他又成了部属和军队的领袖。

当时，蒙古草原各部贵族所进行的战争，主要目的就是抢掠财物和奴隶。按规定部下抢到的财物要按比例上交可汗，同盟者抢到的财物，也要按一定比例分配。但为什么铁木真把自己抢到的东西全部送给王汗，而王汗对自己一无所予时，铁木真还能安之若泰吗？这说明他之所以甘愿对王汗在这方面做出让步，是因为他所追求的目标比财物和奴隶更为重要。现在面对着各部贵族的威胁，铁木真没有力量单独应付，必须寻找强大的盟友。失去了这一盟友，他就存在被消灭的危险。因此，为了巩固与王汗的政治军事联盟，铁木真宁愿在一些利益方面做出牺牲，甚至努力做到以德报怨，时刻以大局、以团结为重。

当王汗、铁木真战胜东方各部之后，立即回军西向，追击乃蛮部的不亦鲁黑汗。此次战争大约发生在1202年秋季。当时乃蛮部的亦难察汗已经去世，其长子脱儿鲁黑继承汗位，金朝封他为王。蒙古人误将“大王”读为“塔阳”或“太阳”，因此又称他为塔阳汗或太阳汗。不亦鲁黑乃太阳汗之弟，“兄弟交恶，分部治事。”可他根本不服从太阳汗的领导，脱离太阳汗自行占据了阿尔泰山地区，自称“不亦鲁黑汗”，即“发号施令的可汗”。他也参加了札木合的东方联盟，在阔亦田被打败后逃回了自己的驻地。王汗、铁木真联军紧追不放，不亦鲁黑汗无法抵挡，因此只好放弃旧营，“越阿勒台而走。”越过阿尔泰山向南逃跑。现在王汗、铁木真联军顺忽木升吉儿（臣吉里河）、兀泷古水（乌伦古河）而下，其后哨将领被俘。当追至乞湿泐巴失湖时，不亦鲁黑汗的军队被彻底击溃。

正当王汗、铁木真得胜而回，乃蛮部太阳汗的骁将撒卜勒黑整军于巴亦答剌黑别勒赤儿之地，占据了要道路口，截断了王汗与铁木真的归路。当他们打了一仗以后，双方将军队重新进行了整顿，以便下次再战。到了夜里，军队一长串地驻扎下来，决定在早晨进行厮杀。

当时，札木合在王汗帐下，与王汗同行。现在他虽然被迫投降了王汗，但他与铁木真的矛盾并没有解决，因此他一天也没有忘记设法对付铁木真。所以还在铁木真的军队没有开来以前，札木合就对王汗说：“我那位铁木真安答，过去就曾派使臣到乃蛮处往来，今他这么晚了不见来，必是他投降了乃蛮。我对于您来说是一只白翎雀儿，我那位安答却是一只告天雀儿。白翎雀儿寒暑常在北方，告天雀儿遇寒则南飞就暖。他大概已派人到乃蛮去了，他所以迟迟不来，大概是要与乃蛮联合，投降乃蛮吧！”

王汗手下有一名勇士名叫古邻，这位红脸汉子为人十分耿直，对札木合那一套拨弄是非的话十分不满，说：“这种假仁假义的话，根本不像是在朋友与族人之间说的话！”

札木合诬蔑铁木真不守信用，轻于去就，甚至说他想投降乃蛮，这本就是无中生有，凭空捏造。每一个正直的人一眼就能看穿。可是王汗为人处世的原则是：为了争权夺利不惜搞阴谋诡计。他以己度人，以为别人也都是这样处世待人的，因此对札木合的坏话不仅没有怀疑，反而更加深信不疑。于是下令虚设营火，偷偷率部队转移了。

第二天清晨，铁木真整军欲战，派人与王汗联络。但是军士回报，王汗营中灯火通明，只是帐中空无一人。铁木真看到王汗这一无耻行径，十分气愤，说：“王汗想让我遭殃，现在将我推到火中，自己却毫无损伤地回去了！”他估计孤军作战难于取胜，所以只好放弃原作战计划，迅速撤退，渡额垤儿，阿勒台之合口，渡过阿尔泰山之南的依德尔河谷，依旧继行，至撒阿里之野营，至克鲁河西南才选择地形扎下了营寨。

王汗、铁木真先后撤走了，但乃蛮部却不肯善罢甘休。撒卜剌黑决定捡弱的打，率军追袭王汗。当时王汗的军队一口气跑到土拉河流域，其子桑昆也先后带着自己的家丁、仆役们随后跟来，驻扎在今色楞格河右岸的依德尔河沿岸。撒卜剌黑的军队首先追上了桑昆；同时把他们的全部财产洗劫一空，夺走了他们的马群与畜群。然后，乃蛮军又接着从那里向王汗兀鲁思边境进发，驱走了他的全部家丁、亲信、族人，又将帖烈徒之隘边境上的牲畜驱走了。而被王汗俘虏的蔑儿乞部脱黑脱阿的两个儿子忽都、赤剌温乘混乱之际，率领自己的百姓从王汗处逃走，顺薛凉格河而下，投奔了他们的父亲。

王汗势穷力竭，又一次陷入困境，此刻他又想起了铁木真，派了一个急使去向铁木真求救，说："乃蛮部抢劫了我的军队和部落。我希望我儿将麾下的四员勇将派来帮助我，他们或许能夺回我的军队和财产。"铁木真以德报怨，立刻派四杰博尔术、木华黎、博尔忽、赤老温率军去援助王汗。

出征之前，博尔术向铁木真索要了一匹名叫"只乞一不列"的马，铁木真对他说："当你要让它驰骋草原的时候，万不可用鞭子抽打它，只能够用鞭子轻轻地抚一下它的鬣毛！"一马当先，万马奔腾，博尔术等四杰带领着这支生力军势如破竹，直闯敌人的巢穴，没用多长时间，便将敌人打跑了。他们将乃蛮人夺走的王汗军队、部落、财产和牲畜全部抢了回来，并且全部将其归还给王汗，然后便带着自己的部下返回营地去了。

第十六章 求亲不成反遭战事 冥冥之中自有贵人

王汗十分感谢铁木真对他的无私援助,他感动地说:“以前他的好父亲,将我输了的百姓救了给我;如今他的儿子将我输了的百姓,又差四杰来救与了我。欲报他的恩天地护助知也者。”又说,“去年我在敌人面前又一次逃跑了,我饿着肚子、赤身裸体地到我儿处来,他收留了我,而且让我吃得饱饱的,遮蔽了我的裸体。我欠你这么多情分该怎样来还你呢,我该拿什么来报答你呢,荣耀的我儿啊!”

不久,铁木真与王汗相会于土拉河的黑林,再一次重申父子之盟,借以恢复曾一度破裂了的关系。王汗又说:“也速该安答曾将我已输了的百姓救与了我,今他儿子铁木真又将我输了的百姓救与了,他父子两个为谁这般辛苦来。现在我已经老了,眼看就要升天了。我的尸体将成为旧物,将被埋在高山峰巅。我这些像雀群纷飞似的部众将来交给谁呢?我的弟弟们都没有德行,不足以付大事。只有桑昆一子依我膝下,虽有若无。但如果铁木真为桑昆之兄,我有了两个儿子,就可以高枕无忧了。”

于是王汗立即举行宴会,再次与铁木真结为父子,重申了铁木真的长子地位,并共同立下了盟约。

1202 年冬,铁木真与王汗驻扎在同一个驻冬营地上。为了进一步加深与王汗的关系,铁木真主动提出亲上加亲,为长子术赤聘娶桑昆的妹妹察兀儿别姬,又将自己的女儿豁真别姬嫁给桑昆的儿子秃撒合。根据当时的情况看,结为安答,结为父子,儿女结亲,都是巩固政治联盟的一种手段。铁木真主动提出“相换做亲”,说明他希望和王汗父子的政治联盟能得到继续巩固和发展。这时的关键在于,王汗和桑昆究竟采取什么态度。

当时桑昆妄自尊大,坚决反对这两门亲事,并称:“俺的女子到他家呵,专一门后向北立地;他的女子到俺家呵,正面向南坐么道。”桑昆认为,铁木真有几个儿子,但当长子术赤生于孛儿帖被掠走以后的归途中,外边传播了不少流言蜚语,说术赤是蔑儿乞血统的人,以后不一定继承汗位,术赤的妻子也只能做人臣妾,北面事人。而他桑昆却是王汗的独子,汗位再传必及秃撒合,所以秃撒合的妻子必然能做大可汗妃,位居中宫,将面南高坐。现在铁木真遭到了桑昆的拒绝,心中感到十分遗憾。

由于札木合嫉妒铁木真并不怀好意,并且他极端狡猾、生性奸恶,当他发现铁木真与王汗父子又发生裂痕时，立即趁机发动了挑拨离间的活动。札木合首先聚集铁木真所有的反对派，结成了一个与铁木真作对的小集团，然后一起去挑拨桑昆。在这个小集团中包括铁木真的叔父答里台、阿勒坛和堂兄忽察儿。同时，合儿答勒氏的额不格真、那不勒，雪格额部的脱斡邻勒以及合赤温别乞等也同他们结为一党，并也决心与铁木真为敌。当时，桑昆离开王汗，独自迁徙到者温都儿山阴、别儿客额列惕之地，札木合等人一起来到桑昆的营地，札木合对桑昆说："铁木真同太阳汗一条心，他不断派遣使者到他那边去。他口里虽说是王汗之子，在实际行动却恰恰相反。他的话很不可靠，他将做些不利于君父子的事。如果您不先下手，将来的形势可就难以预料。您如果发兵进攻他，我愿做您助手，从旁边袭击他。就连阿勒坛、忽察儿也助你所为。再长的征途，我也将不避艰险，走到顶端，再深的深渊，我也能不顾死生，坚持到底！"

札木合、阿勒坛以及其他部落的首领，他们几乎都属于蒙古部的旧贵族集团，在争夺草原统治权的斗争中，在于他们处于劣势，无力对付铁木真。他们企图依靠一个强大的力量夺取已经失去的权力，或者乘机进行报复，这是毫不奇怪的。而桑昆为了继承汗位，也不愿意看到铁木真当王汗的义子，不愿与铁木真平分秋色，更不想受铁木真的控制。因此，当他听到札木合、阿勒坛等人的挑动后，立刻派出一个亲信去请示王汗，同时进行了周密的军事部署，让铁木真军队和桑昆军队交错驻扎，以便伺机进行袭击。

桑昆的使者对王汗说："铁木真对于你的契交、情谊可能存有野心，图谋叛变，我们想先下手打垮他！"开始，王汗并没有听信他们的挑动，斥责说："你们为什么如此谋害我儿铁木真呢？我们依靠他的支援，才有了今天。现如今你们如此谋害我儿，上天是不会保佑我们的。札木合是个花言巧语不讲信用的人，这个人不可靠，千万不要听他的话！"

在此期间，铁木真开始转移营地，在离他们远点的地方驻扎下来。桑昆为了说服王汗，派使者往返者数次，直到1203年春他还派人对王汗说："有口有舌之人都是这样说的，您又有什么根据不相信呢？为什么聪明人、头脑清醒和有远见的人，不听对他说的这样一些话呢！"虽是这样，王汗仍然没有同意桑昆的意见。

桑昆见使者说不服王汗，只好亲自出马，进一步说明反对铁木真的理由，他说："您如今还健在，铁木真就不把我放在眼里。假如汗父您教白的呛着，黑的噎着了，我祖父辛苦收集来的百姓，铁木真能教我管吗？"王汗仍坚持自己的看法，说："怎能抛弃吾儿我子呢？因倚其力，方有今日，怎么能将恩仇报怀恶意呢？天将不保佑我们的。"

桑昆见王汗翻来覆去申述这几句话，心里烦透了，摔门而出。王汗又恐怕父子关系破裂，把桑昆又叫了回来，说："我们同他是安答，他不只一次慷慨地接待我们，用牲畜和种种东西帮助过我们，我们怎么可以谋害他，对他动主意呢？你说我该怎么办呢？我阻止了你们多少次，你们总不听！让我这付老骨头得到安息吧！如今你们不听话了！你们如果干出了这件事，希望上帝保佑，让他们忍受这一切吧！你果真能战胜对方就好自为之吧！希望不要给我添麻烦。"

桑昆回到自己的驻地，即刻与札木合等人研究对付铁木真的办法。他们首先偷偷地放火烧掉了铁木真的牧场，没让他知道事情是怎么发生的，然后又想出了一条毒计，打算企图骗铁木真上钩。桑昆说："以前他要为他的儿子术赤娶我们的女儿察兀儿别姬，我并没有许给他。现在我派人去告诉他，如果他前来参加由我们准备的定亲筵席，我们就马上将姑娘许给他。他如果来了，我们就把他抓起来！"计策既定，他们立即派人去通知铁木真，请他吃定亲酒，面定婚约。铁木真得到这个消息，喜出望外，高兴之余毫不怀疑，只带了十个骑兵前去赴宴。路上经过蒙力克老人家，蒙力克的儿子帖卜一腾格里曾从克烈部的分支只儿斤部娶了一个姑娘，这个姑娘的父亲名叫合丹巴特儿。蒙力克已了解了内幕，但还不便明说，因此他提醒铁木真说："你开始提亲时，他们看不起我们，并没有答应，今天为什么忽然叫你去饮定亲酒呢？不久前还是强自作大，目中无人，几天后为什么又变得如此主动热情、特许自招呢？他们究竟是出于真心，还是另有打算？我认为你应认真想一想，派人去察一察，千万不可贸然而行！"铁木真觉得蒙力克的话也有道理，于是派察合台、乞剌台二人去饮许亲酒，并对桑昆说："目前正当春季，青黄不接，我们马瘦无力，不便远出，需饲我马群。"铁木真便从蒙力克老人家返回自己的驻地。察合台、乞剌台到桑昆营地后，桑昆知道阴谋败露了，于是决定第二天早晨率兵包围铁木真。

出兵包围铁木真的计划确定之后，阿勒台的弟弟也客扯连回到家中，对自己的妻子说起了这件事："已经商定明天早晨捉拿铁木真了。现在如果有人把这个消息告诉给铁木真，不知将来有多大报酬？"也客扯连的妻子阿剌黑亦惕说："你胡说些什么？你就不怕有人听到当成真事吗？"正当他们夫妇俩正说话时，牧马人巴歹送奶来了，听到了他们的对话。巴歹回去后，同样把这个消息告诉了另一个牧马人乞失里黑。乞失里黑说："我再去打听一下。"说完就去了也客扯连处。当时，也客扯连的儿子纳客延正坐在帐外，一边磨箭一边说，"刚才会上共议时说什么谁泄密后要割谁的舌头，就这样能挡得住谁的嘴呢？"说完，抬头发现了乞失里黑，命令他立即牵过两匹马，说："今天晚上就要用。"

乞失里黑、巴歹将也客扯连父子的话和其他情况联系起来进行对比分析，认为他们如此诡秘，又如此紧张地磨箭备马，一定是准备进攻铁木真。乞失里黑对巴歹说："现在你刚才听到的话已经证实了。我们一起去告诉铁木真吧！"于是他们先把马牵来拴好，等天黑以后在房中杀了一只羔羊，把床拆掉，将羔羊煮熟。然后连夜赶到铁木真的营地，将他们了解的情况一五一十地如实告诉了铁木真，说："希望可汗降恩，不要怀疑我们的话，他们已经议定要'围而擒之'了。"

这又是一个十分重要的军事情报，它使铁木真又一次脱离了险境。铁木真在关键时刻得到救助、接到重要情报，这已经不是一二次了。在与蒙古草原各部贵族的斗争中，失败了的贵族往往投靠札木合、王汗和乃蛮，而那些贵族手下的奴隶和百姓，却都在关键时刻多次帮助铁木真，这说明：铁木真反对草原旧贵族的斗争，多少还是得到了各部奴隶和百姓的同情和支持。也正是这种同情和支持对铁木真的盛衰成败起了重要作用。

铁木真与几个主要将领认真分析了巴歹、乞失里黑送来的情报，他们也相信，桑昆与札木合会做出这种背信弃义的事情，于是连夜通知临近的各级将领，让他们丢弃一切笨重物品，轻装转移。大队人马沿卯温都儿山后而行，用自己的亲信那可儿兀良合氏的者勒蔑为后哨，在卯温都儿山背后设置了几个哨望所。第二天中午，队伍进入哈兰真沙陀之地。此地位于卯温都儿山之北（今内蒙古自治区乌珠穆沁旗北境）。此时铁木真一行奔波了一夜半天，人困马乏，在一片林子里安下帐庐，进餐休息，直至红日西斜。第三天凌晨，王汗的军已经队开到卯温都儿南面生长红柳的地方，铁木真的侄子阿勒赤歹有两个牧马人名叫赤吉歹、牙的儿，他们一边放马一边前进，很快落在了大队的后面。忽然发现背后尘土飞扬，于是立即飞身上马，向铁木真报告说："背后尘土飞扬，大概是王汗的大军已经追上来了。"铁木真只好以哈兰真沙陀为阵地，仓促整军备战。《史集》曾说："太阳升起一杆矛那么高的时候，双方军队已经面对面摆开了队伍。"据此推论，这次战争开战的时间应该是在上午八九点钟，但从《秘史》记载的时间看，却又是发生在下午太阳西斜时。

当时，由于事出仓促，跟随铁木真一同转移的主要是亲近的那可儿，估计整个队伍的人数不过五千人左右。而王汗、桑昆则是主动出击，又是做了充分准备，另外还有札木合及蒙古部的其他贵族阿勒坛、忽察儿等，军队的人数比铁木真要多几倍。虽然这样王汗也没有必胜的把握，一路上他与札木合并马而行，向札木合详细打听铁木真各支部队的具体情况。王汗问道："铁木真麾下谁最善战？"札木合说："兀鲁兀惕、忙忽惕那二族百姓能厮杀。他们同属于蒙古孛儿只斤氏，是纳臣巴特儿的第三子、第四子的后裔。他们阵势严整，每当混战时不乱，进退回旋各有章法，翻转冲杀各有窍门。他们从小就在刀枪阵中磨炼,黑纛旗和花纛旗是他们的认旗,见时可提防些。请您转告部下,一定要提防这两族人。"王汗相当重视札木合提供的情况,立即制定了严密的作战部署:先派只儿斤勇士专门抵挡兀鲁兀惕和忙忽惕人,再由勇将合答吉率领只儿斤人冲锋。继只儿斤之后,命土绵土别干氏的阿赤黑失仑冲之;继土别干之后,命斡栾董合亦惕氏的诸勇士冲之;继斡栾董合亦惕氏之后,由豁里失列门太石率王汗的千员护卫军冲之;到最后由大中军冲之。全军分为五个梯队,一个比一个强大。部署已定,王汗突然对札木合说:"我这军马,札木合弟你整治着。"他本是希望札木合做这次战争的前线总指挥。札木合当时不置可否,不久便借故离开了王汗,对自己人的左右亲信说:"我在这之前不能敌铁木真,如今王汗教我整治他军马,如此看来他又不及我,可以报与铁木真安答知道。"因为札木合发现王汗是个平庸之辈,没有多大作为,于是暗中派出亲信向铁木真透露了王汗的作战计划,并转告铁木真:"像这种情况,你不必害怕,只要小心谨慎对待就能取得胜利。"

铁木真了解了王汗的内情,马上与部下将领研究作战计划,但是由于敌众我寡,他问道:"我们该怎样采取行动呢?"当时兀鲁兀惕部的术赤台,忙忽惕的畏答儿是铁木真手下的得力的两员主将。这两个部落互相有亲属关系。但当兀鲁兀惕与忙忽惕两部落叛离了铁木真,投奔泰亦赤兀惕部时,他们俩却没有倒戈,仍忠心耿耿地为他效劳。因为他们与铁木真同属于孛儿只斤氏,术赤台与也速该同辈,铁木真称其为"叔父"。畏答儿与其兄畏翼本来同在铁木真麾下,十三翼之战后,畏翼率众投靠了泰赤乌部,但畏答儿还是坚决回到了铁木真身边。铁木真问:"你兄长已经离去了,为什么你还独自留在这里?"畏答儿无以自明,取矢折而誓曰:"所不终事主者,有如此矣。"铁木真发现他的确是真心拥护自己,于是尊称他为薛禅,与他结为义兄弟——安答。

铁木真发现兀鲁兀惕、忙忽惕两部的英名已传于四方,就连王汗也闻风丧胆,于是首先与术赤台说:"主儿扯歹叔父,我欲让你做先锋,你意思如何?"术赤台用鞭子抚弄着马鬣,首鼠两端。畏答儿发现术赤台有畏难情绪,于是自告奋勇,抢先说道:"我做先锋。我的安答!我飞驰上前把大旗插到敌人后方名叫阙奕坛的山岗上去,用来显一显我的勇气。我有几个儿子,你将会把他们抚育成人。"在敌人后方有一座名为阙奕坛的山岗,畏答儿表示,他是可以横断敌阵,将秃黑军旗插在这座山岗上,激励我们的军队勇往直前,共同冲杀,战胜敌人。术赤台见畏答儿抢战,自己也不示弱,说:"我们兀鲁兀惕人愿与忙忽惕部同为先锋,在可汗面前而战!"忙忽惕的部将兴奋地说道:"好了,让我们冲锋吧!在神的佑护下跃马向他们冲过去吧,一切听长生天来裁决吧!”

于是畏答儿与术赤台各率本族人马列阵于铁木真马前。阵脚还未摆稳,桑昆第一个向王汗明确表示了自己的态度,说:“我们愿与您一起讨伐诃额仑的儿子们,杀其兄,弃其弟。”其他几位铁木真的反对派也争先恐后地表态,挑拨桑昆下决心对付铁木真。合儿答勒氏的额不格真、那不勒说:“我可与您缚其手足,捉拿他的兄弟。”脱斡邻勒也说:“不如先夺取铁木真的属民百姓,他失去了百姓,还有什么办法?”合赤温别乞则说:“我将想你所想,路先锋只儿斤勇士就杀到了。兀鲁兀惕、忙忽惕两支部队迎面冲去,很快就战胜了只儿斤人。然而只儿斤首将招架不住,虚晃一刀,掉转马头就走。畏答儿身先士卒,匹马单刀紧追不放,两匹马一前一后,好像在进行比赛,王汗的军队惊呆了,也不敢向畏答儿放箭。畏答儿一口气穿过敌人的阵地,果然将大旗插上了阙奕坛山岗。

铁木真与其他将领一起向敌人猛力冲杀过去。这时,王汗的第二梯队土绵土别干氏的人马迎面杀来,其主将阿失黑失仑截杀畏答儿,畏答儿被刺中。忙忽惕人回身列阵于畏答儿落马处,与王汗军苦战。术赤台立即率军支援,向敌人猛冲,又战胜了王汗的第二梯队。术赤台挥军追击,王汗的第三梯队迎面冲来。这是由斡栾董合亦惕氏诸勇士组成的一支生力军,术赤台根本毫不畏惧,转眼间又打垮了这支敌军。术赤台乘胜追击,王汗的勇将豁里失列门率第四梯队迎战。这是王汗的一千名护卫军,现在术赤台孤军奋战,拼死冲杀,豁里失列门抵挡不住,被迫退军。按照王汗原来的作战部署,继千名护卫军之后,王汗的大中军将发起总攻。这时,王汗儿子桑昆,不等他父亲命令,也加入到战争。桑昆见四路军队连续败下阵来,心中焦急,并没有经过王汗允许,就率领左右人马向蒙古军冲杀。术赤台一箭射中了桑昆的腮部,桑昆翻身落马。克烈部人集中到桑昆周围,列阵保护自己的主将。经过这一次冲杀以后,客列亦惕军势已衰,因此他们停止了进攻。

王汗见桑昆腮部中箭,心里既烦闷又气愤,生气地对部下说:“我早就说过,铁木真是不可招惹的人。就因为招惹了铁木真,我儿子的腮上都中箭了。为夺回我儿子的性命,大家努力冲锋吧!”王汗部下的重要将领阿失黑失仑劝告道:“可汗啊可汗,请不要急躁。在您没有生儿子时,设了招子幡,嘴里叫着阿备巴备(娇娇、宝贝)不停地向上帝祷告。现在就不要忙于冲锋了,还是好好抚养这个已经出生的儿子桑昆吧!蒙古部的多半百姓都在札木合、阿勒坛、忽察儿和我们这边,铁木真难道还真能逃出蒙古包,跑到别处去吗?他们现在已经困穷不堪了再无力气了;没有备用的马匹,每人只骑一匹马;没有居住的营帐,夜里只能在树林下宿营。将来收拾他们,就好像拾马粪那样容易一般。”王汗听了阿失黑失仑这番话，方才火气才消，说：“好吧，听你的。为了不再让桑昆受苦，我们暂且收兵吧。”说完，就从战地退走了。

第十七章　派遣使者逐一求和　攻心战术取得奇效

当摆脱了全军覆没的危险之后，铁木真当机下令各营结阵而宿。次日天明，点视军马。经过一场激战，虽有数百人伤亡，但主要将领都在，惟有三子窝阔台、四杰中的博尔术、博尔忽三人不见踪影。铁木真心里不安，自言自语地说："勇冠三军，一同死生，必不肯相离。"铁木真下令军中做好再战准备，预防敌人前来追袭，同时就地等待窝阔台等三人归来。

天色渐渐大亮了，只见一人骑着一匹光板木鞍马向营地跑来，此人正是四杰中的博尔术。铁木真既高兴、又担心，捶胸搓手，劈头就问："长生天知道你们的遭遇，博尔忽、窝阔台他们现在在哪里呢?"博尔术叙述了他们昨天的作战经过：当桑昆发起进攻时，他与博尔忽保护着窝阔台冲入了敌阵。正在这时，博尔术的战马被敌人射倒。正在危急之际，桑昆被术赤台射中，王汗的人马大都集中到桑昆周围，其他地方的敌军大大减少了。博尔术发现一匹驮马，背上的驮子已经倾斜，于是他斩断绳索，卸下驮子，骑着这匹光板鞍马，依着踪迹找来了。但由于当时他与博尔忽等失掉了联系，因此他并不知道窝阔台、博尔忽的下落。

铁木真心存一线希望，继续耐心等待。又过了一会儿，只见一匹马向营地跑来。远看，马上只有一个人，近看时人下又有两脚垂着，等到来到跟前，才发现是窝阔台、博尔忽迭骑在马上。博尔忽嘴角带着血。原来，昨天冲出重围后，窝阔台被射中脖颈，跌下马来。博尔忽独自将窝阔台抱到一个僻静的去处，用嘴吸出淤血，抱着窝阔台歇息了一夜。直到天亮后，二人才骑一匹马来寻找部队。

铁木真见此情景，心痛难忍，两眼落泪，马上命人点了一堆火，烧红一把铁剑将窝阔台箭疮烙了，这是古代蒙古人治疗刀箭等外伤的一种传统疗法，作用是高温消毒、防止淤血化脓。随后派人寻找饮食给窝阔台等人吃。因为部下担心敌人追来，心神不定。铁木真为了使窝阔台等稍事休息，坚持暂不前进，鼓励将士们做好战斗准备，说："敌来则吾其战之。"这时博尔忽才告诉铁木真："在我们离开战场时，发现西方尘土飞扬，敌人已经顺着卯温都儿山南，向红柳林方向撤退了。"铁木真为了防止王汗军再来追袭，休整了一会儿就下令继续撤退。他们沿着乌尔浑河和失连真河而上，一直撤军到蒙古草原东部的呼伦贝尔湖南的讷墨尔根河流域，即答兰捏木儿格思草原。

在铁木真撤退的路上，合答安、答勒都儿罕先后赶来。他本是塔儿忽惕部人，早在铁木真离开札木合单独设营时，他们兄弟五个人就投奔了铁木真。后来，铁木真与王汗一起设营，一些部众就跟随了王汗。合答安对王汗父子的背信弃义十分不满，于是抛弃自己的妻子来追赶铁木真，并告诉了王汗已经撤退的原因。直到此刻，铁木真才从忐忑不安的状态下解脱出来，整个队伍的军心也逐渐安定了。

铁木真到达答兰捏木儿格思草原以后，没有停留，而是沿着合勒合河继续撤退。一边撤退，一边还收集部众，清查人数，发现还有四千六百余人。铁木真亲自率领二千三百人，沿合勒合河西岸而行，兀鲁兀惕、忙忽惕部的二千三百人，沿合勒合河东岸向前走。为了解决饮食问题，将士们只能边撤退边狩猎。当时畏答儿“金疮未曾痊可”，铁木真与他分手时特别告诫他不要去追逐野兽。但畏答儿身为一军主将，不愿坐享其成，多次参加狩猎。在一次追逐野兽的时候，战马跑得太快，结果引起金疮崩发，畏答儿不幸死了。铁木真得到消息，马上下令两军都停止前进，将畏答儿埋葬在合勒合河旁斡儿讷兀山的半山中，此即哈勒哈河之北的鄂尔多山，其山有座喀儿喀王墓，当年畏答儿即就埋葬在此地。铁木真统一蒙古草原后大封功臣的时候，追赠畏答儿为第二十一千户，子孙袭职，世世不绝。

因为札木合等人的挑拨离间，王汗、桑昆背信弃义，向铁木真发动了突然袭击。昔日的亲密战友终于变成了不共戴天的仇敌。哈兰真沙陀之战铁木真部虽然经英勇抵抗，但毕竟受到重大损伤，并不得不向东部草原转移。铁木真的事业于是处于低潮。

铁木真含泪离开畏答儿的墓地，率领军队继续北撤，很快就要到达捕鱼儿海子（今贝尔湖）。铁木真打算在这一带扎下营盘，利用呼伦贝尔草原的优越地理位置，迅速医治战争的创伤。但在合勒合河流人捕鱼儿海子的入口处，有弘吉剌部的帖凡格、阿蔑勒等氏族往来游牧。他们对一路撤退的蒙古军究竟会采取怎样的态度呢？是友好还是敌对？铁木真对此并不清楚。这是他能否在此地立足的一个首要问题。

蒙古乞颜部原本就与弘吉剌部有忽答（姻亲）关系，铁木真的母亲和夫人都出身于弘吉剌部。在与札木合等东方各部的斗争中，弘吉剌部实际上倾向于铁木真，所以曾给他递送军事情报，后来德薛禅所在的那个氏族又在阔亦田之战后投奔了铁木真。为了建立一个巩固的根据地，铁木真派术赤台率领兀鲁兀惕、忙忽惕人去降服弘吉剌部的这两个氏族。临行前，铁木真对术赤台说：“弘吉剌百姓自古以来就很少参加各部的争战，只以甥之貌、女之色与他族结亲。你们去后，如若他们不起来反抗，你就招降他们；如果他们不接受招降，你就征服他们。”术赤台遵照铁木真的意图，先派遣一个使者到弘吉剌部，对他们说：“以前我们互称兄弟和姻亲，你们照规矩享有母舅的权利。如果你们同我们友好，我们就做你们的同盟者和朋友。假如你们与我们为敌，我们也就与你们敌对。”弘吉剌人做出了希望友好的表示，术赤台的军队一到，他们便全部归附了，铁木真迁到名为董哥泽的脱儿合——豁罗罕的湖和河边驻扎下来。他们在那里安营休息，以消除一路上的劳累。

铁木真在呼伦贝尔草原董哥泽立足以后，一边在那里收集部众，休养人马，一边派出两名使者向王汗求和。这两个使者是札剌亦儿氏的阿儿孩合撒儿，速客虔氏的速客该者温。他们两个善于辞令，能言善辩。铁木真将自己的意图告诉他们，便让他们依次去见王汗、札木合、阿勒坛、桑昆等人，当面指出他们的背盟行为，争取王汗能够允许和解，尽量减少目前的压力，争取时间，以图再举。

铁木真的使者首先去见王汗，向王汗转述了铁木真的话。他们说：“现在我们驻扎在董哥泽和脱儿合——豁罗罕边，这里草儿长得好，喂肥了我们的骟马。”告诉王汗，自己的士气现在已经恢复，希望他不要再产生非分之想。

然后两个使者话锋一转，开始质问王汗了，他们说：“我们可汗让我们问问父汗，不知父汗为何发此雷霆之怒。为什么如此惊吓自己的贱子贱妇。你为什么不让你的儿子、儿媳酣睡。为什么不让他们睡足吃饱以后再教训他们呢。为什么把他们当敌人，黑更半夜，大动干戈，毁床撤座，使他们不能安居，毁炉破灶，使之无家可归呢？”

铁木真问得有理，两位使者能说会道，王汗自然无言以对。但为了不会引起王汗的反感，使者将话头一转，接着又说道：“我们可汗说了，父汗为人忠厚，不会搞阴谋诡计，这次进攻我们，莫不是有人离间？他让我们提醒父汗，一定不要忘记在黑林重申的父子之盟，不要忘记当时立下的誓言；如果有牙和舌的蛇用牙和舌伸到我们中间时，只要我们还能够用嘴和牙说话，我们彼此决不分离。当有人在我们之间说一些有意、无意的话时，在我们没有碰头商量加以证实以前，我们不要信以为真，我们不要变心，彼此决不分离。如今父汗您，既没有用口舌来证明，也没有认真分析吧？现在，我们没有碰头商量，也没有将有人故意在我们中间制造的话调查一下，你就信以为真，拿它作为根据离开了我们。

使者的责问击中了要害，王汗确实是受札木合等人的挑拨，直接违反了黑林的父子之盟，他自知理亏，自然会有所感触。

使者接着说道：“请父汗认真核查一下，你的儿子，从来都没说过，我所分得的东西太少，想要多一些，或者嫌它不好，想要好一些！大车有两根车辕，当其中有一根折断，就再也不能乘坐它游牧了。铁木真汗就好比是你的大车上的两个轮子中的一个啊!"

铁木真的两个使者还详细列举了也速该、铁木真父子对王汗的救命之恩,复国之德,列举了他们对王汗的五大恩德。

面对着铁木真这两位使者义正词严的质问,王汗却一句话也回答不上来,等使者说完了,他才叹息着说:"唉,别提了,我太糊涂了。我恩将仇报,与吾儿分离,实在不合与人交往的道德。我们本来有同心合力、共同对敌、永不分离的盟约与誓言,如今我却制造了纠纷,我心中难受极了。"王汗一边说,一边拿出一把小剜刀刺破了自己的小指肚,一滴滴鲜血流在一个桦皮小桶中,王汗将这个小桶交给了铁木真的使者,说:"从今以后,若我再对我儿铁木真怀有恶意,也像这样出血,死无葬身之地。请把这个小桶交给我儿。"

铁木真的使者离开王汗的金帐后,立刻去见札木合,他们表面上对札木合提到的是生活琐事,实际是暗含讽刺和谴责:"汝不能视我非父汗处,而使离析之矣。我先起者尝以父汗之青钟饮之也,汝其忮我先起而饮之乎!今可以父汗之青钟饮之,其所费几何哉?""青钟",一种解释为青铜酒杯,一种解释为"青湩"。蒙古人以马乳为主食,一般的马乳色白而浊,味酸而羶。但撞马乳至七八天后,马乳就色清而味美,成为一种高级食品。这种马乳略呈青色,蒙古人称之为"青湩"。他们又以"黑"为"青",因此又被称为黑马乳。只有草原贵族和尊贵的宾客才能饮这种青湩。铁木真、札木合幼年时曾在王汗处一起生活过,每天早起,札木合总是先起,抢先去饮青湩,有时铁木真先起饮了青湩,他就嫉妒不满。铁木真让使者重提这件事,就暗示札木合从小就是个爱占便宜、不知礼让的人。铁木真让自己的使者转告札木合:"你像这样从中挑拨我与王汗的关系,使我们离析分裂,无非是要多喝几口青湩吧!现在你可以恣情畅饮了,但不知你的肚量有多大呢?

铁木真的使者离开札木合的营帐后,去见阿勒坛与忽察儿,也对他们转述了铁木真的话:"你们俩想杀我,很想将我扔到黑暗的国土上或埋到地下!以前,我首先对把儿坛把阿秃儿的子孙薛扯和泰出说道,'你们来当君主和可汗吧!'他们不同意,我没有办法。我对你忽察儿说,'你是捏坤太师的儿子,当我们的汗吧!'你推辞了。我对你阿勒坛说,'你是忽图剌合罕的儿子,他曾登临大位,现在你来当君主吧!'你也推辞了。当时你们却坚持对我说,'你来当汗!'我照着你们说的当了汗,并说,'我决不让领土沦丧,决不允许破坏他们的规矩、习惯!我一旦当了君主,并统率许多地区的军队时,一要关怀我的部下,夺来许多马群、畜群、游牧营地、妇女、儿童给你们。我将为你们点火烧草原上的野兽,将山地的野兽赶到你们这里来。如今你们离开我投奔了父汗,我并不反对。只希望你们好好做父汗的伙伴,千万不要再有始无终,招人非议。不要让人家说是我让你们这样干的。不要到你们落空的时候才想到我。我的汗父性情喜怒无常。如果像我这样的人(都)让他感到厌烦了,你们不久也会使他厌烦的。三河源头是我们的祖先兴起的圣地,你们千万不得让任何人屯驻在三河地区。'”

铁木真家的世袭奴隶脱斡邻勒此时也在王汗处,铁木真让自己的使者也想法见他一面,提醒他不要忘记自己的身世,不要忘记他的祖先曾是铁木真“高祖守国之奴”“曾祖私门之仆”,铁木真是抬举他才称之为“弟”,他不该不识抬举与铁木真作对。“你想抢夺谁的兀鲁恩?如果你也抢夺我的兀鲁思,阿勒坛和忽察儿俩绝不会将它给你的,不会允许你享用它的。”

最后,铁木真的使者来到桑昆的营地,对桑昆说:“我对你父是有衣服人生的儿子,你是赤裸的人生的儿子,父亲曾将咱们一样对待。”意思是说,虽然我是干儿子,你是亲生子,但父汗对咱们却是一视同仁、同样抚养。你总以为我的行为将插入其间,厌恶我,并且驱逐我。希望你休教父亲心里难过,早晚去看他时,应该宽慰他,给他消愁解闷。假如你不去掉以往的野心,“父汗在时,而欲为汗”,那只能给父汗增加烦恼,与父汗分彼此了。铁木真希望王汗、桑昆、札木合、阿勒坛、忽察儿等都分别派出两名使者,到他的驻地进行谈判,解决彼此的争端。

王汗、桑昆等对铁木真的求和要求做出了截然相反的回答,王汗说:“确实是他有理,我们对他不公正。但是让我的儿子桑昆来答复这些话吧!”他明知自己是站在理亏的一面,但又不肯站出来纠正,将决定权交给了桑昆。

桑昆压根就听不进铁木真的话,根本不想与铁木真和好,不以为然地说:“他现在怎么还称我为义兄弟(安答)呢?有一次他把我称为脱卜脱黑孛黑,说我像回回羊的小尾巴一样,低三下四地跟在男巫的屁股后面,是个没出息的下贱货。如今被他称为汗父的我的父亲,曾被他称为乞迪阿失额不干!曾说他是杀人不眨眼的老屠夫。我正要派遣使者向他宣战哩!如果他战胜了,我们的兀鲁思是他的;如果我们战胜了,他的兀鲁思就是我们的!”说完这些话,他立即向自己的两位将领必勒格别乞、脱朵延(脱端)下令道:“我们出征吧!举起大旗,敲起鼓来,将马儿牵来,让我们骑上马向铁木真进军!”

王汗虽然不同意桑昆的看法,但一时又不能说服桑昆,因此没有派使者去与铁木真议和,只是先打发铁木真的使者回去复命。当时,速客该者温的家属在王汗处,他“惧不敢归”,被迫留了下来。只有阿儿孩合撒儿回到铁木真的营地,向他一一汇报了王汗及桑昆等人的不同反应。

铁木真的使者走后,王汗左思右想,总觉得有负于铁木真父子的情意,有愧于心。于是不顾桑昆、札木合等人的反对,决定接受铁木真的议和。

这一决定,使王汗阵营的出现了公开分裂。由于札木合、阿勒坛、忽察儿等与铁木真矛盾较深,不同意王汗与铁木真讲和。答里台斡赤斤、脱斡邻勒、塔孩忽剌海等原来就是铁木真的同族人,这时则动摇于王汗与铁木真之间,他们也对王汗不满。铁木真的使者速客该者温乘机进行活动,暗中与他们联系,准备杀死王汗,自成体系。他们约定:“我们去突袭王汗,自己当君主;既不与王汗合在一起,也不与铁木真在一起,不去管他们。”不幸他们的计划被发现了,王汗就派军队讨伐,将他们洗劫一空。札木合、阿勒坛、忽察儿以及塔塔儿部的忽秃帖木儿等就投奔了乃蛮部的太阳汗。铁木真的叔父答里台斡赤斤和一个尼伦部落以及克烈部的分支撒合亦惕部,以及嫩真部则投奔到铁木真帐下。桑昆与其父亲王汗之间的矛盾也就日益加深了。

铁木真派出的求和使者虽然没有立即与王汗达成讲和的协议,但使者的几分话语却发挥了巨大的威力,它相当于铁木真向王汗集团发动的一场攻心战。拥有大量部众的王汗联盟,由于内部存在着许多利益冲突,经不住铁木真的政治攻势,转眼之间就四分五裂了。这是铁木真外交政策的一次重大胜利。它为铁木真赢得了政治上的主动和整军备战的时机。

1203 年夏,铁木真为了以防桑昆再次实行突然袭击,被迫将营地向呼伦湖的班朱尼小湖边转移。当他后退时,大部分军队也离开了他。这时,铁木真的处境仍然十分困难,一路上队伍失散、减员比较严重,一些主要将领就负责照顾其他部队或充当后哨、收容队,同他一起来到班朱尼湖的各级首领只有十九人,见于历史记载的有术赤台、速不台、札八儿火者、塔孩拔都儿、怀都(速哥)、绍古儿、阿尤鲁、雪里颜那颜、孛图(孛徒)、耶律阿海、耶律秃花、镇海以及铁木真的二弟合撒儿等。

当王汗袭击铁木真时合撒儿曾落在后面,而王汗的军队又洗劫了他的帐庐、马群和牲畜,他带着有限的人逃走,一路上吃着死兽,最终与铁木真他们相会。兰真沙陀之战,不仅使铁木真的人马大受损失,而且使铁木真兄弟离散,铁木真、合撒儿等都吃了不少苦头。

亲兄弟在患难中相聚,铁木真自然是喜不自胜。他本来想举行一次丰盛的宴会,欢迎合撒儿的归来。但军中既无酒肉,又无粮食,前些天猎获的野兽也都吃完了。荒野茫茫,到哪里去寻找食物呢?忽然,一匹野马从草原上跑来。合撒儿跳起身来,骑马追了过去,一箭射中了那匹飞奔的野马。铁木真就命令手下的军士们剥下野马皮,涂泥当釜(锅),击石取火,用湖水煮野马肉为食。吃完之后,铁木真双手捧起湖水,一饮而尽。其他十九名首领,也按部就班喝了几口河水。铁木真以河水当酒,捶胸举手,对天发誓说:“使我克定大业,当与诸人同甘苦,苟渝此言,有如河水。”众将深受感动,同时流下了热泪。十九位首领共饮班朱尼河水成为铁木真创业史上的一段佳话。有人称班朱尼湖为黑河,因此又称为“饮黑河水”。饮过班朱尼河水的十九名首领最后都成为功臣，受到成吉思汗及其子孙的礼遇和崇敬。这里所崇敬的是一种不畏艰险、失败了再干的团结奋斗精神，也反映了铁木真对创业人才的高度重视。

铁木真等人饮班朱尼河水时，豁鲁剌思部的搠斡思察罕率部也来到这一带，不曾厮杀，便投降了。他们主动投靠了铁木真。而此时花剌子模商人阿三（哈撒纳），也在这时来到班朱尼湖。他骑着一匹白色的骆驼，驱赶着上千只羯羊，从汪古部顺额尔古纳河而来，心理打算用羊群换取貂鼠、青鼠。铁木真邀请他吃了一点野马肉，同饮班朱尼湖水。阿三为铁木真等人艰苦创业的精神所感动，于是决定弃商从军，帮助铁木真争夺天下。他用自己的一千只羊犒军，使吃尽了苦头的铁木真的军队得到了丰盛的食物，以后阿三就成为有名的功臣，在铁木真西征时阿三父子发挥了独特的重大作用。

第十八章　一代天骄成吉思汗 不计前嫌赢得良才

1203年秋，铁木真的属民、百姓落绎不绝地集结到呼伦贝尔草原，军事力量迅速得到恢复。当时，克烈部与蒙古处于不战不和状态，铁木真认识到求和无望，决定对王汗实行突然袭击。他派合撒儿的两个亲信做使者，表面上合撒儿想投降王汗，实际上是去刺探军情，了解王汗的动向。这两个使者是哈柳答儿和兀良哈人察忽儿罕。两位使者代表合撒儿对王汗说："本来我希望寻找我的兄长，但一直没有见到他的形影。我虽然沿路询问，但还是未能得其踪迹。我登高而呼，始终也没有听到他的回声。时至今日，我还无家可归，只好以木叶为帐，仰望星辰，枕土石而卧，终夕不寐。我妻子如今被掠到父汗处，假如父汗能派心腹与我盟誓，我一定归附父汗，为父汗效力。"

其实，王汗并没有作战的准备，而是在安排撒金褐子帐，准备大摆宴席，饮马潼庆祝胜利。他听说合撒儿希望投靠他，惊喜之余，热情地接待了合撒儿的使者，并在泡胶水用的角上滴了几滴血，让他们送给合撒儿作为誓盟，因为蒙古人有互相沥血立誓的习惯。他同时派自己的亲信亦秃儿干与合撒儿的使者同行，向合撒儿约定的约会地点怯绿连河边的阿儿合勒苟吉之地走去。

当铁木真送走两位使者后，马上派术赤台、阿儿孩二人为先锋，将军队埋伏在阿儿合勒苟吉附近。当日铁木真正从那方面带着军队向王汗进军。哈柳答儿的视线突然盯在了铁木真的大旗上。他怕亦秃儿干发觉大旗后逃走，因为他骑的是匹好马。他立即下马，借口马蹄里嵌进了石头，马跛足难行，将马的前腿举起，让亦秃儿干下马，向他说道："你来抓住马的前腿，让我把马蹄弄干净吧！"亦秃儿干抓住了马的前腿，哈柳答儿为马蹄除了几次石头，而让亦秃儿干不得空闲。不一会儿，察忽儿罕从后面赶来，拔弓搭箭，直接射中了亦秃儿干的金鞍黑马，黑马负痛坐在地上，他们这才捉住了亦秃儿干，一直将他送到铁木真帐前。铁木真对亦秃儿干根本不予理睬，命令将他押到合撒儿处，合撒儿也二话没说，当场就把他斩首了。

哈柳答儿、察忽儿罕向铁木真如实地汇报了王汗的动向，铁木真立即"派那两个使者走在前面做向导"，命令术赤台、阿儿孩率部队出发，从将领到士兵，每人都带两三匹战马，换骑而驰，加速前进，连夜进袭王汗的金帐，利用他大摆宴席时，杀他个措手不及。

铁木真军队连夜不停地驱马前行，一直到了名叫者只儿温都儿的地方，出其不意地包围了王汗的金帐。克烈部毕竟是一个大部，铁木真的突然袭击并没有一下子把他们彻底打垮，克烈部的各个部族各自为战，竟然坚持了三天三夜，最后才被迫投降了。

而王汗和他儿子桑昆却在混战不知何时逃走了，早已不知去向。王汗的骁将合答黑巴特儿，是只儿斤氏的有名勇士，在三天的战斗中他一直在最激烈的地方冲杀，因为他有意安排王汗父子脱离了险境，最后才带只儿斤氏投降了铁木真。他一见铁木真就如实说出了自己的心里的想法："我之所以力战三日而不屈，只是不忍心看着王汗被捉而被杀，才使他有机会逃命远走。现在，他们已经跑得很远了，我才敢来见可汗。"铁木真十分欣赏合答黑的忠勇诚实，称赞他是好男子、英雄汉，说："不肯弃他主人，使其逃命走得远些，独与我厮杀，岂不是丈夫？可以做伴来。"于是不仅赐他不死，还任命他为百户官。

为了酬报已经过世的畏答儿的功劳，铁木真命令合答黑隶属于畏答儿寡妻孤子麾下效力。规定只儿斤氏的百名勇士要充当畏答儿家的世袭奴隶，其生子也要子子辈辈为畏答儿的子孙效劳。其生女也不能自由出嫁，而要在畏答儿妻子前后当奴婢。因此，铁木真特地发布了一道恩旨："以忽亦勒答儿（畏答儿）之功，直至忽亦勒答儿子孙之子孙，当受孤子之俸也！"

为了预防克烈部死灰复燃、东山再起，铁木真将克烈部的属民百姓分别赏赐给各级将领。孙勒都氏的塔孩巴特儿曾奉命救援过王汗，后来也就留在了王汗身边。但他一直没有背叛铁木真，当他参与速格该者温袭杀王汗的行动失败后，马上投奔了铁木真。铁木真为了表彰他的忠心与功劳，也赏给他一百名只儿斤氏人。

就在这个时候，王汗的弟弟札合敢不也来投靠铁木真。札合敢不曾与铁木真结为义兄弟，后来又因反对王汗逃往乃蛮，王汗被打败后他才来投奔，正好说明他一直站在铁木真一边。为此，铁木真与他亲上加亲，将其大女儿亦巴合别乞收为自己的夫人，将其二女儿必克秃忒迷失旭真聘为长子术赤的妻子，其三女儿莎儿合黑塔尼则聘给了四子拖雷，她也就是建立元朝的忽必烈的生身之母。从此札合敢不成为铁本真的外戚，铁木真不仅不夺取他的私属百姓，反而将他当做一个重要的依靠力量，札合敢不因此也受到了高度重视。

铁木真之所以能战胜强大的克烈部，在王汗的突然袭击下也能转危为安，这与两个牧马人及时送来情报有直接的关系。为了酬报这两个牧马人巴歹、乞失里黑，铁木真特地降旨"允许他二人带弓矢在可汗大帐内自由出入，既可以用高贵的酒具喝酒饮宴，在汗廷也受到贵族的待遇，直至其子孙之子孙都可以成为自由自在的人。在征伐敌人时，允许他们随意拿取战利品；在猎杀野兽时，允许他们任意取其所杀猎物。”为了引起人们的重视，铁木真还发下一道恩旨：“以巴歹、乞失里黑二人有拯命之功，故获长生天之佑护，竟屈客列亦惕百姓，而至此高位矣。久后我子孙之子孙，居我位者，当代代省此等有功者。”要求自己的即位人世世代代都要照顾这些有功的人们。

对其他克烈部的属民百姓，铁木真也依次进行了分配，分配给那些没有或缺少属民百姓的人。从此，克烈部就被彻底消灭了，克烈部的属民百姓也因此变成了蒙古部的部落奴隶。

王汗、桑昆突围逃走之后，王汗一路上唉声叹气后悔不已，对跟随自己的人说：“我离开了我所不该疏远的人呢，还是离开了本该疏远的人呢？举目无亲、袭击、悲痛、苦难、流离失所、无依无靠，这些都是脸上长肿疱的那人造下的孽才使我遭受到的！”王汗的此话是暗指桑昆而说的，当时，桑昆的脸上和面颊上都长着肿疱，由于他愤怒已极，才这样地提到他，而不称呼他的名字。

桑昆不理王汗，只顾伏在马背上赶路。他们到达乃蛮部的边界，那里有一条小河，这是克烈部与乃蛮部的界河。王汗饥渴难忍，桑昆又不主动照顾，王汗只好自己去找水喝。乃蛮的边将豁里速别赤和帖迪克沙勒正在那里巡哨，豁里速别赤捉住了王汗，王汗对他说：“我王汗也。”豁里速别赤既不认识王汗，也不相信他的话，于是便把他杀死了。

当时桑昆没有到那条小河边去，而是去旷野寻找水源。他看到了一匹被蝇虻叮咬的野马，正摇头摆尾，又跳又叫。桑昆身边只有掌马官阔阔出和他的妻子。阔阔出感到桑昆已到了穷途末路，不愿再替他卖命了。就在桑昆将他的马交给自己时，骑上马就要往回跑。阔阔出的妻子却是个讲义气的人，不满意阔阔出的这个背叛行为，大声斥责说：“主人让你穿金衣，食甘脂时，你常常说你阔阔出如何如何。如今正当急难之际，你为什么却背主逃跑呢？”于是她拒绝跟阔阔出一起逃走。阔阔出恼羞成怒，出言不逊地骂道：“你不跟我走，是不是想嫁给桑昆呢？”

阔阔出的妻子此刻满脸飞红，气愤地说：“人们都说妇人的脸皮像狗皮那样厚，但我不是那种人。你要离开主人逃跑，请把那个金盂给桑昆留下，让他自己找水喝。”阔阔出把金盂扔在了地上，带着妻子投奔了铁木真。

阔阔出见到铁木真后，叙述了他们与桑昆一路逃跑的状况，并说他怎样对桑昆不满，怎样不顾妻子的劝阻，离开了桑昆，弃暗投明。铁木真不仅不欣赏他的行为，反而大发雷霆，骂道：“你原来是背叛本主的人！像你这种人能和谁交朋友呢？谁还能相信你呢？”于是下令赏赐阔阔出的妻子，而对阔阔出则“斩而弃之”。

王汗被杀了，掌马官逃跑了，桑昆为了不做乃蛮边将的刀下亡魂，只好继续逃命。后来，他经过西夏边界的亦集乃城，逃到波黎吐蕃部。他抢劫了那些地区的一部分地方，在那里住了一段时期，大肆蹂躏。当地人恨透了这个外地来的强盗，集合起来，将他包围在一个地方，要抓住他。但他战败后安全地从那里逃脱。最后一直逃到忽炭和可失哈儿境内，逃到今库车一带。那里的居民也不欢迎他，一个部落酋长乞里赤合剌下令将他捉住并杀死了。后来，这个酋长将他擒获的桑昆的妻子和儿子送到了铁木真处，他自己也归顺了成吉思汗。

王汗父子的战亡对于铁木真来说是一次最大的胜利，从此，在蒙古草原，铁木真已是三分天下有其二，基本上奠定了“帝业”。

蒙古美丽、辽阔的大草原养育了铁木真。在这美丽、辽阔的土地上，铁木真自幼深受亲人和伙伴的爱戴与帮助，他与敌人殊死搏斗，与亲人相依为命，养成了他爱憎分明、坚忍不拔、淳朴自然的性格。他本是大草原的儿子，血液里流淌着与大草原合一的质朴品质。他对亲人、友伴和大自然充满了热爱，加之那些苦难的经历，更让他的生命中洋溢出不屈的血性和蓬勃的生机。

伴随着挥汗如雨的痛苦，伴随着夜以继日的征战，伴随着搏击风雨的考验和风险，雏鹰终于可以展翅，在蔚蓝的草原高空中翱翔了。经过三十多年的历练，四十四岁的铁木真终于迎来了人生的又一个巅峰，成为大漠草原上的“成吉思汗”。

公元1206年春天，成吉思汗在斡难河之源召集“忽里勒台”大会，正式称汗，并得到蒙古各部落的承认。在蒙古语中，“忽里勒台”是“盛大聚会”的意思。他命手下在大帐前树起九族白旗，作为新诞生的蒙古帝国的国旗，这时候，铁木真才成为真正意义上的“成吉思汗”，成为蒙古各部落的大汗。“成吉思”是“大海”的意思，颂扬他像浩瀚无边的大海一样伟大。“汗”是“皇帝”的意思。铁木真成为草原人公认的“成吉思汗”，人们尊敬他有大海一样宽广的胸怀，人们推举他为草原的皇帝。他是“伟大的王者”，“强大无敌的可汗”，“拥有四海的汗”。

一个将士，只需要骁勇善战；一代英主，则需要旷世胸怀。成吉思汗从率领一个部族的乞颜可汗成为要统领千军万马的大汗，他的指挥和领导潜力得到了最高限度的发挥。强调绝对的忠诚，他建构了神勇无敌的常胜之师；坚持用人唯贤的原则，他赢得了四方英豪的倾心辅佐；多谋善断、赏罚分明，他的军队具有超强的凝聚力；恩怨分明、打击敌人，他让仇人闻风丧胆、胆战心惊。他是蒙古人心中胸如瀚海的“大汗”，他是光耀史册、举世无双的“一代天骄”。

成吉思汗论功行赏，大封开国功臣。每封一人，他都要先充分赞扬和肯定此人的卓越功绩和不朽贡献。各位功臣都被一种强烈的荣誉感激励着，对成吉思汗的赏罚分明异常佩服。成吉思汗对博尔术的赞扬最为动人，他从两人幼年的经历说起，回顾博尔术帮助他追回被盗之马，当时非常年轻的博尔术同他一见如故，挺身而出，弃马群于郊外，舍父亲于家中，伴他去追回马匹。成吉思汗历数了博尔术自帮助他追回被盗之马以来忠心耿耿为他效力的功绩。

成吉思汗对手下有情有义，才获得他们的忠心拥戴。木华黎、博尔术撑着毛毡站在雪地里为他挡寒。者勒蔑在他受伤昏迷时为他吸吮伤口淤血，光着身子到敌营盗取马奶。神箭手哲别曾经是他的敌人，而他看中了哲别的能力，俘虏后加爵厚待，后者也是誓死效忠。即使在今天，这些事迹也算得上是可歌可泣了。

如果说成吉思汗是头凶暴的老虎，那他的将士就是虎翼。他对于手下将士极为慷慨，其至把整座城市，整个部落赐予有功之臣。作为一个小小的仅一百多万人民的蒙古族，能够征服亚欧大陆的绝大部分地区，这与成吉思汗爱护士兵子民是分不开的，也与他和士兵团结一心是分不开的。成吉思汗对自己的士兵爱惜有加，他立下军令：战场上不能遗弃伤员，一旦有伤员被遗弃，该伤员所在百人队官兵全部处死刑！为了避免军队出现伤亡，成吉思汗从来不打硬仗，善对敌人进行迂回作战，发挥骑兵的优势，进行闪击、奇袭，用自己最小的损失，给敌人最大的打击。

成吉思汗是一个军事天才，但他不傲慢，特别注意通过其亲信、近侍经常调查了解部属的情况，做到心中有数，以便处理好内部的各种关系和问题。成吉思汗自从称汗以来的种种英明果断的举动得到了人们的衷心拥戴，这种衷心拥戴甚至是到了疯狂的程度。在过去追随主儿勤部的人们中，有一位札剌亦儿部勇士名叫古温兀阿。后来，他带着他的两个儿子木华黎和不合来投奔成吉思汗。同时，古温兀阿的两个弟弟赤剌温孩亦赤和者卜客也来投于成吉思汗麾下。古温兀阿这一家可说是英雄之家，他们都心甘情愿前来为成吉思汗效劳。特别是木华黎，他后来为成吉思汗征服了中原北部。者卜客从主儿勤营中带来了一个被抛弃的小男孩，名叫孛罗忽勒。他把这个小男孩作为礼物献给诃额仑，诃额仑收养了孛罗忽勒。这样，高尚的诃额仑就在战争期间由于偶然的机会共得到了四个养子，他们是：曲出（得自蔑儿乞都）、阔阔出（得自泰赤乌部属下之别速惕部）、失吉忽秃忽（得自塔塔儿部）、孛罗忽勒（得自主儿勤部）。成吉思汗有意把曲出、阔阔出、失吉忽秃忽、孛罗忽勒等幼儿从小交给母亲诃额仑抚养，以让他们长大起来充当"白天的眼睛，夜里的耳朵"。果然，诃额仑的这四个养子后来都成了世界征服者成吉思汗的最忠诚的伙伴之一。

成吉思汗非常爱惜跟随自己征战的兵士，在率领蒙古大军作战时，他尽量充分地调查和了解敌情，为此他还经常派出大批哨兵探听敌情，并布置哨望岗监视敌军的动向，以严防敌军突然袭击，尽量少让自己的部下流血和伤亡。

成吉思汗对待降将，即使是曾经伤害过自己的人，也是诚心相对，发掘他的潜能，为我所用，并且做到知人善任、用人不疑。

1202 年，成吉思汗追击泰赤乌部，在斡难河畔与泰赤乌部展开激战。在战斗中成吉思汗的颈部被泰赤乌部将领只儿豁阿歹射伤，流血不止，后来经过其亲信者勒蔑的努力抢救才得以脱离死亡的危险。战斗结束后，泰赤乌部被完全歼灭，只儿豁阿歹也同时被俘。成吉思汗讯问俘虏："刚才在战斗中，从山岭上用箭射伤我的人是谁？"只儿豁阿歹大义凛然，直言不讳地说："射箭的人就是我。现在可汗您可以将我处死，不过，杀死了我，也不能对您的疗伤有多大的帮助，倘若可汗饶恕我，我愿为您效命。我为您一马当先，横断黑水，粉碎岩石；横断深渊，粉碎坚石；您叫我到哪里，我就到哪里，去粉碎坚石，去挖取人心！"这个回答使成吉思汗十分赞赏，他说："凡敌人做了害人的事，多数隐瞒不露，你如今坦白相告，就足以证明你可以成为我忠实的朋友。"成吉思汗拍了拍只儿豁阿歹的肩膀说："你是一名真正的勇士，我本来要杀死我的仇人报仇，但是我不会杀死一名真正的壮士。现在，我希望你成为我的哲别，我希望你像我跟前的哲别一样保护我。"在蒙古语中，"哲别"的意思是"箭镞"。成吉思汗不计前嫌，大胆任用只儿豁阿歹，从此之后，这个青年勇士将以崭新的名字永垂蒙古征战史上。

第十九章 重情重义一生英勇 草原霸主迎日而生

成吉思汗在对待将士的用人策略中展示了自己的大度和英明，在对待家庭成员的态度中，则表现了他重情重义，却又恩怨分明、很有主见的一面。他对父亲的尊敬和依赖深深地融入了他的性格和行为，他为父报仇、为族雪耻的坚决支持着他打败了塔塔儿；他对母亲的尊重和孝顺为他的几次人生转折赢得了转机，在母亲的点拨下他在妻子被掳时保持清醒和慎重，在与札木合不合时果断离开，在与合撒儿不合时网开一面；他对叔父也极为容忍，虽然叔父出尔反尔，有过背叛，但是他依然放了他一条生路；他对妻子给予尊重和爱护，妻子被掳为奴，儿子争议不断，他却能包容接受，对儿子百般疼爱。成吉思汗的亲情如同火一样浓烈，伴随着他至情至性的一生。但是，当这一把火被别人利用，或者因为自己的内心不平衡的时候，就烧伤了别人，也灼伤了自己。他儿时的杀兄和后来对合撒儿的差点痛下杀手，都是他的亲情失控的表现。

无论是在幼年时期，还是在成为帝王之后，成吉思汗对于自己的亲人伙伴都怀有深深的感情。他知道这些人是最为诚实可靠的，正是他们的帮助成就了自己雄霸天下的梦想，正是他们提供了自己所依托的中坚力量和精神食粮。

也速该英年早逝，他高大的英雄形象永远铭刻在了成吉思汗的心中，继承光大父亲的遗业成了成吉思汗的不懈意念，为父亲复仇，成为成吉思汗长期不懈、艰苦奋斗的强大精神支柱，也造就了他忍辱负重、百折不挠的坚韧性格。每当最困难的时候，成吉思汗总是以父亲为榜样，咬紧牙关，渡过困难。

成吉思汗长大成年，日益壮大，最终打败了残害也速该的塔塔儿部。他召集宗亲议定，将稍稍成长的塔塔儿部男子全部杀光。在这缺乏人性的一面里，恰恰折射出成吉思汗感情中最诚挚的一面，他正是因为对父亲的爱之切，才产生了对塔塔儿人的恨之深。在父亲也速该死后三十多年，成吉思汗早已长大成人，他对父亲的感情依然没有淡漠。

对成吉思汗影响一生的另一个人是他的母亲诃额仑。在父亲遇害后的日子里，成吉思汗只能和母亲相依为命。他从小就目睹了母亲穿着破旧的羊皮，在斡难河畔采拾野果，采摘野葱，掘取草根，艰难地养活他和几个兄弟姐妹。苦难的生活使成吉思汗早熟起来,他深切地感受到了母亲对他的深情与养育之恩,稍稍长大一点儿,他就和弟弟们射猎捕鱼,以减轻母亲的负担,帮助母亲维持全家的生活。童年的日子虽然艰辛清苦,却让成吉思汗感受到了真挚的人间亲情。

成吉思汗对母亲是非常关心和尊重的。有一次,仇敌蔑儿乞人突然来袭,成吉思汗立即与弟弟牵来马匹,护送母亲骑战马迅速逃离,等母亲进入不儿罕山的森林,看不见人影的时候,他才最后逃走。成吉思汗投靠札木合后,住在札木合的草原上,他时时担心自己不在身边,母亲会有很多困难,不久就把母亲和弟弟们接了过去。成吉思汗与札木合出现矛盾的时候,他首先征求母亲的意见,遵从母亲的教导后,从札木合的牧地搬走,保住了自己的性命。后来,母亲渐渐地衰老了,经常感到很寂寞,成吉思汗就将从敌营中拾得的四个孩子,交给母亲抚养。在母亲的教导下,这四个孩子都长大成才。1206 年蒙古建国后,成吉思汗首先封给母亲、弟弟帖木格两人各一万户百姓,并委派曲出等四人为辅弼大臣,帮助母亲进行管理。在别人的挑拨之下,成吉思汗与弟弟合撒儿发生了矛盾,成吉思汗害怕合撒儿篡夺权位,逮捕了合撒儿。母亲得知这个消息,立即赶到,斥责成吉思汗不顾兄弟手足之情。成吉思汗赶紧道歉,释放了合撒儿,不再听信他人的挑唆。

成吉思汗对待自己的亲属完全出于真诚的爱:是父亲对儿子的宽容,是丈夫对妻子的关心,是兄长对弟弟的谅解。面对亲人所犯的错误,只要是在最低限可以容忍的程度,成吉思汗都可以原谅。比如 1202 年,成吉思汗的叔父答里台·斡惕赤斤跟从成吉思汗出征塔塔儿部时,与蒙古贵族阿勒坛、忽察儿等人勾结,不遵成吉思汗的军令,为了自己的私利,到处杀人,任意掠夺战利品,造成恶劣的政治影响。成吉思汗下令夺回他们所夺取的战利品,并且当着部众的面,鞭笞答里台·斡惕赤斤。答里台·斡惕赤斤很是不服:"我是你叔父,你怎么能仅凭掳掠财物这样的小事就鞭打我?"成吉思汗回答道:"你虽然是我叔父,但是我却是你的可汗!"并下令把答里台·斡惕赤斤驱逐出帐。这样,成吉思汗为了恢复军令的尊严,只好暂时割舍亲情。但是无论是阿勒坛、忽察儿,还是答里台·斡惕赤斤,都觉得自己的自尊心受到了伤害,为此,答里台·斡惕赤斤背叛成吉思汗,投靠了王汗。由于没能宽容,一时之间失去了重要的支持力量,这也是成吉思汗不愿意看到的。

1203 年夏,面对克烈部王汗即将被击灭的大局已定,答里台·斡惕赤斤又厚着脸皮从王汗处投奔成吉思汗。成吉思汗生平最痛恨不忠不义的叛徒,但当时形势所迫,还是答应了叔父的投降。当他建国后,成吉思汗想把答里台·斡惕赤斤流放到偏远的地方,以惩罚答里台·斡惕赤斤的背叛行为。他的三员大将博尔术、木华黎、失吉忽秃忽动谏道:"大汗,您这样做如同自灭灶火，自毁其家。您的上辈亲人仅剩下叔父了，怎么能忍心将他抛弃呢？他这个人曾经是做过对不起您的事情，但您大人有大量，就让他住在您父亲幼时所居的营地上升起灶火吧。”过了好几年，由于他的胸怀大度，所以他接受了博尔术、木华黎等人的建议，最终赦免了答里台·斡惕赤斤。

对于妻子，成吉思汗从不苛求，以博大的心胸来爱护她。公元1179年，也就是成吉思汗与妻子孛儿帖新婚不久，蔑儿乞人来袭，成吉思汗为了护送母亲逃入不儿罕山里，将坐骑让给母亲骑，而孛儿帖因无马可骑，不幸被蔑儿乞人掳去。根据草原上的风俗，凡是抢来的女人都要做胜利者的奴隶，所以孛儿帖被迫做了蔑儿乞人赤勒格儿孛阔的女奴。第二年，即公元1180年孛儿贴被救回后，生下了术赤。成吉思汗从心里能体谅妻子所受的委屈，并没有因此而亏待她。1207年，他命令术赤统率右翼军数万北征森林狩猎部落；1211年，他命令术赤与察合台、窝阔台共同率右翼军攻掠太行山；1217年，他命令术赤统率右翼军数万再次北征森林狩猎部落；1279年春西征前夕，他听从也遂皇后的劝告选立继位人时，首先征询术赤的意见；1219年秋，他命令术赤统率右翼军攻打锡尔河下游诸城；1221年，他命令术赤与察合台、窝阔台共同率军攻打玉龙杰赤城。战争结束之后，成吉思汗为了奖赏术赤的军功，把也儿的石河（今额尔齐斯河）以西，直到蒙古军铁蹄所踏到的西面广大土地全部分封给他。此后，术赤的后裔遂统治着无比辽阔的钦察汗国。成吉思汗始终把术赤当做自己的长子看待，授予其重要兵权，分封其重要封国，可见其性格之豁达。

合撒儿是成吉思汗情同手足的亲弟弟。在对待这位很有可能危及自己汗权的二弟时，成吉思汗的处理也颇为谨慎，却表现出了更为强势的一面。

合撒儿与成吉思汗是一母所生，自幼患难与共、征战沙场。合撒儿长得魁伟强壮，力大善射，他随同成吉思汗东征西战数年，立下了汗马功劳。成吉思汗曾说：“有合撒儿之射，别勒古台之力，此朕之所以得天下也。”由于战功赫赫，又是成吉思汗的亲弟弟，合撒儿在蒙古人中的声望日益见盛，地位也相当高。

这引起了成吉思汗的注意，一些别有用心的人也开始从中作梗。巴牙惕部的一位贤明老人说，合撒儿、札木合、撒察儿别乞等人是与成吉思汗争夺汗位的野心家。

蒙古地区生产落后，民风淳朴，宗教信仰极为盛行。宗教不但在牧民的日常生活中占有重要地位，其在国家统治中也是很重要的一方面。成吉思汗十分重视宗教的教化作用，宠爱一个名叫阔阔出的萨满教领袖。阔阔出与成吉思汗的弟弟合撒儿因为争夺财产而不合，他想借成吉思汗之手除掉合撒儿，就四处宣扬合撒儿应与成吉思汗分享治国之权，说：“长生天有旨，一次命成吉思汗执掌国政，一次命合撒儿执掌国政。”他提醒成吉思汗，如果不及早对合撒儿下手，今后事情的发展会怎样就很难说了，这引起了成吉思汗的极度警惕。

1206年蒙古建国后，成吉思汗分封诸王，他有意地压制合撒儿，仅封给四千户，而当时成吉思汗诸子受封多达万余户。太后诃额仑曾对此很不满意，合撒儿作为成吉思汗的长弟，与成吉思汗同甘共苦，共成大业，功劳显赫却受如此待遇，心里也颇有意见。

面对力大善射、功高望重的合撒儿有可能危及汗位的形势，成吉思汗一方面必须加以防范，另一方面又需要顾及兄弟手足之情。受到阔阔出的几次蓄意挑拨之后，成吉思汗打算狠狠地惩罚合撒儿，他派亲信部队亲自将合撒儿逮捕，并加以严刑审讯。母亲诃额仑知道这件事后，害怕成吉思汗会残忍地杀害合撒儿，于是连夜赶来，对成吉思汗进行愤怒的斥责。诃额仑讲起当年母子几人共同流浪的往事，她捶胸顿足，双手托胸说：“你与合撒儿是一奶同胞，是亲兄弟，如果你要杀死你的弟弟，你就先把这个养他长大的乳房割掉吧！”成吉思汗立即冷静了下来，对母后道歉，并把合撒儿释放了。其实成吉思汗是一个十分重情谊的人，他本来也无心杀死合撒儿，只是对他进行警告而已。此后，为了防止合撒儿危及汗位，成吉思汗进一步采取策略，暗中夺取了合撒儿的大部分封民，仅给他保留了一千多户封民。这样，成吉思汗既顾及了兄弟手足之情，又抑制了合撒儿篡夺汗位的野心，防止了对自己的危害。直到合撒儿去世，其封民封地都被保留了下来，并由其子孙来继承。

阔阔出陷害忠臣，挑拨大汗和兄弟的关系，引起了成吉思汗的气愤。他决定处理阔阔出，但是因为阔阔出是萨满教领袖，所以必须非常谨慎。阔阔出的父亲蒙力克早年曾对成吉思汗全家有抚育救助之恩，成吉思汗念及旧情，只处死首恶阔阔出一人，没有追究蒙力克的责任。为了使萨满教为大汗服务，成吉思汗委派亲信兀孙老人做萨满教首领，这样，既瓦解了危害汗权的阔阔出集团，又拉拢了教派势力，巩固了皇权。后来，阔阔出的兄弟脱栾仍然受到成吉思汗的重用，脱栾担任成吉思汗的近侍官，在征伐金国、花剌子模的战争中屡建功勋，发挥了重大作用。可以说，成吉思汗没有对争权夺利的阴谋集团进行满门抄斩、诛灭九族是非常开明的，这一点为刘邦、朱元璋等中原帝王所不及。如果他当初将阔阔出全家斩首的话，也就不会有后来的大将脱栾了。

正是因为成吉思汗对待将士如同手足，对待亲人至情至性，所以他的人格魅力焕发着英雄的光辉。他得到了将士的支持和帮助，得到了亲人的关怀和拥护，并预防了成为大汗后的兄弟反目和自相残杀，从整体上保持了部族的实力,形成了一股势不可挡强势力量。有了将士和亲人的帮助,成吉思汗的军队便具有了超强的战斗力,像雄鹰一样在草原上空翱翔。

合一的编户制度,各级十户长、百户长、千户长由相应的贵族或者建立军功者担任。编户平时放牧生产,战争时候就是一个军事单位,出征作战。成吉思汗还选拔贵族子弟和身强体壮者组成护卫军,作为自己的贴身亲军,由成吉思汗亲自统率。这些贴身护卫被称为怯薛,是蒙古军队的精华,平时负责成吉思汗的警卫工作,征战时期则负责攻坚克难,所向无敌、战无不胜。这样蒙古建立了统一的军事组织,有了一套统一管理、统一行动的机制,力量大大增强。

成吉思汗还向西部边界增派侦察小分队,加强警戒,同时加强情报工作,防止太阳汗突然发动进攻。当成吉思汗的部队与太阳汗的军队逐渐靠近两军对垒时,成吉思汗的部将朵歹扯儿建议实施疑兵之计,迷惑太阳汗,然后乘乱进攻厮杀。对蒙古军队来说,现在不宜马上与敌交战,而应想办法避免与敌交战,最好的办法是用疑兵之计,阻敌提早发动进攻。因为眼下最要紧的是抓紧战前短暂的时间,休整人马,恢复体力,准备战斗。成吉思汗下令依计行事,迷惑敌军。

蒙古军故意挑选了一匹瘦马,把它放跑到乃蛮军中。战马上披有华丽的装饰,显示出这是一名将军的坐骑。乃蛮人看到蒙古将军的战马竟然如此之瘦,其军事装备必定十分简陋,轻视之心大增,一向骄傲的太阳汗更加不把成吉思汗放在眼里,叫嚣要亲自屠戮成吉思汗。

兵不厌诈。成吉思汗一面向敌人示弱,一面又制造兵多将广的假相,让敌人摸不清头脑。为了壮大声势,成吉思汗命令手下四处出击,组织了几百人的小队伍四处放火,在黑夜中令每个人到处点火。一时间四处战火通红,太阳汗的哨兵一看敌人突然间大量增多,连忙报告,说蒙古人数众多,整个萨里川都布满了。太阳汗听后如同头上泼了一盆冷水,心里开始忐忑不安。

成吉思汗与诸将约定,这次进攻乃蛮军队,要求全军分进合击,机动灵活,从四面八方对敌进行包围;先头突击部队轮番冲击敌阵,达成突破后,长驱直入,直取敌军中军,全面冲垮敌军队形,里应外合,进行剿杀。成吉思汗这次运用的新战术确实势不可挡,太阳汗的将士马上就领略到了这种战术的厉害。蒙古人因为组织得力,很快就冲乱了乃蛮人的军阵。太阳汗看到如狼似虎的蒙古士兵不由得心惊胆战,带着手下不断向山顶上撤退。

在十三翼战争中战败后投靠了太阳汗的札木合,就像上次在哈兰真沙陀之战前给王汗、桑昆帮倒忙一样,也给太阳汗帮倒忙。当蒙古军队排成进攻队形浩浩荡荡地冲杀过来时,他在本来就软弱动摇的太阳汗面前,极尽夸张之能事,逞敌人的威风,灭自己的志气。这更令太阳汗六神无主。札木合看到太阳汗懦弱无能，乃蛮必败，没有加入战斗，而是领着人先走了。

经过一天激烈的战斗，乃蛮军队大败。最后太阳汗伤重而死，他的妃子古儿别速被活捉，成了成吉思汗的妃子。乃蛮人和其他一些部族大部分投降，只有太阳汗之子屈出律带领少数人马逃走。

从此，成吉思汗已经成了草原的实际统治者，再也没有其他的部落可以同他抗衡。虽然还有一些剩余的部落没有归附，但这些已经无关大局了，成吉思汗终于成为草原的霸主！

第二十章 铁血手腕除掉外敌 谨慎过度反成疑心

中国古代的兵法讲究的是"穷寇莫追",成吉思汗却恰恰相反。对于敌人,他如果不完全消灭,是绝对不罢手的。在他的狂追之下,一个个夙敌倒下,一片片疆土被开拓出来。其实,这正是成吉思汗的高明之处。他的这种战略是最适应草原战争的战略。草原民族如星星之火,只要留下火种,就会重新燃起。成吉思汗采用了除恶务尽的做法,使蒙古族成了大草原的终结者。13世纪以后,除了蒙古族,东亚大草原上就再也没有强大的民族崛起了。

消灭对手是保护自己的最佳手段。在成吉思汗面前,没有一个敌人能够逃脱。因为他知道,给敌人多一丝喘息之机,就给自己留下无穷祸患。因此不管敌人逃到哪里,他的大军都会紧追不舍。"对于国家的敌人来说,没有比坟墓更好的地方了。"他的这句名言,显露出了他果断、狠戾的性格特点。正是这种性格,给他的对手以及很多地区的百姓带来了灭顶之灾。也是这种性格,帮助他在逆境中崛起,彻底地消灭了一个个强敌,使他在极短的时间内统一了草原,建立了人类历史上最大的帝国。

胆识超群的智者必然不把别人放在眼里,技压群雄的英雄必定会担心别人的觊觎。成吉思汗雄才大略的背后,也展示出了他多疑、猜忌的一面。他能够通过一个小小的表现判断出妃子的心事,消灭他的情敌。然而过犹不及,有时候他过于敏感的嗅觉也会走调,祸及臣民甚至身边亲人。成吉思汗的长子英勇过人,对成吉思汗忠心耿耿,但成吉思汗仍会对他起猜疑之心。有一次术赤受命远征,不料中途生病,在成吉思汗过寿辰的时候没有及时赶回,成吉思汗竟然勃然大怒,以为术赤暗存私心,一怒之下竟然调动大军征讨。术赤闻讯后卸掉武器,一个人骑马前来谢罪,说明真相,成吉思汗才作罢。

成吉思汗打败了塔塔儿部后,俘虏了两个颇有姿色的公主,就把她们占为己有,做了自己的侧妃。在一次喝酒同欢的时候,他发现一个妃子眉目紧缩,面部表情忧郁,心里不仅生起了疑惑。又过了一会儿,成吉思汗听到这名妃子在背后深深叹息了一声,他立即警觉起来,拷问这名妃子为何踌躇叹息。经过详细调查,原来这个妃子早有情郎,并且此时潜伏在成吉思汗军中,想乘机拐走这个女子,只是现在还没有得手。成吉思汗马上命令将这个旧情不忘的男子抓起来，二话未说就将其处死。成吉思汗并没有惩罚他的妃子，反而待她们更好。

成吉思汗不是那种儿女情长的醋坛子，但是同所有的男人一样，他在爱情上具有极强的排他性，具有极为强烈的占有欲。这种嫉妒猜忌的性格在成吉思汗处理对待宫帏事宜中表现得淋漓尽致。

成吉思汗有个宠妃叫忽兰，忽兰相貌生得非同一般，她是成吉思汗的敌对部落领袖答亦儿兀孙的女儿，有着尊贵的身份。答亦儿兀孙被成吉思汗打败后四处逃亡，他厌倦了这种颠沛流离的生活，就想把忽兰献给成吉思汗以换得荣华富贵。在交送女儿的途中，答亦儿兀孙在路上遇到了成吉思汗的一名战将纳牙阿。纳牙阿问明情由后，为表示对成吉思汗的忠心，决定亲自带答亦儿兀孙父女去见成吉思汗。纳牙阿说："现今道路不平，四处盗贼出没，你们父女俩如在路上遇到军队，恐怕会遭难，你女儿会受到污辱。你们留在我这里，由我护送你们去见大汗，岂不是更安全吗？"答亦儿兀孙满口答应。

于是父女俩在纳牙阿的帐幕里住了两天，之后由纳牙阿护送去见成吉思汗。没想到成吉思汗大怒，要杀死纳牙阿，说他不应该将这样美丽的姑娘留在帐幕里过夜。成吉思汗怀疑他占有了这个女子，要对他施以极刑。纳牙阿力辩自己忠心耿耿，没有做对不起大汗的事，忽兰也为他求情，成吉思汗才暂时留下纳牙阿。待与忽兰同床发现她仍是处女后，成吉思汗才将纳牙阿放掉。成吉思汗对忽兰宠爱有加，在远征河中地区、西夏时，竟只有她一人有幸伴驾。至于纳牙阿，成吉思汗则若无其事地对他说："你是我的好兄弟，以后你放心好了，我不会再怀疑你，我们会共享荣华富贵的！"

成吉思汗的谨慎多疑，只要稍有些风吹草动，他都要追根究底。"卧榻之旁，岂容他人安睡"，这不只是体现在成吉思汗对待身边的那些女人身上，对他身边的大臣战将们也是处处小心谨慎，终日惶惶，唯恐一不小心就会出错。在对潜在的敌人的斗争中，成吉思汗绝不允许出半点纰漏。

成吉思汗始终坚信：欲成大事，必须谨慎！他派察合台去镇守中亚之前，成吉思汗让博尔术给察合台传授经验，博尔术说："人经过艰难困苦的斗争才能够获得丰厚的回报、良好的土地，绝对不能安闲自在、逍遥度日，时刻剑在鞘头，准备出击。"成吉思汗连连点头称赞，并嘱咐察合台牢记在心。有一次他的亲信大将哲别追敌获胜，遣人报捷，成吉思汗派人告诫他说："绝对不能因为胜利而骄傲，要知道，王汗、太阳汗等人都是因为骄傲而败亡的。"

有时下臣一些无意的行为表现，成吉思汗会误解为对自己怀有敌意，在没有足够的证据下就怀疑他们背叛自己，对自己进行欺骗、暗算、伤害、耍弄阴谋诡计；有的时候他甚至把一些善意曲解为恶意，作出错误的决定，以致与人隔阂，严重时还会反目成仇。

成吉思汗对自己的儿子也心存戒心。西征的时候，术赤、察合台、窝阔台攻占了花剌子模的首都玉龙杰赤城。三兄弟瓜分了城里的金银珠宝，没有留给父王。班师回国后，成吉思汗恼怒这件事，接连几天不见三个儿子。大将博尔术劝成吉思汗说："出征的目的在于打败敌人，三位王子正是完成了这个任务啊！况且他们是大汗的儿子，把财物交给大汗同交给大汗的儿子，难道有什么区别吗？现在他们做错了事，心里很害怕，以后一定会小心谨慎的，请准许他们谒见罢！"

成吉思汗这才转变态度，命令三个儿子前来认罪，他引述祖言古语，将三人重重责骂了一番。术赤、察合台、窝阔台三人汗流浃背，又是害怕，又是惭愧。只有当儿子们表示"从日出的地方到日落的地方，敌人还很多，我们必定去为父汗平定"时，成吉思汗才怒气平息，原谅了三个儿子。

成吉思汗是一代枭雄，他既有成就大业的气势和气魄，却也有无情多疑的一面。他的宽容和重才使他的军队中人才济济、英才辈出，而他的无情和赶尽杀绝则让他的对手闻风丧胆。他的无情和多疑维护了他的集权和统治，也从不同程度上削弱了他的实力和威信。但是，成吉思汗的雄心和气势为草原人所臣服，他的缺点也瑕不掩瑜，他依然凭借着英勇和强盛的战斗力称霸草原，建造了自己的帝国。

成吉思汗用了二十多年的时间，完成了蒙古的统一，建立了一个真正意义上的国家——蒙古帝国！但是，国家虽然已经建立，要对还未从奴隶社会走出的蒙古人进行封建统治，建立职能完备的封建国家，无疑是个极具挑战性的课题。在成吉思汗之前，蒙古从来没有统一过，更没有建立起过国家制度，在没有任何历史经验可以借鉴的条件下，成吉思汗开创性地制定了一整套的国家制度，把国家纳入了正常运转的轨道。

成吉思汗的成就首先表现在军事方面。他依靠军队起家，因此对军队的建设特别关心。1204 年，刚刚起步的成吉思汗把自己的全部部众编组为十户、百户、千户，初步建立了千户制度，用统一的组织来管理军队。千户组织是蒙古国的地方行政组织，也是经济组织和军事组织，是三位一体的基本组织。随着蒙古国的建立和发展，成吉思汗及后人进一步对千户制度进行完善发展，逐步成为蒙古国政治体制的最根本制度。

为了加强自我防卫，对内保护大汗的安全，对外进行侵略征战，成吉思汗建立了护卫军——怯薛制度。怯薛就是大汗的亲军，由蒙古的世家贵族子弟和忠诚精壮者组成，是蒙古军队的精华之所在。随着蒙古领土的不断扩展，怯薛的阵容也日渐庞大，成吉思汗最后确定怯薛的人数定额为一万人，其中有一千名弓箭手，一千名宿卫军，八千名散班。这些人都担负着同样一个任务，就是保护成吉思汗的安全，按照大汗的意志处理各种事务。成吉思汗四个亲信手下，博尔忽、博尔术、赤老温、木华黎被任命为世袭的怯薛队长。怯薛军虽然人数有限，但是他们对成吉思汗忠心耿耿，作战能力、武器配备超强，是大汗的御用亲军。成吉思汗深知帝王之术，怯薛不仅是他对外征服的一把利剑，也是对内统治的政治平衡木，他手握重兵，指挥自如，才能坐稳江山。

成吉思汗终生征战，以武力夺取政权，建立政权，可以说完全是马上得天下。但是他很清楚地看到马上得天下不能马上治天下，所以在领土不断扩大的同时，他也在不断地进行着维护和巩固政权的斗争。

领户分封制是蒙古汗国和元朝立国的最基本的国家体制。成吉思汗统一蒙古之后，为了巩固统治，打破了原来的牧民组织氏族制形式，实行领户分封制。这是一种政治、军事与生产合一的组织制度，它把全国的牧民按地区划分，每一地区按十户、百户、千户、万户编制，各设“长”以统领之。万户长和千户长由成吉思汗亲自分封，直接统领。

蒙古兴起以前，成吉思汗刚刚开始打天下的时候，他就向手下的弟兄们许愿说：“如果我夺取了天下，我们就各分地土，共享富贵。”在蒙古国建立的过程中，成吉思汗不断夺取土地，他践行了自己的诺言，逐步实行了“忽必一莎余儿合勒”分封制度。

“忽必一莎余儿合勒”是一个蒙古语词，“忽必”是“分子”的意思，“莎余儿合勒”是“恩赐”的意思。按照蒙古族古老的传统，每个儿子都有权分得父亲的一份遗产，这就是“忽必”。成吉思汗把刚刚建立的蒙古汗国看做是属于他父亲也速该家族的，凡是也速该的子孙都有权分得一份。成吉思汗首先给自己的母亲、弟弟和儿子分了人户，也速该的其他直系亲属也每人分了几千户。在蒙古语中，成吉思汗的弟兄和儿子分得一份人户被称做“可卜温”，即汉语中“宗王”的意思。

成吉思汗建立了自己的直辖领地，他把自己的大营建在斡难河、怯绿连河上游和斡耳罕河流域一带，这些地区水草丰美，适合放牧，蒙古乞颜部的发源地，是蒙古立国的本部。随着战争的不断深入进行，成吉思汗夺得了大片的领土，他陆陆续续又划分了诸王领有的地域。后来元史卜所谓的左翼诸王和右翼诸王，就是在这一时期形成的。成吉思汗把自己大营以东的地方分封给了弟辈，形成了左翼诸王：别勒古台领有斡难河、怯绿连河中游；合赤温领有金边墙外的北接别勒古台分地，东至合剌温山，南抵胡卢忽儿河的兀鲁灰河和合兰真沙陀；合撒儿领有也里古纳河、海剌儿河和阔连海子一带；斡赤斤领有大兴安岭以东，一直延至嫩江、松花江一带。成吉思汗把自己大营以西的疆土分封给了子辈，形成右翼诸王；长子术赤领有也儿的石河以西，成海、里海以北，向西马蹄所至之处；二子察合台领有别失八里以西至阿姆河一带的广大地区；三子窝阔台领有叶迷立河流域和按台山一带；依照幼子享受产业的传统习俗，拖雷承袭成吉思汗的营地，领有蒙古本部。

诸王受封，不但土地归他们所有，土地上生活的人民也归他们所有。这样，诸王的"忽必"就包括了人户和封地两个内容，被称做"兀鲁思"。"兀鲁思"是一个古老的蒙古语词，它最初的意思是指"人民"，后来逐渐有了"人民——分地""人民——国家"的涵义。这个词的词义变化正好反映了成吉思汗刚刚建国时期蒙古国分封制的发展过程。

只分封土地是不够的，还要建立各地的长官"那颜"。成吉思汗建国初期，共任命了九十五个千户那颜，这就是"莎余儿台勒"——恩赐。"莎余儿合勒"是从成吉思汗和他的那可儿之间的主从关系中发展出来的。那可儿追随成吉思汗四处作战，为开疆建国立下了功勋，对于有功的那可儿，成吉思汗任命为千户长，以示酬答。除了立有军功的那可儿之外，"莎余儿合勒"也给予主动归顺的部落首领，以示安抚。通过这种恩赐而形成的千户，基本上会保存原来的氏族血缘关系。由于长年战争，各个部落的人数都有减少，许多千户就四处收集暂时没有归属的人户，或从其他部落抽出部分人户重新编组而成。

无论如何分封，大汗的权威是不可动摇的，他对于分予诸王的"忽必"和赐予千户长的"莎余儿合勒"都有最高的宗主权。但是，两者在名分和权位方面仍有一定的差别。诸王的"忽必"是独享的，大汗不能把它撤除。诸王有权在自己的兀鲁思内设置怯薛和政务机构，任命属官，审断案件，有权参加大汗召集的忽里勒台大会，商议国家大事。千户长的"莎余儿合勒"是从大汗手中领受的，大汗可以予以剥夺或重新赐予。千户长也可以参加忽里勒台大会，但是只有少数建有殊勋、地位较高的千户长才有发言权。千户长无权设置政务机构，所有事务由大汗设置的军事行政系统管理，官吏的任免权属于大汗，千户长无权过问。千户的内部结构都是一样的，千户之下，人户编组成百户和十户，设百户长和十户长。千户长、百户长和十户长对人户实行严格的控制。千户长仅有权在自己的"嫩秃黑"的范围内指定牧民在一定的地域内驻营和游牧，或者封禁一定的地域。在隶属关系，千户长由诸王和万户长管辖，他们的权位要比诸王和万户长低。

早先，蒙古是按照血缘关系划分部落，成吉思汗崛起之后，这种血缘氏族关系被陆续打破了。从千户的成员组成情况来看，大部分千户是由不同部落的人混合组成的。经过多年的战争，原始社会晚期的部落氏族组织进一步瓦解。原先人数众多的大部落，如塔塔儿、克烈、乃蛮、蔑儿乞、泰赤乌等部落，被成吉思汗战败后，其部众除了被杀死的，都被分给了成吉思汗的部将、那可儿们。成吉思汗的部将们还各自收集了不少散亡的百姓组成千户管理。还有一些为成吉思汗忠心效劳,但没有在战争中掳获百姓的那可儿,成吉思汗也准许他们收集散亡的百姓组成千户管理。只有一小部分千户是由原来同部落的人组成的。例如汪古部主阿剌兀思剔吉忽里管领汪古部人五千户,亦乞列思部人孛秃驸马管领亦乞列思部人两千户等,经过成吉思汗的批准,他们可以任命亲族为千户长。此外,归顺成吉思汗的斡亦和部主忽都合别乞也管领其本部四千户,多年为成吉思汗忠心效力的一些尼伦蒙古部落的氏族贵族或其后裔,也准许管领其本部百姓,他们都有权自己指派各千户长。

总之,千户组织是蒙古国的经济、行政、军事三位一体、军政合一的基本组织制度。千户制度是蒙古国统治体制中的最基本的制度。

首先,千户是经济组织。按千户分配各部落、贵族、牧民的活动范围,以十户、百户、千户为单位进行放牧和狩猎。"每一个首领都知道自己管理人数的多少,都清楚自己牧地的界限,春、夏、秋、冬四季轮回,他们知晓应该在何处放牧,把牛羊养的膘肥体壮。"千户长"掌管着隶属于他的百姓,分配良好的牧地,随意指挥他们游牧"。所有牧民都应在本管千户内落下户籍,负担徭役征发。《蒙古秘史》中记载:"其赋敛,谓之差发,视民户之多寡而征之……其民户皆出牛马、车仗、人夫、羊肉、马奶,为差发。"

除了国家所征收的赋税之外,诸王、勋贵也常向牧民征收财物。阿拉伯史学家在蒙古人入侵后,长期观察蒙古的经济制度,他们写道:"鞑靼皇帝和首领们可以随意取用臣民的财产,想取什么就取什么,想取多少就取多少,甚至他们的人身也完全受大汗与贵族们随心所欲的支配。"总之,分配牧场,组织放牧和狩猎,征派赋税徭役,乃至诸王、勋贵的任意需索,都是通过千户这种基本经济组织进行的,千户构成了蒙古的基本经济单位。

其次,千户是蒙古的基本行政单位。建立千户后,全蒙古百姓被纳入严密的行政组织中,由大汗委任的那颜世袭管理。俄国史学家符拉基米尔佐夫指出:"百户长、千户长、万户长的职衔是世袭的,带有这种职衔的人获得那颜这一共同的称号,即官人、领主、军事领主的意思。人民按十户、百户、千户来划分,分给十户长、百户长和千户长,登入特制的簿册中的。"千户构成了蒙古政权的地方行政单位。

蒙古的行政统治是相当严格的,曾访问蒙古的教皇使者普兰诺·加宾尼记载:"除了蒙古大汗指定的地方外,没有人敢驻扎在其他地方。蒙古大汗亲自指定王公万户们驻扎的地方,王公万户们指定千户长驻扎的地方,千户长指定百户长驻扎的地方,百户长指定十户长驻扎的地方,以此类推,各千户所管辖的百姓,不准变动。"

为了加强统治，防止划分好的千户发生变动，成吉思汗颁布的札撒法令明确规定，牧民从一个十户、百户、千户不得转移到另一个十户、百户、千户中去，也不得到别的地方寻求保护。否则，违反者和收容者都必须被处斩。

千户长们还掌握着地方行政权和司法裁判权。蒙古那颜在其千户、百户内俨然是一个专制君主，依照成吉思汗颁布的札撒和蒙古习惯法对人民进行审判，一切审判事件，都由那颜千户长来裁决。

再次，千户又是基本的军事单位。成吉思汗被推举为大汗时，建立了八十九个千人队，到他晚年时期，千人队的数目达到一百二十八个。千人队是层层隶属的军事组织，其下辖有百人队，百人队下辖有十人队。全部千人队归左、中、右三大万人队管辖。作为行政长官的各级那颜千户长、百户长，同时也是管理军队的各级军事长官。蒙古国全民皆兵，除老弱病残外，每家凡是十五岁至七十岁的男子，不论多少，都要服兵役，随时听从命令，由千户长组成千人队，率领出征。蒙古牧民成年男子战时是军人，平时仍是牧民，“上马则准备战斗，下马则屯聚收养”。

各级那颜十户长、百户长、千户长等，是高踞于蒙古牧民之上的统治者。他们是蒙古大汗封的世袭的军事封建领主，在其管辖的范围内，掌握着分配牧场、组织放牧狩猎、征收赋税、分配徭役和统领军队等权力，享有行政、司法、民事、军事等大权，高级那颜还可以参与选举大汗、商议国事和管理朝政。大汗的赏赐，战争中的掳掠，使各级那颜拥有大量牲畜、财物和奴婢，建立了特殊功勋的那颜，还被授予各种特权，成为蒙古牧民头上作威作福的特权基层。那些对成吉思汗有救命之恩的人，如乞失里黑、锁儿罕失剌、巴歹等人，被封为“答剌罕”，意思是可获自由自在享受权益的人，他们被大汗特别免除了贡纳义务，作战时掳掠财物、围猎时杀死野兽都可以自己留下，他们还可自由选择牧地，随时去见大汗，享有九次犯罪不受惩罚的特权。大汗举行宴会时，“答剌罕”享受同宗王一样的待遇，可见其地位之高。

蒙古社会原有的父权制人身隶属关系，在成吉思汗发动大规模战争、统一蒙古的新的历史条件下发展，形成了独具特色的蒙古国家的基本国家制度。按北方游牧民族传统的十进位制，全部人户都被编入十户、百户和千户，千户是这种分封的基本单位，人户隶属于各个千户长，人身隶属关系构成了这个制度的基础。分封关系打破了蒙古传统的血缘氏族关系，蒙古脱离了原始社会组织，进入了阶级社会——早期的游牧封建社会时期。父权的军事分封仍是这个社会的主要特征，包括大汗、诸王、贵族、千户长那颜和由原来氏族的兀鲁黑、门户奴隶、奴隶演变而来的哈阑是这个社会的两个基本的对立阶级。

第二十一章　废除陋习制定法典 治国方略推崇儒学

成吉思汗常常利用联姻关系化敌为友，巩固同盟。因此，当他进行分封的时候，受分封的还有很多姻族。弘吉剌部、亦乞列思部、汪古部、斡亦剌部等部贵族和勋臣都受封。姻族领有本部军队和百姓，有自己任命千户长的权力，这些贵戚也形成了几个半独立性的藩部。勋臣的分封，要比贵戚低些。但不论贵戚还是勋臣，都不能与“黄金家族”等量齐观。土地虽然实行分封，但所有领地都是归大汗所有，为大汗直辖，受封的贵戚和勋臣都称为“投下”。最亲信的那可儿博尔忽、木华黎、赤老温、博尔术、哲别、忽必来、速不台、者勒蔑、术赤台和畏答儿被时人称为“十投下”。

成吉思汗按照自己的需要，把部民和被征服者编入各千户组织，使往昔彼此对立的、互不统属的部落、氏族瓦解，建立起全国整齐划一的政治军事组织，全蒙古高原的百姓都服从大汗的唯一统治。成吉思汗由此建立起了中央集权的蒙古国家。成吉思汗的创举不仅维护了自己的统治，而且确立了蒙古及随后的元朝的国家制度。

建国初期，统治蒙古各部的法律就是习惯法。成吉思汗发现世风日下，他是这样描述的：“先是窃盗奸通之事甚多。子不从父教，弟不从兄教，夫疑其妻，妻忤其夫，富不济贫，下不敬上，而盗贼无罚，然至我统一此种民族于我治下以后，我首先着手之事，则在使之有秩序及正义。”所以在成吉思汗登临汗位之际，为了加强大汗的权力，巩固自己的统治，即颁行《大札撒》法典，以法治事。他利用当时社会中一些对巩固新兴帝国秩序有利的习惯法，把它们制定成法律，强制人们遵守。

成吉思汗对于当时社会中所存在的主要问题，采取了他认为可行的策略。他废除了蒙古各族一直奉行、在他们当中得到承认的陋习，制定了值得称赞的法规。他针对每个场合、每种情况、每项罪行都制定了相关的法令、律文和刑法，并且将这些札撒、律令记录在卷帛上，称为札撒大典。成吉思汗将其颁布于大汗统治下的蒙古各地，具有最高的法律效力。

整个蒙古国都要以这个大典来治理。每逢国家大事，诸王那颜集合，都把札撒拿出来敬读。札撒规定：对于杀人、抢劫、偷盗、强奸、鸡奸、巫蛊之术害人者都要处以死刑。而成吉思汗认为草地是蒙古人的根源，因此他在大札撒中严格规定了对于草原保护的法令，如不准在草地挖坑、不准焚烧草地、不准向草地泼洒秽物等。

成吉思汗还建立了司法行政机构，任命了蒙古的最高断事官。“惩治盗贼和欺骗者，该惩办的惩办，该处死的处死。”但是他也强调要执法公道、慎重，避免滥施惩罚，罚不当罪。

成吉思汗还贯彻教育和惩办相结合，以教育为主的方针。他说：“初次违反者，可以口头教育。第二次再犯，可以按必里克处罚，若是第三次违反者，可以将他们流放。如果他还是不改正的话，就判他戴上镣铐送进监狱。如果从监狱里出来学好了行为准则，那就较好了。否则就让全体远近宗族一起开会研究，来决定如何处理他。”

成吉思汗制定的法律，是以保护当时已经形成的私有制为主旨的，也是套在劳动人民身上的枷锁。札撒上记载：“其于第三次丧失他人寄托之财货者，其收留逃奴或拾物者，其在战中拾得衣物或兵械而不归还其主者并处死刑。”然而在当时这也不是坏事，因为私有制正是从原始社会末期向阶级社会过渡时的一种必然发生的进步的现象。因此成吉思汗的法律，在当时还是符合蒙古社会进步的发展要求的。当然，札撒只是一种较为原始的法律形式。内容从饮水吃肉到处置俘虏无所不包，如：吃野兽时，应先缚住兽的四肢，然后开腹，以手握兽心，然后吃兽肉，向伊斯兰教徒屠杀者，应将他也杀掉。

成吉思汗时蒙古国官制非常简略，朝廷政务由成吉思汗宗亲、诸将、近臣商议决定，由其近侍、护卫士协助办理；地方行政由各级那颜处理，只设有断事官为专职行政官，掌管全蒙古国分配民户、刑狱等政务，后在各支宗王封地中也设有断事官。

到了成吉思汗统治后期，在其统治领域里，蒙古人对他以及他们各自的主人非常服从，绝不欺骗他们，不私斗，没有杀伤事件，没有盗窃和抢劫，所以天幕和篷车上的财物不用上锁也不会丢失。这些良好的社会风气，当然同蒙古当时还保留了许多原始社会的遗习有关，不能完全归功于成吉思汗个人，但我们也不能抹杀成吉思汗在其中的作用。

成吉思汗及其后继蒙古大汗，除保留或选任被征服国本国统治者实施统治外，还派出蒙古国达鲁花赤率领军队对征服国以“太上皇”的姿态实行监督统治，监收贡税。这些被征服国的统治者们和其他人都被迫服从这些达鲁花赤的命令。如果被征服的任何城市或国家的居民不遵照这些达鲁花赤的意志去做，后者就控告他们不忠于蒙古人。其后果是，那个城市或国家就会被蒙古人的强大部队所破坏，居民们被杀死。

蒙古人主中原，是蒙古军事贵族征服者的胜利，但先进的汉族文化包围着征服者，使蒙古很快封建化了，蒙古统治者也开始注意吸收汉族的经验。

忽必烈从小驰骋军中，非常喜欢接近汉族人或汉化金人，向“四方文学之士问以治道”，在他统治期间蒙古国进一步汉化。

为适应统治新征服地区广大汉族人民，以及建立大一统的蒙汉大地主阶级联合专政封建国家的需要，忽必烈汲取了前代的统治经验，采用了不少唐宋旧制。在元朝建立前的十多年，就制定了“循用金律”的方针，作为制定新法律的过渡。金律指泰和律，实际上是稍加修改的唐律，在忽必烈的统治下沿用了十多年，“盲司断理狱讼，循用金律”。

至元八年(1271年)，忽必烈改国号为大元，建立元朝，同年下诏禁行金律，参照唐宋律着手编纂法典。至元二十八年(1291年)，《至元新格》编成，到英宗至治三年，元朝两部重要法典——《大元通制》和《元典章》制成。《大元通制》的内容全部收入《元史·刑法志》，法典由制诏、条格、断例、别类四部分组成，总结了世祖以来六十多年的法制事例，是皇帝诏令和案例的汇编，包括刑事、民事、行政、军事等方面内容。其篇目分为名例、卫禁、职制、军律、户婚、食货、大恶、奸非、盗贼、诈伪、诉讼、斗殴、杀伤、捕亡、禁令、杂犯、恤刑、平反、狱官、赋役、仓库等二十七目。其编排体例虽与唐律有异，但其中很多篇目与唐律相同，受唐律的影响是毫无异议的。另外，在法典编纂时还吸收唐宋以来编纂刑统与编敕成例的经验，将皇帝的诏令和案例分门别类地加以汇编，是对中原地区法律形式和立法传统的继承和发展。在内容上，《名例律》所规定的“十恶”“五服”“八议”等制度与唐宋法律亦别无二致。

元朝虽然是蒙古族居于统治地位，但作为中国封建社会的一个王朝，它的法律制度却继承了中华法系“礼法结合”这个基本特点。

与中原地区的文化事业相比，蒙古非常落后，不但没有自己的文字，更没有记录事件、吟诗作赋的传统。成吉思汗征战一生，建立了史无前例的丰功伟绩，他自己却从来没有留下文字进行歌功颂德。但是，成吉思汗尽管不识文字，甚至不懂任何蒙古族以外的语言，他却善于学习外来的文化，重视教育事业。成吉思汗十分谦虚，不但善于学习异国统治术，而且勇于学习异国先进的思想文化。在这一点上，成吉思汗比中原任何一位帝王有过之而无不及！

在武力征服的年代，谁拥有最强大的武力，谁就是最强有力的统治者。成吉思汗拥有最强大的军队，所以他就是最强大的统治者。但是成吉思汗从来不认为他所征服的人武力落后，就说明他们什么都是落后和不值得学习的。恰恰相反，他最善于从敌人或俘虏那里学习。在他手下负责教育诸子侄和大臣们的“太傅”中，绝大部分人都是降人或者俘虏。他所任命的大部分顾问，也是被他征服的民族中的知识分子或智者。如成吉思汗剿灭了乃蛮部后，俘获了乃蛮部太阳汗的掌玺官塔塔统阿。塔塔统阿精通文字，善于掌管辞令，成吉思汗就命他教给诸皇弟、皇子文化，还让他创制畏兀儿蒙古文，这种文字后来被广泛使用，经过长期演化成了现在通用的蒙文。成吉思汗不但重视对自己子弟的教育，还带头要求部下的文臣将官进行学习，以提高自身修养和治理国家的能力。由于他的提倡，蒙古人从野蛮未开逐渐养成了好学的风气。在这种风气的影响下，蒙古人在短短几十年里就学习了伊斯兰教文明和基督教文明，并对这些文化广泛接受，一跃跻身于文明民族之林。

人无远虑，必有近忧。成吉思汗同样也有“言而无文，行之不远”的认识，当蒙古文字创立后不久，他就命令手下记载帝国政事，“书之青册文书，传之子子孙孙”。在他的督促下，编成了《大札撒》一书，可惜的是这些资料后来全部遗失，为后人进一步研究蒙古历史增加了困难。

与历史悠久、体系完备的汉民族国家相比，成吉思汗所建立的蒙古国家，政权体系显然是不健全的，成吉思汗也体会到了这种不足所在。为了使政权机构能够满足蒙古国日益向外扩张的需要，成吉思汗就必须不断完善国家政权机构，建立一个高效稳定的政权管理系统，为此，他不断地吸收外来先进经验，积极吸纳人才，使政权机构逐步完善。

走出大草原之后，南征与西征的对象都是文化上较为先进的国家，成吉思汗因此接触到一些先进的政治、经济与文化理念。对这些被他征服的民族，成吉思汗并不因为他们的惨败而嗤之以鼻，而是认真汲取他们的政治、文化经验，用这些先进的思想来完善自己的统治。在经济上，他受农耕文明的影响，改变了传统的以单一畜牧业为主的生产模式，引进了中原地区的农耕技术，并委派专人负责屯田和开荒。不仅丰富了人民的物质生活，更为重要的是为蒙古军队提供了稳定的粮食来源。为了战争的需要，成吉思汗在军事上借鉴了金国的做法，设立了专门主持监督制造各种兵器的机构，大大加强了武器的供给和保障能力，为战争的胜利提供了必要的后勤保障。

在文化方面，成吉思汗知道蒙古地区落后，但是他没有自惭形秽，更没有妄自菲薄。那顺巴图曾对成吉思汗有一段精辟的总结，他评价说：成吉思汗既是蒙古族具有统一文字、统一民族语言的奠基人，也是揭开蒙古社会现代文明序幕的人。他把蒙古社会从野蛮阶段送进了文明发展的阶段，把蒙古族从闭塞落后的疆域送进了广阔的文明世界中，为蒙古文化教育的发展开辟了广阔的前途，在蒙古族发展史上作了历史性的贡献。成吉思汗是完全可以担当这一评价的。

在交通方面，成吉思汗模仿金朝，在主要的大路上设立驿站，供传达军事情报和命令所用。这是保证政令畅通的一个重要举措，不但有助于成吉思汗及时了解各地的战况，还能及时传达大汗的命令，大大提高了帝国的行政效率。为了防止不法之徒假冒汗权，进一步加强大汗的权威，成吉思汗学习金国，采用统一的金牌制度，将大汗的旨意刻在牌子上，作为调发兵马、传达命令的凭据，这就使汗权更具权威性，不易被别人模仿假传。

成吉思汗可以说是白手起家，他周围的人也大多是“文盲”，在“一穷二白”基础上搞文化建设，这是何等的成就！那顺巴图用“历史性的贡献”来称赞成吉思汗，这一评价是相当高的，在泱泱中华数百个帝王当中，能够堪受如此盛誉的人没有几个。文化教育向来被看成是知识分子的专利，而帝王本身的文化素质实质上并不见得有多么高。汉地国家有中华文明深厚的历史积淀，有数量众多的“货卖帝王家”的文人墨客帮忙，才能成就得了一些功绩，这与成吉思汗的“自己创造文明”相比，实在逊色多了。

成吉思汗文治国家，一个重要的表现就是他重视利用文人治理国家，他对耶律楚材的信任与重用，体现了这一点。耶律楚材原先是金朝的旧臣，蒙古军队攻占中都时将他俘虏。耶律楚材刚到成吉思汗身边时，有一个名叫常八斤的西夏人对他很不服气。他善于制造弓箭，看不起这个来自汉地的文人。有一次，常八斤当着成吉思汗的面责问耶律楚材说：“现在大汗正在以武力取天下，你却宣扬什么文治，这不是唱对台戏吗？”耶律楚材反唇相讥说：“制造弓箭需要的只是能制造弓箭的工匠，治理天下需要用天下匠才行！”成吉思汗听后十分高兴，认为他说的非常正确，他让耶律楚材进一步阐述自己的观点，于是耶律楚材大谈要治理好一个国家，不能只靠武力，而要实行儒家的治国方针。

耶律楚材还利用自己的才能帮助蒙古人制定了历法。成吉思汗以前，蒙古人不懂得天文历法，成吉思汗手下的一批畏兀儿人观测天象，预测某日会发生日食，耶律楚材认为这个推论不准确，结果发生了争执，要求成吉思汗裁断。成吉思汗便要求等到那天，看看日食到底会不会发生，结果后来日食真的没有发生，证明了耶律楚材的判断。耶律楚材推测第二年的某天将发生日食，畏兀儿人不同意他的推测，结果到了那天，果然有日食。成吉思汗由此更加佩服他，说：“你对天上的事能无所不知，人间的事就更加知道了。”正是这些事使成吉思汗加深了对他的信任，对他更加器重，耶律楚材的思想也逐步在成吉思汗身上发生了潜移默化的作用。

在成吉思汗的手中，强盛的蒙古帝国终于建立起来了，不但有独立的政治体制，而且有适合征战的军事体制和文化制度。成吉思汗用他的雄才伟略向世人展示了一个气势磅礴、锐不可当的草原帝国。

忠诚是成吉思汗倡导的第一条原则，无论是敌是友，只有对主人忠诚，对部族、家人、战友忠诚者，才是一个可以交往信任的人，否则，都必须受到惩罚。成吉思汗坚持臣民必须忠诚君主的原则。他认为，作为臣民必须无条件地服从君主，要事事以君主为先，一切以君主为中心。他不但在成为大汗之后这样要求部下，在开创大业之前，没有发迹为他人之臣时，成吉思汗也是恪守本分，尽心为臣，以身作则的。

成吉思汗深知人心向背的利害，在战争过程中他不断地向部下灌输忠诚的思想。即使是曾经用箭射伤自己的只儿豁阿歹，在表示效忠之后，他仍旧免其一死；失儿古额秃父子三人放走了自己的仇敌，他没有追究责任，反而表扬他们讲究信义。

1179 年，成吉思汗尊王汗为义父，与王汗建立了联盟关系。期间，成吉思汗始终恪守子臣之职，直到 1203 年王汗父子设计谋害他，并率领大军击溃了他的部队，背信弃义到忍无可忍的程度，成吉思汗才与他毅然决裂。

成吉思汗非常敬重具有忠君情操的人。即使这个人是一个敌人，成吉思汗也可以原谅其战斗到底、决不背叛其主的行为，相反，对忘恩负义的叛徒成吉思汗从不手软。无论叛徒是敌方的还是己方的，都会受到他的严惩。克烈部被成吉思汗击溃后，王汗之子桑昆与其马夫逃了出来，马夫为求活命，中途抛弃了桑昆跑回来投降成吉思汗。成吉思汗责备马夫背弃旧主，为人不忠，下令将他处斩。马夫的妻子曾经劝说他不要抛弃主子桑昆，成吉思汗感于她的忠义，不但没有杀她，还对她进行了嘉奖。

克烈部被成吉思汗军队包围时，为了让王汗逃走，王汗的部将只儿斤氏人合答黑吉把阿秃儿率领所部奋勇抵抗，力战了三天三夜，最终寡不敌众被擒。成吉思汗因为他忠于其首领而饶他活命。成吉思汗打败了泰赤乌部后，却找不到首领塔儿忽台。有人报告说泰赤乌部属民纳牙阿父子发现了塔儿忽台，但是念及昔日同族之情，不忍将他们押送来献，悄悄将他放走了。成吉思汗对于纳牙阿父子忠于旧主的行为不仅没有给予惩罚，反而大加赞扬。与之相反，成吉思汗的夙敌札木合的五名那可儿却极为不幸。他们擒住札木合来献，本想得到重用和奖赏，不成想却被成吉思汗下令全部处死，因为他们弃主求荣。

泰赤乌贵族并没有完全被成吉思汗消灭，一些贵族被杀了，另一些贵族如塔儿忽台等人却乘乱躲进了大森林里。塔儿忽台与成吉思汗有血海深仇，当年成吉思汗年轻的时候，就是他捉获成吉思汗，给他戴上沉重的枷锁，四处游行示众。塔儿忽台身体肥胖，不能骑马，他在森林里不方便行动，没跑多久就被泰赤乌属民失儿古额秃老翁和他的两儿子捉住了。父子三人就把塔儿忽台捆绑在一个大木车上，准备把他押送到成吉思汗那里。消息传得很快，塔儿忽台的儿子们听说父亲被捕后，立刻驱马赶来，准备把塔儿忽台夺回去。形势十分危急，失儿古额秃老翁一怒之下，站到塔儿忽台的身上,用刀对着他的脖子说:“你的儿子们人多势众,他们要来营救你,我一定打不过他们。现在我只有死路一条,杀死你我是死,不杀你我也是死,这样不如先杀死你我再去死!”说着就要用刀去砍塔儿忽台。塔儿忽台心惊胆战,他赶紧对儿子们大声喊道:“不要过来,不要过来！你们如果过来,失儿古额秃就会杀死我！人死不能复生,你们救回我的尸体也没有用啊？现在他们要押我去见成吉思汗,无论如何我还有一线生机,成吉思汗是一个宽厚的人,我曾经有恩于他,在他孤苦伶仃的小时候教养过他。成吉思汗肯宽厚地对待其他人,他也决不会忘了我对他的恩情,你们快回去吧！你们来救我就是害我,你们走了我才能够活下来!”

塔儿忽台一番话下来,他的几个儿子和部众不知该如何是好。一伙人待在那里一动不动,塔儿忽台又大吼一声:“你们是来搭救我的,如果我被杀,你们抢回这没有气的尸体还有什么用啊？趁着我还活着,你们快点回去!”听到塔儿忽台的哭喊,他的儿子们只好止住脚步,拍打着马匹呼啸而去。

危险已去,失儿古额秃父子三人带着塔儿忽台继续前进。夜晚来临,三个人将塔儿忽台紧紧地绑好,点起了篝火。塔儿忽台突然对失儿古额秃父子说:“我是你们的领主,现在你们将我捉住献给成吉思汗。到了成吉思汗那里,成吉思汗必定会认为你们捕捉了自己的领主,是没有信义的百姓,会将你们杀死的。我看还是放了我吧。”失儿古额秃的大儿子十分生气,以为塔儿忽台只想逃命。失儿古额秃却认为塔儿忽台说得很有道理,他对儿子说:“成吉思汗是一个十分忠义的人,他怎么会容忍我们背叛自己的领主呢?塔儿忽台虽然是为了逃命,但他说得很有道理,我们可以这样对成吉思汗说:‘我们为了为您效力,曾捉住塔儿忽台,但是他是我们的领主,可汗您一定会认为我们是没有信义的百姓,会责怪我们的。我们就在路上放了他,自己来归顺。’”两个儿子觉得父亲的话有道理,于是放掉了塔儿忽台。

失儿古额秃父子三人来到成吉思汗处,他们向成吉思汗禀告了整个事情的经过,成吉思汗十分高兴,他对失儿古额秃的见识很是欣赏,夸奖说:“把自己的主人抓起来的牧民,必定是不可信任的百姓,这样的人应该被杀掉,你们不忍心伤害自己的主人,说明你们是忠诚的,我虽然失去了一次杀死敌人的机会,可是我得到了一名忠实的助手。”从此,成吉思汗又多了一个忠实的那可儿。

第二十二章 建国之后首征西夏 略用计谋初战告捷

成吉思汗建立蒙古国之后,第一个所要征服的目标便是西夏。

西夏国,源流甚远,其始祖名叫拓跋思恭,乃北方党项部的后裔。

西夏属于党项族建立的国家,自1038年李元昊称帝之后,改国号为夏,到1227年被蒙古所灭,西夏在中国西北的统治时间达二百年之久。

唐朝末年,黄巢起义爆发,由拓跋思恭率领兵马前来镇压起义队伍,并且立下了大功,因为被唐朝皇帝封为“夏国公”,又赐姓“李”,也称夏州,就在蒙古的南境。到宋太祖赵匡胤的时候,党项首领李继迁背叛宋朝投降辽国,随后还利用宋辽之间的矛盾,想着能够就此机会,独立发展。

李继迁的孙子李元昊是一位德才兼备的政治家和军事家,他先后将疆土开拓到了凉、甘、肃、瓜、沙等州,在公元1038年的时候,登基称帝,将国号定为“大夏”。从它的地理位置来看,位于华夏中原的偏西方,所以又称之为“西夏”。

西夏的首都在兴庆府(今宁夏银川市),当时国力强盛,有雄兵五十万,屡次攻掠宋朝的边境地区,长年发生战争。

金朝兴起以后,西夏国势日渐衰弱,而且内部争权夺利,上层人物奢侈腐化,国力更弱。当李仁孝嗣位时,奸臣擅权,坏人当道,国势岌岌可危,幸亏金世宗发兵扶助,削平了乱世,西夏才避免了亡国灭种,但从此以后,西夏也就长期地沦为金国的属国了。李仁孝死后,其子纯祐接位,就是夏桓宗,当时西夏建国已经快有二百年的历史了。

随着封建经济,文化的发展,统治阶级生活日益腐化,内部争权夺利的斗争十分激烈。

同时,西夏作为一个小国,长期处于辽与北宋、金与南宋等大国之间,在夹缝中生活,巧妙地使用降服和对抗的方针,有时联辽抗宋,有时联金抗宋,但有时又对周围的强国同时表示降服。

这时候,成吉思汗的蒙国已经兴起,对蒙古政权应持何种态度呢?

在西夏内部没有统一的认识,以国相唐行章为首的大臣们主张联蒙抗金,另一派以桓宗的堂弟李安全为首皇亲国戚的,则坚持联金攻蒙,两派策划激烈,斗争相持不下。

这位桓宗皇帝为人忠厚老实,虽有富民强国的良好愿望,却没有得力的股肱亲信去协助他，只能是空有一腔抱负了。

一天上朝时，国相唐行章向皇上建议道："如今，成吉思汗已统一了蒙古，国力强大，兵马众多，为长远计，不如派使者去蒙古，争取与成吉思汗结成联盟，共同对付金国。"

成王李安全听后，不以为然地说道："那蒙古乃游牧民族，整日带着帐幕，东游西走，飘忽不定，怎能与他们联合？我们是农业区域，长年不动，还是投靠金朝合适吧！"唐行章又说道："成王有所不知，金国这些年来'不治戒备，俗日侈肆。亡可立待'，还哪有力量照顾我们？一旦成吉思汗派兵来袭，我们无力抗敌，金国又不能来援，岂不危险么？"

李安全不耐烦地说道："你别把金国看瘪了，何况我们西夏与金朝也是历朝历代的世交了！"

这时候，大臣汪力先说道："我以为，世代的交情不能代替实力！如今的蒙古，正是一个新兴的国家，成吉思汗很讲信义，又是兵多将广，像初升的太阳，朝气蓬勃；而金朝国力衰弱，正像是西天的夕阳，余辉能有多少光亮？"

李安全很不高兴地说道："这西夏是我们李家的江山，你们外姓人未必真心爱国，还是让我们自己当家作主罢！"

听了成王这么说，满朝大臣立刻纷纷议论起来，有的竟高声质问道："太飞扬跋扈了！我们连爱国的权利也没有了！"

这时候，国相唐行章立刻说道："成王这么说了，我们这些外姓人还在这里干什么？别自讨没趣，不如走吧！"

说完，他便领着大臣们就要走，忽听夏桓宗大声喊道："站住！你们往哪里去？成王的话并不能代表皇上的意见，有话慢慢说嘛！"

听桓宗这么说，唐行章等一班大臣这才回来重新坐下，可是成王李安全等一些皇室成员却有意见，只见成王挺身而起，气愤地说："我们走！让他们去空口说白话罢！"成王一走，那些皇亲国戚们一个个站起来，也都气呼呼地拂袖而去。

夏桓宗看着，心中十分气恼，无力地说："不成体统！这不是闹意气么？"

桓宗气得两手哆嗦着，也下朝回宫里去了，这一次朝议不欢而散，关于联蒙抗金，还是联金抗蒙，朝中两派各持一端，相持不下，只得暂时搁置下来。

不久，成吉思汗领十万兵马来攻的消息传来了，西夏国满朝文武，一片惊慌，桓宗正准备召集大臣们再议联蒙还是抗蒙的大事，不料成王李安全与罗欣欣皇太后勾接在一起，向文武大臣们通报说："李纯枯身为皇帝，却无德无能，轻信朝中奸佞小人，误国害民，现咨议废去，拥成王李安全为帝，改元应天，是为夏襄宗。"

李纯枯听说之后，先是一惊一怔，然后哈哈大笑起来，过了一会儿，拿了一根绳子上吊自杀而死。

国相唐行章听说桓宗被废自杀之后，自知成王不会容他，连夜悄悄溜出城去，投蒙古成吉思汗去了。

这时候，夏襄宗主政了，他主张联金抗蒙，便派人主动向金章宗上书，要求册封。

金章宗也顺水推舟，封李安全为西夏国王，算是承认了李安全的合法地位，至此，西夏与金朝联合起来，共同对付蒙古。

为了抵抗成吉思汗的兵马，李安全立即命令西夏大将高令公抓紧组建军队，修补都城的城墙，厉兵秣马，积极备战。

其实，早在公元1205年，成吉思汗以王汗之子桑昆逃入西夏为借口，曾派兵马攻破西夏边境上的两座小城，掠走一批财物。

这次试探性的进攻，使成吉思汗了解到攻城作战的艰难，为大规模入侵坚城深垒的农耕国家锻炼了部队，积累了经验，因此这等于是一次实战演习。

成吉思汗第一次攻打西夏时，当时是夏桓宗李纯枯在位，他还没有来得及部署反击，蒙古的骑兵已经大掠而退了。

后来，夏桓宗下令修复各地被蒙古骑兵破坏的大小城堡，并大赦天下，又把国都兴庆府改为"中兴府"，很想有所作为的。

这中兴府作为西夏的国都，在当时是当之无愧的，它位于黄河岸畔，在贺兰山与鄂尔多斯草原之间，这是一片绿洲。

在中兴府周围，勤劳的西夏人民在这里修建了布局巧妙的灌溉网，到处栽植了婀娜多姿的柳树，亭亭玉立的杨树，果实累累的果园，水草丰美的草地，麦浪翻滚的麦地，丰收在望的庄稼。

中兴府还是一个重要的商业区，这里的驼毛纺织业和毛织品，每年都有大量的出口。

经过整修，国都中兴府的城墙又高又结实，城外又挖了护城河，这是防止成吉思汗的骑兵所设的重要设施。

公元1207年秋天，成吉思汗领兵马十万人，派大将忽必来任先锋，由西夏原国相唐行章带路，开始了第二次征讨西夏的战争。

从克鲁伦河流域到西夏国，相距一千余里，由北而南，要通过广大的戈壁滩。

在荒凉的戈壁滩上，蒙古骑兵纵马奔驰着，成吉思汗及部下放眼望去，到处是砾石、沙和黏土构成的坚硬而平坦的地面，活似一片无边无际的跑马场。

在这片干旱的荒野上，只有浅灰色的蒿类植物和鸢尾草等植物。

在戈壁滩上，经过长途奔驰，成吉思汗的队伍进入西夏国内，直抵兀拉海城下。

这个兀拉海城，位于狼山隘北口附近，它是西夏国防御北方敌人的一个军事重镇。

成吉思汗立即指挥队伍把兀拉海城四面包围，一面派人进城劝降，一面把西夏国前国相唐行章与塔塔统阿找到帐内，与他们讨论攻城的策略。

蒙古大军围城一月，城中缺粮缺柴，成吉思汗派人进城找到守将罗学友，表示两天内交出一千只猫和一万只燕子，蒙古大军就撤走。

罗学友不知是计，遂下令全城百姓，全城百姓都被轰动起来了，凡是有猫的，都把猫逮住拴起来。

家家户户关起门来捉燕子，有的人说："只要成吉思汗撤军，要我干什么都行。"

两天的期限到了，送来的猫加在一起是一千零二只，燕子共十万零四只。

罗学友立即派人到城外向成吉思汗报告："你们要的一千只猫，一万只燕子全都备齐，请派人来验收罢！"

成吉思汗十分高兴地答应了，他立即派出唐行章与塔塔统阿领人前去接收，同时又向四门的攻城将领们交代了任务，要他们按原先的计策执行。

据史书记载，当时在兀拉海城外，当成吉思汗一声令下，一千只猫，一万只燕子被放出之后，立即出现了一个奇怪的场面：那一千只猫的尾巴上拖着燃烧的麻絮扎成的火把，没命般地窜上城墙，奔向它们的主人家里，顿时将房子燃着了火……

顿时，战鼓响了，角号响了，蒙古的士兵叫喊着抬着云梯，飞快地架到城头上，迅速攀着云梯，登上城头，高举着大刀，冲进城去！

不到半个时辰，兀拉海城被攻破了，成吉思汗的十万人马，刹那之间杀进城里，他们见人就杀，那些被大火烧得焦头烂额的人们，有的被大刀砍死了；有的被骑兵的战马踩死了。

城里的几条道路上尸身堆积如山，血流成河，叫喊声，呼救声，呻吟声，混成一片。

成吉思汗被部下簇拥着进入兀拉海城，这是他生平第一次接触到了定居民族的文明生活。

成吉思汗的队伍在兀拉海城里住了两个多月，把城里的财物掳掠一空，又到附近的村庄，集镇大肆抢劫一番，前后共五个多月，方从西夏撤军，满载而回。

一年半之后，由于西夏仍然不向蒙古纳贡称臣，成吉思汗十分恼怒，便于公元1210年的秋天，第三次出兵攻打西夏。

成吉思汗率领兵马十万人，命木华黎为前锋，从克鲁伦河出发，再次穿过戈壁滩，大军直向兀拉海城逼近。

消息传到西夏国，襄宗李安全立刻召集群臣，他愤怒地大声说道："成吉思汗两次派兵来侵，我们都没有反击他，因为我们是文明国家，怎能与他一般见识？现在又第三次领兵来侵，这简直是奇耻大辱，这次，我们再不能按兵不动，任其肆意地掳掠了！我们要反击，要让蒙古人知道：我们西夏人绝不是好惹的！"

于是，夏襄宗立即任命太子李承桢为元帅，右丞相高令公为副元帅，领兵八万人迎敌。

军队出发前，夏襄宗再三叮咛，要他们采取开关迎敌的战略，企图通过野战来挫败蒙古的军队。

李承桢、高令公领着八万人马，越过兀拉海城，来到西夏与蒙古交界的狼山口驻营。

成吉思汗得到情报之后，向唐行章问道："李承桢为人怎样？"

"庸懦无能之辈！"

成吉思汗又问道："听说高令公是将门之后，此人文武全才。"

唐行章立即说道："这个高令公，名叫高良惠，是西夏国的右丞相，被人们称为'高令公'。其父高逸，曾任西夏大都督府尹，确是出身将军，他虽是文臣，但也有一身武艺，不可轻敌。"

前锋大将木华黎问道："依你之见，这狼山口第一仗，应如何打？"

唐行章毫不犹豫地说："西夏的兵马多年不加训练，又是平原作战，怎能经得住大汗铁骑的冲击？别看他们气势汹汹地领兵前来，只不过虚张声势罢了！"

第二天，双方的军队在狼山口外的一片平地上相遇了，成吉思汗领着部下将领，立马阵前，举起马鞭一指，向西夏军喊道："让李承桢出阵说话！"

不一会儿，只见李承桢由高令公良惠陪着，来到阵前，那位右丞相高良惠先责问道："成吉思汗，你也太霸道了！两次入侵西夏，我们夏王遵循应天顺人的宗旨，不予反击，这又无端挑起战争，真是欺人太甚！"

成吉思汗说道："自古以来，强国为王，弱国称臣，小小的西夏还枉自尊大，真是自不量力！多年以来，你们不向我大蒙古国纳贡称臣，却去联络金朝，一起反对蒙古，我怎能容你？"

高令公也据理不让地说："西夏国与谁结盟、联络，这是我们自己的事，与你成吉思汗无关，你无权干涉我们的内部事务。"

成吉思汗非常生气，向将领们问道："谁先出阵把那李承桢擒来？"

大将忽必来举刀跃马，请战道："报告大汗，让我去生擒活捉李承桢罢！"他见成吉思汗一点头，便拍马来到阵前，举刀飞快杀过去，李承桢见来将勇猛异常，便勒马退回阵中，高良惠正想迎战，身后的年轻将领左林许催马上前，接着厮杀。

两个人各自拿着大刀，使力砍杀，只看到那刀光闪闪，刀刃间碰撞得叮哨乱响，火星直飞。

大约战了二十多个回合后，忽必来突然将手中的大刀一横，将左林许的砍刀架在空中，只见他伸手从肋下抽出了随身钢鞭，突然朝着对方的面门打去。

那左林许发出了"哎呀"一声惨叫，直被那钢鞭打中面门，当场坠马死亡。

西夏军中高令公将手中的令旗一挥，带领着他身后的八万兵马齐声呐喊着，向前冲了上来。

成吉思汗看到之后，也将手中的马鞭朝前一直，对着手下的将士们叫道："冲啊。"

已经将要五十岁的成吉思汗，手中挥舞着大刀，率先杀入西夏人的军中，只看到他左一刀右一刀，上劈下砍，一路杀过去，西夏人马一个个丧命在他的刀下。

这个时候，成吉思汗的左右将领分别是博尔术、者勒蔑、木华黎、忽必来等将领，他们紧跟在成吉思汗的身后，奋勇杀敌，还在守护着成吉思汗，生怕他会受伤。

在这种集团式的冲锋下，西夏的兵马没有多久便自乱阵脚，再也抵挡不住蒙古大军的攻击，最后只能节节败退。

第二十三章　西夏美人尽收囊中 金国不敌主动求和

紧接着，成吉思汗率领着他的大军，一路几乎没有遭到什么过强的抵抗，便拿下了西夏国北部靠近边境的一座重镇——兀拉海城。

经过蒙古兵的一天浩劫，他们将城内所有的金银财宝掠夺一空，当天晚上，成吉思汗便命令士兵们杀鸡宰牛，犒赏有功的将士们。

在晚上的庆功宴上，成吉思汗对降军武廷略说道："这一次战役，你立了大功，理应得到重赏，宴会之后，和你的老表一起，全部听从木华黎的指挥吧！"

成吉思汗非常爱惜人才，对于那些敌营中的归降人员，从来不论出身，不论种族，不论早晚，只要有才能，都能够在他的帐下得到重用，选用贤人，这实在是成吉思汗的一个明智之举。

接连几次都取得了巨大的胜利，尤其是在攻下兀拉海城之后，成吉思汗的铁骑就像入无人之境一般，百战百胜，万夫莫当。直到大军攻击到了中兴府外围的要塞——克夷门。

这克夷门是贺兰山的一处关口，是从蒙古草原进入银州的一条重要通道，地势险要，大有"一夫当关，万夫莫开"的优势。

镇守克夷门的是西夏的宗室重臣，人称嵬名令公，足见西夏王李安全十分重视，派这么一位出身于名门显贵，又担当丞相令公的人来防守。

成吉思汗领兵来到克夷门十里处安下营帐，领着众位将领登上一座小山，向克夷门看去，只见这座克夷门建在两山之间，地势十分险要。

由于两边的高山峭石竣峋，真是壁立千仞，又高又陡，难于攀援，只能从中间的克夷门通过，实为天造地设的一座险关。

成吉思汗看后，向身边的几位西夏降将唐行章、周家驹、武廷略等人问道："守克夷门的这位嵬名令公是个什么样的人？"

周家驹说道："这人出身名门，其曾祖父原是西夏开国皇帝李元昊的重臣，在夏桓宗时，嵬名得不到重用，因为他藏匿了桓宗的一个宠妃，差一点被处死。后来襄宗李安全救他出狱，并委以丞相重任，这次又让他把守克夷门，可见对其信任。"

成吉思汗又向部下们问道："难道这克夷门能挡住我的铁骑？"

西夏降将武廷略说道："请大汗放心！据我所知，在克夷门的东边，大约有十五里路远处，有一条羊肠小道可以过去，再由里往外攻，对它里应外合，何愁攻不下呢?”

“好！车到山前必有路哇！”成吉思汗又说道，“就派你领一支人马，从那条羊肠过去，去抄嵬名的老窝吧！”

武廷略又说道：“报告大汗，这次去不用马匹，只选出五百精干的士卒，随我步行，便于在山间行走，今夜就可以出发了！”

成吉思汗让木华黎从军中挑选五百士卒，让武廷略领着这支精干的队伍，去抄近路偷袭克夷门。

第二天中午时分，忽听克夷门关里人声喧闹，喊杀声惊天动地，成吉思汗与部下们知道武廷略已经得手了，便立即下令攻关。

此时，克夷门守关将士两面被攻，首尾不能相顾，尤其是成吉思汗的蒙古兵个个如猛虎下山一般，英勇无畏，很快攻进关去。

克夷门被攻破了，守关的五千士兵死的死，伤的伤，余下的数百人被围在关里，一个也逃不出去，只得放下兵器，投降了。

克夷门失守以后，西夏所凭借的险塞要隘也随之尽失了，蒙古十万大军以卷席之势，直逼国都中兴府城下。

在中兴府外，有一座西夏的先王庙，成吉思汗为了观察地形，曾进入这座庙中，目睹里面的件件陈迹，他无限感慨地对其部下说道：“当年，李元昊创建这西夏国，也历经大半生的戎马拼杀，何等辉煌，何等不易啊！未曾想还不到二百年的时间，其子孙就如此腐败，竟把这大好的江山糟踏成这般狼狈，实在是让人心痛、令人可怕啊！”

当天夜里，成吉思汗失眠了，尽管身边有掳来的西夏美女陪着，却提不起精神，脑海里总是盘桓着一句话：“打江山不易，守江山更难啊！”

成吉思汗的十万大军兵临城下，国都中兴府被围得水泄不通，岌岌可危了。

国王李安全急得如热锅上的蚂蚁团团转，他歇斯底里对部下们喊道：“当前，我要兵无兵，要将无将，可恶的金朝皇帝又见死不救，怎么办哪?”这时候，金国也是自身难保。金章宗因为沉缅于酒色，弄得身体瘦弱不堪，死在爱妃的肚皮之上。

他的儿子卫王永继刚刚继位，他拒绝大臣们提出的“联夏抗蒙”的主张，居然扬言：“蒙古与西夏相互厮杀，必然是两败俱伤，对金国有百利而无一害！自古道：鹬蚌相争，渔翁得利。”

因为李安全一直坚持联金抗蒙的战略，大臣们眼见都城危在旦夕，也无人敢建议向成吉思汗讲和的，更不敢言及投降二字。

李安全终于想出了抗战到底的决定。

次日,他向满朝官员下达了命令,要全城十岁以上、六十岁以下的男人全部上城抗敌,各家各户要把旧房子拆掉,砖石运到城头,作檑石用,木头运去做滚木用。

又把文武官员划分城区,各人分片负责守卫,日夜值班巡查,有不负责任的,一经查实,轻者打板五十,重者砍头示众。

布置以后,李安全自己亲赴城头检查督促,谁敢不负责任呢?

于是,中兴府里形成了人人抗敌、家家守城的联防热潮,城头上滚木檑石堆积如山,只等蒙古军队来攻了。

这座中兴府城高池深,其坚固程度远远超过兀拉海城十倍,加上防守严密,成吉思汗连续发动了几次攻城战斗,都没有成功,反而损失了许多人马。这时候,秋雨连绵,黄河水猛涨起来,成吉思汗在无计可施情况下,想求助于滔滔的黄河之水,来引水灌城。木华黎等劝说道:"中兴府城外地势平坦,城墙又高又厚,只怕河水冲不进城里去,反而淹了我们自己的兵马。"

可是,成吉思汗坚持要干,只得派军队掘开苍河堤坝,那滚滚的苍河水雷霆之势冲向中兴府城,眨眼之间周围一片汪洋。

果然不出木华黎所料,因为城墙又厚又坚固,河水灌不进城中,反而冲毁了堤防,眼看就要把蒙古军队的阵地淹没了。

成吉思汗一看,又急又气,只得命令部队撤到周围山坡上面,派人把太傅讹答和嵬名令公带到大帐里面,向他们问道:"我想放你们回去,有什么打算?"

嵬名令公立刻问道:"是真的要放我们回去?不杀我们了?"

成吉思汗笑道:"这还有假?你们也是迫不得已,属于无辜的,何况人头被砍了,再不能长上,杀了你们也是无益的。"讹答太傅大着胆子说:"大汗的为人果然宽宏大量,使我深受感动,我回去以后,要主动劝告夏王改弦更张,一定与蒙古建立友好睦邻关系,永远不搞对抗了。"

成吉思汗又向嵬名令公问道:"你呢?回去以后有何打算?"

"俗话说:滴水之恩当涌泉相报。大汗不杀我们,算是又给我们一条性命,怎能不报呢?"

说道这里,他看了成吉思汗一眼,又说道:"我们西夏国处在强国之间,只有妥善地处理好与邻国的关系,西夏才能生存下去。过去,我们未能尽到臣子的职责,认真劝说夏王执行与大汗的蒙古结成联盟,这次我和太傅回去,一定劝说夏王,做好这件事。"

成吉思汗立即高兴地说道:"好!希望你们代表蒙古去说服夏王,尽快做出决断,只有归降蒙古西夏才有出路,不久之后,我要带兵去攻打金国。"

接着,木华黎也对二人说:"你们想联合金朝与蒙古对抗,这次金朝为何不愿出兵援助你们呢？金朝内部矛盾重重，国力衰弱，他们哪有力量支持你们？”

太傅讹答和令公嵬名再三向成吉思汗表示决心不负大汗希望，回去一定不辱使命，说服夏王降附蒙古。

两人离开蒙古大营，回到中兴府里，对夏王李安全分析了当前的天下大势，再三晓知利害，对蒙古、对金国都认真做了分析。

李安全被迫无奈，终于答应归附蒙古，每年向成吉思汗纳贡称臣。

后来，太傅讹答又建议道：“为了加深两国关系，不如趁势与成吉思汗联姻，使西夏与蒙古进一步和好，岂不美哉？”

嵬名令公听了，立即怂恿道：“察合公主是西夏国有名的美女，成吉思汗早有所闻，夏王何不将公主献与成吉思汗，使西夏与蒙古的关系更加亲密。”

李安全马上打断嵬名的建议，不高兴地说：“胡说！我的女儿察合公主乃金枝玉叶，怎能嫁给蒙古人？”讹答太傅立即答道：“大王不能太固执了！当今世界，蒙古国兵强马壮，国力雄厚，正处于兴旺发达时期，成吉思汗威名显赫，是当代叱咤风云的帝王，许多人想巴结还高攀不上呢？”

嵬名令公又劝道：“为了西夏国的长治久安，也为了察合公主的美好前程，劝大王忍痛割爱吧！”

夏王李安全只得忍痛把心爱的女儿察合公主嫁给成吉思汗，同时送去的，还有西夏盛产的白骆驼、毛毯、鹞鹰等贡品。

成吉思汗自然高兴，便劝说太傅讹答和令公嵬名留在蒙古，不要再回西夏去了。

太傅讹答指着嵬名令公说道：“令公年轻有为，留在大汗帐下还能有所作为，我已老迈，正是朽木不可雕了，无大用处，还是让我回西夏去罢！”

后来，嵬名就留在蒙古，成为成吉思汗智囊团里面的中心人物之一，这是后话了。

见了察合公主，成吉思汗欣喜异常，当时的察合年仅十六岁，生得花容月貌自不必说了，她还识汉文和维吾尔文，又善诗画，一夜风流之后，成吉思汗第二天就宣布封她为皇后了，这便是后来人们称道的“察合儿皇后”。

成吉思汗的第三次攻夏，使西夏国王李安全赔了公主又折兵，联金抗蒙的政策遭到了彻底失败。

因为“老子无能，太子无用，将相非死即降”，全西夏国上上下下一片沸沸扬扬，真是怨声载道，民怨沸腾了。

公元1211年，李安全被废而死，其宗室内部推拥李道顼继位为夏王。是为夏神宗。李道顼是西夏齐忠武王之后，早年曾考中状元，后充任大都督府首领，雄心勃勃想一心振兴西夏。

他当上国王之后,改年号为光定元年,并彻底改变了李安全联金抗蒙的路线,不久即派兵攻占了金朝的邻州、泾州,并领兵围攻平凉府和东胜州,正式宣布与金朝断绝关系,完全执行了一条联蒙抗金的路线。

通过三征西夏国,成吉思汗不仅掠夺了大量奴隶、财物,以及众多的骆驼、战马、牛羊等,而且迫使西夏称臣纳贡,献女求和;在政治上又拆散了西夏与金朝的联盟,从而解除了后顾之忧。

成吉思汗的战略目的达到了,为南征金朝创造了良好的条件,特别是他那先弱后强,各个击破的战略思想得到进一步的证实,这确是难能可贵的。

金国是蒙古部落的宗主国,曾经灭辽、北宋,称雄一时。但到成吉思汗称霸时,金国已度过了鼎盛时期,国势日渐衰落,君臣之间互相猜忌,朝臣勾心斗角,朝政昏乱,军队长期不耕不战,士气低落,国内各种矛盾十分尖锐。

金朝自从强大以后一直对蒙古诸部落实施民族压迫政策,常出动大军攻打、劫掠蒙古诸部落,并唆使塔塔儿等部落与蒙古诸部落互相仇杀。金朝对蒙古各部的残酷民族压迫,引起蒙古各部人对金朝的深刻仇恨,成吉思汗的祖先俺巴孩汗、斡勤巴儿合黑等均被金朝用酷刑处死。

金国是蒙古的世敌,成吉思汗想要争霸世界,首当其冲的就是要面对金国。13 世纪时,金国的实力已经大不如以前,政治腐败,经济萧条,军备废弛,金国统治者奉行民族压迫和阶级压迫的政策,矛盾不断激化。蒙古建国后,成吉思汗逐步谋求摆脱对金朝的臣属关系,转而对金用兵作战。

经过几年的准备,成吉思汗制定了周密的计划,他已经有了和金国对抗的实力,对待金朝朝廷的态度日益蔑视和傲慢起来。这时,金国的皇帝病逝,新帝继位,金国派遣使者到蒙古草原四处通报,其中一名来到了成吉思汗这里。蒙古是金国的属国,成吉思汗也是金国的附庸,皇位的继承本来是一件非常重大的事情,成吉思汗却不以为然,他听完金廷使节宣读的诏书后,他心不在焉地问来使道:“新君是谁人?”

来使回答说:“是卫王。”

成吉思汗大声感叹说:“我原以为中原的皇帝,都是天上的神人才能做的,没想到卫王这般昏庸无能之辈也可以做皇帝。”说罢,成吉思汗向南面金国的方向唾了一口,抛下金国使节,上马扬鞭而去。金国使臣见此,一时惊得目瞪口呆,不知所措。

成吉思汗忍耐了很久,现在他终于敢于向金国说不了。从血统世系关系上来说,蒙古人同金人之间存在着深刻的鸿沟。金国皇帝曾侮辱过蒙古人,对蒙古的几位汗施加酷刑,像处决罪犯一样把俺巴孩汗和斡勤巴儿合黑亲王残酷地折磨致死。俺巴孩汗在临死前曾大声说,他的子女甚多,有朝一日必定会来报仇。这既是对金国的警告,也是对蒙古后人的激励。成吉思汗牢记先辈的遗愿，现在，蒙古各部已经统一，给金国以严厉惩罚的时候到了。公元 1211 年，成吉思汗称汗的第六年春天，成吉思汗以为祖宗报仇做旗号，率领蒙古铁骑杀向金国。出兵前，为了最大限度地孤立金国，成吉思汗派人到南宋表示友好，愿意与南宋联合攻金。迫于金国的压力，南宋没有同蒙古国建立联盟，但对蒙古国攻金，采取了中立的态度，这对成吉思汗是有利的。

征金是成吉思汗及其继承者对外扩张战争中规模较大、时间最长的一次战争，是他们由弱小走向强大，从蒙古走向世界的决定性的一次战争，成吉思汗的兵法在这次战争中得到了充分的发挥，并走向成熟。公元 1211 年，成吉思汗正式在蒙古东部的克鲁伦河河畔誓师。他召集各蒙古部落，无论是蒙古本部还是住在遥远的地方的附庸，都纷纷前来，与成吉思汗共同商讨伐金大计。成吉思汗把远征金国的战争当做全国性的对外战争加以准备，他广泛地发动盟友，统治吐鲁番和库车等绿洲、家住在西部的畏兀儿亦都护巴而术阿而忒的斤，统治巴尔喀什湖以南谢米列奇耶地区的哈剌鲁王阿儿思兰，都率领军队，不远万里参加对金国的作战。成吉思汗率领各路大军，来到蒙古的圣山不儿罕山，举行庄严盛大的宗教仪式，他祈求长生天保佑他赐予蒙古福气，保佑他们出师胜利。成吉思汗按照萨满教的仪式，脱帽解带于肩，几次叩头于地，然后祷告说："长生天在上，我决意整顿军马，为被金国残害致死的俺巴孩汗和斡勤巴儿合黑亲王报此血海深仇。长生天赐我神力和福祉，消灭金军，光大蒙古。"宣誓完毕后，成吉思汗正式率领大军，两路齐发，直捣金国。

时值 1211 年初秋，成吉思汗亲自率领东路军。他派大将哲别为先锋，首先向乌沙堡进攻，进入金境。哲别作战勇猛，蒙古军锐不可当，很快占领乌月营。金军统帅完颜承裕不敢抵抗，慌忙率军撤退，一直退守到野狐岭附近，才将大军驻下，与蒙古对抗。当时金军数量胜于蒙古许多，号称大军五十万，但金国将领指挥不当，金军士气低落。

蒙古军队以迅雷不及掩耳之势发起攻击，在野狐岭战役中大败金兵，突破了金国用来防御草原游牧民进攻的边墙。在这次战斗中，金国的精锐部队几乎丧失一半，从此元气大伤。金宣宗被迫求和，向蒙古贡献了大量财物。蒙古军队长期征战疲劳，获得大量财物、俘虏后北返。

金军步步为营，在野狐岭失败后屯兵于浍河堡，严守不出，成吉思汗采取从中央突破敌军、两翼策应的战术，全歼金军主力。此后，蒙军主力攻入居庸关，哲别率领先锋军直达中都。中都是金国的首都，是金国皇帝的所在地，金国倾全国兵力严防死守，哲别与金军几次战斗不能取胜。成吉思汗率蒙古大军来后，见金国实力犹存，为了避免蒙古国大的伤亡，主动撤出了对中都的战斗。成吉思汗命令术赤、察合台、窝阔台率领西路军,以汪古部主力为蒙古军向导,进入阴山地区,蒙古军顺利地攻下净州、云内州、丰州等城池,进而合围金国西京(今山西大同)。为了督促蒙军作战,成吉思汗亲自上阵鼓舞士气,金国守将殊死战斗,用箭将成吉思汗射伤,蒙古军被迫后退,撤出对两京的包围。之后,成吉思汗采用避实就虚的战略,派哲别率蒙古军攻入金国兵力薄弱的东部地区,掠得大量财物,充实了蒙古的军力。蒙古军队东西两路,扰得金国不得安宁,当金国派军队进攻哲别时,成吉思汗趁机率军攻克宣德、德兴等河北诸城,将金国左丞相完颜纲所率领的军队一直追击到居庸关,金军精锐消耗殆尽。

稍事休整以后,成吉思汗将蒙古大军分为三路——中路军、右路军和左路军,南出紫荆关,向金国的山东、河北等地进攻。成吉思汗与其幼子拖雷率领中路军,在华北平原上长驱直入,深入金国腹地;右路军由成吉思汗的另外三个儿子砸赤、察合台和窝阔台率领,他们率领军队沿太行山一线向南进攻,占领金国的山西地区;左路军由成吉思汗的弟弟哈撒儿率领,主要进攻东北方向。蒙古大军三路齐发,互为犄角照应之势,其势不可挡。

1214 年的春天,蒙古三路大军在中都附近会师,再一次将中都团团包围。蒙古军的声势浩大,金军节节败退,金宣宗只好派使者向成吉思汗求和,并且献上公主、童男童女、金银财宝等,成吉思汗考虑到蒙古国刚刚建立不久,西边的边境还尚不稳定,不宜过久地僵持在这场战役上,于是便答应了金国国主的请求,带领大军班师回朝。蒙古军的实力很是强大,中都在短短几年的时间里,蒙古军两次包围了中都城,金宣宗每天提心吊胆,害怕有一天,中都城会落在蒙古人的手中。等到成吉思汗撤军后不久,金国害怕蒙古国的权势,在公元 1214 年,金国统治者带着自己的臣子们,迁都到了南京,而皇太子则是继续在中都留守,由尚书左丞完颜承晖、参政抹燃在一旁辅佐,以此来躲避蒙古军的锋芒。

第二十四章　知己知彼百战百胜 伐金大任交木华黎

成吉思汗便以金帝没有议和诚意为借口，再次统军攻金，在野狐岭，蒙古军队击溃了三十万金国守军，前锋直指居庸关。居庸关是一道天然的军事屏障，一旦有失中都必不保，金国在居庸关外布铁蒺藜百余里、冶铁铜门关，派重兵守御。

成吉思汗避实击虚，留部将与金兵对峙，自己则亲率精锐，兼程从小道奔袭紫荆关。金军猝不及防，被迫退离紫荆关，紫荆关的失手，使金国的都城中都完全暴露在蒙古铁骑面前。

为了搜刮更多的财物进行对蒙古的战争，金国更加残酷地剥削境内的其他民族。金朝对契丹人的镇压与防范十分严密，契丹人的反抗与逃亡也不曾稍有停息。另外，女真族与汉人的矛盾也一直很尖锐。金人禁止汉人收藏军器，平毁中州城市。在官吏的选举、升迁方面，女真人享有种种优惠特权，汉人则受歧视。女真人还把汉族分划为汉人与南人两种，进行分裂和挑拨，执行严格的里甲制度，这些都使广大汉族人民怨恨刻骨。此时，金朝内部已经如同一座随时都有可能喷发的火山，蒙古军的进攻又大大削弱了金国的统治，这使得各族人民的反抗活动蜂起云涌，更加有利于蒙古军队的进攻。金国境内各个民族的反抗斗争进一步削弱了金朝的实力，使它完全丧失了抗御蒙古军的能力。

在攻打金国的过程中，成吉思汗充分展示了自己大漠英雄的机智和能力。他在战前充分侦察，避害趋利；在战争中善于把握时机，抓住机遇；他善于纳谏，优待降将，诸些种种，为他在攻打金国的过程中开辟大道，让他的军队直指中都。成吉思汗每战之前都对敌人进行充分侦察，了解敌情后发动进攻，从不莽撞行事。当敌人虚实难知时，他先以小股队伍冲击敌人以探实力；如果敌弱，则全军并进围而歼之，若敌强我弱，则分化敌人各个歼灭，或者掉头远遁，避其锋锐，以图后计。如1211年，蒙古第一次进攻金国，军队必须通过居庸关，才能发起攻击。居庸关地势险峻，易守难攻，是进攻金国首都中都城的必经之路。成吉思汗详细调查后发现，守关的金国将领狂妄自大、自以为是。他便定下计策，命攻关的将军哲别攻关口时，佯装败退，引诱敌人出击。金国将领果然中计，误认为蒙古兵真的溃败，率领关口守兵倾巢出动。哲别且战且退，把金国军队引进埋伏地区，把敌人打得大败。这时候大将木华黎率领大军从关口西门进攻敌人，由于西门的兵力大部分被调走，蒙古军得以乘虚而入，号称“天险”的居庸关终于被蒙古军拿下！

在攻打金国的过程中，成吉思汗对战机的把握能力表现得淋漓尽致。

成吉思汗自信，但不自大，在没有取得绝对的优势和把握之前，从不轻易进攻，总是在了解对方情况的过程中耐心地等待机会。等到机会出现了，他便会如闪电般地出击，绝不会让机会溜走。

成吉思汗在大举攻金前，长年通过金的降人、使者及来往于山东、河北各地经商的回鹘商人了解金国的实情。契丹人耶律阿海通诸国语，被金朝选派为使者出使蒙古国，见成吉思汗姿貌异常，遂向他报告“金国不治戎备，俗日侈肆，亡可立待”的情况，劝他攻金。回鹘一田姓大商人，往来于山东、河北经商，向成吉思汗等蒙古贵族报告中原民物繁庶的具体情况，劝他组织军队攻金。1206 年，成吉思汗建国，金降者向他报告了金章宗肆行暴虐的具体情况。后陆续又有金降者向他报告金章宗“杀戮宗亲，荒淫日恣”的许多情况。但他始终未敢轻动。直到 1211 年，他对金国的经济、政治、军事等各方面实情有了充分的了解以后，尤其是在他探知金新帝卫绍王允济懦弱无能，同时在他已先后征服了西夏、畏兀儿、哈剌鲁等邻国及北方森林狩猎部落，消除了后顾之忧，做好了各方面的充分准备之时，他才于次年秋大举进攻金国。

成吉思汗善于听取部下的建议。1215 年，蒙古军攻下金都。王楫向成吉思汗进言曰：“国家以仁义取天下，不可失信于民，宜禁掳掠，以慰民望。”当时中都城中出现了断绝粮食，甚至人吃人的局面，于是成吉思汗听从了王楫的建议而允许军士提供粮食，到城里去卖给那些饥饿难耐的民众。于是成吉思汗的军士得到了从民众那里交换来的金帛，而民众则获得了宝贵的粮食，由此原先那种不堪的情形得到了极大的扭转。王楫又言：“田野久荒，而兵后无牛，宜差官卢沟桥索军回所驱牛，十取其一，以给农民。”成吉思汗又采纳了他的进言，王楫得到了数千头牛，分给了邻近的诸县，民众大悦，许多民众又重新恢复了农业的耕种。

在对待金国的降将时，成吉思汗心胸宽广、不计前嫌。成吉思汗攻取金朝时，在蒙古铁骑的不断进攻之下，金朝内外矛盾迅速激化，大量契丹、汉族将领和地主在蒙古强大的军事面前，背叛金国，归附蒙古，其中包括石抹明安、郭宝玉、刘伯林、夹谷长哥、移剌捏儿等名将名臣。而成吉思汗对这些前来臣服的叛将非常重视，给予他们很高的待遇，并委以重任。在蒙金两军野狐岭大战前夕，女真族统帅九斤派契丹人石抹明安出使蒙古，让他质问成吉思汗入侵理由。谁知，石抹明安见了成吉思汗后投降了蒙古。成吉思汗追问他投降的理由，他回答说：“我早就有归顺你的想法了。”这句话将契丹族和女真族的矛盾暴露无遗。成吉思汗之所以大胆任用降将，也正是因为他看到了金国内部深刻的民族矛盾，于是大胆任用契丹降将。

在伐金的过程中，先后还有石抹也先、史秉直、史天倪、史天泽父子及石天应、张柔、严实、董俊等金国臣将前来降服，而在蒙古灭金的过程中，这些人都发挥了巨大的作用。成吉思汗对这些降将的重用，不仅对金朝的各级统治者造成极大的恐慌，大大削弱了金朝统治力量。同时重用降将也激化了金朝统治者的内部矛盾，使统治阶层内部相互倾轧攻击，制约了金朝的军事与政治力量。统治者中的高级将领大规模地投降蒙古国，也使得金国百姓感知到了金王朝的腐朽和蒙古的兴盛，于是也开始大规模地叛离，辽东爆发了以耶律留哥为首的契丹人民起义；汉族人民也不愿再忍受女真族的黑暗统治，纷纷起义反抗，其中最著名就是杨安儿、李全领导的红袄起义军。这些起义从内部大大打击了金朝的统治力量，牵制了金军的部队，从而减轻了蒙古军队在战争中的压力。

成吉思汗是一个非常理智的统帅，他对战事部署缜密，善使攻心术。在每次进攻敌人之前，成吉思汗总是先采用招降战略，如果敌人投降了就不杀，如果不降则全部杀死。蒙古将军拙赤进攻花剌子模国的莎嘎那忽城，攻城之前先派使者向守城军民宣传投降归顺政策，但城内守军将派去的使者残酷地杀死。蒙古军队当即以武力回击，不久城堡被攻破，全部反抗者被杀死。在攻打斡失堪大城时，守军接受劝告，自动归降，成吉思汗信守自己的诺言，全城军民安然无恙。

草原的血族复仇的习俗也在他的进攻中打下了深深的烙印，成吉思汗的大军所到之处，人口、牲畜和财物都被洗劫一空，更有甚者，一道屠城的命令就使一座座城池成为空城。迟到的复仇快感并不能消弭人心中的怒火，并在高昂的战意催动下势成燎原，战争的车轮一旦滚动起来，除非将面前的一切碾成碎片，否则是不会稍事停歇的。成吉思汗驾驭着战车，也为战车所牵引，以风驰电掣之势碾碎一切。

1213 年，成吉思汗大军攻陷保州，将所有的居民驱赶出来，并将成年人全部杀死。过了两天，发现有些百姓还有反抗之意，就下令将老人儿童也全部杀害。1214 年，成吉思汗用了三天攻破卫州，因为愤怒也将全城百姓尽数杀害。成吉思汗的手高高举起，又猛地向下一挥，如同斩断了羁绊着泄洪闸门的绳索。金铁的洪流在这挥手之间喷薄而出，将胜过料峭春寒的死亡冰雨劈落在其俘虏的头顶。

后来，成吉思汗统率的蒙古军从原始杀掠战争方式逐渐转向对被征服地区的长期占领、统治，对居民的掠夺、杀戮就逐渐减少。1214 年夏，蒙古军由古北口进占景、蓟、坛、顺诸州，诸将意欲屠杀被俘军民，经石抹明安劝谏，成吉思汗同意不加屠杀。畏兀儿人塔本告诫成吉思汗说："国家的根本是老百姓，杀完了他们，对国家有什么好处呢？以这种方式却更加使得敌人的反抗之心愈加强烈。"成吉思汗觉得有理，这才约束手下，逐渐减少杀戮。

公元1215年，成吉思汗终于攻下了中都。在战争中，成吉思汗还俘获了赫赫有名、后来为元朝建立了巨大功劳的耶律楚材。耶律楚材不仅对蒙古的对外扩张起到了重要作用，还帮助成吉思汗树立了以儒家思想治天下的方针，一直影响到成吉思汗的孙子忽必烈。

此后，成吉思汗率军回漠北，蒙古征金暂告一段落。后来，成吉思汗又委托木华黎全面负责征金事务。成吉思汗死后窝阔台汗继续对金进行进攻，直到1234年，蒙古才将金国灭掉。

在蒙古国的开国功臣中，木华黎被成吉思汗称为"车之有辕，身之右臂"一样关系密切的股肱之臣，他与博尔术、赤老温、博尔忽一起号称"四杰"，是蒙古国的杰出统帅和谋臣，是能够对成吉思汗形成重大影响的少数几个人物之一。在蒙古国走出草原，发展到中原地区建立元王朝的历史进程中，木华黎经略中原是重要的一步。

蒙古大军一路南下，攻克金朝首都中都之后，成吉思汗意识到金朝已不再是心腹大患了，便把主要精力转移到西方，全力对付花剌子模。成吉思汗踏上征西路之前，必须要寻找一个主持金围战争的全局统帅，继续维护蒙古对金国作战中的优势，维护在中原的统治地位，木华黎的胆识才华和征战经历使他成为无可争议的人选。于是，成吉思汗在出发前，将中原的广大战场交给了他忠诚的大将——大名鼎鼎的木华黎主持。1217年八月，成吉思汗正式册封木华黎为国王，太师、都行省承制行事，赐黄金印、誓券。成吉思汗对木华黎信任有加，将金印刻上"子孙传国，世世不绝"八个大字，以示要将木华黎的封爵世世代代传承下去。临行前，成吉思汗庄重地对木华黎说："太行之北，朕自经营；太行以南，卿其勉之。"将对金作战的全部大权，委托于木华黎一人。

木华黎是成吉思汗的股肱战将之一，早在成吉思汗打败主儿勤的时候，成吉思汗就与他结下了不解之缘。

主儿勤是合不勒汗的七个儿子中的长子斡勤巴儿合黑的后代，因为是长子，所以合不勒汗从自己的属民中挑选出"手能挽弓的、胸有胆识的、气宇轩昂的、气贯长虹的"百姓给了他。如今，主儿勤的有胆有勇的百姓都归属了成吉思汗，成为他的"梯己百姓"。在这些人当中，就有后来威名远扬的木华黎。

木华黎所属的札剌亦儿氏族，早在海都（成吉思汗六世祖）时代就被征服，成为蒙古部的世袭部落奴隶。长期以来，他们为主人服役，有的人逐渐家资富饶,成了“伯颜”(富翁)。木华黎的祖父帖列格秃就是这样一个人,主儿勤被消灭后,他带着三个儿子古温兀阿、赤剌温孩亦赤、者卜客,古温兀阿带着他的两个儿子木华黎、不合,赤剌温孩亦赤带着他的两个儿子统格、合失,来到成吉思汗这里。古温兀阿对成吉思汗说:“我让这两个儿子,给你固守黄金的大门,如果离开了你的黄金大门,便断送他们的性命,给你谨守宽广的大门,如果离开了你的宽广大门,便挖出他们的心!”从那以后,木华黎就跟随成吉思汗征战疆场。他跟随成吉思汗浴血奋战,从蒙古草原直到中原战场,或是辅佐大汗,运筹帷幄,或独率一军,独当一面,都能够谋则有功战则必胜。他的位置与作用,已成为成吉思汗的副帅和助手,犹如左膀右臂一般,不可缺失。等到成吉思汗委以重任的时候,木华黎的威名也在蒙古草原上如雷贯耳了。

自战以来,蒙古政权只封同姓兄弟子侄为王,异姓功臣只封为千户或万户,绝对不能被封为宗王爵位。木华黎被破格封为国王,不仅表明成吉思汗对他的信任,而且表明他所担负使命的重要性。成吉思汗用人智谋超群,他任命木华黎为中原之王,就是要利用木华黎杰出的政治军事才能,完成统一中原的大任。

蒙古所谓的“国王”封号,不同于一般意义上的一国之主,只是爵位,并没有国土。成吉思汗刚刚起步的时候,曾派木华黎到全国边境地区,并没有名号。当时,女真诸部为了表示对木华黎的尊敬,称他为“国王”。成吉思汗听说这件事后非常高兴,他不但没有像中原帝王一样怀疑木华黎有反叛之心,而是认为这个称号是个幸福征兆。成吉思汗顺水推舟,封木华黎为“国王”,又在前面加“太师”称号,把对金国战争的大权全部授予木华黎,凡攻金战争中的一切事宜,不需请示报告,皆可自行由太师决策处理。为了体现出木华黎有充分的指挥、生杀大权,加重他的权威,成吉思汗还特地制九尾白旄纛大旗赐给他,并告诉诸将:“凭此面大旗,如朕亲临,军中所有将士,一律听令,如有违拗,可以先斩后奏。”这样的安排可以看出成吉思汗对木华黎的倚重,如同中原帝王授予大臣尚方宝剑一样,赐下了生杀予夺的大权。正因为如此,金朝人把木华黎称之为“权皇帝”,“权”是“代理”的意思,成吉思汗不在,木华黎就成了代理皇帝。

成吉思汗封木华黎为国王时,共拨给他军队约十余万人,把燕京、西京(今山西大同)及其以北的地方交给他统治。但是,蒙古军的主力却被成吉思汗带走了,木华黎分得的蒙古精锐骑兵仅有一万五千人,军队的大部分是由契丹人、女真人和汉人组成,作战能力远远低于蒙古骑兵。因此,木华黎的政治地位虽然如此崇高,成吉思汗留给他统率的南征军,却不是他原来统率的左路军,也不是蒙古军队的精锐,而是一支名副其实的偏师。

经过精心安排，木华黎根据战事需要，从蒙古骑兵中抽出一部分人马，加上弘吉剌、札剌儿等其他蒙古部落的军队，组建了探马赤军，充当征金的前锋。“探马”的意思，在汉语中是指挥军队中的侦察特务人员，而在蒙古语中，“赤”的意思是指“人”，“探马赤军”指的是打先锋的军队，它是以汪古、弘吉剌、札剌儿等五部蒙古军队为核心，由笑匿歹、阔阔不花、孛罗、怯烈台等几名将领指挥的一支杂牌人马。当时，金国虽然受到了沉重打击，但是仍有大军几十万人。从数量上看，蒙军仍处于绝对劣势，木华黎要打败金军需要付出极大努力；从质量来看，金军供应充足，久经沙场，而蒙军却似“乌合之众”。成吉思汗给木华黎戴上了高帽子，是有良苦用心的，他就是要木华黎用这一支偏师，去消灭劲敌。

木华黎要依靠这样一支军队，去完成成吉思汗交给他的任务，召集豪杰，勘定未下城邑。成吉思汗不仅将征服地的百姓托付给他，让他保护他们，而且嘱托他尽可能地将尚未归服的人民征服。为了迅速征服中原，稳定中原，木华黎于是逐步放弃改变屠杀抄掠和占而复撤的做法，力图长期占领和统治中原地区。为此，他大力收附汉族地主武装势力，并注意招民耕种，恢复农业生产，收服人心。

蒙古在刚开始伐金的时候，铁骑所到之处，杀掠十分严重，撤军时，金帛、子女、牛羊马畜，统统席卷一空，“屋庐焚毁，城郭丘墟”。败逃的金兵也大肆抢掠，残害百姓。兵荒马乱之际，盗贼蜂起，不断骚扰地方。在初期对蒙古作战失利以后，金国为了避开蒙古军队的锋芒。于1214年迁都南京（今河南开封）。此后，黄河以北的原金国统治区，金国不能有效控制，地方政权瘫痪，而蒙古军队也未牢固占据这些地方。这样，黄河以北的广大地区处于“荡然无统”的局面之下。

第二十五章 政治奇才病死途中 大军西征撞上劲敌

木华黎接受任务之后,便开始了安抚工作。在混乱之际,留守的金朝将领或地方民众纷纷组织武装自保,地方豪强成为各占一方的武装割据势力。木华黎原来在长城以北就从事收降安抚工作,收附了一批契丹、女真、汉人的地方武装首领。现在他再次挥师南下,就更加注意各地的地主武装势力。由于战场广阔,战线过长,而手中军队又有限,木华黎深知他手中的十万军队只能驻在战略要地和用于大的战役行动,不能分散到几千里的广袤战线上去。为了建立长久的统治,收揽大量的治理人才,木华黎采取了成吉思汗"招集豪杰,勘定未下城邑"的建议,凡是归降的汉族地主武装首领,一概让他们依旧管辖原有的地盘;金朝官将则维持原职,或者授以更高职位;对于平民百姓,则按照势力大小授以新职。在蒙强金弱的形势下,越来越多的汉人地主武装首领归向木华黎。

蒙古军队向来嗜杀成性,木华黎挥师南下后,虽然难免还有杀掠,但渐渐也有了许多变化。投降蒙古的汉族大将史天倪进言:"中原一带地方大致攻下,但我军仍奉行抄掠劫杀政策,这不符合'王者吊民伐罪'的古训。国王要平定中原,恐这种政策难为天下人接受,不利于我军从事。"木华黎认为史天倪说得有道理,于是听从了他的意见,下令禁止掳掠,"敢有剽虏者,以军法从事",并将掳获的老人幼童等都遣返乡里,以示蒙古军队爱民。1218 年,蒙古军队攻下太原,木华黎派遣大将镇守,并令这些将领修葺城市,"不嗜戕杀,恣民耕稼",让市肆照常进行。从此,他的麾下建立了禁止剽掠的新纪律,"军中肃然,吏民大悦",蒙古迅速在中原地区站稳了脚跟。

变掳掠战争为人主战争,表现出了木华黎杰出的政治才能,也展示出了成吉思汗在用人上的慧眼独具。木华黎的智慧在于他从实际出发,根据战事发展的具体需要,因地制宜、有针对性地制定政治方略,而不是一味地遵守传统的策略。这一政治意图的变化,成吉思汗本人也未能料到。他最初率军侵入中原,只是为了进行经济掠夺,不准备进行长期统治。但木华黎将统治中原作为奋斗目标,说明他具有高出常人的政治胆识和首创精神,也显示了他罕见的气魄与胸怀。收买人心胜于战胜百万雄师,金朝为此深感恐慌。

木华黎的稳扎稳打,步步紧逼,使金国无力以对,只得节节退让,龟缩退守到黄河南岸。金国皇帝依靠山河之险，北沿黄河两千余里，集中兵力于潼关附近，将主力分为四部分。四路守军遥相呼应，凭借地理位置的优势，能进能守，于是形成了蒙金隔黄河对峙的局面。

木华黎一面同金军对峙，一面寻求新的出路。1220年秋，木华黎一面留下大军严防潼关金军，一面亲率少量精锐军队进入山东。蒙军奉行招降政策，刚一进入，金国的山东守将严实就背叛金朝投降于蒙古军，把他所统领的彰德、恩博等州全部献给了木华黎。严实的投降，使蒙古不战而取得大片领土，攻略金国的力量由此大大加强，此外，严实的投降还瓦解了金国的军心，木华黎为了进一步瓦解敌军，拜严实为光禄大夫，行尚书事，吸引金国将领投降蒙古。此后不久，木华黎在黄陵岗歼灭金军十万余人，声威大震，不少金将和地主武装见蒙古强大，又善待投降之人，纷纷投靠蒙古。

为了同木华黎抗衡，金国也加强了对地主武装的招纳政策，这加速北方地主阶级的分化，造成了中原地区数十年的纷争。由于蒙军大力支援各地降蒙武装，在关键时候，木华黎又亲率大军支援，使得降蒙武装能守能攻，进退无忧，很自然地就把蒙军作为强大靠山。而且，木华黎十分尊重地主武装，采用汉人的传统政策，任用一些汉族知识分子从事恢复经济和社会工作，从而稳定了被占地区，使这些地域内的政治、经济得到了一定程度的发展。相反，降附的金国地主武装既没有金军主力的支援，又缺乏金廷的调度和节制，基本上是孤军奋战，无法实现彼此间的通力合作，且内部矛盾重重，摩擦不断，金国逐渐在这场斗争中处于了下风。

在木华黎的进攻下，金的州县地方政权普遍瓦解。1218年，平阳失守后，金在黄河以北不再设置统一的军政机构。金廷听说木华黎以太原为中心，"为久驻之基"，便采取向地方将领和豪强地主授予高衔的措施，支持他们各保一方"统众守土"、恢复失地。为了扭转战局，金国行动迅速，在一个月之间封九个地方地主为"公"，且都兼任地方宣抚使。为了使这些豪强地主能够忠于朝廷，金国赐给他们"宣力忠臣"的称号，并明确表示除已划定所管州县外，如果能收复邻近州县，也归他们管属，鼓励他们进攻蒙军。但是，金国册封的这些"公"实力有限，彼此又互相不统摄，在同蒙古方面周旋一阵以后，不是被蒙军执杀，就是向蒙军投降。在这些人中，金国最为器重的是实力最强的武仙，并让他镇守重镇真定。蒙军集中力量争夺真定，双方经过反复争夺，武仙依据蒙金双方的实力变化而骑墙不定，他先投降蒙古，又投降金国，最后在蒙古军队讨伐下，不得不逃奔汴京，放弃守地。

远在西征前线的成吉思汗时时关注着中原战局的发展，并派信使和木华黎随时保持着联系。成吉思汗对木华黎所取得的巨大战绩深表赞赏和认同，木华黎派遣使者向成吉思汗报捷，木华黎唯恐自己的势力增大，成吉思汗会有疑心，特别嘱咐使者询问："木华黎请求停止进军，是不是等大汗回国再歼灭敌军？"成吉思汗斩钉截铁地降旨，让木华黎没有攻下其他城堡时就别下马。使者回去后，木华黎向使者问道："当你到大汗处报告我的话时，他做什么？"使者说："他命令将军继续进军，并掰了掰手指。"木华黎问道："他还说了些什么？"使者说："他掰手指时，在数他的大将，他把您和博尔忽、博尔术、忽必来、哈剌察儿、赤老温、哲别、者台、巴歹还有乞失里黑等十个比做他的手指，成吉思汗说他们是朕的助手，是朕的能干的、尽心竭力的奴仆，是朕的快马，朕的神箭手，朕的拴到马鞍上的猎狗。"木华黎听后知道成吉思汗对自己十分信任，深感大汗的知遇之恩，立刻大声地说："我会誓死忠于他！"

在木华黎的接连打击下，金国难以立足，被迫求和。金国害怕木华黎，于是派使者怀揣图书到两征前线，绕过木华黎直接去向成吉思汗求和。成吉思汗问金使："我的太师可知道了这件事？"金国使臣不敢欺骗，如实回答，成吉思汗大怒道："我率军西征，中原事宜完全由太师处理，你们快去问太师去吧。"木华黎知道成吉思汗的愿望是灭亡金国，现在对金作战已取得巨大军事成果，于是拒绝了金朝的求和要求。过了一年，金朝皇帝又派使者远赴西域求和，成吉思汗说："念汝远来，须割地与我太师，令汝王为河南王，归于太师节制，如何？"这一条件十分苛刻，完全是侮辱金国，抬高木华黎，金国最终拒绝。

1222 年冬季，趁着天寒地冻，黄河水面结冰，木华黎率领大军渡过黄河，进入陕西，接连攻克同州、蒲城，然后直抵京兆府城下。京兆府就是今天的西安，古称长安，宋称京兆，位于渭河平原中部，为历史悠久的古城。金朝守将完颜合答坚壁清野，在城周围五十里之内不留一人一畜，并在主干道上遍设障碍物，阻扰蒙古骑兵行动。京兆府历经数百年历史，城墙高大坚固，城上防守严密，完颜合答紧闭城门，死守不出，蒙古军队几次强攻不能得手。此时正当严寒酷冻，蒙古大军驻扎在荒原野地上，马少草料，人缺食品。木华黎攻城不下，心急如焚，便领着众将，到周围山坡上侦察地形，不想赶上风暴，大雪堵塞道路，马匹冻伤，历经数天才赶回军营。

此后木华黎竟发起烧来。起初木华黎自恃身体强健，不以为意，没想到接连数周病情竟不断加重。主将生病，军心必定动摇，木华黎命令将士严格封锁消息，悄悄撤军。第二年初春，木华黎率军渡过黄河东返，至山西闻喜县，病重而亡。

木华黎打下了灭亡金国的基础，为蒙古入主中原立下了汗马功劳。自他开始执行的拉拢汉族地主、恢复发展生产的政策，为后继者所承袭，开创了蒙古统治者进入中原后采用"汉法"的先例。成吉思汗知人善任，任用木华黎这样的杰出将领，以权皇帝之名，行皇帝之实，历史上极为罕见，彰显一代天骄的博大胸怀。

木华黎临死前,派人向成吉思汗禀报消息,请他赶快安排人选征服中原大业不可一日无主将。他还向成吉思汗请罪说:“我追随大汗征战四十年,没有什么遗恨,只恨汴京至今还没有攻下!”木华黎死后,成吉思汗极为伤心,他命令木华黎的儿子孛鲁袭为国王,继承他的未竟事业,继续攻金。

攻打金国的同时,成吉思汗在西部遇到了一个强劲的对手——花剌子模。花剌子模是当时统治中亚地区的大帝国,疆域辽阔,包括哈萨克斯坦、乌兹别克斯坦、土库曼斯坦、吉尔吉斯斯坦、塔吉克斯坦、阿富汗和伊朗的部分地区,对蒙古西部构成了极大的威胁。亚欧大陆腹地,它是唯一一个能与蒙古帝国比斤两的国家。俗话说“天无二日,山无二虎”,成吉思汗把刀锋指向了他的竞争者。阿拉乌定·摩诃末是西域强国花剌子模的君主,也堪称是一个不世英雄。他继承父业,四处征伐,成了中亚最强大的统治者。当他势力蒸蒸日上之时,成吉思汗也完成了蒙古的统一,正在积极向四方推进。

攻占中都后,成吉思汗曾在那里作了短暂停留,度过寒冬。其间,摩诃末为了解蒙古征服金国后的真实情况,派遣以巴哈·阿丁·吉剌为首的使节晋见成吉思汗。成吉思汗很早就注意了帝国西部的这个大国,密切关注着它的一举一动。成吉思汗想与花剌子模保持良好的关系,于是盛情款待了使团,并表示:蒙古为东方的统治者,花剌子模为西方的统治者,双方保持和平友好的关系,互不侵扰,并表示要与花剌子模通商。为了表示友好,成吉思汗派使者和商队回访了花剌子模国。摩诃末在布哈拉接见了蒙古使者,同意成吉思汗的提议,双方缔结了和平通商协定。

然而好景不长,双方不断发生误解和冲突。首先是哲别受命消灭西辽时,花剌子模抢先占领了讹答剌等大片领地,挑起了两国间的领土纠纷。不久,边界纠纷和武装冲突不断加剧,速不台消灭蔑儿乞部的残余势力,胜利回师时,遭到花剌子模军队的追击,蒙古军队不敌,一直后退。速不台知道蒙古与花剌子模订有条约,一再对花剌子模退让,他还派遣使者劝说花剌子模国王,希望双方不要交锋。但摩诃末不听劝告,仍然进军攻击蒙古军队,挑起武装冲突。速不台设下伏兵,大败花剌子模军队,摩诃末都险些被蒙古军队俘虏。回国之后,速不台将此事禀报给成吉思汗,成吉思汗大大表扬了他一番,并加强了对花剌子模的戒备。

一波未平,一波又起,紧接着发生的蒙古商队被害事件使成吉思汗再也不能忍受了。

1218年,成吉思汗派一个四百五十人的商队到花剌子模进行贸易。商队到达花剌子模的边城讹答剌时,其守将亦纳勒出黑因为商队没有尊称他“海儿汗”而大发雷霆,他没收了商队的财物,把四百五十人全部逮捕,并向摩诃末汇报说,他们是成吉思汗派来的间谍。摩诃末对成吉思汗本来就疑心重重,加上亦纳勒出黑添油加醋,便更加担心。他命令将商人全部处死,只留下一人作为活口,故意让他回国通风报信,向成吉思汗报告商队的被害经过,故意挑衅成吉思汗。成吉思汗发怒了,《史集》中这样描述他发怒的情景:他愤怒地独自登上山头,把腰带搭在脖子上,光着头,将脸贴在地上。他祈祷、哭泣了三天三夜,对主说道,"伟大的主啊!大食人和突厥人的创造者啊!我不是挑起这次战乱的肇祸者。请佑助我,赐我认真复仇的力量吧!"然后他感到了吉祥的征兆,便精神抖擞、愉快地从那里走了下来,坚定地决定将作战所需的一切事情布置起来!

成吉思汗非常愤怒,好心派出商队,却遭到对方的侮辱,他发誓要为死者报仇。但成吉思汗仍然保持着理性的头脑,他不希望双方闹翻,希望双方能够通过和平的方式解决争端,继续保持友好的关系。于是,成吉思汗派出巴合剌等三名使者前往花剌子模,交涉这件事情。巴合剌对摩诃末国王说:"君前与我国约好,保证不虐待我国任何商人,今遽违约,枉为一国之主。如果讹答剌城虐杀商人之事,不是你的命令,请将他交给我国,由我们进行惩罚,否则就是对我国的宣战。"摩诃末狂妄自大,不但不追究守将的责任,还杀害了巴合剌,将另外两名副使的胡子剃光赶回。胡子是蒙古人尊严的象征,剃掉使臣胡子无疑是对蒙古尊严的侮辱,摩诃末采用这种方式,表达对成吉思汗的蔑视。

由于摩诃末背信弃义地违背了他亲口答应缔结的和约,蛮横地屠杀蒙古国派往该国进行和平贸易的商队,杀害、侮辱前往交涉的蒙古国使臣,严重侵犯了蒙古国的主权,侮辱了全体蒙古人的尊严,成吉思汗遂动员全体蒙古国人,组成蒙古大军,发动了两征花剌子模国的复仇战争。

成吉思汗对花剌子模的出征并非一时意气,而是有着独特的背景,也是成吉思汗对自己的大汗的威严的维护。

成吉思汗进行征服战争的根本目的,是为了掠夺财富。因此,有人说成吉思汗是一个贪得无厌、欲壑难填的人。中亚的一部史书中还绘声绘色地记载了成吉思汗的一段自白,把他所说的人生最大快乐莫过于"粉碎敌人,追击他们,没收他们的财产,看到他们的亲人在流泪,把他们的妻子和女儿搂在自己怀里"作为成吉思汗贪得无厌的证据。如果单凭此话判断,成吉思汗就是一个被无限的物欲与肉欲驱动的贪婪之人。然而,事实则并非如此。

在西征前,成吉思汗一直想同花剌子模保持和平相处的关系,同穆斯林世界进行贸易沟通。但是花剌子模的一再挑衅,终于激怒了成吉思汗。

成吉思汗非常重视政治关系的光明正大,非常看重对联盟和条约的忠实态度。对于花剌子模屠杀蒙古商人、杀害蒙古使臣,拒绝进行任何解释的行为感到异常愤怒。他心头的怒火熊熊燃烧起来，发誓要对花剌子模帝国进行残酷的报复。此时，维护信仰和恪守诺言、遵守贸易协定的是他成吉思汗，而以野蛮的态度对待他人的是那些突厥—波斯—伊斯兰文化的花剌子模，敌对的形势已无可挽回，武力解决问题的大计已定。

第二十六章　人狗大战死伤过多　铁木真多智出奇招

公元1220年夏天，在攻陷撒马耳干之后，成吉思汗就在奈撒夫避暑。

每当炎热的夏季来临，奈撒夫是河中地区最凉爽宜人的地方。

奈撒夫城地处绿洲，有伊萨尔山作为屏障。同撒马耳干比起来，奈撒夫的草木更多，树荫生凉，草木苍翠，特别是这里花园更多，也更加美丽迷人。

在这片草地上，成吉思汗率领他的兵马在这里休养，让那长途奔波和紧张的战斗生活带来的疲惫不堪，随着那阵阵吹来的习习凉风一起消失在葱绿的草叶尖头。

夏天过去，秋季来临，成吉思汗的军队在这里得到了休养生息，兵壮马肥了，他与幼子拖雷率领大军七万人，向呼罗珊地区进军。

这个呼罗珊地区，是指阿姆河以西，科贝札特山脉以东，北至卡拉库姆沙漠的大片区域。

成吉思汗的大军，穿过黑沙石的草地和矮树林，经过碣石，越过铁门关，进抵忒耳迷。

这座忒耳迷城堡，有一半建在阿姆河上，城墙又高又厚，全是从附近山上运来的大石块筑成，因此易守难攻。

城内居民多以牧放牛羊为业，不少人家都拥有数百头牲畜，日子过得十分富裕。

在忒耳迷的西、南两面，全是高山森林，由于山林里野兽众多，这里的人们家家养狗，每户至少两三条，多则七、八、十来条，以至城里狼狗成群，吠声不断，有人竟把忒耳迷称之为狗城。

蒙古大军一来，忒耳迷守将名叫古不纠五，当即开会向守城的几名将领车宏达里兀思、萨姆福兀丕，以及何里尤骨等下达坚守的命令。

古不纠五说道："我们忒耳迷城堡墙体坚固，不怕蒙古人的骑兵，后面是阿姆河作屏障，他们又没有船只，我们怕他们什么？"

主将车宏达里兀思是古不纠五的女婿，是个足智多谋的将领，在忒耳迷军中威信甚高。他也接着说道："别看蒙古人攻下了撒马耳干和玉龙杰赤，那是因为守将守得不坚决，军民又不能一心，以致被蒙古人钻了空子。"古不纠五又说道："等到成吉思汗来攻城时，可以放我们的忒耳迷狼狗出城咬他们一下，让蒙古人也知道忒耳迷城不是容易攻打的！"这时，几位将领都笑了，萨姆福兀丕说道："大约计算一下，我们忒耳迷狼狗的数目，不少于三千五百条，一旦放出城去，真是一支特殊的队伍哩！"

古不纠五立即说道："我看还是训练一下，让它们见了蒙古人便咬，免得到了战场上不听指挥，说不定再回过头来咬我们忒耳迷人，那就麻烦了。"

众将领听了，一齐哄笑起来，大家的目光一齐投向何里尤骨，于是车宏达里兀思说道："这件事非何里尤骨莫属，再不听话的狼狗，到他手里，不出三天，便驯服了。"

何里尤骨立即说道："好吧，那请城主下一道命令，让城里每户居民送两条狼狗到兵营里去，我好集中突击训练一下，不然，到用它们的时候，仓促上阵，难保不出问题。"

古不纠五听了，立刻点头应允，他扭头对身旁的司秘官说道："快去出告示，要求居民在明日将狼狗送到，否则，罚交牛羊各十头。"

古不纠五又向女婿车宏达里兀思说道："城上要加强布防，除礌石、滚木以外，要多设弓弩射位，尤其是射石机要安装好。"这次会后不久，成吉思汗就派出使者来劝降了，古不纠五向那使者问道："成吉思汗为什么要我投降？"

蒙古使者回答道："凡太阳照射之处，全属我蒙古帝国所有，你怎敢不投降呢？"

古不纠五又说道："我要坚守忒耳迷城堡，你们蒙古人又能怎么样？"

蒙古使者冷笑道："请城主三思而后行，你们花剌子模国王早被我们蒙古军队穷追而死，你们的新旧都城全被攻占了，你这小小的忒耳迷城能够阻挡得住蒙古大军的进攻吗？"

古不纠五气愤地说道："忒耳迷城堡虽不大，但是，我有军队。我有城民，我有守械的装备，我有权力能够杀死你！"

使者道："自古以来，两国相争，不杀来使，你怎能不懂得这个文明惯例呢？"

一听这话，古不纠五更加气愤地大喝道："你也配讲文明二字！你们蒙古人到处杀人放火，奸淫掳掠，野蛮得比魔鬼还猖狂，这是文明么？"

这位城主越讲越激动，竟一拍桌子喊道："来人！把这个可恶的蒙古人拉出去杀了！"

蒙古使者见城主真要杀他，不由心慌道："我……我劝你冷静点，你要是杀了我一个人，你们得要用成千上万的人来偿命呀！"

那位蒙古使者一路喊着，被拉出去杀了。

古不纠五杀了蒙古使者觉得还不解恨，便又下令把那使者的人头砍下来，挂到城头去，让蒙古人也知道我们的厉害！这消息很快传到成吉思汗那里，他冷笑道："蚍蜉撼大树，可笑不自量。量这座忒耳迷城堡，也难以挡住我蒙古铁骑的冲击！"

于是，立即下令攻城，他派遣术赤、察合台各领千万兵马，从西、南两面攻城。

突然，城门大开，一群灰色的狼狗，狂吠着窜出城门，向蒙古骑兵冲来。

有的狼狗很凶猛，它们竟能扑上去，一口把马腿咬断，或是窜跳起来一口咬住骑兵的脖子，立刻就能把骑兵咬死。

成吉思汗得知消息以后，忙令窝阔台领兵来救，可是那些狼狗纵跳自如，彪悍凶猛，骑兵们稍不注意，便被拉下马来咬死，或是被咬断脖子而死。

眼见蒙古兵马成片地倒下来，车宏达里兀思又趁机指挥兵马，跟随在狗群后面，继续追杀，窝阔台也觉得无力挽回败局。

就在这时，忽听"轰！轰！……"连续几声炮响，耶律阿海领着他的炮队已经赶来了。他立即命令炮兵瞄准狗群，连续开炮。

可是，那些狼狗动作灵活，窜跳速度快，往往又与蒙古骑兵混在一块，使炮手很为难：若是开炮，未必能打中那些狗，说不定，会打死自己的骑兵。

稍一迟疑，那些咬红了眼的狼狗，忽然冲到炮队前面，吓得那些炮兵丢下弩炮，四散逃去，于是狼狗随后便追着咬。

这一场人狗大战异常激烈，自午前一直拼杀到傍晚，蒙古兵马在混战中死伤惨重，两万多骑兵损失半数以上。

忒耳迷主将车宏达里兀思取得了一场全胜，他得意扬扬地领着人马，带着狗群回城去了。

当晚，成吉思汗一直睡不着觉，心里烦躁不安起来，心里一直在想着：怎样才能破这狗阵呢？

他在屋里走来走去，那烛火一闪一闪的，他正在看着那明亮的烛火沉思默想时，突然一只飞蛾扑向了烛火，只听"嗤啦"一声，那飞蛾便被烧死了，再看桌子上的烛火依旧在燃着。

于是，他眼睛一亮，脑袋里仿佛吹进一股凉风似的，顿时觉得清醒异常，顺口说道："火，火！用火攻，用火攻！再凶猛的狗，一定会怕火的。"他嘴里不停地说着，然后大声喊道："来人！"两名护卫队员走了进来，问道："大汗有什么事吩咐？"

"快传我的命令，让全体将领过来议事！"

不一会儿，一个个睡眼惺忪的蒙古将领，以及大汗的几个儿子，齐集帐下，一齐用疑问的目光看着他们的统帅，不知发生了什么事情。

成吉思汗兴奋地说道："我已经想到了对付这群狼狗的办法——用火攻！"

他看着众人眼里露出惊疑之色，继续说道："别看那群狼狗不怕刀枪，不怕弓箭，也不怕炮火，它们一定怕火！只要用火对付它们，准能取胜！"他的三子窝阔台首先醒悟，说道："父汗说得对，那些狼狗一定怕火！我们可以一手举着火把，一手拿着兵器，迎着它们冲去，必然吓得它们掉头就跑了！"

窝阔台说着，又站起来演示给大家看，大帐里热闹起来了，你一言，他一语，议论纷纷，都觉得这办法好，一定能够打败这群狼狗的进攻。

次日，蒙古军队依然军容整肃地摆开阵式，城上的古不纠五指着城外的蒙古大军，笑道："昨日一战，被我们的狼狗咬得死伤那么多人，今天又来送死了。依我说，把狼狗都放出去，狠狠地再咬他们一阵，成吉思汗就要退兵了！"

那位训狗的何里尤骨忙说道："我看那些蒙古人手里都握着一把什么东西，黑乎乎的，看不清楚。"

萨姆福氏打断他的话说道："管他们拿什么？我们的狼狗连刀枪、大炮都不怕，还怕他们有什么新兵器吗？不如准备出城吧！"

这时候，主将车宏达里兀思也说道："也好，趁蒙古人立脚未稳，打开城门，让狗群出去，狠咬他们一阵，然后我们一齐领兵冲出城去，再追杀蒙古人一阵，说不定能把成吉思汗活捉呢！"古不纠五立刻说道："好！我也想出城去，亲手杀几个蒙古人，为那些枉死的同胞们报仇！"

车宏达里兀思立即制止他道："你还是在城头为我们掠阵吧，有我们出城已经绰绰有余了。"

话音刚落，忽听"咣当"一声，城门大开，何里尤骨发出一声呼哨，只见那些狼狗一齐大声吠着，争先恐后地冲向蒙古人的阵前。就在这时，忽听"轰隆"一声炮响，蒙古人忙把手中的火把烧着，在空中一挥，那些洒了油的火把立刻烧得更旺了！

这时，蒙古人一边挥舞着手中的火把，一边手执明晃晃的刀枪，迎着冲来的狗群，齐声呐喊着，冲向前去。

那些飞奔而来的狼狗，一见前面火光熊熊，先是一愣，不禁停了下来，吃惊地看着。又见大火嗤嗤地烧着，如火海一般，铺天盖地的烧来，愈来愈近，吓得那些狼狗慌作一团，掉头就跑，无论它们的驯师如何吹口哨，那些狼狗只想逃命去了……

成吉思汗站在高处看得分明，立刻命令军队乘胜追击，冲进城去！

蒙古的骑兵如狂风骤起，"呼"的一声，像箭一样冲向前去，叫喊声震荡着大地，随风飘荡在阿姆河上空。

不到一个时辰，蒙古的兵马已经占领了城头，把守住了城门，全城军民一个也没有逃出去，以古不纠五为首的守城将领，全被活捉，一个个被蒙古人绑在兵营门外的廊柱上。

城里的士兵主动投降了,那些狼狗逃回它们的训练营地,被蒙古士兵驱赶到几间大屋子里面关着。

根据“顽抗者一律消灭”的惯例,成吉思汗命令部下将男女居民都赶到城外,有比例地分给士兵们,然后将他们全部杀死,无一获免。

攻占忒耳迷城堡之后,成吉思汗任命帖里戈里留在这里当城主,负责管理这里的幸存者。接着,又采取恩威并用的手段,占领了罕忽耳忒、巴达哈桑等地,然后领兵向呼罗珊的重要城市——巴里黑进军。

蒙古军队在忒耳迷的屠杀行动,早已传到了巴里黑,守城将领不列帖地深感无力抵抗蒙古军队的进攻,便主动派人向成吉思汗请求降附,并献上了各种食品和财物。

成吉思汗向部下说道:“谟罕默德虽然已经死去,但是。他的长子札兰丁逃到呼罗珊地区以后。已召集了众多人马,现正驻军在哥疾宁,时刻准备向我们反扑。这座巴里黑城离哥疾宁很近,若不将其摧毁,必然会成为札兰丁的地盘,对我们是不利的。”

部下将领不大赞成,术赤先说道:“父汗向来对投降者宽大,赦免他们的死罪,如今此城守将不列帖地已主动归降,若再屠城,岂不自食其言,丧失人心么?”

察合台也说道:“对降者杀戮,这不是父汗一贯的政策。”成吉思汗不耐烦地对两个儿子说:“这座巴里黑城,是呼罗珊的重镇,不仅人多、城坚,而且军队数量很大。不少于一万人,一旦为札兰丁所拥有,必将成为我们的心腹之患,不可不除啊!”

于是他不接受两个儿子的建议,便以检查户口为名,将巴里黑人统统驱赶到城外,按惯例分为百人、千人一群,命士兵将他们全都杀了,并纵火焚烧了该域的园林,摧毁了它的外城,把城里的楼房、宫殿、寺院等进行毁弃。

然后领兵离去,但是,刚走不远,哨探又来报告道:“巴里黑的城民藏在山林里很多,如今又回到城里去了。”成吉思汗一听,立即又领兵回来,把那些逃回来的人又全部杀死,并下令把那些立着的墙垣统统推倒,又一次洗劫了巴里黑。

公元1221年2月,成吉思汗命令幼子拖雷领兵马七万人,进攻呼罗珊另一个重镇——马鲁城。

马鲁,又称谋夫(当今土库曼马勒),是呼罗珊地区经济比较发达的中心。它位于木尔加布河下游的绿色平原上,这里文化发达。

第二十七章 蒙军进城血洗一方 敌军大胜内部争端

公元1221年的4月7日，天刚蒙蒙亮，蒙古士兵的统帅拖雷便一声令下，各自率领着大军一起向着马鲁城下涌进，开始了攻城。

到了晚上，城头和城墙全部在蒙古大军的掌握之中，拖雷命令自己的手下："全军都给我冲进去，将所有反抗的人全部杀掉，一个不留。"

于是，蒙古人像潮水一般奔向了城内，看到人就杀，看到人就砍，不管是老人还是小孩，不管是军人还是普通百姓，通通死于刀下。

有些百姓们还想着要拼命抵抗，他们退居在自己的宅院中，想着要偷袭进城的蒙古人。

于是，城内开始了巷战，一条街也别想轻易地占领，蒙古人也付出了极大的代价，死伤的人不计其数。

这时候，脱忽察儿的遗孀，成吉思汗的女儿秃满伦，向拖雷要了一万人马，冲进城里。

这一万人成了真正的复仇队伍，他们所见都杀，猫犬不留，整整屠杀了四天。

拖雷听说以前在忒耳迷屠杀时，有些居民藏在积尸中，终于逃出了性命。

下令在这次攻进马鲁城之后，在大屠杀中一律要斩下死者之头。

秃满伦面对一堆堆被杀死的尸体，冷笑道："你们让我冷清孤单，我要你们全都死！"

蒙古军队毁灭这座城，整整花了十五天时间。谟罕默德死后，将花剌子模国王的王位传给了札兰丁。札兰丁坚定、勇敢，有计谋，是个难得的人才，亦为花剌子模统治集团中最坚决的抵抗派。

札兰丁闻听蒙古军队的主力已撤出呼罗珊和伊拉克，便决心以旧都玉龙杰赤为基地，进行抗蒙复国。

但是玉龙杰赤少数康里人出身的将领阴谋杀害他，札兰丁得到消息之后，借着夜幕掩护逃往他自己的封地——哥疾宁。

回到哥疾宁之后，札兰丁高举抗蒙的复国大旗，他的部下立即从四面八方蜂拥而来，投到他的帐下，一时间名声大振。

此时，来到札兰丁麾下的部队，共有三支。

一支是阿明灭里率领的四万人，另一支是赛甫丁、阿黑剌黑指挥的四万骑兵，第三支队伍是可不里和阿匝术带领的一万多人。加上札兰丁自己收集到的军队，共有十多万人。

这支队伍，声势之大，名声之响，立刻传到成吉思汗那里。

这时，这位蒙古大汗已在呼罗珊地区取得军事上的巨大胜利，正在凉爽宜人的塔里寒地区消夏。得知札兰丁的消息之后，他立即派遣失乞忽秃忽为主将，派帖客扯客、木勒合儿、兀客儿哈勒扎、忽秃儿哈勒扎等为副将，领三万人马，前往征讨。

札兰丁听说成吉思汗派兵来攻，立即召开会议，制定作战方案，他说道："我们不必被动地坐守哥疾宁城，可以主动地迎击，选择一块有利的地形，把蒙古的这三万人马歼灭掉。"

赛甫丁立即说道："对蒙古军队不可轻视，这头一仗我们一定要稳扎稳打，争取旗开得胜，先杀一下蒙古人的威风，给他们一个下马威！"

阿明灭里说道："我看八鲁弯地势险要，利于打歼灭战，把军队领到那里去，还可以逸代劳！"

札兰丁听了，高兴地说："妙极了，八鲁弯确是一个设伏的好所在，把兵马埋伏在那里，万无一失！"

这次会后，札兰丁便领着人马向八鲁弯驰去，悄悄地埋伏起来。

再说蒙军方面，失乞忽秃忽本是一个大断事官，一直从事审判、断案工作，有时随军出征，但很少单独领军御敌，这次是担任主将，副将中忽秃儿哈勒扎向他开玩笑道："这打仗可不同于你断案哟！这得真刀真枪，面对面地拼杀，不能像你断案。"

失乞忽秃忽听了，心中很不高兴，说道："无论是断案，还是打仗，只要忠于大汗，敢于拼杀，就能胜利！"

忽秃儿哈勒扎忙说道："照你这么说，派忽兰皇后来当主将，也可以打胜仗了？"

这时候，兀客儿哈勒扎等，一齐哄笑起来，并故意地说着笑话道："其实，女人当主将，带兵打胜仗的也有哇！我们的主将是蒙古国大名鼎鼎的大断事官！"

二人一唱一和地跟失乞忽秃忽开玩笑，这位主将听了气得脸上青一阵，白一阵，为人比较正派的帖客扯客说道："别瞎说了，而且越说越远，还是说点正经事吧！"帖客扯客见他们不再说话，便说道："别大意啊，我听说，札兰丁有十二万兵马，我们这三万人马前去攻打，能有胜算吗？"

忽秃儿哈勒扎说道："我们蒙古骑兵在西征当中，何时败过？札兰丁那些拼凑的人马，能有战斗力吗？"

兀客儿哈勒扎也说道："札兰丁的队伍，能比他国王老子的兵马更厉害？我就不信这一点。"木勒合也说道："我认为，打仗是不能轻敌的。何况说札兰丁的兵马有我们三倍多，不谨慎能行吗？"

当晚，这支军队扎营后，主将失乞忽秃忽深感兵力不多，为了长自己的志气，威慑敌人，他终于想出一个办法：命令每个骑兵，连夜用毡子或是别的东西，做成一个假人，然后将这些假人绑在从马的马背上，借以迷惑敌人。

次日，失乞忽秃忽命令部队依计而行，札兰丁的哨探看到以后，向札兰丁报告道："蒙古军队人数很多，不只三万人，我看光是骑兵，已经将近三万人了。"

札兰丁立刻对他的部下说道："没什么，这不是成吉思汗的主力，是他的一个偏师，听说主将还不是常带兵的将领，而是蒙古国的一个大断事官。"

阿明灭里、赛甫丁等听了，精神都很振奋，决心打好这一仗。

出兵前，札兰丁又向将士们说道："蒙古人到处杀人放火，抢劫奸淫，像野兽一样对待我们花剌子模人，今天这一仗，是我们向他们讨还血债的时候，请大家可不要错过这个机会啊！"

说完，札兰丁命令阿明灭里所率军队为左队，赛甫丁、阿黑剌黑的队伍为右军，让他们从左右两翼向蒙古人包抄过去，自己带领中军对蒙古军队展开冲击。

此时，失乞忽秃忽一见札兰丁的队伍冲过来，立即指挥兵马，发起冲锋，蒙古骑兵像潮水一样向前冲杀，他们高声叫喊着，对准札兰丁的中军队伍，冲过来了。

札兰丁一见，立即命令全军将士一齐下马，把马缰绳拴在一处，取下弓箭，对准冲来的蒙古骑兵射箭。

眨眼之间，万箭齐发，正在冲锋前进的蒙古骑兵纷纷中箭落马。前面的人马倒下来，后面的人马也随着被绊倒。中箭的不死即伤，栽下马来的也无心再战了。

札兰丁的弓弩手们并没有住手，依然拉满弓，搭上箭，对蜂拥过来的蒙古人乱箭齐发。

半个时辰的工夫，札兰丁的军队一阵紧似一阵的箭雨，终于煞住了蒙军进攻的势头，札兰丁当机立断，只见他一马当先，手执大刀，高声向周围的兵马喊道："向野蛮的蒙古人——讨还血债啊！"

札兰丁冲锋向前的英勇行动，带动了他的兵马，长时间受压抑的花剌子模军人的积极性得到了宣泄的机会，一时间，他们狂喊着，拍马挥刀，冲向被惊呆了的蒙古人。

当时，札兰丁的军队比蒙军多两三倍以上，阿明灭里、赛甫丁与阿黑剌黑的队伍又从两翼包抄过来，企图围成一个圆圈，将蒙古骑兵包围在中央。

失乞忽秃忽一看即将被包围的危险形势，赶紧指挥军队后撤，可是札兰丁的反冲锋队伍已排山倒海一般地冲上来，杀得蒙古骑兵无力招架，只有拼命地四散奔逃。

由于八鲁弯地势不平，到处坑坑洼洼，失乞忽秃忽的队伍在后退中，那些仓猝奔驰的战马，纷纷被坑洞绊住，不时地人仰马翻，更增加了撤退的困难，也加剧了人马的伤亡。这一次战争，札兰丁大获全胜。

札兰丁说道："好，明天就开庆功大会，把战利品分掉，好不好？"

阿黑刺黑说道："我建议，今天就杀牛宰羊，犒赏广大将士，让大家欢欢乐乐地大吃大喝两天，也不为过，然后把俘虏来的那些蒙古人，拉出来整治整治，也能出出怨气，泄泄仇恨。"

未等札兰丁表态，赛甫丁与阿明灭里高兴地一齐拍手，得意地说道："太好了，我们完全同意这么干，将士们也在盼望着呢！"

札兰丁这个国王，听了部下们的你一言，他一语，自己哪里还有说话的份儿，只有接受他们的建议，及时吩咐人尽快操办吧。

被一次胜利冲昏了头脑的札兰丁的那些将士们，在酒桌上狂饮得烂醉如泥，札兰丁看了之后，十分忧虑地想道："如果成吉思汗的军队来了，我们不都成了他的俘虏么？这可怎么办啊？"

札兰丁正在想着，忽听有人说道："走呀，咱们快去看看阿黑刺黑与赛甫丁将军是怎么处治蒙古俘虏的。"

他听了，又无奈地摇了摇头，自言自语说："何必要急于处死他们呢？留着他们也有用的，至少在与成吉思汗的军队作战时，也可以驱赶着他们在队前开路。"

札兰丁已深深地感觉到：没有纪律的军队，是一支愚蠢的军队，而愚蠢的军队是不能打胜仗的。

可是，札兰丁又感到无法说服他们，更无力驾驭他们，有一种不祥的预感渐渐向自己袭来。

事实本也如此，由于花剌子模内部派系众多，无论在失败时，还是在胜利时，总会出现一些矛盾和冲突。

在第二天的庆功会上，札兰丁把一匹阿拉伯战马奖给了阿明灭里，阿黑刺黑当即抗议道："报告国王，这匹黑骟马是我缴获的，是我的战利品，应该属于我。"

说罢，就过去要夺阿明灭里手中的马缰绳，但是，阿明灭里却两眼一瞪，说道："这是国王奖给我的，你没有权力要它！"

阿黑刺黑哪里能答应，大声说道："这太不公平，我抗议，我抗议。"

阿明灭里也高声嚷道："他眼里没有国王，应该处罚他，治他的罪！"

那匹阿拉伯骟马确实与众不同，它身材高大，浑身的黑毛乌光油亮，闪闪发出灼眼的亮光。此时，它见到两个将领在争夺缰绳，一忽儿扯过来，一忽儿拽过去，也许是弄疼了它，出于对两人的气愤，它竟把头高高地昂起，连续左右乱摆，鼻子里不断发出"扑扑"的响声，这种连打响鼻的行动，表明它内心的烦躁与愤怒！

在打响鼻的同时，只见它两只前蹄猛然抬起来，头儿仰得更高，冲着空中嘶鸣起来。

众人正在惊奇之时，那匹黑骟马的两只前蹄突然踢出，差点伤到两个人。这两个人怒气头上，又出来这一乱子，二人都非常生气。

后来，阿明灭里要强行将马匹牵走，而阿黑刺黑则是拦在路中间，阿明灭里不由分说便给了阿黑刺黑一马鞭，阿黑刺黑没有防备，愣是硬生生的挨了下来，心中怎能不气？便立即抽出佩刀，要与阿明灭里拼命，札兰丁立刻派人把二人拉开，劝说道："别再闹了！这样下去，我们还怎么同蒙古人打仗，怎么进行复国战争？"

赛甫丁走到札兰丁面前，质问道："报告国王，你该看见了吧？阿明灭里用鞭子打人，这是什么行为？请你立即处罚他！"札兰丁听后，看着他们争蛮斗狠的态度，抑制着不满的情绪，慢慢说道："各位请冷静下来，面对着蒙古大军，肩负着复国大任，我们还能这么闹下去么？"

赛甫丁却寸步不让地紧逼着又说道："我们不管那些！你得处罚阿明灭里，他无故鞭打一位有功之臣，该当何罪？你不处罚，我们是不答应的！"

此时，许多康里人出身的将领听了，也都围上来，虎视眈眈地齐声大吼道："不处罚打人凶手，我们不答应！"

古儿部的首领阿匝木也站出来说道："阿明灭里如此野蛮，任意殴打有功的将领，国王不及时处罚，还怎能服众啊！"

札兰丁听了，正在犹豫着，阿明灭里部的将领们也一齐跳出来，大声喝斥道："你们眼中没有国王，该处罚的应该是你们！你们康里人一贯霸道蛮横，过去老国王容忍你们，现在是新国王当政，你们打错了算盘！"

听了这些话，赛甫丁怒不可遏地大手一挥："走！我们回营去，这里不是说理的地方，也没有人主持正义，我们还争什么？"

说罢，伸手拉着阿黑刺黑，带着他们的部下，怒气冲冲地离开了会场，走了。

阿匝木也瞪了一眼札兰丁，大声地说道："你身为国王，没有是非的界线，怎能让你的部下心服口服？"

说完，他也领着古儿部的士兵，拂袖而去。

札兰丁一见，无力地坐在椅子上，叹息道：“双方各持一理，互不相让，我这国王还怎么当下去？”

阿明灭里立刻上前说道：“他们早晚会背叛你的，现在走了也好，免得以后反遭他们的算计！”

札兰丁气愤地瞪住这位不明事理的岳父大人，不由得一股怒火上升，泼口大喝一声：“胡说！这……这全被你搅浑了！”

说完，气呼呼地一甩手，尾随着赛甫丁等离去的方向，急匆匆地赶去。此时，赛甫丁、阿黑剌黑正在营里催促他们的部下，抓紧收拾行囊，准备连夜出走。

札兰丁赶到时，赛甫丁、阿黑剌黑不理他，也不看他，只顾催促部下赶快集合队伍。

札兰丁只得上前劝阻道：“请你们顾全大局，留下来别走，面对蒙古人的进攻，我们全体花剌子模人都应该团结起来，忍辱负重，不计得失。”

就这样，在札兰丁的好说歹说下，二人才气哼哼地离去，各家支持者也是咽下心中的不满，转身走了。

经这么一闹，札兰丁的部下已经心生间隙，第二次的交战中，并没有按照事先计划的那样进攻，而是各自执行自己的意见，最后，可想而知，吃了一个大败仗。

第二次战争大胜后，成吉思汗变派遣窝阔台前去查看地形，准备再次攻城。

窝阔台领着篾忒干和忽特立采等，围绕着古儿疾汪城转了一圈，认真地察看了地形，回到营里，他向两个侄儿问道：“你们对攻城有什么建议？”

篾忒干立即说道：“按照我们汗爷爷的传统方式，要先礼而后兵，那就派人到城里去劝降；如果他们拒绝归顺我蒙古帝国，再指挥兵马攻城。”

窝阔台又看着忽特立采，问道：“你是什么意见？”

忽特立采说道：“我见这古儿疾汪城的后面紧靠着山坡，若是从那里爬过城去，不是容易破城吗？”

窝阔台听了，暗自点头，认为这个侄子好动脑子，倒是个带兵打仗的好苗子呢！便说道：“我们就先派人进城去劝降吧！”

但是，不久劝降的人便回来了，报告道：“守城将领说了，哪有一仗不打，就要我们投降的？”

窝阔台笑道：“这位列古思是说，等他被我们抓住了，他才投降呢！真是一个狡猾的家伙！”

当天晚上，窝阔台便命令自己的两个侄儿带领着大队的兵马在城门口守着，然后对他们说道：“晚上看到城中起火的时候，这就是攻城的信号。”

说完之后，他自己便选出五百名精兵，趁夜黑来到了城后面的山坡上，让每一个将士身上都背着一捆干柴，然后翻身过了城墙，进入城内。

五百蒙古士兵进城之后，便将身后的干柴点燃，四处放火，守城的将士们一时之间，兵马大乱，窝阔台看到火光之后，便指挥大军全部攻入城内，窝阔台下令：“每一个俘虏，每一个人，哪怕是孕妇中的胎儿，也都不能够放过，全部杀死，城中的任何一个战利品都不能拿，全部毁掉，从今天之后，不允许任何人还在这个城中居住，不允许还有一棵植物，还在这里生长。”

蒙古大军一鼓作气，将范延堡城拿下，并且进行了屠城，满城血流成河，尸横遍野，状况惨不忍睹。从那之后，这个范延堡地区便被人们称之为“卯危八里”，在波斯语中意为“歹城”。在这一场战役中，察合台的儿子篾忒干牺牲了。札兰丁的大将帖木儿灭里也死了。

第二十八章　大军中计险中求胜　放敌归英雄惜英雄

后来，蒙古人在范延堡屠城的消息传到了哥疾宁之后，札兰丁立即大哭道："帖木儿灭里死了，等于伤了我的一条臂啊！这些蒙古人太残酷了，我札兰丁决心与成吉思汗誓不两立！"

当时，兀儿秃剌黑心里一动，便说道："让我去把那可恶的老鞑子头儿杀掉！"

札兰丁听后，突然心生一计，将上次战役中所俘获的蒙古人全部赶往林子里处死，以最残忍的方法处死。

这边，成吉思汗听说在林子里还有一批生还者，于是便派遣自己的儿子去探究竟，并且说："若是城内的军民，一律处死！"

不一会儿，拖雷回来难过地说："全是我们蒙古人，前次在八鲁弯战役中被札兰丁俘虏去的，他们被杀死在林子里，有的人还没有死，便在那里哭叫。"

成吉思汗听了，不由得心里咯噔一下，说："走，我们前去看看。"

拖雷担心他父汗去见了，会受到刺激，引起震怒，还是不去为好，便上前劝阻道："请父汗别去了，那种场面有什么看头？让我去安排一下，将他们的尸体掩埋掉，不就完事了。"

可是，成吉思汗偏执意要去。拖雷无奈，只得与窝阔台、察合台等一起，随在他们的父汗身后，一起向那片榆树林走去。

谁知未到林子里面，那股呛人的血腥气味便一阵阵地被风吹了过来，成吉思汗边走边问："有多少人被杀？"

拖雷只得嗫嚅着答道："大约有……好几千人吧！也许还更……多！"

成吉思汗身子猛一抖动，怀疑地问道："能有那么多么？"

这时，他们已经走进了林子，成吉思汗放眼向周围一看，正在惊异之时，忽听"扑喇喇"一声响，总有成百只苍鹰一齐飞上天去，还有不计其数的野狗、豺狼，也惊慌地向林子深处窜去。

眼前，那一具具绑在树上的鲜血淋漓的尸体，有的眼被挖了，有的鼻子被割了，有的被豁开了肚子，有的被砍去了双臂，还有的头上被钉了铁钉……真是惨不忍睹！

成吉思汗看着看着，不由得一阵头晕眼花，只觉头重脚轻，身子一个踉跪，竟仰面倒了下去！

窝阔台、察合台与拖雷等，慌忙上前扶着，一齐连喊“父汗！父汗！”他才醒转过来，两眼慢慢睁开，突然用手指着那些残缺不全的尸体，有些悲切地说道：“太惨了，死得太惨了！”

过了一会儿，只见这位大汗倏然而起，悲愤的眼泪夺眶而出，万丈怒火使他涨红着脸，他捶胸顿足，然后摘去了头上的帽子，放在了胸前，仰脸对着万里晴空，祈祷着说道：“长生天在上，你看清了吧，札兰丁是多么残忍！请佑助我，赐我以复仇的力量罢！”

祈祷完之后，又向那些蒙古人的尸体说：“你们是一群不屈的骑士，是草原上坚强的雄鹰，是我们蒙古人的骄傲！我们一定为你们报仇！”

这才转身离开林子，走回大营，下令道：“要用我们蒙古人的丧葬形式，以英雄勇士的规格安葬他们！”

当晚，成吉思汗睡不着觉，他派人找来了耶律楚材，向他说道：“今天，你也看到了那片榆树林子里的一切，札兰丁那样残忍地杀害了四千多个蒙古人，手段又是那样野蛮与狠毒，真是可忍，孰不可忍！”耶律楚材听了，说道：“是啊，我看了之后，心中一直不能平静。”

成吉思汗点了点头，又说道：“是啊，看了那个杀人场面，谁能平静？稍有人心者，谁能不痛恨那些该死的花剌子模人？这个仇不报，能行吗？一定要报！”

耶律楚材听了，一时没有再说什么，因为他不赞成这种相互残杀的行为，看到大汗正在激动的气头上，怎好泼冷水呢？

但是，成吉思汗又希望他表态，希望他支持自己的观点，拥护这种复仇的政策，于是说：“你说，这些花剌子模人有多么可恶、可憎？不把他们斩尽杀绝能行吗？”

耶律楚材不由得冒出了一句话：“能杀得尽、杀得绝吗？”

成吉思汗一听，更加火冒三丈地吼道：“我们蒙古人这次一定要把他们杀尽，杀绝，让花剌子模人亡国灭种，一个不留！”

等了一会儿，这位不赞成实行这种民族之间相互杀戮的耶律楚材，又说了一句话：“我有些担忧，这种冤冤相报何时了？”

成吉思汗听到之后，正要说话，忽然进来一个哨探，向成吉思汗报告道：“报告大汗，札兰丁带领军队向申河逃去，他们是想逃到申河那边的印度去。”

成吉思汗听完，大手一挥，对他说道：“再去继续打探。”

等那哨探走后，他立即大声喊道：“来人哪！”

进来两个护卫人员问道：“大汗有什么事吩咐？”

“快去传令全军将士，立即集合队伍，向申河方向进军，去追击札兰丁的军队。”

然后，他又对耶律楚材说道：“我不能让札兰丁有喘息的工夫，必须跟踪追击，直至彻底消灭他为止。不然，他一旦聚集众多人马，有朝一日，又会反扑过来，残杀我们蒙古人！”

这时候，帐外已是一片人马出动的声音，成吉思汗看着耶律楚材，又对他说道：“我一贯奉行除恶务尽，穷寇必追，对札兰丁这样野心勃勃的敌人，丝毫不能手软！走吧，我们也该行动了。”

于是，两人一边说着话，一边走出营帐，从护卫手里接过缰绳，翻身上马，率领大军，向申河方向拍马驰去。

札兰丁正打马加鞭，领着队伍向申河逃去，忽听哨探前来向他报告说：“成吉思汗率领十万大军，正向我们追来！”

札兰丁听后，不由大惊失色，急忙命令兀儿秃刺黑带领五千人马殿后，并对他如此如此布置一番，便领着军队继续往申河前进。

成吉思汗的队伍刚走不远，见道路上盖了二层厚厚的树叶、干草之类，士兵们走在上面觉得柔软异常，正要说话，突然“扑通、扑通”全掉下去了。

原来这是一个大陷阱，上面用树枝盖着，下面却是一个几丈深的大坑，挡在路中间。

成吉思汗命令窝阔台领着兵马把陷阱填上，大队人马才得以通过。

前面愈走愈难走，一些大树横七竖八地挡在路中央，马无路通过，只得又派士兵把大树搬掉，才能继续进军。

走不多远，前面便是一道山口，只见两山并立，中间是一条狭长的山谷，拖雷建议道：“札兰丁诡计多端，会不会在这里埋下伏兵，不可不防啊！”

成吉思汗上前细看，忽见山谷中“扑喇喇”飞起几只小鸟，向空中飞去了，他立刻笑道：“宿鸟尚在谷中，说明这里没有兵马埋伏，可以放心大胆地过去吧！”

察合台接着说道：“札兰丁只顾忙着逃命去了，哪有心事在这里设伏，真是太多虑了吧？”

拖雷听了很不高兴，立刻说道：“我无能，我多虑，还是你有勇有谋，你为什么不打前锋？每次临战老是要求殿后。”

察合台听了，横眉立目地说道：“打前锋有什么了不起？看我领兵在前，札兰丁也不敢对我怎么样？”

说罢，察合台真的带着自己的兵马，走在大军的前面，首先进入了山谷。

札兰丁确实派兀儿秃刺黑在山谷中埋下了伏兵。

在这山谷里，兀儿秃刺黑埋伏了五千人马，他担心成吉思汗不敢从山谷中经过，早就接受札兰丁的指使，让士兵捉住了几只飞鸟，等蒙古大军来到山谷之时，立即把鸟儿放飞，以此迷惑成吉思汗，引诱这位老谋深算的蒙古大汗上当的。

果然不出札兰丁所料，飞鸟一放出去，蒙古大军便开始进入狭谷了。

原来这山谷为哥疾宁通往申河去印度的惟一通道，它位于两座山崖的下面。

由于山崖高不可攀，把光线挡得严严的，使山谷里阴暗潮湿，道路又窄又不平整，大队兵马若从这里通过，不得不下马步行。

因为山谷狭长幽深，约有一里多路，容易埋伏军队，所以历来是兵家必争之地。

蒙古大军进入山谷之后，成吉思汗对身边的窝阔台等说道："札兰丁毕竟是个乳臭未干的毛头小伙，他用兵打仗还嫩得很呀！"

说到这里，拖雷忙问道："父汗有什么感受么？"

成吉思汗手指两边山崖，大声说道："札兰丁若在这两边山崖上埋伏一支人马，不说三万、五万了，就是三千、五千，我们的大军也会遭到严重损失的呀！"

说完，放声大笑起来，谁知他的笑声刚落，突然之间，山谷里立刻响起震天动地的喊杀声："打死蒙古人，活捉成吉思汗！"随着震耳欲聋的喊声，只见两边山崖上人头攒动，乱石像冰雹、雨滴一样纷纷落下来。

正在行进中的蒙古大军，受到这般惊吓，又被乱石砸得东倒西歪，加上谷中光线昏暗，顿时混乱起来。

成吉思汗一见，急忙命令将士们说："赶快带领大军冲出狭口，离开这山谷地带。"

可是，山谷狭口处又被树枝层层堵塞，兵士无法通过，只得下马去搬运那些障碍物。

这时候，崖上的敌人拼命地向下面扔石头，蒙古军队想还击，也找不到机会，只得东藏西躲，头顶着盾牌乱窜。

这时候，察合台从前面跑过来，见到成吉思汗上气不接下气地请求道："山谷的口子又小又狭，还被层层的障碍堵住，这么多的人马，几时才能过去，不如撤兵回去，另寻一条路走吧！"

成吉思汗立即大声喝道："胡说！大军已进入山谷，只有拼命冲出去，哪有后退撤兵之理？"

说到这里，他立即面对窝阔台说道："你赶快领一支队伍，到这山谷出口处，指挥士兵迅速清除障碍，领着大队人马冲出山谷，再不能拖延了。"

窝阔台走后，他又对幼子拖雷命令道："你去带领一支弓弩手队伍，向山谷两边山崖上的敌人进行还击,我们不能老是被动挨打,任凭敌人杀伤啊!”

这时候,成吉思汗才向察合台说道:“札兰丁的兵马总共不过三、四万人,有什么可怕的?看把你吓成什么样了!”

察合台还想争辩,见他父汗瞪他一眼,又道:“作为一个带兵的将领,既要知彼知己,又要临危不惧,即使高山倒在眼前,也要镇定自若,士兵才能不受影响。遇到一点风吹草动,就惊恐万分,没有主张了,还能领兵打仗么?在这一点上,你得向窝阔台、拖雷学习,更得向术赤学习了!”

父子两人正在说话工夫,拖雷走来说道:“两边山崖上的敌兵已被击退了,大军正陆续通过山谷,请父汗上马。”

成吉思汗满意地看着拖雷说道:“敌兵不会很多吧?”

“也不过几千人,被我们射死了不少,其余的吓得逃走了,他们还是怕死呀!”

拖雷说这最后一句话的时候,是看着察合台说的,因为谷中昏暗,也许察合台没有留心,也就没有什么反应,便一齐上马,跟随在成吉思汗马后,向山谷的那头驰去。

走出山谷,成吉思汗吩咐各路兵马整顿队伍,清查人数,才知在山谷里死伤了七千多人,准备命令各路大军加速进军之时,哨探来报告:“申河离此不过五六十里路了,札兰丁正在准备渡河,许多辎重、物资正在往船上装运。”

成吉思汗听后,心急火燎地向大军命令道:“赶快追上去,别让札兰丁这小子逃了!”

说罢,拍马飞驰而去,决定亲自到大军前头,带领队伍去追击札兰丁。

此时,正是公元1221年11月24日的凌晨,蒙古大军在成吉思汗一再催督之下,终于在申河北岸追上了札兰丁的队伍。

经过连夜急驰而来的蒙古大军,一见到札兰丁的队伍停在申河岸上,浑身的疲劳一扫而光,他们从四面八方潮水般冲过去,把札兰丁的三、四万兵马紧紧围住。

蒙古大军将札兰丁的兵马围成一个半圆形,像一把弓子一样,那条申河是那弓上的弦。

不久,太阳出来了,成吉思汗先让将士们饱餐一顿,然后命令道:“札兰丁这个人还有点用处,你们围攻时切勿将他射伤了,最好是把他生擒活捉。”

由于花剌子模各地的叛乱不断发生,占领的城市中秩序混乱,成吉思汗想把札兰丁控制在手中,让他去安定各地的混乱局势,所以不让自己的部下射伤他。

在全面进攻之前,成吉思汗派遣兀客儿哈勒扎、忽秃儿哈勒扎两人,各领二千铁骑，以闪电般的速度，袭击躲在岸上营帐中的札兰丁，将他赶出来，便于活捉他。

其实，札兰丁没有躲在营帐中，他正在部署自己的兵马，准备与蒙古大军做殊死的拼斗。

札兰丁不到四万兵马，他派阿明灭里带领一万兵马为右翼，让兀儿秃刺黑领一万兵马担当左翼，自己率领余下的一万多兵马为中军。

这时，札兰丁向将士们说道："今天，是生，是死，在此一战了！古往今来，在战场上，谁怕死，谁先死；谁勇敢，英勇杀敌不怕死，却能活下来，这已是一条规律！"

说到这里，札兰丁高举酒碗，又说道："我们先对蒙古人冲杀一阵，能杀退他们更好，万一冲不出去，我们背后是申河，跳下去，渡过这条河，重整队伍，再找蒙古人报仇，也为时不晚。"

札兰丁说完之后，把满满一碗酒放到嘴边，头一仰，一饮而尽，他的部下们也受他的豪情感染，也跟着仰起脖子，一齐喝了一碗酒。，

大家一齐上马，正待向蒙古军队展开进攻，忽听营前喊杀声起，正是兀客儿哈剌扎与忽秃儿哈剌扎领着骑兵来袭。

札兰丁一声大喝："冲上去，杀退蒙古人的进攻！"

只见他双腿一夹马肚子，箭一样冲向迎面而来的蒙古骑兵，他身后的兵马也高声叫喊着，杀向前去，双方立刻混战在一起。

由于札兰丁的勇猛砍杀，兀客儿哈剌扎与忽秃儿哈剌扎的骑兵队伍立刻溃败下来。

成吉思汗一看，心中不禁诧异：这札兰丁果真勇猛善战，想拿住他非下大气力不可！

想到此，立即对窝阔台命令道："你领二万人马向札兰丁的右翼进攻，将其分割包围，立即歼灭他们！"

又喊来拖雷，向命令道："你带领二万兵马，袭击札兰丁的左翼，把其分割出来，围歼他们。不得有误。"

然后，又对察合台说道："你带领兵马与札兰丁正面交锋，要苦苦缠住他，不能让他逃了；并要记住，千万别伤害他，要活捉，留下他我有大用哩！"

成吉思汗见三个儿子领兵走了，自己带着众将士，登高远望，主掌着军队的大营，随时准备派人出去支援。札兰丁勇猛异常，但是他的两翼较弱，窝阔台的二万兵马冲过来，很快切断了他的右翼阿明灭里与札兰丁的联系，并将其团团围困着，杀得阿明灭里大败而逃。

窝阔台英勇果断，指挥兵马把阿明灭里困在中间，用骑兵猛冲过去，一顿乱砍乱杀，那一万人早已死伤了大半，连续冲杀几次，早已招架不住了。

阿明灭里见无力挽回败局，只得拼命向白沙瓦方向溃逃。窝阔台怎肯放他，便亲率铁骑猛追上去，截断了他的去路，又将其团团围住。

此时，阿明灭里身边不足二千人马，他见不能突围出去，便让士兵牵着那匹浑身乌黑油亮的骏马，再加上一口袋珠宝玉器，一起送到窝阔台面前，哀求道："请收下这些礼物，放我们逃命去吧！"

窝阔台见了，冷笑道："这点礼物算什么？我们要的是花剌子模一个完整的国家，赶快滚回去，下马受死吧！"

未等那士卒走远，窝阔台便向军队下令道："快取弓箭，全部杀死他们！"

为了争夺那匹骏马，闹得内部分崩离析的阿明灭里，以及他的残余兵马，随着窝阔台的一声"放箭"的号令，全死于乱箭之下。

此时札兰丁的左翼也被拖雷的兵马冲散了，那位曾经刺杀过成吉思汗的兀儿秃刺黑，也想步阿明灭里的后尘，很想冲破蒙古军队的包围，向白沙瓦方向逃去。

谁知拖雷早已亲率骑兵堵住他的去路，立刻包围了他的残余兵马，用乱箭射死了他们。

有一个蒙古士兵发现兀儿秃刺黑未死，正要举刀去捅他，他却先声夺人，一刀刺死了那个蒙古士兵。为了逃命，兀儿秃刺黑急忙脱去身上的衣服，只留下一个内裤，正在穿着蒙古士兵的衣服时，却被另一个蒙古人俘虏了。

兀儿秃刺黑被押到成吉思汗那里，他说道："我忠于主人札兰丁，誓死不投降！"

成吉思汗向他问道："你叫什么名字，为什么不投降？"

"我叫兀儿秃刺黑，是札兰丁左翼大军的主将，听说你不杀忠于主人的敌将，那就放了我吧，因为我忠于我的主人札兰丁。"

成吉思汗笑道："这家伙既狡猾又愚蠢，还想来讨便宜呢！"

说罢，大手一挥，要护卫把他拉出去杀了，可是，兀儿秃刺黑却以为是放他走了，急忙爬起来要走，又转身对成吉思汗谢道："感谢大汗的不杀之恩。"

这句话还未说完，已被那护卫一刀刺进胸膛，当即仆地而死。

成吉思汗见了，一阵哈哈大笑，说道："这样的蠢材也能当左翼军的主将，札兰丁已到穷途末路了，焉能不被我捉？"

此时，札兰丁正率领中军队伍，一次又一次地向察合台的队伍猛冲，由于蒙古军队人数众多，尽管他反复发动攻击，总是冲不出包围的圈子。

札兰丁的人马冲向那里，察合台的队伍便追赶到那里：一会儿他从右面急攻到左面，一会儿又从左面急攻到右面，一会儿又从右面攻击察合台的中军，像被关在笼子中的一头猛兽，东一头，西一头地乱冲乱撞，始终冲不出蒙古大军的包围。

札兰丁一次再一次地进攻，总是冲不出去，而蒙古军队却步步进逼，使他的活动地盘越来越小，战场愈来愈窄。

因为成吉思汗下令要活捉他，蒙军将士怎敢不听从大汗的命令？于是，既不敢向他放箭，当面交锋时也不敢将他置于死地，从而给札兰丁提供了奋勇杀敌的机会。

他从清早一直拼杀到中午，最后身边只剩下七百余人了，札兰丁仍然像一头雄狮那样横冲直撞，东砍西杀，无所畏惧。后来，札兰丁终于觉得自己这样拼杀下去，怎能斗得过包围着自己的成千上万的蒙古大军呢？

突然，札兰丁心生一计，他力图摆脱蒙古军队的围追堵击，便退下阵来，换了一匹新的战马，只见他抖擞精神，飞身跨上这匹生力马，再次向蒙古军队猛冲，迫使蒙古骑兵节节后退。

就在这时，札兰丁突然掉转马头，一边拍马疾驰，一边脱下铠甲，背负着盾牌，手握大旗，飞奔申河岸边，从两丈多高的河岸上，纵马一跃，连人带马跳入了申河。

一刹那间，那匹战马又很快地从申河中挣扎出来，昂着头，驮着他的主人，向对岸游去。

在这次有名的申河大战中，札兰丁是惟一从申河中逃出去的花剌子模人！

成吉思汗对札兰丁采取了宽厚大度的态度，更确切地说，这是一种骑士式的英雄敬英雄的态度。

但是，对于札兰丁手下的人，成吉思汗却像往常那样严厉。在札兰丁纵马跃入申河，凫水而去时，他手下的一部分士兵也跟着跳下水，向对岸游去。

成吉思汗见到之后，立即命令部队向跳下水的札兰丁的士兵放箭，眨眼之间，岸上乱箭齐发，那部分士兵一个个被射死在河中，无一人幸免。

岸上的札兰丁队伍，被全部俘获，一律被杀死，成吉思汗命人寻找札兰丁的妻子儿女时，有人报告了如下的情况：

当蒙古大军围追到，申河岸时，札兰丁已预感到自己已无力抵抗，便将妻子儿女喊到一起，对他们说道："我已无力保护你们，与其让你们被蒙古人凌辱而死，不如死在我们面前更好！"说罢，让他们喝下他亲自准备下的毒酒，此时，札兰丁再一次看着自己的亲人们说道："愿你们来世不要再生在帝王之家了！"

说罢，令士兵把他们的尸体投进申河里。

在离开申河之后，成吉思汗得到了关于札兰丁的消息，有人说他重渡申河，亲自来埋葬死者。于是，他当即派遣次子察合台领二万人马，前去追索，寻找札兰丁的下落。

可是,察合台在申河岸边寻找了半个多月,也不见札兰丁的身影,只好空手而回。

第二十九章　突厥战死无望复国　平定叛乱蒙军立威

刺夷城是波斯伊拉克地区最大的一座城市，它生产的彩色陶瓷制品，有美丽的细密图案。妇女编织的羊毛地毯，更是精美绝伦。

城内人口众多，经济繁荣，商品琳琅满目，生活富裕安康。古刺思组建了一支四万人的军队，把城墙整修加固之后，又新挖了又宽又深的护城壕沟。

哲别与速不台的大军来到城下，没有急于攻城，二人细心察看周围地形，发现城外沟渠纵横，灌溉网星罗棋布，到处是果园、菜地，新鲜蔬菜，应有尽有。

每天清晨，果农与菜农用车拉着各种新鲜蔬菜与水果进城，人流涌动，城门口的防卫也不甚严密。

回营后，哲别先说道："这刺夷城又大又坚固，城内军队数量也多，若要硬攻，不知耽搁多少天才能攻下，不如来个里应外合，或许省时又省力哩。"

速不台听后，忙问道："城内没有熟人，怎么内应？"

哲别对他诡秘地一笑："城内没有熟人，我们不能派人进去么？"

速不台一想，忙把大腿一拍，说道："对呀！每天清晨，城门口送菜的，卖水果的，做小生意的人来人往，车水马龙，我们派些人混进去。"

说到这里，他兴奋得跳起来，又说道："好，这办法准能行，不过，要挑选一批精干的人进去，到时候他们才能以一当十，甚至能当百，才能起到内应的作用。"

哲别也说道："我以为，有二百人该够了，照你那么说，这二百人就等于二千人，甚至二万人了！"

速不台一听，便哈哈大笑起来，又说道："即使二百人，也最好让他们都扮作商人模样，分几批进城，以免引起守城士兵的注意。"

两人计议已定，立刻挑选人员，哲别又向他们耐心交待注意事项，告诉他们进城之后，以出售货物、联系生意为借口，待机行动。

出发前，又确定了联络信号，暂定第三天夜里在城东门举火为号。

次日清晨，那二百个扮作形形色色商人模样的蒙古人，混在那些进城的人流中，都安全地进了刺夷城。

哲别说道："我们还是遵照大汗的历来做法，对这个古刺思也是采取先礼而后兵吧?”

速不台说道:“好吧!我揣摩,此人不会轻易投降的,他仗着城坚池深,又有四万军队哩。”

哲别把那个善于言词的秃里讹拉喊来,问道:“让你进城去说降,你打算如何劝说?”

秃里讹拉想了一会儿,说道:“我向他们说明,我们的军队是路过这里,不是来攻城的,让古剌思为我们军队送些食品来,他若答应,我再相机提出投降。”

哲别、速不台听了,都很满意,认为这样说很好,由浅入深,由近及远嘛!

秃里讹拉走后,哲别、速不台便命令宰牛杀羊,犒赏将士,吃饱喝足之后,在营里好好睡觉休息,养息好了精神,准备打仗。

秃里讹拉来到城里,见到古剌思说道:“我们是成吉思汗的队伍,路过你们城下,请你们提供一些食品给军队,不久我们就走了。”

古剌思不高兴地说:“你们蒙古人到处掳掠财富,还少食品吗?”

秃里讹拉见他话不投机,只得说道:“不能那么说吧!我们按照成吉思汗的旨意,总是宽待臣服者,严惩抵抗者。”

未等他的话说完,古剌思却说道:“别说了!我们没有食品给你们!这里是西突厥王的天下,不是你们蒙古人横行霸道的地方,奉劝你们还是早离开为好!”

说完,古剌思站起来,大声说道:“来人,送这个人出城!”

秃里讹拉也站起来,软中带硬地说道:“我也奉劝你,由此而产生的一切后果,将由你们负责了!我们蒙古人向来是先礼而后兵!”

古剌思转过身来,瞪住他说道:“兵来将挡,水来土掩,随你们的便!”秃里讹拉见到再无说话的余地,只得出城,回到营里把情况一一作了汇报,哲别听了笑而不言,速不台跳起来,大声叫道:“好啊!这个古剌思执迷不悟,仗着他那四万军队,想阻止我们攻城,是白日做梦!他忘记了他的老子是怎么死的了。”

哲别用手指着速不台笑道:“你喊什么?留点力气攻城吧!”

一句话把秃里讹拉也说笑了,速不台又道:“这个小东西太傲慢了!明天夜里攻城时,绝不能让他逃跑了,非治他不可!”

哲别也不搭话,立刻向帐外喊道:“准备酒菜,要慰劳我们的铁嘴使者。”

不一会儿,酒菜摆上来,三人坐下来一边大口地嚼着香喷喷的牛羊肉,一边大碗地喝酒,又一边议论着明天夜里攻城的事。

古剌思是谟罕默德的第六个儿子,他母亲原是一个歌女,被国王收为皇妃,生下他不久,古剌思的母亲便被谟罕默德赏给了一个部下。

因此,古刺思从小遭受歧视与虐待,性格内向,报复心极强,后来他练就了一身的武艺,尤其擅长骑射,在他的十多个兄弟之中,数他的马上功夫最好。

来到刺夷城,古刺思雄心勃勃,想以此为起点,逐步向东发展,争取有朝一日回到撒马耳干去,重建花剌子模国。

对札兰丁当上新国王,古刺思深为不满,心中怀着愤怒,曾与札兰丁当面说过:"你去南方,我到西边,咱们同时展开复国抗战,谁先攻入撒马耳干,谁为花剌子模国王,你敢答应吗?"

札兰丁只得说道:"好吧,咱们一言为定!"

不久前,古刺思听说札兰丁兵败跳河的消息,虽觉心里去了一块心病,但是,仍然埋怨成吉思汗为什么不坚持除恶务尽了?

在古刺思看来,蒙古人最终还是要把军队撤走的,到那时,只要自己手中能有十万、八万军队,不愁当不上国王。

他从小时候起,就梦想着成人后一定要组建一支军队,因为只有武力才能征服一切,正如山林中的飞禽走兽,总是弱肉强食,这是不可改变的一条规律。

两天前,古刺思听说城外来了一支蒙古军队,他原以为是过路的队伍,没有把它放在心上,他认为这里地处花剌子模的大西北,距离河中地区甚远,成吉思汗的军队主力远在东南方向,这里正是天高皇帝远,可以在这里大力发展自己的势力,随时准备着施展自己的宏图抱负。对于这一支蒙古军队,不过三、四万人,即使与它对立起来,也可以伺机将其歼灭,所以他对蒙古人的使者不持友好态度。

于是,古刺思立即召开将领会议,说道:"我们有高大、坚固的城墙,有四万精干的兵马,城外的护城壕沟又宽又深,也是阻挡蒙古骑兵的障碍,量这支蒙古军队也不能把我们怎么样。"

古刺思的得力亲信胡连帖丁说道:"只要坚持一段时间,蒙古人不打自退,到那时,我们再领兵马出城,随后追杀,必然能大获全胜。"城中的原来守将狄根怯也夫说道:"蒙古人历来不打无准备的仗,还好用计谋,不可不防啊!"古刺思立刻不屑地说道:"他们孤军深入,有什么可怕的?别说那些泄气话,要长自己的志气,灭敌人的威风,老是提着胆子行事,还能有所作为?"胡连帖丁忙说道:"明天开始,城上要加强警戒,城门也要严加防范,不能让蒙古间谍混进城来呀!"这时候,有位守将说道:"这两天城内乱得很,来的商人特别多,我真有些怀疑,蒙古人鬼得很,他们的间谍多,这些商人会不会是他们的间谍哟!"

古刺思忙说道:"别神经过于紧张,弄得草木皆兵了,还是分头去准备,加强警戒吧!”

当晚,古刺思又单独喊来胡连帖丁说道:“你要提高警觉,对城内原来的几位守将要严加防范,密切注意他们的行动,防止他们主动出城与蒙古人联系啊!”

胡连帖丁听了,连连点头,说道:“是啊,我已经想到了,不过我的负担太重,日夜巡城,日子久了,怎能吃得消?”

古刺思立即安慰道:“再累也要坚持住,不就是这几天么? 等蒙古人一走,我一定给你选几个绝代佳人送去,让你玩个够!”胡连帖丁听了,连声大笑着走了,心里说:“一连几天未尝到女人味了,无论如何,今夜也要弄一个来下下火了!”

这个胡连帖丁本是一个好色之徒,平日,每夜离不了女人陪着,这几天古刺思让他夜里巡城,担心蒙古入夜里来偷袭,他不得不领着一支人马,沿着四门巡查,急得他欲火难禁!

他从古刺思那里出来,路过“销魂院”大门时,早被这个妓院的老鸨看到了,只见她笑嘻嘻地迎过来,一把拦住他说道:“我在这儿等大爷半天了,我这里才来了一个又白又嫩的小雏儿。”

胡连帖丁忙说道:“不行,今晚不行,我有重要事情要办,哪有心思干那事儿。”

他嘴里说不行,两腿却随着那鸨母,走进了院子,来到一间屋子里坐下了。那鸨母又是倒茶,又是敬烟,大声喊道:“把那个才来的娜莎带来!”

不一会儿,从外面走进一个少女,胡连帖丁一看,见这女孩子年纪不过十六七岁,高挑的身材,雪白的皮肤,金黄的头发,大大的眼睛,有些羞答答地站在他面前。

他不由从上到下,又细看一遍,便伸手拉她到自己身边,捏了捏她的俏脸,顺手按了按她的胸脯,张口问道:“你今年多大了? 叫什么名字?”

“我今年十七岁,名叫娜莎。”

“你为什么来这里当妓女?”

那位少女立刻流下泪来。说道:“父母在战争中死了,我才来。”

胡连帖丁看着眼前的这位娜莎,早把守城巡哨的事给忘得一干二净了。胡连帖丁顺势将她揽到怀里,伸手去摸她的乳房,羞得这位少女涨红着脸,动也不敢动地坐在他的怀里。

鸨母一见,立刻笑道:“我要提醒大爷,她可是个雏儿! 你得当心点,你也得给个好价钱呀!”

胡连帖丁接着说道:“放心罢! 我会悠着的,至于价钱嘛,好说。”

鸨母听了,哈哈笑着走了,在她背后立刻传来了娜莎的低低的哭声……

当晚，古刺思在床上怎么也睡不着，便走到院子里散步，心里还是不能安定下来，见夜色浓重，心里不由想着，蒙古人该不会来偷袭吧？

他正在想着，忽见守城的将领狄根怯也夫心急火燎地走来，对他说道："我在城上听到城外有兵马走动的声音，难道蒙古人今夜会来攻城么？"

古刺思听后，急忙问道："你来向胡连帖丁报告了吗？"

"我找遍了城头，也见不到他的人影儿，城上的守军都说胡连帖丁未去城上查哨，到哪里去向他报告？"

古刺思生气地说道："这个色鬼！难道他又去了那个销魂院，咱们到城上看看去！"

说完，古刺思喊来了几个护卫，随着狄根怯也夫一起往城东门走去。

此时，已是临近三更天了，他们正走着，忽听前面东门处一阵喊杀声起，又见城上火光冲天，城外响起人喊马叫的声音，古刺思叫道："快，咱们快到城上去，蒙古人来攻城了！"

说罢，几人加快了脚步，向东门跑去，刚走不远，只见前面一队人马，高举着火把，大声呐喊着，杀进城来了。

古刺思一看，吓得大叫一声："不好了！蒙古人杀进城来了，赶快回去集合队伍，跟他们拼吧！"

说罢，掉头就往回跑，狄根怯也夫愣了一会儿，也迈起大步，随着他们向城里跑去。

原来，这天夜里，那二百名扮作商人的蒙古士兵，见城上防备松弛，便怀揣利刃，悄悄地来到东门，他们一声呼哨，走到守门士卒面前，一刀一个，杀死了几名守兵，一边打开城门，一边走到城头，点着火把，将城楼燃着，顿时火光冲天，向哲别、速不台送去了信息。

哲别与速不台领着兵马冲进城里，一路呐喊着，一边放火将房子点着，一边见人就杀。

哲别让人守住东门，遂与速不台一起在城内四处点火，吓得居民大哭大喊，惊惶乱逃，被蒙古士兵见了，一阵乱砍乱杀，再也不敢出来了，许多人被活活地烧死在屋子里。

古刺思跑回去，慌忙集合兵马，想到东门阻止蒙古军队进城，谁知哲别已领着队伍杀过来了，并大声向古刺思喊道："你城已被我攻破，还不赶快下马投降，才能免你一死，不然，你休想活命。"

古刺思正要出阵交战，谁知蒙古军队早已横冲直撞地冲过来了，他的兵马顿时被冲得东倒西歪，四下里逃去。古刺思急得连声大喊道："别乱跑，跟蒙古人拼啊！"可是，那些士兵睡得迷迷糊糊地被喊醒，一见蒙古骑兵像天兵天将一样，哪里还敢应战，只顾逃命去了。

这时候，天已明亮，古刺思一见形势不好，心里说：现在逃出去，还来得及，等到城门全被蒙古人占领，想逃也走不脱了。

于是，古刺思慌忙拍马飞去，他知道东门已失，那里准有蒙古兵把守，只得往北门跑，准备逃往忽姆城去。

也是这个古刺思命大，北门原来的守门将士早跑了，蒙古人还没有来得及赶到，他见城门大开，再也没有多想，立刻飞马冲出，沿着去忽姆城的大道，不要命地奔驰而去。

不久，刺夷城的四门全被蒙古人守住，城门紧闭、开始了对全城军民的屠杀。从早晨直杀到午后，除留下一些有技术的工匠，及少数童男童女之外，余者一律杀死。

摧毁了刺夷城之后，哲别、速不台押着俘虏，装运着财物，驱赶着牛羊牲畜，带领大军向下一个目标——忽姆城进攻。

大军离城四十里，来了一个城里的人，他要求见蒙古军队的主将，哲别、速不台接见了他，向他问道："你有什么事要向我们报告？"

那人自我介绍道："我名叫回力廷宰，是一个突厥族人，来主动向你们投降，我们突厥人与你们蒙古人同是一个种族，请赦免我们的死罪罢。"

哲别听后，又问道："你就是为了请求赦免，才来找我们的吗？"

那个回力廷宰立即答道："不完全是，忽姆城里我们突厥人少，康里人多，他们仗着权势，欺压我们突厥人。如今你们蒙古人来了，我们愿意主动献城投降，可是康里人不答应，他们要坚持对抗，所以我先来向你们报告。"

哲别又问道："你们打算怎么办？能主动献城吗？"

"听说刺夷城的那个西突厥王子也逃来忽姆城了，康里人都拥护他带头守城，来跟你们的大军对抗，我们准备这么办。"

说到这里，这个突厥人回力廷宰神秘地说："请你们的大军暂时驻扎下来，到天黑之后，再赶到忽姆城下，我们悄悄地打开城门，你们就可以冲进城去了。"

哲别、速不台就答应了他的请求，对他说："就照你说的办，等到破城之后，一定赦免你们这些突厥人的死罪。"

回力廷宰又说道："还请求你们为我们突厥人报仇，进城后希望你们把那些横行霸道的康里人全都杀了。"

速不台立刻答道："可以，你回去吧！一定要说话算数，夜里三更天把城东门打开！"

当天夜里，忽姆城里的突厥人果然打开了城门，蒙古大军立刻冲进城去，把康里人的男子全部杀死，然后将其妇孺全部俘获，为城里那些突厥人报了仇。

不过，那个古刺思又逃脱了，跑到了哈马丹城里去，可是，他听城里人说准备主动向蒙古人投降，便不敢停留，立即逃往赞璋。

哲别、速不台的兵马刚到哈马城下，守城主将阿刺倒尔就领着城里的长老、教长等，带着奴婢，食物、服饰及珍宝等作贡礼，请求归顺，并送良马五百匹，主动要求派一名沙黑纳留在哈马丹，即同意接受一名蒙古长官。

哲别对阿刺倒尔说道："为什么不把古刺思扣押起来？"

"古刺思在城里只吃了一顿饭，未敢过夜就走了，他害怕我们扣留他。"

速不台说道："古刺思是蒙古人的敌人，也是你们的敌人，以后来了，就把他扣起来，送给我们。"

阿刺倒尔连声答应，保证以后不与古刺思联系，诚心诚意归顺蒙古国。

于是，哲别、速不台留下一名将领，便带领军队离开哈马丹，向赞璋进军。

这座人口众多的赞璋城，位于通往阿塞拜疆的路上，古刺思逃进城以后，向守城主将冒纳鲁耶夫借了两万兵马，驻扎在离城二十里外的郎格高地，企图与蒙古大军决战。

哲别、速不台得到消息之后，让大军距离郎格高地五里处扎营，派人前去探听消息，了解古刺思的兵力情况，回来的人却说道："古刺思的兵马全是一些老弱残兵，连他们的战马都瘦得风一吹就倒了。"

哲别一听，怀疑地又问："你可看清楚，真是像你讲的那样么？"

那人立刻说道："古刺思的兵马确是那样，如果趁势打过去，准能打胜仗，活捉这个西突厥王子！"

哲别担心这个士兵的侦察不可靠，他看着速不台不说话，过了一会儿才说道："这样吧，为了弄清古刺思的兵力实际情况，你在帐中守住大营，我去实地考察一下吧！"

速不台立即说道："那怎么行？你是主将，还是让我去吧！"

哲别只好说道："知彼知己，才能百战不败呀！不弄清敌人的情况，怎能糊里糊涂地出兵，去打一场连自己也没有把握的糊涂仗呢？"速不台又带了一队士兵，前去侦察，后来回到营里连声大笑道："古刺思的兵马确实都是一些老弱残兵，据说赞璋城的主将冒纳鲁耶夫本来不愿意借兵马给他，后来禁不住古刺思再三恳求，才把那些老弱残兵借给他的。"

哲别听后，沉思着说道："也许你们看到的确实是老弱残兵，但我认为古刺思一定是把精兵埋伏起来了，我们千万不能上这个当！"

速不台听了，有些不大高兴，使说道："我与你并肩战斗这么些年了，难道连我你也不信？这样吧，你给我五千兵马，看我去把古刺思活捉来给你！"

哲别听后，急忙上前拥抱住速不台，说道："我的老伙计，老战友，你可别生我的气啊！也许是我过于谨慎了，可是，战场上的风云变幻，瞬息万变，你能不清楚？”

说到这里，哲别想了一下，对他说：“五千兵马太少，你先带一万人去，随后我会支援你的。”

速不台率领一万人马刚到郎格高地，突然四下里涌出无数兵马，个个人强马壮，原来的老弱残兵全不见了，古剌思跃马横刀，大喝道：“还不下马受死，等待几时？”

速不台明知中计，只得指挥兵马拼命砍杀，想杀开一条血路，冲出古剌思的包围，哪知敌兵众多，一万兵马被杀得死伤大半。

此时，古剌思的军队却愈战愈勇，并把包围圈压得越来越小，敌兵纷纷喊道：“活捉蒙古人呀，别让蒙古人跑了！”

“杀死蒙古人，为花剌子模人报仇啊！”

敌兵一边大声叫喊，一边潮水般地涌过来，逼得速不台左冲右突，拼命砍杀，眼看脱身不得，正在这危急之时，忽见古剌思的军队纷纷落马，并向两边退去。速不台一看，方知是哲别领兵来救，便抖擞精神，带领残余人马，向敌军杀去。此时，古剌思见蒙古援军到来，便已心怯三分，又被哲别一阵猛冲猛杀，心知不是对手，就急忙命令兵马后退。

哲别一见，立即指挥队伍随后追杀过去，杀得敌兵纷纷逃避，四处乱窜。

古剌思害怕被蒙人追上，就把兵马带回赞璋城里，才避免了被围歼。

回到大营，一查点兵马，速不台惊讶了：这一仗竟伤亡了四千人！速不台十分惭愧地红着脸说道：“我没听你的劝告，弄得兵马被围，伤亡惨重，还差点不能和你见面了。”

哲别听了，急忙上前安慰道：“别往心里去，战场上的事情难说，胜败是常有的事，只要吃一堑，长一智，吸取教训就行了。”

第二天，蒙古军队开始攻城，因为城墙不太高，速不台领着士兵往城下运土，不到两个时辰，城外的土丘堆得地城墙还要高了。此时，哲别一声令下，蒙古铁骑如一阵狂风刮来，顺着那土丘窜上城墙，跳进城内，吓得城上的守军四下里逃命去了。

蒙古大军对城内的军民进行了屠杀，那个狡猾的古剌思一见形势不对，早已逃往可疾云去了。

这可疾云守将早有归顺蒙古之心，只是没有机会，此人名叫马丁·路西德，他得知赞璋城被毁，军民被杀，就立即召开会议，向他的部下们说道：“我们花剌子模老国王死了，新国王跑了，我们就像投有娘的孩子，投靠谁呢？”

说到这里，马丁·路西德像是探讯似地征求大家的意见，过一会儿又说道：“俗话说：鸡蛋碰石头，此话有些道理，我们可疾云城，若想与蒙古军队对抗,正像撞在石头上面的鸡蛋一样,下场是一样的。”

就在这时,有人来报告道:“西突厥王子古剌思来了,要见你呢。”

马丁·路西德不禁一愣,又问道:“他来了,要见我干什么?我能帮助他打蒙古人吗?赞璋城的冒纳鲁耶夫因为借了两万人马给他,结果怎么样?不仅他被蒙古人杀死了,全赞璋城都被摧毁了,这种人谁敢收留他?请各位发表意见吧。”

于是,会场上议论纷纷,有人说:“把古剌思捉住,送给蒙古人。”

也有建议送他出城,以免得罪蒙古人,说道:“我们不敢留他,也不扣押他,双方都不得罪,蒙古人也不会埋怨我们的。”

听了部下的建议,马丁·路西德说道:“我们收留古剌思,或是送他出城,都会得罪蒙古人,那就不如把他捉住,献给蒙古人。因为蒙古人得罪不起,弄不好我们都要随着这个古剌思一起完蛋,可疾云城都将变成一片废墟!这样做,太不值得了。”

说到这里,马丁·路西德立刻命令道:“快去把古剌思扣押起来,千万别让他逃跑了。蒙古人来向我们要人,怎么办?”

于是,古剌思被马丁·路西德捉住,担心他逃跑,就把他杀了,将古剌思的人头送到蒙古军队里,哲别就赦免了可疾云城全体军民的死罪,接受了他们的投降。

马丁·路西德为蒙古大军提供了大量的食品和财物,贡献了五百头牛、羊、四百匹良马,特别是送给蒙古人数百坛葡萄酒。

可疾云是伊拉克境内最后一座被征服的城市,随着古剌思的被杀,曾经轰动一时的西突厥王的复国抗蒙的叛乱被镇压下去了。

第三十章　哲别将军喜得佳人　哈蒙两军形成对峙

公元1221年的春天，哲别、速不台带领大军进入阿塞拜疆境内，继续去扑灭一切反抗的火星，借以实现成吉思汗心目中的"太平"。

当时，统治这里的是阿答毕地方王朝，它的首府在大不列士，首领名叫斡思别，老百姓都称他"突厥王斡思别"。

斡思别有个弟弟，名叫月治佗夫，是个足智多谋的将领，一遇到征战事，斡思别便让月治佗夫拿主意。于是，他派人喊来了月治佗夫，把蒙古人要来攻城的事说给弟弟听，并问道："是投降，还是抵抗，由你决定吧！"

月治佗夫立即说道："我已听说了，这支蒙古军队人数不多，也不会在此长住，只要守住我们大不列士城，要不多长时间，他们自己就会撤兵的。"

斡思别听后，高兴地说："只要蒙古人打不进来，我就不管了，这守城的事全交给你去办吧！"

这个月治佗夫真有些本事，他立刻整顿兵马，加固城墙，打造兵器，储备粮食，准备坚守这座多年不设防的城市。

不久，哲别、速不台的兵马来到城下，派人到城里劝降，月治佗夫对那使者说道："这投降之事，关系重大，等我们商定之后，再答复你们，务请耐心。"

一连过去几天，见城里没有答复，哲别又派使者进城催问，月治佗夫说道："我们的城主身患疾病，不能马上决断这件事，务请再等一段时间。"

又过几日，哲别见城内仍没有答复，再派使者进城说道："你们城主故意拖延时日，这次再不决定，我们大军明日攻城，别怪我们言而无信。"

这次月治佗夫却说道："我们本想向你们投降，只是你们逼得太紧，一时无法决定，你们既要攻城，我们也只得奉陪了。"

那使者回营，把情况一一汇报出来，气得哲别和速不台大骂不止，知道中了月治佗夫的计策，便下令攻城。

连续攻打了两天，毫无效果，因为城坚池深，城上防守严密，反损失了许多人马。

过了两天之后，哲别与速不台竟不声不响地带着兵马撤走了。

这消息传到城里，斡思别欢喜地说道："这下可好了，蒙古人撤走了军队，城内也就平安无事了，那些士兵让他们各回家里去吧！"

月治佗夫听了，不以为然地说道："这话可不能说早了！蒙古人打仗善用计谋,说不定他们是假意撤退,等我们放松了守城,又会突然来攻城,打我们一个措手不及,那就麻烦了。"斡思别却说道:"不会吧?既然撤走了,哪有再回来的道理,也许蒙古人一无粮食,二无草料,又攻不进城,再不撤兵,他们的人马在这大沙漠上面吃什么,喝西北风啊?"

月治佗夫还想争辩,见他的兄长一摆手说道:"这些日子,你也辛苦了,回去休息吧!"

于是,几万守城军队立刻被遣散回家,城上只留少数人管理城门,这座大不列士城重又恢复成一座不设防的城市。

不久后一天凌晨,人们还没有起床,忽听城外人喊马叫,震得山摇地动,吓得全城人都起来了,才知道是蒙古人来攻城了。

月治佗夫自知无力抵抗,便骑上一匹快马,向谷儿只城逃去,以图东山再起。

哲别、速不台未伤一兵一卒,便攻进了大不列士城,根据成吉思汗严惩抵抗者的命令,这座不设防的城市也未能幸免,立刻被摧毁了。

离开大不列士城之后,已是严寒的冬季来临,大军沿着里海西海岸进军,哲别说道:"阿儿兰城地处山谷之中,到那里过冬吧!"

话刚落音,探马回来报告道:"大不列士城逃跑的月治佗夫从谷儿只城借来两万人马,正向我们这里驰来。"

哲别一听,忙说:"既然这个月治佗夫找上门来,我们只好与他打一仗了。"

遂与速不台领着大军,把队伍埋伏在一座土山的背后,然后命令全军饱餐一顿,向速不台交待一番,自己便领着一千人马去迎击月治佗夫的队伍。不久,双方开始了厮杀,哲别且战且退,把月治佗夫的一万军队引诱到埋伏地区,速不台带领兵马突然杀出来,把月治佗夫的军队团团围住,经过一阵拼杀,月治佗夫单人匹马杀出重围,向谷儿只城逃去了。哲别说道:"谷儿只城是木干草原的重要城市,它支持月治佗夫与我大军对抗,岂能饶它?"

于是,哲别与速不台又马不停蹄地向谷儿只城进军。途中,许多当地的突厥族人与曲儿忒人来投,他们平日受尽谷儿只人的欺凌,听说蒙古人要去攻打谷儿只城,便请求主动为军队带路。

大军到达梯弗利斯城时,谷儿只城主阿忽失米尔也率领军队到来,两军对阵,立刻展开了拼杀。

阿忽失米尔的兵马缺乏训练,抵挡不住蒙古骑兵的冲击,很快溃败了。哲别指挥骑兵乘胜追击,把谷儿只的两万兵马杀得死伤过半,其余的人逃进茂密的丛林中去了。

公元 1221 年春天,哲别、速不台大军进抵篾剌合城,遇到一件十分麻烦的事情。

大军扎营之后，当天夜里，全军将士腹泻不止，有人一夜起来七、八次，到了第二天，五万大军几乎全都病倒了。

哲别与速不台也不能幸免，二人急得束手无策，忽然篾剌合城里来人了，要见蒙古主将。哲别与速不台还未说话，来人便说道："你们蒙古人都已病倒，若能接受我们女王提出的条件，女王将派出医生为大军治病。"

哲别忙问道："你们女王要提出什么条件！"

那来人笑道："我们女王久闻哲别大将军的威名，愿结百年之好，希望大将军切勿推辞。"

哲别与速不台听后，不由得大笑起来。

原来这篾剌合城主为一女王，名叫伊丽娜莎，年方二十六岁，还未结婚。她崇武尚义，爱慕勇武之人。她听说哲别智勇双全，便主动要求嫁给这位有着骑士风格的蒙古大将。

这时候，哲别只得说道："请你转告你们的女王，哲别已经年迈五十，又老又丑，而且军务在身，怎能配得上她呢？对她的一番美意，哲别心领了。"

女王的使者听后，摇着头说道："若不答应女王的条件，谁为你们的大军治病？何况这腹泻不止，不过几天就会丧命的。"接着，那使者指着营帐外不远的一条河说："你们喝了那河里的水，所以腹泻不止，若不吃下我们提供的药物，那种腹泻病谁也治不好的。"

速不台对哲别说："你就答应了这门亲事吧！为了要替几万大军治病，大汗知道了也不会责怪你的。"

哲别瞪了速不台一眼说道："你怎么能这么说话？这战场上和亲，自古以来都是军法所不容，而且大汗的纪律更严，你不知道吗？"

速不台又说道："你不答应下这亲事，将士们的腹泻病谁来治？一旦死伤过多，大汗能不责怪你，不如应下吧！"

哲别使劲摇着头，然后又对那使者道："这事我要派人去向我们的成吉思汗报告，大汗若是批准，我就应下，否则，万难从命。"

速不台却说道："大汗派我们带兵远征，已把生杀大权交给了你，娶个女人又算什么？何况'将在外君令有所不受'呢！你就不要再推托了吧！"那使者也说道："别辜负了我们女王的一片美意呀！"

这时，士兵们来告急道："军中已有许多人因腹泻脱水而死，怎么办？"

速不台又催道："为了军中数万将士的生命，你也该把这桩婚事应承下来了。"

哲别只得说道："那好吧，你带我去进城见你们女王。"

这伊丽娜莎女王是个独生女儿，她父亲里昂诺夫原为篾剌合城主，因暴病而死，伊丽娜莎继父职位，便自称女王了。

因为从小娇生惯养，争强好胜，敬慕英武俊杰，看不起怯懦胆小之人，多次扬言要嫁给一个叱咤风云的勇士。

这次蒙古大军一到，伊丽娜莎听说哲别的传奇经历之后，便生倾慕之心。城中老将板兰揑瑟夫是她的师傅，对她说："蒙古人在尸河边上扎营，正是自投罗网了，他们全军都会腹泻，若不及时治疗，将会陆续死掉，到时候，哲别会自动找上门来的。"

这条小河从五里外的喀亦大沙丘下面流出来，到篾剌合城外汇成这条小河，传说一二百年之前，这里发生了一场战争，双方军队死伤无数，当地人把他们安葬在喀赤大沙丘上。

因为河水有毒，人们喝下就会腹泻不止，"尸河"之名便由此而来，都说河水是从埋在沙丘下面的众多尸身中流出来的。

现在哲别为了挽救全军数万将士的生命，只得亲自进城，去见那伊丽娜莎女王。

两人正在谈着话，速不台却派人来告急道："谟罕默德的一个儿子阿剌必额在哈马丹发动叛乱，杀死了哈马丹的蒙古长官，并将亲蒙古人的阿剌倒剌抓起来，关押在罗耳的一个暗堡内，不久就要把他杀了。

哲别一听，异常着急，便对伊丽娜莎说道："如今蒙古军队大多数人正在病中，怎能打仗，请女王借兵马于我，前去哈马丹平定叛乱。"

"那么联亲之事，你答应么？"

哲别听后，只得红着脸说道："女王若愿意，就等我去平叛之后，回来再议，并请派出医生为我的部下抓紧治病。"伊丽娜莎又说道："将军答应了婚事就好了，我可以借给你二万兵马，不知可够？"

哲别一听，十分高兴，便领着篾剌合城的二万兵马向哈马丹城前进，走前又叮咛女王抓紧派医生为蒙古士兵治病。

其实，治那腹泻病也很简单，只要用当地产的一种白石榴皮熬水，能喝两碗下肚，过一夜便好了。

而哲别带领的那二万兵马确实不易，由于长期的和平生活与宗教精神的熏陶，使这支军队丧失了战斗能力和勇气。

在哲别的带动下，他们很快打败了叛军的抵抗，将阿剌必额及其同谋者全部处死，然后进兵罗耳。很快击溃了罗耳的守军，从暗堡中救出了阿剌倒剌，仍然让他管理哈马丹城。

回到篾剌合城，女王迎着说道："叛乱已平定，你士兵的病也治好了，我们也该把婚事办了吧？"

哲别答道："一旦办了婚事，你的女王宝座也就坐不成了，这事你考虑了没有？”

伊丽娜莎笑道：“这女王是我自封的，有什么了不起，只要有了你这位勇士，我就心满意足了。”

说完，见屋里没有别人，她便一头扑进哲别的怀里，亲昵地低声说道：“今天你就别走了吧？”

哲别抱着伊丽娜莎，感觉怀里搂住温暖柔软的一团玉一样，心中立刻腾起青春的欲焰，把她抱起来向卧室走去……

公元1221年的秋天，哲别、速不台的远征军在扫荡了伊拉克，平定了谷儿只等地的叛乱之后，又降服了阿塞拜疆各个城市，为越过木干大草原，进军钦察部解除了后顾之忧。

公元1223年的冬天，哲别、速不台的大军突然袭击了钦察人的驻地，杀死了许多钦察人，抢劫的财物大大超过了当初与钦察人议和时的财物，高高兴兴地在水草丰美的钦察大草原，度过了一个严寒的冬天。

哲别与速不台等商议，正想班师回国时，突然收到了迦迪延派人送来的一封挑战信。这位钦察人的首领怀着愤怒，在信上写道：你们用欺骗的手段，偷袭了我们，逼得我们流离失所，无家可归。我们钦察人决心以牙还牙，以血还血，誓以武力讨回公道。”

哲别向将士们宣讲了钦察人送来的挑战书，又重申了成吉思汗对钦察人的作战命令，然后说道：“我们只有接受钦察人的挑战，继续向俄罗斯进军，彻底消灭钦察人的反抗势力，才能完成大汗交给我们的作战任务。”

会后，哲别与速不台率蒙古大军，向钦察人盘踞的萨被罗什城进军，此时已是同年的春季，两军对阵之后，蒙古军队很快击败了迦迪延的钦察人的队伍。

迦迪延丢下兵马，首先逃命去了，蒙古军队随后追杀钦察人，逼得他们向俄罗斯境内逃去。这时的俄罗斯公国，地盘很小，东至伏尔加河的支流斡迦河，在伏尔加河与卡马河之间的地是不里阿尔人，它的东部与南部是钦察人。

当时，俄罗斯境内分裂为几个小的国家，他们的国王全称之为“公爵”。这些公爵全是俄罗斯人鲁里克的后裔，其祖先为北欧海盗，鲁里克曾于9世纪时统一第聂伯河各个斯拉夫民族，随后将其统一称之为俄罗斯人。

迦迪延领着部分残余人马，从萨波罗什城逃往基辅，投奔他的女婿哈里克斯公爵，哭诉了蒙古人欺侮钦察人的情况，说道：“如今，蒙古人已向这里追击，若不及早组织军队抵抗，等那些如狼似虎的蒙古军队来了，不仅杀害我的钦察人，也会扫荡你们俄罗斯人的土地，掳掠你们的财物。”

哈里克斯只好亲自出面，邀请俄罗斯大公和其他公爵到基辅，共议抵抗蒙古大军。

在会上，哈里克斯说道："钦察人与我们俄罗斯人，虽不是同一民族，但是在当前情况下，蒙古人都是我们的共同敌人，一旦钦察人被消灭，蒙古人就要对我们俄罗斯人下手，这种唇亡齿寒的关系是十分明显的。"

有些俄罗斯公爵只考虑本国利益，不愿意出兵，只有俄罗斯大公弗拉吉米尔说道："如果我们俄罗斯人不团结起来，共同对付蒙古人，钦察人势必会投降蒙古人，从而加强了蒙古人的力量，这对俄罗斯将是更大的危险。"哈里克斯又说道："现在我们各自出兵，组成一支抗击蒙古人的联合大军，表面上是救助钦察人，实际上救钦察也就是救我们俄罗斯自己。"俄罗斯大公弗拉吉米尔又说道："为了保卫我们俄罗斯领土，只要各国派出一支少量的军队，汇结一起，就能组成一支强大的联军，蒙古军队远驰来此，我们以逸待劳，定能击败他们，这不是很明显的事吗？"

经过哈里克斯与俄罗斯大公的再三劝说，参加会议的各公爵才勉强达成协议，同意出兵。公元1223年的夏天，弗拉吉米尔大公和基辅公爵哈里克斯，钦察部首领迦迪延及各公国的部队，组成各国联军，列阵于第聂伯河下游。在这同时，被蒙古人击溃之后，逃散到各地的钦察人闻讯之后，也纷纷赶来，加入到迦迪延的军队中，合计起来，号称有十万大军。

面对这支十万人马的联军队伍，在蒙古军队中引起极大的反响，在军事会议上，许多人说："联军十万人，蒙古军队四万人，又是在人地生疏的异国土地上作战，给军队带来诸多不利，要取得战争的胜利，不易呀！"

哲别首先说道："既然是各国联合组成的军队，往往是联而不合。因为，各路军队首领众多，指挥不一，形成一伙乌合之众。"

说到这里，哲别向部下看了一眼，又说道："可以预言，一旦战斗打响，那些联军必然是各部之间互相观望，或者畏缩不前，或是互相推诿，各自都想保存实力，因而人心不齐，力量自然就分散了，还有多少战斗力呢？"

速不台也说道："根据以往作战经验，联军中领兵在前的，必然是其头目。我们可以先伤其头目，联军必然溃散，因为众军无头，其他队伍便各自逃命去了。所以别把联军的十万人马看得多么强大，那不过是虚张声势罢了。"

后来，哲别与速不台经过商议。他们选派了十个能说会道、足智多谋的使者，分别去会见各国公爵，说道："我们蒙古人与你们俄罗斯人没有利害冲突，也从未侵犯过你们的领土。我们大军到来，只是为了追讨抗命的钦察人，望你们切勿轻信那些钦察人的挑拨，帮助他们与蒙古人作战，那不是太幼稚了么？"

但是，俄罗斯公爵们没有听信蒙古使者的挑拨宣传，有的反而杀掉了蒙古的使者。

哲别、速不台已预感这场战争已不可避免,一边部署兵力与联军对抗,一边派快骑到里海之东,请求术赤出兵支援。

速不台对哲别说道:“俄罗斯人不是扬言要一举击溃我们吗? 我们不妨将计就计,来个欲擒故纵。”

哲别会意之后,二人又据此制定了示敌以弱,骄纵敌人,步步退却,诱敌深入的作战方针,开始与俄罗斯的这支联军拉开了战幕。

速不台只领一千骑兵,与敌周旋,大队人马则由哲别率领,埋伏在顿河以西的一块狭谷地带,静等联军的到来。

联军渡过第聂伯河,遂与速不台的人马相遇,两军交战不久,速不台便挥军败退。

第二天,速不台便派出使者到联军中说:“我们军队只是为了追击钦察人而来,与你们俄罗斯人无冤无仇,何必欺人太甚呢? 不过,我们蒙古军队身经百战,并不害怕打仗,但是我们需要向你们俄罗斯人讲清楚,一旦把战争强加在我们蒙古人头上,我们将无所畏惧地迎击你们的挑战!”

这位使者的话对俄罗斯各国公爵震动很大,有人当即提出退兵,并且说道:“我们为什么要与一个不愿意与我们为敌的国家打仗呢?”

弗拉吉米尔大公却劝阻了他们,并说道:“蒙古人诡计多端,别相信他的话。”

不过,他们还是把蒙古的使者放了回来,说明哲别、速不台的瓦解联军的目的已基本达到,只是没有完全令他们撤军就是了。

此后,速不台的军队与联军若即若离,且战且退,有时利用夜袭计策,扰乱敌军的安宁,一旦联军来战,就有计划地撤退,故意使俄罗斯军队产生错觉:蒙古军队怯战怕死,所谓蒙古人英勇善战,全是一派胡言。

俄罗斯基辅公爵哈里克斯对他的岳父,钦察人的首领迦迪延说道:“蒙古人一见我们就逃,难道是计策吗?”

迦迪延立刻说道:“蒙古人善用埋伏,不可不防啊!”

哈里克斯听了,冷笑道:“据侦探来的消息,蒙古军队不过三四万人,让他们埋伏起来,又能怎样?”

说罢,竟然指挥自己的兵马,长驱直入,紧追不舍。迦迪延立刻劝他说道:“不可孤军深入,等俄罗斯大公弗拉吉米尔的大军赶上来,再一起追击吧!”

哈里克斯被蒙古大军的故意怯战所迷,又想独占头功,便不听忠告,也不等弗拉吉米尔大公的部队来到,便紧催兵马,一连追了十二天,到达亚速海北方的迦勒迦河,与蒙古军队隔河对峙。

第三十一章 勇猛虎将不幸离世 大汗苦求长生不老

这个时候,河东的蒙古军队不足三万,而河西的俄罗斯联军却有八万之众,另有两万人在主力之南的沿河构筑工事。

当时,正是冬季到来,伏尔加河已经封冻,里海那边术赤的三万援军也飞驰而至。在这之前,哲别、速不台已攻下里海北岸的阿斯塔拉干,然后分军为二:

一路沿亚速海东南到黑海,迂回北上;另一路过顿河列阵以待,对联军形式钳形攻势。

为了迷惑敌人,哲别又派使者到联军中说道:"因为俄罗斯不是我们的真正敌人,我们已对天发誓,决不相犯,请勿用兵。"

可是,哈里克斯却蛮横地说道:"既然不敢交战,让你们的主将前来归降,我们当即退兵,不然,我们的联军将一举歼灭你们。"

在这种情况下,哲别对速不台说道:"钦察人已是我们的手下败将,不妨集中兵力首先击溃他们,然后再乘胜追击,再多的联军也要溃乱的。"

速不台立刻说道:"太好了,我俩想到一块了,这任务就交给我去完成吧!"

于是,速不台亲自点两万人马,在出发之前,向全军将士动员说道:"俄罗斯联军仗着人多势众,把这场战争强加在我们头上,认为我们蒙古人怯战怕死,硬逼着我们应战。现在,我们的援军已经到来,曾经被我们打败的钦察人就在前面,让我们用大刀去回击敌人的挑战吧!"

说完,速不台高举大刀,大声呐喊着,冲在队伍的最前面。他后面的二万铁骑也闪电一样,对准钦察人的阵地冲去。

钦察人早已吃过蒙古军队的苦头,成了惊弓之鸟,一见蒙古军队冲来,便吓得丢盔弃甲,慌慌张张地向后退去。

由于钦察人的溃败,不但扰乱了军心,而且造成俄罗斯联军的右翼空虚,甚至那些溃退的钦察人把俄罗斯的军队冲得七零八落,混乱不堪了。

这时候,哈里克斯见到军队的阵容大乱,心中也不由得又惊又怕,自己先渡河,上岸后,立刻命令沉掉所有的船只,以免蒙古军队渡河追击,结果他自己的近万士兵无船可渡,都成了蒙古人的刀下之鬼。

哲别一见,及时挥军乘胜全线追击,这时的联军已腹背受敌,尽管抵抗了三天，由于冲不出蒙古人的包围，仍然是全军覆没。

这次决战之中，俄罗斯人生还者不足十分之一，有六个公爵（国王）和七十多个贵族出身的将领死亡，损失兵马七万多，俄罗斯的势力大大削弱了。

击溃了联军的主力之后，蒙古军队又跟踪追击，包围了基辅公爵哈里克斯的军营，又连续攻打了一昼夜，哈里克斯终于支撑不住，主动献出他的岳父、钦察人的首领迦迪延，请求投降。

哲别、速不台答应了哈里克斯的请降，要他出营签约，哈里克斯来到蒙古军营后，立刻被捆绑起来，他不服地叫喊道："为什么不守信义，要虐杀投降者？"

速不台向他说道："我们多次派使者向你们申明，不愿与你们俄罗斯交战，是你坚持把战争强加给我们蒙古人，你还有什么信义可讲？"哈里克斯又叫喊道："我已投降，为什么这样对待俘虏？"哲别对他说道："我们蒙古军队遵照成吉思汗的命令，一向是宽待投降者，严惩反抗者，对俘虏一律处死，你还有什么话说？"

哈里克斯无力地低下了头颅，不再吭声，只等着速死了。

后来，蒙古军队把哈里克斯及其亲王，还有迦迪延等人，捆绑在一起，放倒在地上，然后在他们身上搭上一层木板，在木板上举行了庆功宴，于是基辅的这位公爵等人便在蒙古人的欢笑声中悲惨地死去了。

俄罗斯、钦察联军与蒙古军队的第一次大会战，就这样以惨败而告终了。

于是，俄罗斯境内形成无兵防守地带，举国一片惊恐。蒙古军队在哲别、速不台带领下，长驱直入俄罗斯境内，如秋风扫落叶一般，几乎没有遇到多少抵抗，就一直进军到克里米亚半岛，攻进速答里城。

公元1224年，成吉思汗自河中地区班师，并召哲别、速不台回军东归。

于是，哲别、速不台带着数不清的战利品，从里海北岸东行，正走之间，哲别骑在马上总觉得头重脚轻，脑子里昏昏沉沉，不知不觉竟一头栽下马来。

幸亏是走在一片柔软的草地上，没有摔伤头颅，速不台立即赶来，将哲别抬进大帐，见他似睡非睡、迷迷糊糊，不断地说道："我太累了，我太累了。"

那位坚持要嫁给这位勇士的"女王"伊丽娜莎流着泪，坐在哲别身旁，用毛巾为他擦着头上的汗水，不时地去抚摸他那又黑又瘦的脸庞。

速不台对她说道："请你照看着，让他好好睡一觉，也许他会很快好起来的，他是一位永远不会倒下的顶天立地的男子汉！"说完，让军队停下来休息一天再赶路。当晚，哲别仍在昏睡之中，直到半夜之后，醒来吃了一点东西，不久又迷迷糊糊地睡去，忽然觉得有人在喊他，仔细一听，那声音似远又近。

飘飘悠悠,正在疑虑间,见帐门一掀,大将木华黎飘然而入,他不由喊道:“啊!原来是国王驾到,真是太高兴了!”

两人遂握手拥抱,然后坐下,亲热地不得了,还是木华黎先说道:“你怎么瘦成这样?”

哲别听后,看着木华黎也说道:“你不是也不胖么?”

二人遂相视大笑起来,木华黎又说道:“你与速不台率领三、四万人马,远征万里之途,打胜数十百仗,征服许多民族,夺占无数城堡,立下了丰功伟绩,论贡献,我不如你呀!”哲别听了,急忙说道:“你太自谦了!我算什么?你一个人领的兵马也不多,独自闯入中原大地,斩将夺关,攻城掠地,为大汗立下汗马功劳,被封为太师、国王,我怎能与你相比?”

说完之后,两人又相视一笑,木华黎说:“无论怎么说,我们总算没有辜负大汗对我们的期望之情,也报答了他对我们的知遇之恩。”

两个战友,一对勇士,就这样说着知心的话儿,回忆着逝去的往事,不知不觉天快亮了,木华黎立刻站起来,说道:“我现在全身没有一点负担了,已经进入极乐世界里去了,真觉得轻松了。”

哲别也感慨地说道:“我早已觉得自己活得太累了,也该跟着你到那极乐世界去享受自由了,可是——”

木华黎立刻问道:“你还有什么可留恋的?功成名就?知恩报答?你别忘了,自己已经老了!”

哲别听了,伸手往头上一摸,叹道:“是啊,是老了,头上的白发就是明证!难怪有人说:世间公道惟白发,贵人头上不肯饶!这真是一句公道话啊!”木华黎笑道:“那后面还有两句,是安慰人们不要多愁善感地胡思乱想了,是长是短盖棺定,恩怨情仇终须报。不过,我们都问心无愧了。”

说完之后,木华黎就向他摆摆手,往帐外走去,哲别立刻大喊道:“木华黎你走慢一些!木华黎你等着我!”

这时,哲别睁开眼一看,见到床边上坐着伊丽娜莎,对面凳子上坐着速不台,忙问道:“木华黎呢?木华黎真的走了么?”

速不台只得告诉他说:“是啊!木华黎走了,他早走了,而且一年前的现在已经走了,你怎么忘了?”

哲别听后,立刻醒悟过来,他想着,竭力回忆着梦中的情景,尤其是回忆着他与木华黎的那些对话,渐渐地,又昏迷过去。

又过了好长时间,哲别忽然醒来,说道:“我活得太累了!也该像木华黎那样,去极乐世界享受那自由自在的生活了。”

说完之后,哲别把头一歪,两眼慢慢地闭上,过了一会儿,又突然举起两手,大声说道:“我太……累了!”

那两只挥着大刀的手，原来是多么地有力，此刻，却软绵绵地、轻飘飘地落了下来，再也抬不起来了。

这位叱咤风云的一代勇将，便溘然死去，年仅五十岁。

哲别、速不台仅以四万兵力，远征异国，历时数载，转战万余里，他们的军队像旋风而来，又如旋风而去，历尽千辛万苦，充分显示了蒙古民族的冒险精神和战斗能力。

公元 1222 年，成吉思汗在撒马耳干过冬避寒，享受着从里海吹来的暖风，直到第二年的春天，他也没有班师回蒙古的想法。

这座古老的都市撒马耳干，原是奥斯曼帝国的独立领地，这里商业繁荣，文化发达，华丽的宫殿并肩林立，是东方伊斯兰教的中心，虽然经历了这场战争浩劫，依然婀娜多姿。

美丽的阿姆河从这里流过，沿河风景优美，公园别墅，绿草如茵，令人赏心悦目。

戎马大半生的成吉思汗，住进这金碧辉煌的宫殿里，在美妇如云的温柔乡中，已经乐不思归了。

一天，成吉思汗正在皇宫的草地上观赏着一群歌女跳舞，忽然进来一个护卫，走到大汗身边，对他悄悄说道："士兵们在林子里捉到一头会说人话的怪兽，现已送来，请大汗前去观看。"

成吉思汗听后，不禁一怔，忙问道："它真会说话吗？"

那护卫立即答道："是，是会说话，刚才我还亲耳听到呢！"

成吉思汗便站起来，大手一挥，让那护卫带路，来到前面客厅前的大草坪上，果见一头鹿形马尾的动物，头上还生着一只角，浑身闪着绿色的光。

那护卫指着怪兽向大汗报告："刚才它对我说，你们的大汗应该早日回蒙了。"

成吉思汗听后，便走近那怪兽，问道："你会说话么？"

那怪兽看着大汗，点点头，意思是自己会说话，不相信，你就问吧！

成吉思汗见怪兽模样虽然难看，貌似凶猛，但是驯服得很，没有要伤人的举动，便又问道："你叫什么名字？能告诉我吗？"

"我的名字叫独角兽，是角端的后代。"

成吉思汗见它真会说话，听那说话的声音如鹦鹉似的，心中十分惊异，遂问道："你有话要对本大汗说吗？"只见那名叫独角兽的怪兽头一抬，说道："大汗应该早日回蒙，早日回蒙。"

说过之后，便转过身子，去啃吃坪上的青草，不再说话了。无论大汗怎么再问，那独角兽只顾低头吃草，一声也不吭了。

成吉思汗命护卫细心照看，别让人伤了它，更不能让它逃出宫去。

成吉思汗回到大厅,心里直犯嘀咕,有生以来还未听说过有会说话的野兽,而且说了要自己班师回蒙古的话,真是奇中有奇,怪中更怪了。他想到这里,便派人去喊耶律楚材。

不一会儿,耶律楚材来了,大汗忙问道:"你见过那头怪兽吗?他可会说话呢!"

耶律楚材已见过了那头怪兽,他灵机一动,计上心来,就针对成吉思汗的迷信思想,决心"以神道设教",又联系蒙古将士普遍思归的心理,向大汗说道:"请大汗不要多疑,这是瑞兽啊!是吉祥的征兆。这种独角兽,其名角端,产于高加索山里,它能讲多种语言,并且好生恶杀,不易被人捉住。"

成吉思汗听后,激动地说道:"先生真是博学多闻,刚才那怪兽竟劝我班师回蒙,此乃长生天之意么?"

耶律楚材趁机附会说道:"这是上天降下神兽,以告示大汗,因为大汗乃天之骄子,天下之人都是大汗之子,希望大汗能体察天心,怜惜子民,顺应天意。"

成吉思汗不禁大喜道:"照先生说,这头怪兽倒是上天赐下的一头神兽了!它劝说之言也是上天之意,这就不能等闲视之,必须认真听从了。"

耶律楚材又说道:"大汗率领大军西征,历经六年之久,长驱数万里,攻城略地,这是古今历史上罕见的,惊天地、泣鬼神的壮举。其丰功伟绩远远超过中原人经常称颂的秦皇、汉武、唐宗、宋祖,如今,偌大帝国,江山一统,班师凯旋,也正当其时了。"

成吉思汗听了,兴奋地笑起来,正要说话,忽然护卫进来向他报告道:"护送长春真人的刘仲禄派人来说,数日之内,真人将到,请大汗勿急。"

成吉思汗听后,更加高兴,忙对护卫说:"真人不远万里而来,跋涉山川,辛劳备尝,要早日安排馆舍,让他们好好休息,我要尽快接见他们。"

护卫走后,大汗忙对耶律楚材说道:"长春真人年高德勋,学识渊博,来此之后请先生多予关照,一切饮食起居、游芳寻趣之事,全都仰仗先生了。"

耶律楚材满口答应,说道:"请大汗放心,我也想多向长春真人学习呢。"

这个长春真人,名叫丘处机,山东栖霞人,号长春子,十九岁到宁海昆仑山学全真道,拜王重阳为师。那时,王重阳有七名弟子,后来便是大名鼎鼎的"道教七真人",其中丘处机最受王重阳器重,名声也最大。

王重阳死后,丘处机西入秦陇,隐居十三年,名望大著,暮年回到栖霞山。

当时,金、宋两国多次厚礼邀请他出山,都被他婉辞拒绝;后来,成吉思汗听说丘处机不独有治天下之术,还能配治长生不老之药。

于是,成吉思汗便于西征之前派遣刘仲禄等人,带着诏书前往邀请,并对刘说道："此去无论跋涉山川，逾越江河，不限岁月，一定将真人请来，必厚赏诸位。"刘仲禄带着成吉思汗的诏书，一路寻访，历尽千辛万苦，终于在东莱山中找到了这位真人。在成吉思汗的诏书中，表述了他对丘处机的无比景仰之情，不仅把他当作活神仙，希望从他那里得到"保身之术"，而且把他比作姜子牙、诸葛亮似的人物，希望他协助自己"安天下"，治理好国家。

丘处机听完诏书，一看盛情难却，又见刘仲禄等冒险远来，遂慨然应允出山，而此时他已是七十三岁的老人了。

这个决定在丘处机的众多弟子中引起极大反响，有的人直面向他问道："金国、宋朝多次邀请，从未答应，而落后偏远的蒙古人一请即往，这是为什么？"

丘处机爽然回答说："当今的天下形势，已经很清楚了，金国、宋朝都已没有前途，而只有新兴的蒙古如日中天，前途不可限量。"

说到这里，他向弟子们扫了一眼，又说道："我们可以去帮助他们，向他们进言，借以宣传中原文化，减少生命和财产的损失。"

于是，长春真人挑选出弟子十九人随行，先乘舟北上，而后又冒万里跋涉之险，终于来到成吉思汗的住地。

见面之后，成吉思汗高兴地说道："听说金宋两国屡次招请，你都不愿出山，这次不远万里来到这里，使我觉得十分荣幸。"

丘处机立刻说道："我本是一个山野道士，能受到大汗的亲自诏请，这是天意难违，我怎能不来呢？"

成吉思汗听了，更加高兴，立刻让护卫替真人备上软座，并请真人与他一起进餐。

之后，成吉思汗立即转入正题，向他问道："真人远道而来，有长生不老的药送给我吗？"

丘处机听了，说道："在人世间，只有养生之道，哪里有什么长生不老之药呢！"

成吉思汗也像秦始皇、汉武帝那样，希望长生不老，希望永享人世间的权势和富贵荣华，但不像他们那样固执。

当时，听了丘处机的回答，并不因为他没有长生之药而生气，反而挺喜欢这位长春真人的诚实不欺，又向他问道："真人年高七十有三，身体还能如此康健，不知有什么长寿的秘诀吗？"

长春真人立刻回答道："中国古代的圣人孔子说：'仁者寿。'为什么呢？我以为，仁者内不伤性，外不伤物，上不违天，下不违人，处正居中，形神以和。"

说了这些，成吉思汗似乎不太理解，又问："就从平常的生活、处事当中，应该如何做，才能达到长寿呢？”

“我的经验是少思寡欲，知足不贪，顺应天性之自然，不做逆天悖理之事，便是修身养性长寿的秘诀。”

成吉思汗听了，连连点头，认为话说得实在，没有一点浮华藻饰，更加佩服，当即派人重设两个帐篷，安置在他的御帐之东，让丘处机等人居住。

后来，成吉思汗问田镇海、刘永禄等说：“对丘处机，应该怎么称呼他？”

田镇海先说道：“有人喊他师傅，有人喊他真人，还有人称他为神仙的，请大汗任选一个即可。”刘仲禄说道：“我以为丘处机已年高古稀，喊他神仙更好。”成吉思汗听了，连续点头说道：“对，对！自今以后，就喊他‘神仙’吧！”于是，成吉思汗君臣们统一喊丘处机为“活神仙”，使长春真人师徒受到特殊的待遇。

以后，成吉思汗又多次接见丘处机，每次都是设帐斋戒，灯烛辉煌，挥退侍女左右，十分虔诚地向他问道。有一次，正遇雷雨大作，成吉思汗指着外面的雷雨交加情景，询问雷击之事，真人说：“我听说人间有罪三千条，其中以不孝长辈者为最大。因此上天以击雷警示那些不孝顺的人。”

成吉思汗听了，正合心意，立即召来儿子、孙子，以及大臣们近前，对他们说道：“汉族人孝顺父母，就像我们敬奉长生天那样，今后，各人需孝顺父母，不然，就违背天道。”

在后来的接见中，丘处机向成吉思汗反复说明他们道教的主张：“敬天爱民为本，清心寡欲为要。”竭力宣传“天道好生恶杀”的道理。

这些主张，提醒成吉思汗要治理国家，统治人民，不能单靠暴力，还要进行思想教育，切不可一味地屠杀，也得注意休养生息，爱护人民的生命财产。

一天，成吉思汗邀请丘处机一同前去围猎，后因大汗坐骑受惊，将其掀落马下。

当时，一头野猪奔至大汗身旁，但是那野猪只是呆呆地盯着向成吉思汗看着，没有猛扑过来。等到窝阔台赶来，才将那头野猪杀死。

丘处机目睹这一情景，当即劝谏道：“大汗落马，这是上天的告诫；那野猪未向大汗扑来，是上天对大汗的卫护所致。如今大汗的年事已高，应息兵养颐，以减少狩猎为要。”

成吉思汗从长春真人多次谈话中，早已察觉这位“活神仙”规劝自己“节欲、戒杀、东归”等建议，于是说道：“神仙劝我之言，我已深刻反省，定当逐一遵照办理。但是，我们蒙古人自幼喜欢乘马射猎，立即停止，实不可能。不过，我将不忘神仙之谏。”

在这之后，成吉思汗果真停止打猎有数月之久，可见他对长春真人的话是坚信不疑的。

这次，在戎马倥偬的西征途中，成吉思汗不顾军务繁忙，坚持召见丘处机，分析起来，主要原因便是人类共有的英雄暮年之悲。

其实，早在西征的前夕，成吉思汗已经考虑到了死亡问题，并想到了自己战死沙场的可能性，所以那时便对后事作了安排，尽管他当时还身体健康、精力充沛。

但是，从那时起，死亡这个问题似乎一直在缠绕着他，常常萦绕在他的脑际。由于年迈花甲，使这位大汗对长生的渴求更加迫切。

这次见到丘处机，当他听到这位真人的坦言相告，只有养生之道，却无长生之药时，可想而知他是何等失望。

公元1223年的春末夏初之时，成吉思汗决定离开撒马耳干，率领军队北渡锡尔河，进入塔什干地区。

在大军即将出发之时，成吉思汗命令花剌子模原国王谟罕默德之母、傲慢的秃儿根可敦，以及国王的妻妾宫眷们一起随行时，她们齐集路边，高声恸哭，向已经灭亡了的花剌子模帝国告别。

这一幕哀痛的情景，成吉思汗看了，心中十分悲痛，顿时让他想起一年前那段难忘的日子。

此时，幼子拖雷一直在成吉思汗身边，察合台与窝阔台不久也赶来与他会合。在此之前，这二人一直在不花剌地区驻守，防止呼罗珊的花剌子模人发生叛乱。

他们在冬猎中，每星期派人给他们的父汗送来五十担猎物，至于长子术赤，他一直在北方的里海边上驻扎。

遵照成吉思汗的命令，他将大批的猎物，驱赶到这里来，供成吉思汗尽情狩猎。

第三十二章　铁木格抓得阴谋案 成吉思汗班师回朝

每次围猎时,成吉思汗都会率先从猎,将士们随后继之,把猎物追得远逃奔窜,直到足力疲乏时,然后徒手可缚。

正当成吉思汗陶醉在围猎乐趣中时,他的大皇后、结发之妻孛儿帖派人来了。

在西征的六年当中,成吉思汗的身边只有一个皇后伴驾,这个皇后便是年轻貌美的忽兰。

对此,孛儿帖皇后并没有心生妒忌,不过,她越来越觉得成吉思汗离开蒙古的时间已经太长了。

她借口再这样下去,担心蒙古国内因为成吉思汗久不归国而发生不幸事件,便派人到塔什干地区致信成吉思汗说道:"雄鹰已经在大树的梢头营就了窝巢。如果雄鹰长久地掩留在异国他乡,难保贱雀们不会趁机飞来,暗中啄食那窝巢中的卵蛋和雏鹰!"

其实,在耶律楚材,特别是在长春真人的劝告下,成吉思汗已有班师的打算了,只不过还没有最后成行。如今听到孛儿帖传来的这般言语,立刻预感到后院可能起火了,遂立即决定班师回蒙古。但孛儿帖届时会如何看待自己呢?后院的火势究竟烧得如何呢?对这些问题,成吉思汗心中隐隐感到不安。于是,在班师的前夕,这位细心的大汗又派人先赶回蒙古去见孛儿帖大皇后,了解孛儿帖的意图。

不过,孛儿帖大皇后是一个十分谨慎而又有头脑的女人,她当即向来人表示,成吉思汗的行为是很正常而合乎情理的。

至于后院起火的事情,这位聪明的大皇后却只字未提,似乎什么事情也未发生过,于是她又要来人传话给大汗说:"在那苇岸青翠的湖上,野鸭和天鹅甚多,湖的主人自可随意捕猎它们;天下已归于一统,年轻而貌美的女人多得很呢!大汗自可任意从中挑选,也可以把她们纳入斡儿朵内,可以替尚未驯服的骏马备上马鞍。"

成吉思汗得到孛儿帖大皇后的如此回音,知道这位心胸开阔大度的结发夫人不甚计较,心里也就踏实多了,于是便决定班师!

在西征出师前夕,成吉思汗委任他最小的弟弟铁木格·斡惕赤斤留守大营,保卫后方。

让大皇后孛儿帖掌管大宫殿，负责料理四个斡儿朵里的后妃生活。

铁木格为人忠厚老实，深得长兄长嫂的信任，在处死通天巫事件中，孛儿帖苦劝成吉思汗极早下手，才除掉那个潜在的威胁。通天巫死后，其子阿察剌帖一直心怀愤恨，总想寻机为父报仇，一方面怯于成吉思汗的权威，一方面自己是个瘸子，所谓力不从心啊。

成吉思汗带领大队人马西征了，阿察剌帖认为时机已到，便整日想着报仇的事情。

阿察剌帖一生下来就是一个瘸子，成人后经常与他母亲吵闹，埋怨她让自己成为一个残疾人了。通天巫死后，他吵闹得更凶，一次酒后，逼着母亲问道："你说，你老实说，为什么让我一生下来就成为一个瘸子？"

他母亲被逼无奈，只得说了实话："这只能怪你那死去的父亲，完全因为他！"

阿察剌帖又问道："我是从你的肚子里生下来的，怎么能怪他？你不说出实话，我现在就弄死你！"

说罢，他就伸手抓住母亲的头发，另一只手便去掐她的颈脖，嘴里还不停地说："我掐死你，掐死你，看你可说实话？"

他母亲被掐得半死不活的，便说道："我怀着你时，他也不放过。"阿察剌帖一听，更加恼怒："啊，原来这样！你们为了快活，就把我压成了一个瘸子！"

说到这里，只见他一咬牙，从怀里掏出了一把小铁锤，对准他母亲右膝盖猛地砸了一下。

他母亲大叫一声，顿时昏迷过去，以后，他的母亲也变成了一个瘸子。

从此，一喝了酒就回来在母亲身上撒气："你们为了快活，让我瘸了左腿，我让你瘸右腿，看你还能快活么？"

阿察剌帖就是这么一个人！

因为腿瘸，不能出征打仗，也不便去管理牲畜，只学会了钉马掌，整日在怀里揣着一把小铁锤，背上一个小木箱，四处去钉马掌。

一天，阿察剌帖正走着，忽听有人喊他："喂，瘸马掌！铁木格王爷要你去钉马掌呢！"

阿察剌帖听了，扭回头一看，见是不里孛阔的儿子胡里兀思，忙说道："一口一声'王爷，王爷'，喊得多亲啊！一个认贼作父的家伙！"

胡里兀思一听骂他"认贼作父"，气得真想上前去揍他一顿，但转念一想，父亲不就是被别里古台亲手整死的么？而铁木格正是杀父仇人的弟弟，他骂得本来不错嘛。

可是，胡里兀思为人胆小怕事，他对父亲的死，虽然听母亲说过，要他记住杀他父亲的仇人是别里古台和成吉思汗，但是，他总觉得报仇的希望很渺茫，成吉思汗一家是当今蒙古帝国的黄金贵族，手握军政大权，哪有报仇的机会？另外，胡里兀思在铁木格·斡惕赤斤的帐下当一个贴身侍卫，深得铁木格的信任，他自己也觉得很满足，所以把父仇之事渐渐忘了。这时候，他听瘸马掌阿察剌帖一说，便快步走到他面前，对他悄悄说道："我告诉你，你别给我惹事！"阿察剌帖挖苦他说："你怕什么？成吉思汗把军队带走了，说不定他会被花剌子模人打死呢！到那时，天下便是我们的了！"胡里兀思又说道："你想得倒美，成吉思汗兄弟几人，他又有那些儿子，哪里轮得到你瘸马掌？"

阿察剌帖却说道："你真是一个傻瓜！这次西征他们父子五人全去了，我让他们全死在花剌子模！不就是这个铁木格留在蒙古了？只要咱们……"

说到这里，他走近胡里兀思，在他耳边轻轻说了几句话，接着说道："我让他父子、兄弟几个全完蛋！"

胡里兀思本是一个没有主张的人，他曾听说阿察剌帖的父亲通天巫有些法术，能在隆冬时裸行雪中，既能助人吉祥，也能诅咒人遭祸，想到这里，便说道："你别高声大嗓的，这事等我回去想想再说。"

于是，胡里兀思便转身走了，阿察剌帖也一瘸一拐地回到家里，立刻行动起来，凭着记忆，模仿他父亲的做法，刻了许多大大小小的木头人儿，一个个标上记号，写上名字，然后找来许多钉、针之类，在那些木头人的身上乱扎一气。

第二天中午，阿察剌帖又背上木箱，怀揣小铁锤儿，去对胡里兀思轻声地说道："钉马掌的事，咱们再约个时间，现在你随我到家里去，我有要事向你说！"

这胡里兀思昨天回到家里直想了半夜，认为阿察剌帖若是果能像他父亲通天巫那样，能掌握巫蛊术，将成吉思汗家族全部诅咒而死，也算是替冤死的父亲报了仇。

现在见阿察剌帖显出神秘的样子，又见周围无人，便一前一后地去了他家。

阿察剌帖与胡里兀思进来之后，立即关上房门，从床底下搬出一个木箱，从里面取出一个布包，解开一看，全是木头人儿！

胡里兀思从未见过这些东西，吃惊地问道："这些就是你说的巫蛊术么？"

阿察剌帖点了点头，便一一指给他看，那最大的木头人儿，是成吉思汗！以下挨着排列成一大溜，有他的四个儿子，还有他的几个兄弟等。每个木头人身上扎满铁钉与针头。

胡里兀思惊异地看着，说道："这些人也是害死我父亲的仇人呀！"

阿察刺帖说道："回想当年，我父亲能与长生天接近，传达神的旨意，成为蒙古草原上有名的通天使者！成吉思汗若没有我父亲的预言，他哪里有今日？连那个成吉思汗的名号，还是我父亲替他命名的呢，不料他却恩将仇报，对我父亲下毒手。"

胡里兀思也说道："当年，我父亲是草原上有名的摔跤能手，力大无穷，只因为打伤了别里古台，成吉思汗便嫉恨在心，将父亲弄死。"

阿察刺帖忙说道："面对成吉思汗家族，我俩是难兄难弟啊！我们应该携手同心，为我们的父亲报仇！"

这时，胡里兀思看着那些小木头人儿，问道："这东西果真灵验吗？"

阿察刺帖忙笑道："当然灵验！这巫蛊之术是我们蒙古人的独创，能助人吉庆，让人飞黄腾达，一步升天；也能咒人死亡，让仇人现世现报，十分灵验。"

胡里兀思又问道："这需要多长时间，才能咒死他们？"

阿察刺帖听了，只得顺口胡诌道："这要看我们的诚心与功夫了。所谓心诚则灵，还要有恒心，每天坚持对这些人进行诅咒，日久天长，必定能感动上天神灵，到那时，他们谁也逃不脱厄运的。"

胡里兀思说道："好罢，我们就盼着这一天快点来临了。"

说完，他就想离开，被阿察刺帖伸手拦住，又将他按在凳子上坐下来，对他说道："你怎么走了？我还有重要事向你说。"

胡里兀思指着那些木头人儿说："你要拿一些回去，放到隐秘的地方，照我讲的去天天诅咒，不然，怎么能为你父亲报仇？"

胡里兀思一听，有些为难地说道："我害怕呢！一旦被人发觉，让铁木格王爷知道了，他还不要了我的命？"

阿察刺帖忙启发他说道："你真傻！难道你会向人说去？这事儿，现在只有我知你知，铁木格怎么会知道？"

阿察刺帖又悄悄地说道："现在，我们商量一下，先把铁木格这个家伙除掉，军队不就归我们了？"

胡里兀思开始还有些顾虑，但是，经不住阿察刺帖怂恿，只得接受了他的意见，准备用毒药将铁木格毒死。

第二天，阿察刺帖去为铁木格的战马钉马掌，见到周围无人，便把准备好的毒药交给胡里兀思，等到钉好马掌，他就无事一般地背起那个小木箱子走了。

胡里兀思知道铁木格每天中午喜欢吃烤羊腿，便瞅准机会把那毒药放进去,只等他来吃了。

铁木格来了,问道:"羊腿烤熟没有?"

胡里兀思答道:"我刚从厨司那里拿来,请王爷快吃罢!"

铁木格走到桌边坐下来,伸手抓起羊腿,一边闻着,一边赞道:"好香,好香!"

他正要往嘴里送时,忽见来了一个护卫跑得来说道:"王爷,王爷,大皇后有急事找你,请你立刻就去她的大帐!"

铁木格一听,忙问道:"什么事,这么着急?等我吃完中饭再去不成吗?"

那护卫急切说道:"是有急事,大皇后让你立刻就去!"

这位铁木格王爷一向敬重他的长嫂,便放下手中的烤羊腿,随着那位护卫走了。

他走到帐门口,又回过头来对胡里兀思说道:"把那羊腿放在那儿,我一会回来再吃。"也是铁木格命不该死,他到孛儿帖那里,才知道古且别速皇后勾结不亦鲁汗的小儿子大不速秃谋叛,要他领兵前去镇压。铁木格一听,不敢耽搁,遂在孛儿帖的餐桌上抓起一块牛肉,一边大口嚼着,一边忙着去集合兵马,往第二斡儿朵的所在地——萨阿里客额儿驰去。

原来不亦鲁汗死后,他的小儿子大不速秃一心梦想恢复乃蛮国,得知成吉思汗领兵西征去了,后方空虚,便悄悄来到了萨阿里客额儿,找到了古儿别速皇后。

因为忽兰皇后随大军西征去了,古儿别速便成为这第二斡儿朵的主持人,一见大不速秃来了,二人见面之后,谈起乃蛮国的旧事,古儿别速不禁泪流满面,哭了起来。

这个古儿别速本不是个正经女人。她原是乃蛮国的老王亦难察的后妻,亦难察死后,两个儿子为了争夺她而大打出手,闹得国家分裂,后来她被长子太阳汗夺得,封为皇后。

后来,乃蛮国被蒙古灭亡,太阳汗死后,古儿速被成吉思汗掳来,只因为她容颜美丽,被大汗宠爱,又封为皇后,住在第二斡儿朵里。

这女人生就的杨花水性,在斡儿朵里早耐不住寂寞了,一见大不速秃身材高大,年轻英俊,便春心萌动,很快与他勾搭成奸了。

这大不速秃来找古儿别速的真正目的,是想了解情况,伺机谋叛的,不久,便与古儿别速一起制定了一个偷袭计划。

两人正在得意之时,被住在这个斡儿朵里的妃子胡迦儿得知,她立刻派人送信给孛儿帖大皇后,于是这一起谋叛之事终于败露了。

铁木格带领三千兵马,星夜兼程地赶到萨阿里客额儿,把斡儿朵团团围住,古儿别速还与大不速秃搂在一起酣睡呢。

古儿别速见到大不速秃被铁木格的士兵刺死了,她跪在地上哀求着说道:“看在大汗的分上,饶了我吧?”

铁木格坚定地说道:“你是真正的红颜祸水,你害人误国,留着你何用?”

说罢,遂令人把她处死了,然后让胡迦儿主持第二斡儿朵的事务。

铁木格平定了这起没有爆发的叛乱之后,便带领兵马回到老营,他的亲信莎豁儿迎上来说:“王爷真是命大之人!幸亏你带兵走了,那天你若是吃了那只烤羊腿,可就麻烦了!”

铁木格听了,丈二和尚摸不着头脑,忙向他问道:“你这话是什么意思?我怎么听不明白。”

于是莎豁儿便把那只烤羊腿的事儿说给他听,在铁木格领兵走后,那只烤羊腿被一个护卫拿去吃时,还未吃完人就死了。

铁木格听了,吃惊地说道:“有这样的事么?难道那只烤羊腿——”

莎豁儿立即说道:“那只烤羊腿肉里有毒!”他又接着说:“后来我把狗唤来,又拿那只羊腿给狗吃,狗也死了。这不是再明显不过了么?”铁木格忙问:“这是谁干的?你查了没有?”莎豁儿说:“我查了一下,那两天只有瘸腿阿察剌帖来钉过马掌,其他人未来过。”

“他是一个瘸子,怎么会……何况羊腿也不是他烤的,不会是他干的吧?会不会是厨师——”

“这事儿我还没有公开宣布,知道的人不多,只等你回来再商量,我想……可能是——”铁木格见他吞吞吐吐,忙说道:“这里没有外人,你有话就直说罢!”莎豁儿说道:“那瘸子是谁的儿子,你知道吗?他是那个曾经整治过我们,后来又被我们治死的通天巫,会不会是他干的呢?”

铁木格想了一会,然后说道:“即使是他干的,也要通过我们身边的人,才能做出来。你查过我的厨师没有?”莎豁儿说:“我已经派人去监视了。还有,那天送羊腿给你吃的是胡里兀思,此人也是怀疑对象,他可是不里孛阔的儿子,与你的家族也是有仇的呀!”

铁木格听后,想了很长时间,才说:“这事非同儿戏,非要下力气把它查出来不可!但又不能打草惊蛇。”

说到这里,两人小声议论了一会儿,便各自分头去行动了。

几天以后,莎豁儿向铁木格说道:“前天,厨师不知怎么得到了信息,跑去向我哭诉一番,说他未干那下毒的事,后来我安慰他几句之后,他才回去。”

铁木格冷笑道:“他怎么会知道的?难道他是做贼心虚么?”

“啊,还有一件事,前两天有人看到胡里兀思去了阿察剌帖的家里,两人在屋里谈了很久才出来。”

“难道他们真的勾结在一起了?”

两人正在小声议论着,见胡里兀思在帐外伸头缩脑,被铁木格看到了,遂道:“你进来呀,有什么事要报告?”

只见他神色紧张地说道:“那天,是我把烤羊腿从厨师处拿来,放在桌子上,以后我出去了,就不知道在我走后,可有人来吗?”

莎豁儿向他问道:“你认为,这事是谁干的?”

胡里兀思连续摇头说道:“我哪里知道是谁干的?”

铁木格严肃地对他说道:“这件事我们已查得差不多了,有的人再不主动来投案自首,有他后悔的时候,等我们抓到他,非处死不可!”

胡里兀思听后,吓得脸色煞白,两手哆嗦着走了,还未走出帐门,铁木格大喝一声:“回来!胡里兀思,你不向我说老实话,还要等到什么时候?”

听到铁木格的喊声,顿时把这个胆小又心虚的胡里兀思吓得一屁股跌坐在地上,急忙又爬起来跪到铁木格面前,哭诉道:“报告王爷,这……这事,全是阿察剌帖要……要我干的!”

于是,胡里兀思一五一十地把事情的前前后后的经过全都说了出来,铁木格立刻让他领着莎豁儿去捉拿阿察剌帖。

不久,阿察剌帖连同他制作的那些大大小小的木头人儿,全都送到铁木格面前,他一看到之后,气得跳起来骂道:“你们好歹毒啊!居然在暗中干出这种伤天害理的事情,我岂能饶了你们?”

说罢,抽出佩刀就要杀死他们两人,莎豁儿急忙上前捉住,劝他道:“王爷息怒,这事关重大,最好让大皇后知道这事,然后再处置他们也不迟!”

铁木格听后,觉得有理,便大声喊道:“来人!把他们牢牢捆住,关押起来!”

护卫押走阿察剌帖、胡里兀思之后,铁木格看着那些木人儿,愈想愈气,忽听有人说道:“可别气坏了身子呀!”

铁木格抬头一看,见是孛儿帖大皇后来了,急忙请她坐下,然后将这件事从头至尾说给她听,又指着那些木头人儿,说道:“这说明不里孛阔和通天巫的阴魂不散,他们的后代时刻梦想对我们进行报复,我们真不能掉以轻心啊!”

孛儿帖说道:“这些人时刻梦想恢复他们已经失去的权力,企图为他们的父亲向我们报仇,这倒是给我们敲起了警钟。我想,还是及早让大汗知道这事会更好的。”

铁水格忙说道:“既然这样,就让莎豁儿亲自去向大汗报告吧!特别是那个古儿别速已被我处死了,她是大汗的皇后,不向大汗报告,是不对的。”

孛儿帖又说道:“大汗已决定班师回国了,现在去向他报告也不算太迟,让他早有思想准备也好。”

这样，在成吉思汗的西征途中，这两件谋叛之事，都被消灭在爆发之前，仅仅是火星一亮，便很快被扑灭了。成吉思汗的西征，师出有名，战术新颖，武器装备先进，军队素质好、士气高，指挥员智勇双全，擅长独立作战，特别是重视政治宣传、宗教政策和外交手段的运用，所以能用极短的时间取得重大胜利，在中外战争史上占有极其重要的地位。它以异国作战，征途最远，兵力最多，规模最大等鲜明特点，吸引了各国军事家去研究、探讨。自从西征结束，返回蒙古以后，成吉思汗甚至未能好好地休息，因为他不得不再次地关注中原的事态发展情况。

第三十三章 铁木真探试臣子心 西夏民众出尔反尔

对蒙古人来说，围猎既是娱乐，又是生产，更是一种军事演习，成吉思汗对丘处机说："狩猎是军事训练的基础。我们蒙古不仅与人战，也与动物战。"

这时候，成吉思汗的长子术赤派兵从钦察草原驱逐兽群东来，留给他的父汗打，少说也得一个月以上的路程，其规模之大，是常人难以想见的。

蒙古人自幼习惯于艰苦、战斗的生活，在狩猎和战争中养成冒险犯难、不屈不挠的精神。

他们从小就受到英雄主义的教育，游戏也以骑马竞逐、摔跤射箭为主，不到十岁的儿童，就参加了狩猎的括动了。

在班师之前，成吉思汗就命令长子术赤留在钦察地区了。从此，术赤再也没有回到蒙古去，在这期间，他一直被出生之谜的阴影笼罩着，心情总是闷闷不乐。

于是，术赤便纵酒行猎，在山林里一住十余日，不问政事。不久，便卧病在床了。

成吉思汗在归途当中忽然心血来潮，想在和林建都，并准备在那里建造一座世界上最大的宫殿？以纪念他统一天下的功绩。

但他转念一想，现在西征刚才结束，被征服的广大地区还没有完全安定下来，许多地区田野荒芜，百姓生活疾苦，此时若是置百姓和国家于不顾，而去大兴土木，建造华丽的宫殿，很可能是不明智之举。此时，这位大汗又突发奇想，准备以此来试一试部下的看法，以便从中挑选一些真正为国家出力的忠直之人。

于是，成吉思汗下令召开会议，要全军将领都来赴会，对建造宫殿之事发表意见，谁知众人一片赞颂之声，都认为要大造、特造一座人世间最美丽的宫殿，来显示蒙古人的气魄，纪念大汗征服世界的丰功伟绩。

成吉思汗听了这些众口一词的建议，并不满意，心中大为恼火，散会之后，他让耶律楚材留下来，向他问道："今天会上，众人一个腔调说话，使我不解，深感在我们蒙古缺少栋梁大材之人！"

耶律楚材听了，忙说道："大汗帐下，谋臣如云，猛将如雨，怎能说缺少栋梁呢？"

成吉思汗听后，叹了一口气说道："先生哪里知道我的心思啊！"

他立即把自己想以建宫殿为名，试探一下群臣、诸将领态度的事说了一遍。

耶律楚材听后，会意地笑了笑，并不说话，却让人拿来一方形的茶壶和一个圆口的茶杯，亲自沏茶倒水，这才对成吉思汗说道："大汗请看，这水在方的茶壶里，便是方的；把它倒入这圆的茶杯里，就变成圆的了。"

成吉思汗忙问："先生这话是什么意思？"

耶律楚材说道："报告大汗，这水是没有形状的，可是，它被装在什么样的东西里面，它就变成什么样了。"

聪明的成吉思汗听了之后，低头想了一会儿，马上悟出这位学者的意思，说道："你的意思是说，有什么样的大汗，就会有什么样的部下！"

"大汗说得对！"耶律楚材接着说，"古往今来，所有的英明君主无不如此！唐朝的李世民因为有宽容的胸怀，所以才有像魏征那样的谏官。"

成吉思汗立刻不满地反问道："你是说我平日心胸狭隘，没有肚量？"

耶律楚材忙说道："请大汗别误会我的意思，我是说选拔人才，识别贤愚不能只看一时一事，要看其一贯的表现，在一件事情上的认识与态度，是不足以下结论的。"

成吉思汗听后，心里想道："我试来试去，结果反而试出自己有问题了。"

在这次会议上，术赤因病未参加，成吉思汗非常关心，曾询问一个从钦察来的蒙古人。

但此人竟说术赤根本没有生病，临来前还看到他去林子里打猎，成吉思汗气愤地骂道："畜生！竟敢欺骗本汗，真是胆大包天了！"

不过，没有多久，术赤病死的消息便正式报来，成吉思汗大为悲痛，悔恨之余，下令把那个蒙古人捉来，对他问道："你为什么要诬告术赤？"

开始，那人不说话，被逼无奈，只得看着察合台，哆哆嗦嗦地交代说："是……是二王爷让我那样说的。"

察合台立刻跪到成吉思汗面前，辩驳道："父汗不要相信他的话，我怎能让他诬告术赤？此人可能疯了！"

成吉思汗生气地瞪住察合台，说道："不是这个人疯了，而是你疯了！"

处死那个人之后，把三个儿子找到一起，见到少了一个术赤，成吉思汗不禁流下泪来，他痛哭一阵之后，对儿子们说道："打架还是亲兄弟，上阵要靠父子兵。你们虽然年轻，却也历经战阵，对这句话没有体会么？"

就在这时，速不台的大军赶来了，成吉思汗一见哲别的尸体，心中更加悲痛。

这位跟随他戎马大半生的"箭"，实践了成为他的"战马"的要求，现在离他而早走了，使这位顶天立地的大汗怎能不痛惜？

因为他是在西征中献出的生命，成吉思汗立即决定把他安葬在西征的征途上。

按照蒙古人的习俗，安葬了哲别之后，成吉思汗班师大军来到了塔儿巴哈台地区的叶密立河附近，他欣喜地看到了忽必烈、旭烈兀两个孙子前来迎接，并为他们举行了隆重的神猎典礼。

根据蒙古习俗，儿童神猎有所得，要举行一个小型仪式。当时，忽必烈十一岁，旭烈兀年仅九岁，他们都是拖雷的儿子。

两人初次出猎，均有所得，忽必烈获一兔，旭烈兀获一鹿。成吉思汗大喜，遂用两个孙子各自所获野兽的血与脂肪，亲自涂在他们的中指上，然后两个孙子分别吻他们所崇敬的爷爷。

据说当时旭烈兀咬疼了成吉思汗的手，而忽必烈却吻得十分庄重，想必那时的成吉思汗一定悲喜交集，老泪纵横。

此时，成吉思汗的心情也是十分复杂的，他喜的是眼前的两个孙子聪明英武，前途无量；悲的是另一爱孙蔑忒干已在花剌子模丧身。

本来舐犊情深，人皆存之。从他对儿子、孙子的态度来看，这位叱咤风云的大汗也不例外。

在西征当中，一方面，蒙古军队在战争中，在占领的城市里杀人如麻；另一方面，在这支军队的统帅——成吉思汗的内心深处，又是那么的善良淳朴，充满了人道信义，两者形成了鲜明的对照。

成吉思汗在结束西征之前，已把新征服的土地分封给术赤、察合台和窝阔台了，蒙古本土仍归幼子拖雷主管。

钦察汗国是成吉思汗分封给长子术赤的封地。当初，蒙古大军攻下河中地区之后，就命令术赤等三个皇子进攻花剌子模故都玉龙杰赤，并以此地封给术赤。

此后，哲别、速不台二将越过高加索山脉，击败钦察和俄罗斯联军，进出于伏尔加河流域，并要求术赤自里海北岸向西推进增援，成吉思汗遂又将钦察地区封给术赤。术赤死后，成吉思汗命其子拔都嗣父位，封地如故。其疆域包括额尔齐思河以西，咸海、里海以北的广大地区。

察合台汗国，是成吉思汗封给次子察合台的封地。它包括原西辽的旧地，以及天山南北及阿姆河、锡尔河之间的地区。最新建都于阿力麻里（今新疆霍城县水定镇西北）。

窝阔台汗国，是成吉思汗封给三皇子窝阔台的封地。其疆域包括额尔齐斯河上游和巴尔喀什湖以东地区。当时，建都于叶密立（今新疆额敏县）。

伊尔汗国，是成吉思汗之孙、拖雷之子旭烈兀通过西征，在波斯地区建立的国家，也称波斯汗国。其疆域东起今阿姆河，西至地中海小亚细亚，北至高加索与钦察汗国相结，南抵印度洋，阿拉伯海。当时，建都于大不列士，这个伊尔汗国存在至公元1353年。

由成吉思汗奠基的这四大汗国，最初都是蒙古帝国的一部分。由于这些地区并没有长期统一的条件，如共同的经济、文化、政治基础等，加以汗位争夺和家族派系的斗争，所以在忽必烈接位之后逐渐形成事实上的各自独立局面。

自从西征结束，返回蒙古以后，成吉思汗甚至未能好好地休息，他就不得不再次地关注中原的事态发展情况：

公元1224秋天，孛鲁和大将刘黑马等率大军突然攻入西夏，逼得西夏只好再次乞降，夏献宗还答应派亲子为人质，以求取信于蒙古人，孛鲁等才退兵。

在孛鲁大军大举向金国进攻时，金王依恃黄河天险，在作垂死的抵抗，同时，也想与蒙古人求和。

成吉思汗在呼罗珊地区紧张地作战时，金国使者取道伊犁河谷，来到蒙古大营。听了这位金王的使者提出的和平要求后，成吉思汗说道："当初，我已告知你们的主子，让他在黄河以南称王，把黄河以北的土地全让给我，这便是我们当时答应的停战条件，你们没有答应。如今，木华黎父子已将黄河北部的土地全已征服了，你们不得已又来求和，这哪里算是有诚意呢？"

可是，金国的这位使者再三苦苦哀求，成吉思汗被缠得无奈，只得说道："念你远道来此，我就再作让步，回去告诉你的主子，把陕西境内的潼关等城市全部交出来，然后再签订和约。"

金国的使者虽觉难以接受，但是见到成吉思汗态度坚决，已万难改变，只得辗转回国，向金王作了汇报，朝中大臣纷纷反对，有人说："潼关附近的各个要塞，本是河南西面的惟一防线，若是交给蒙古人，岂不等于交出了我们金国的大门钥匙，还有谈和的余地么？"

朝中也有人向金王建议道："成吉思汗吃软不吃硬，对他不能硬顶，不如再派人前去软磨，或许能有缓和的余地。"

于是，金王又派使者去向成吉思汗苦苦哀求，表示称臣纳贡，想以软办法拖住这位顽强的世界征服者，达到停战的目的。

金国人的态度固然可恼，但是，更令成吉思汗不能容忍的，是西夏人的反复无常。

西夏国本为唐兀惕人，他们是类似西藏吐蕃人，但已大部分中原化了的民族，连他们的文字也是根据汉字创造出来的。

两个世纪以来，他们一直占据着中国的甘肃省以及鄂尔多斯和贺兰山草原。后来逐渐衰落下来，成为一个弱小的国家。

起先为辽国所败，成为属国，以后又变成金朝的属国，同时与宋朝勾勾搭搭，无非是利用大国间的矛盾，在夹缝中求生存。

蒙古兴起后，成吉思汗曾多次带兵征讨，迫使西夏屈服。可是，这种屈服是为了自保而采取的权宜之计，并无多少诚意。所以态度一直模棱两可，一打就降，一撤就叛。他们没有想到，成吉思汗最痛恨这种首鼠两端的行为，对西夏的屡降屡叛，早就十分恼火，尤其使他耿耿于怀的，就是公元1219年，成吉思汗准备西征花剌子模国的前夕，根据西夏与蒙古作为臣属关系的规定，一旦发生战争，附属国必须向主权国提供军队。这时候，成吉思汗遣使通知西夏派军队协助西征，那使者向西夏王说道："你曾经向我们的大汗保证过，将来一旦发生战争，你可以做我们的右翼。现在花剌子模人挑起了争端，我们的大汗已决定出兵征讨，请你派遣兵马做我们的右手军，随我们一起出征吧！"

这时候，还未等西夏王李遵顼开口，西夏的大臣阿沙敢不就抢先说道："你们的成吉思汗既然没有足够的力量去攻打花剌子模国，何必要打肿脸充胖子，还要自称什么'大汗'呢？"蒙古的使者讨了这个没趣之后，只得回到蒙古向成吉思汗汇报，把那位傲慢自负的阿沙敢不的话学了一遍，蒙古国上上下下，无不义愤填膺。

在这个时候，西夏拒绝出兵，它深深地刺伤了成吉思汗的自尊心。对于这种带有侮辱性的傲慢行为，这位大汗没有给以原谅的习惯。

但是，西征花剌子模的计划已经确定了，一切准备工作也已就绪了，如果在这个时候立即发动惩罚西夏人的战争，势必会打乱既定的部署。因此，西夏问题只好留待以后解决。

成吉思汗考虑决定之后，向部下说道："假若能得到长生天的佑助，在西征胜利回师以后，再与西夏人算个总账。到那时，量那个阿沙敢不也未必能跑到哪里去！"

现在，花剌子模国已被彻底摧毁了，大军也班师回国，向西夏复仇，找那个狂傲的阿沙敢不算账的时刻已经到了！

公元1226年春天，成吉思汗立即召开军事会议，向将士们说道："西夏背叛了我们，与金国签订了盟约，联合起来对付我们，已经构成对我们的严重威胁。在这种形势下，我们再不出兵就要被动了。"察合台首先站起来表示反对，他说道："我军西征回国不到一年，又要出兵去打西夏，休整时间太短了！不如往后再推一年，量那小小的西夏也成不了大气候！"

这位二皇子带头反对出兵，其他将领也不敢轻易说话了，沉默了好长时间，窝阔台说道："当务之急是拆散西夏与金国的联盟关系，若不出兵，也可以派使者前去展开外交攻势，离间西夏与金朝的结盟。”

成吉思汗听了两个儿子的讲话，很不满意，只见他站起来，用手指着地图向将士们说道：“西夏地处我们的西方，金国在我们南方，不拆散他们的联盟，我们将腹背受敌；另外，西夏位于黄河上游，只有占领了西夏，我国军队才能居高临下，直插金国的心脏地带——中央所在地的河南一带。”老将博儿术说道：“若要出兵，先让孛鲁领大军作攻打金朝的样子，以牵制其兵力，防止派兵马支援西夏。”

大将速不台说道：“哈撒儿的兵马仍在蒙古与西夏的边境上驻扎，量这个小小的西夏未必能挡住我大军的攻势，要不了多长时间就可灭亡它了！”

成吉思汗见到众将纷纷请战，高兴地说：“派使者去有什么用？自古以来，还是武力解决问题。比如狼在羊栏外面，一箭射去，它就逃了，还不是靠的这个！”

说着，他把拳头举起来，在胸前连晃几晃，向众人示意：有了强大的武力做后盾，外交方能取得胜利！于是，成吉思汗亲自率领十万大军，命令三子窝阔台、四子拖雷随大军出征，让次子察合台留守大营，遂与众将领一起，誓师之后，向西夏国进军。

公元1226年夏季，速不台率领西路大军四万人，进攻沙州城。

这沙州城位于今天敦煌以北不远处，是一座坚固的石头城。西夏守将杰里不脱，决心与蒙古人血战到底。

速不台帐下有一将领名叫昔里钤部，他是西夏人，满心希望沙州守将能够认清形势，不要顽抗，遂向速不台建议说：“我想派一个人进城去劝降，杰里不脱若能献城来降，岂不省事么？”速不台自然答应，遂派遣一人进城，谁知沙州守将杰里不脱满口答应归顺，他对使者说：“我本人早就想投靠成吉思汗了，只恨没有机会，现在上门来劝降，对我正是求之不得。”

这位守将杰里不脱立即派人送一百头牛、一百头羊、一百坛酒，随那使者，送到蒙古营帐里，请求投降了。

那守将派来的使者向速不台说道：“我奉杰里不脱将军之令，为蒙古大军送来牛羊各一百头，美酒一百坛，作为犒劳将士们的见面礼物，并请接受我们的投降。”速不台立即问道：“你们的杰里不脱为什么不亲自来呢？”

那送礼人说道：“杰里不脱正在城里准备礼物，明天请蒙古将领进城赴宴，为各位洗尘。”

这时，未等速不台说话，昔里钤部先说道：“你先回城里去，向杰里木脱报告，送来的礼物全都收到了，代我们感谢他。明天我们一定进城赴宴。”

那人听后，高高兴兴地走了，速不台忙问：“你怎能随便答应进城去赴宴？那个杰里不脱若不是真投降，而是一个假投降，怎么办？”

昔里钤部笑道："大将军不必担心，小小的沙州城能把我们怎样？明天，我偏要进城去赴宴！"

速不台提醒道："这事可不能大意，城内若是有兵马埋伏，打你一个措手不及，那怎么办？"

昔里钤部又说道："不怕，他有关门术，我有跳墙法，杰里不脱那几个毛人，有什么可怕的？"

速不台又提醒说："赴宴也有危险，他们在酒菜里下上毒，一个也跑不掉了，这能去吗？"

昔里钤部仍然不当一回事地说道："明天，大将军在城外守住大营，我和忽都铁穆儿领三千人马进城。"

速不台听了，不放心地说："这比当年的鸿门宴还要惊险！那时候，项羽和刘邦既是一伙儿的，又是拜把兄弟儿。而你与杰里不脱是敌对关系，怎能轻易相信？这不是太冒险了？"

"不入虎穴，焉得虎子？只要他能真心投降，冒点险算什么？"

昔里钤部不经意地说着，速不台又把忽都铁穆儿找来，向他叮嘱一番，特别又提醒他道："进城以后，要留人守住城门，别让人家把城门关死，那不成关门打狗了？"

次日，昔里钤部与忽都铁穆儿领着三千人马来到沙州城下。城上守军一见，把城门大开，走上来一员将领说道："杰里不脱派我来迎接你们进城去。"

昔里钤部见到城里打扫得干干净净，一个士兵也没有，也就放心地领着队伍进城了。

忽都铁穆儿在城门处留下二百人守住城门，然后向那个来迎接他们的将领问道："你们的主将杰里不脱为什么不出来相见，这哪里是请客的道理？"那人向城里一座大房子一指，说道："他在那里等候二位将军呢！"二人抬头向那里看时，连一个人影儿也没有：再回过头来寻找那人，已不知去向，正在向周围观望时，忽听四下里一齐呐喊道："杀啊，杀死这些蒙古人啊！"

"别让蒙古人跑了，捉活的啊！"

这时候，城里埋伏的人马一齐冲杀出来，只见昔里钤部气得大骂不止，急忙与忽都铁穆儿指挥队伍，向城门处撤去，不料，西夏的军队已把他们团团围住，很难冲出去了。

忽都铁穆儿向身边的人马大喝一声："冲啊！跟着我杀啊。"

他举起大刀，一阵砍杀，西夏的兵马纷纷倒下，其余的忙向两边退去，忽听有人喊道："别让他跑了，快上前砍断他的马腿！"

西夏士兵一听，又像潮水般地涌上前去。突然有吟人手持长杆，只见杆头上寒光一闪，那刀就飞快地对准忽都铁穆儿座下的马腿砍去。

只听“喳”的一声，忽都铁穆儿连人带马一齐倒在地上，西夏士兵正要扑上去杀死他，昔里钤部忙催马冲上去，左砍右劈，杀退西夏士兵，才把他从死亡边缘救出来。

见他马腿已伤，忙把自己的战马交给忽都铁穆儿急切地对他说道：“快上马！我掩护你，向城门口冲去！”

忽都铁穆儿忙问道：“我骑你的战马，你怎么办？”

昔里钤部不耐烦地大叫道：“别废话，快上马！我有马骑！”

他又对忽都铁穆儿催促道：“你快领着人马出城，我在后面殿后！”

说罢，昔里钤部走上去，把那匹腿部被砍伤的战马拉过来，搂住马脖子，轻轻地对它说：“难为你了！咱们一起杀退西夏人，冲出城去，才有活命哩！”

这时，忽都铁穆儿正领着人马杀退西夏士兵，向城门冲去，昔里钤部不再迟疑，又拍了拍那受伤的马，便纵身跨上马背，一拉缰绳，那马似乎懂得他的心思，一颠一簸地冲向杀来的西夏士兵。

经过一番苦战，终于杀退围过来的敌兵，此时，忽都铁穆儿正在城门处与守军厮杀，昔里钤部急忙上前助战，二人杀散守军，匆匆带马出城，回头一看，三千兵马仅有数十人了。

速不台迎过来还未说话，昔里钤部一步走到他面前，扑通跪下来，请罪道：“我不听大将军的劝阻；上了杰里不脱的当，人马损失惨重，请治我的罪吧！”速不台忙伸手拉他起来，说：“胜败乃兵家常事！只要能从这次失败的教训中总结出经验来，反倒是一件好事哩！”昔里钤部说道：“原以为我与杰里不脱同是西夏人，该不至于设计害我，不料此人如此歹毒，我将与他誓不两立，请大将军把攻城的任务交给我吧！”

这时，忽都铁穆儿走过来说道：“我得感谢你的救命之恩呢？若不是你……”

昔里钤部一把抱住他，说道：“快别那么说，这全是因为我受骗上当造成的，我还得向你谢罪才对呢。”

第二天，速不台与昔里钤部、忽都铁穆儿带领兵马，来到城下，对城上守军说道

“让你们的主将杰里不脱上城说话。”

不一会儿，杰里不脱走上城头，问道：“有本事就来攻城，要劝降那是妄想。昨天让你们跑了，也是你们命大。”未等速不台说话，昔里钤部说道：“我们同是西夏人，我好心劝你归降，为什么要设计陷害我，真是狼心狗肺之人！”

杰里不脱却说道：“我们各为其主，你已变成了鞑子，背叛了唐兀惕人，

我恨不能立刻杀死你！”

速不台大声说道：“休得猖狂！你仗着这座沙州城，能挡得住蒙古大军的进攻么？”

说罢，速不台立即命令攻城，转眼之间，城上城下，喊杀连天，箭矢如雨，杰里不脱十分傲慢地看着城外的蒙古人在攻城，冷笑道：“凭着你们的老一套攻城方法，别想攻破我的沙州城，不信，就让你们来攻吧！”

说完，坐在城上哈哈大笑不止，速不台道：“别高兴得太早，能笑到最后才算你是真正会笑哩！”

说罢，就命令收兵回营，忽听城上喊道：“怎么撤兵了？来攻城呀。”

昔里钤部气得大骂道：“你也神气不了几天了！”

当晚，速不台召开会议，大声说道：“这沙州城确实坚固，杰里不脱仗着它的易守难攻，来嘲笑我们，这没有什么了不起，在我们蒙古大军面前，没有翻不过去的高山，没有渡不过去的大河，当然，也没有攻不破的坚城固堡！我想，我们可以这么办，”

说到这里，速不台把昔里钤部、忽都铁穆儿拉到近前，小声在他俩耳边说了一会儿，然后又大声地命令道：“趁着杰里不脱正在得意之时，今夜你们就动手干吧！”

两人接受了任务，高高兴兴地走了。

原来速不台见沙州城不易攻破，杰里不脱又十分嚣张，便决定挖地道进城，命令昔里钤部、忽都铁穆儿各带一支人马，借着夜色的掩护，去城下挖地道。

城内的杰里不脱正在欢庆胜利，犒赏将士，由于连续的胜利，已使他得意忘形了，为了邀功请赏，又派人去中兴府向夏王报捷。

此时，夏神宗李遵顼因为害怕蒙古入侵，遭到群臣反对，不得不把皇位禅让给儿子李德旺了，他就是夏献宗。献宗皇帝接到杰里不脱送来的捷报，欣喜万分，立即派遣丞相违亭林松带着礼品，前往沙州城劳军。

谁知他们刚到中途，就听到沙州城传来了消息，说蒙古人从城外挖地道进入城内，双方正在展开巷战。

丞相违亭林松迟疑再三，不敢再往前走，只得又带着犒赏的礼品回到中兴府去。

这时的沙州城在进行着一场鏖战。

第三十四章 蒙军一举攻下甘州 耶律进谏杜绝屠城

沙州城地处沙漠的边缘，城墙虽然坚固，但是城下的土质疏松，易于深挖，蒙古士兵仅用两夜工夫，竟挖出十余条从城外通向城内去的地道。

第三天夜里，速不台与昔里钤部、忽都铁穆儿兵分三路，各领一支人马，从地道悄悄进入城内，他们先杀死守军，占领城头，把守城门，决心要活捉那位狂傲的杰里不脱。

从城上逃走的士兵，把沉睡中的杰里不脱喊醒，这位骄傲的主将急忙集合兵马，想逃出城去，哪知城门全被蒙古人把守，这时，他的头脑才醒悟过来：

要么与蒙古人拼杀到底，要么放下兵器乞降，别无第三条路可走了！

杰里不脱的脑海里立刻闪现出把蒙古人骗进城里，几乎将其完全歼灭的场景。现在，若是再向蒙古人乞降，他们是不会相信的，更不会饶恕自己的了。

想到这里，觉得再无别路可走，只有跟蒙古人拼杀，若能打败他们，还可以把他们赶出城去，或是冲破蒙古人的包围，逃出城去。

杰里不脱扭头一看，见到自己的兵马足有一万余人，便抖擞精神，向他们大声说道："蒙古人偷袭了我们，攻进城来了，但是，他们人马不多，也不过几千人，只要我们奋勇拼杀，就可以把他们驱出城去。"

杰里不脱还要讲下去，忽听周围喊杀声愈来愈近，蒙古人高举火把快要来到眼前了，他只得把大刀举起来，高声喊道："为了活命，一定要杀死蒙古人，冲啊！"

杰里不脱一边喊着，一边拍马飞驰，冲向前去，谁知前面的蒙古人早已做好了准备，他们万箭齐发，如暴雨呼啸着，箭矢一排排，一层层地飞来，吓得他的战马咴咴直叫唤，两只前蹄高高地扬起来，差一点儿把他掀下马。

尽管杰里不脱扬起马鞭狠抽战马屁股，那马却不愿前进半步，只在原地打转转。

他身后的士兵见到主将停下来了，也只得站住不动，杰里不脱气得破口大骂道："你们是一群胆小鬼！你们投降了，蒙古人也饶不了你们的性命。只有冲上去，杀退蒙古人，才有活命！"

这时候，对面蒙古人中有人喊道："我们不杀投降的士兵，只要活捉杰里不脱!”

这声音刚落,周围的喊声更响了:“我们不杀投降的士兵,只要活捉杰里不脱!”随着喊声的临近,蒙古人越来越多地包围过来,杰里不脱再也沉不住,急忙勒转马头,向旁边一条小巷逃去。

刚跑不远,忽听前面一声呐喊:“杰里不脱往哪里逃?快快下马受死!”

此时,天色已亮,杰里不脱抬头一看,一队蒙古人拦住去路,他们个个手执明晃晃的大刀,正中间有一员将领站在那里,两眼虎视着自己,再仔细看去,那人正是出身西夏的蒙古将领,心中不由得一惊:“真是冤家路窄!”

只听那人冷冷一笑,大声说道:“你还想往哪里逃?再不下马投降,就让你死于乱箭之下!”

杰里不脱扔下兵器,跪在了路中央。

昔里钤部不屑地对他说道:“你当初不是傲气十足么?”

速不台来了,向昔里钤部等说道:“遵照成吉思汗的命令,将全城军民一律处死!然后,掠取所有的财物,摧毁这座城!”

后来,忽都铁穆儿劝说道:“留一部分军队,让他们在下次攻城时,替我们打前锋,这是大汗常用的战术。”

速不台接受了这个建议,只留下三千西夏俘虏兵。余者全都处死,沙州城也随之被摧毁,地图上再也找不到这座石头城了。

速不台的西路大军攻下沙州之后,便向肃州进军,昔里钤部对速不台说道:“肃州是我生长的地方,我在这里度过了十六年,因为不愿忍受欺凌,才被迫离乡背井,投奔蒙古大汗。如今,十几年过去,我随着蒙古大军杀回。昔里钤部本是西夏肃州人氏,父亲、兄弟全是打铁出身,是肃州城有名的兵器匠师。”

当昔里钤部十六岁时,肃州城守呼邪残仁的儿子呼井沛在肃州城里为非作歹,专干害人的勾当。

一天,呼井沛带着一伙流氓窜到昔里钤部的铁匠铺,对老铁匠说道:“替我打造三千把大刀,一个月内交货!”

老铁匠说道:“我这里既无打刀的材料,在一个月之内也打不出来那么多的大刀。”

呼井沛听了,把眼一瞪,骂道:“老不死的!若是打不出刀来,就让你的女儿来抵押!”

原来,昔里钤部还有一个姐姐,名叫贴里不花儿。生得容貌俊秀,体态婀娜,被呼井沛看到了,就生出这个讹诈的毒计。

此时,听了呼井沛的警告,昔里钤部的大哥拔都畀里气愤不过,走出来说道:“你整日干这些伤天害理的事情,就不怕遭到报应么?”

他的话音未落，呼井沛就指挥他的流氓打手，齐围着拔都畀里打将起来。

老铁匠担心儿子吃亏，也拿起一根铁棍，参加了战斗。打铁出身的父子二人，由于整日抡锤甩钎，练就了千斤的臂力，呼井沛的打手竟被父子二人打得一个个屁滚尿流地逃跑了。

这一下可不得了，左邻右舍都来劝道："你们捅了马蜂窝，不出三天，呼井沛必来报复，赶快逃吧！免得遭他的毒手。"

铁匠父子反复商议之后，听从了好心邻居的规劝，于是，三十六计——走为上，便卷起行李，收起打铁的家什，连夜逃了。

"往哪里逃呢？"

老铁匠说道："这里距离蒙古国最近，西夏人最怕蒙古人，干脆去蒙古吧！"

于是，一家人走出肃州城，往蒙古方向逃去。谁知刚走不远，便听到身后喊声不断，见那尘头滚滚而来，老铁匠忙对小儿子昔里钤部与女儿贴里不花儿说道："你二人快逃吧！不然，那畜生赶到，一个也走不脱了。"拔都畀里也说道："父亲说得对，你二人快逃吧！他们来了，由我和父亲挡着。"

老铁匠见他们姐弟二人不走，生气地说道："还不快走，难道要死在一堆么？"

于是，贴里不花儿与弟弟昔里钤部跨上他们家仅有的两匹马，向蒙古国方向，飞驰而去。

后来，他们进入蒙古国界，遇到成吉思汗的二弟哈撒儿的巡边队伍，被这位二王爷收留去，又娶了贴里不花儿为妻。

现在，昔里钤部又回到故乡的土地上，他向速不台建议道："这肃州城也是易守难攻之地，不如让我先混进城地，寻找儿时的一班伙伴，伺机献城，岂不更好？"

速不台担心地说："你孤身入城，是十分危险的，据说城中主将正是你当年的仇人呼井沛，一旦被他知道你的身份，我们无法救你，而你插翅也难逃呀！"

但是，昔里钤部再三请求，坚持要进城去，速不台只得答应了。临前，又与他约好联络暗号，派了一名护卫木塔儿，随他一起去。

两人扮作做生意的西夏人模样，混进了肃州城；昔里钤部慢慢找到原来的住地，举目一看，真是故地依旧，人物全非了。费了好长时间，这个"少小离乡老大回"的肃州人，终于找到了几个儿时的伙伴，从这些人口中得知他的父亲与兄长，已在那次争斗中一起战死，尽管这是意料之中的事情，昔里钤部还是难过地流下了热泪，为他冤死的父兄哭了一场。

由于蒙古军队到处劫掠，杀人的风气，四处传扬，城里的居民一提起蒙古人，无不吓得“说虎色变”，同时也恨得咬牙切齿，这就给昔里钤部的“策反”工作带来更多、更大的困难。

经过再三劝说，昔里钤部终于联络了一百零六户居民，愿意归顺蒙古。

不久之后的一天深夜，昔里钤部领着这些人偷偷地将城门打开，让蒙古大军进城。

攻占肃州之后，除了昔里钤部联络的这一百零六户得到赦免之外，其余的全被处死。

攻占肃州之后，速不台带领大军向甘州进发。因为甘州的守城主将是蒙古大将察罕的父亲曲也怯律，成吉思汗得知这一消息之后，立即派察罕前来招降。

出身西夏的察罕，离家到蒙古投奔成吉思汗，其中也有一段因由。

察罕之父曲也怯律，为人耿直、忠厚，他前妻生下一子，即是察罕。后来前妻病死，又娶朝中大臣窦尔章的女儿窦天娇，婚后七个月生下儿子留托儿，曲也怯律只得认了。

窦天娇生得妖艳风流，出嫁前与家中管家有奸情，本是怀着有孕之身，嫁给曲也怯律。

由于她是水性杨花之人，见曲也怯律为人古板，不善风流，便又故态复萌，为解欲望之渴，她竟厚颜无耻地勾引男佣，与之通奸。

一次，察罕去找留托儿，不料正撞见窦天娇与一个男佣搂在一起，他慌忙走开。

这女人担心察罕向他父亲告发她，便恶人先告状，立刻跑到曲也怯律处哭诉道：“你儿子察罕人面兽心，竟然对我调戏，强迫我与他……”

曲也怯律一听，气得火冒三丈高，说道：“这小畜生，我非杀他不可！”

察罕听说这消息之后，觉得既不好向父亲解释，又不能呆在家里了，便离家出走，跑到了蒙古，深得成吉思汗的信任，成为大汗帐下的一名勇将。

有一次，察罕奉成吉思汗之命，带二人去侦察敌情。途中，忽见前面不远处有两个敌兵，跟他来的士兵对察罕说：“我们三个人，去对付那两个敌兵，这是必胜无疑的吧！”

察罕不以为然，忙对二人说道：“我们已看到他们两个人了，难道他们没有发现我们是三个人？别冒险吧！”

说罢，察罕带着那两个人，离开了那里。

后来，他们才知道那两个人是出来诱敌的，是为了引诱蒙古人去上当的，因为在那两个人的身后，敌兵埋伏了一支人马。

当时若是听从他们的意见，前去捉拿那两个敌人，准中敌人的计策，被敌人所擒。

成吉思汗得知这件事以后，多次向将士们讲述，表扬察罕机智有谋，要将士们向他学习，特别是在仓促之中，更要心细如丝，不能草率粗心，以免吃亏。

这次攻打甘州，成吉思汗得知甘州主将是曲也怯律，他是察罕的父亲，便让察罕前来招抚曲也怯律，争取免动干戈。

速不台对他说道："甘州城四门紧闭，只有用箭把招降信射进城去，别无他法了。"

察罕遂修书一封，要求父亲曲也怯律、弟弟留托儿到城上与自己相见。这书信射进城不久，曲也怯律与十三岁的留托儿果真来到城上，与察罕见面，察罕劝道："西夏想对抗蒙古，正如以卵击石。早日归顺，乃是大势所趋，不可逆转。"

后来，曲也怯律回去召集将领开会，他说："如今西夏已是日暮途穷之时而我们小小的甘州怎能力挽败局，不如早日投降，还能赦免全城军民的命坚持对抗，必然招致全城的毁灭。"

城内的副将阿绰也儿却说道："你儿子早已背叛了唐兀惕人，卖身投靠了蒙古人。你现在也想拿我们当礼品，向成吉思汗讨好，去做卖国贼么？"

参加会议的将领们纷纷反对投降，决心与蒙古人对抗到底，他们齐声高喊："杀死卖国贼，与蒙古人对抗到底！"

"宁肯抗蒙死，不愿屈辱生！"

会上，有三十多名将领支持阿绰也儿坚持抗击蒙古人的进攻，齐声要求杀死曲也怯律。

就在这次会上，阿绰也儿立刻下令，把曲也怯律和他的十三岁的儿子留托儿一起杀害了。

阿绰也儿派人把曲也怯律、留托儿父子的人头，挂在城上，向蒙古人示威，察罕一见，哭得死去活来，向速不台请求担任攻城的主将。

速不台安慰察罕道："阿绰也儿逆历史潮流而动，必将受到惩罚！"第二天，蒙古大军攻城，察罕亲自冒着矢石，带领军队从云梯上爬到城头，与城上守军进行肉搏战。

在察罕带动下，蒙古士兵英勇顽强，前赴后继，很快攻克了甘州城。

杀害曲也怯律的三十六人全被察罕捉住，他向成吉思汗报告道："甘州城内的百姓无辜，有罪的共计三十六人，请求大汗赏罚分明吧！"

成吉思汗答应了察罕的要求，甘州才得以幸存下来，避免了屠城的厄运。

攻占甘州以后，成吉思汗命令速不台率领大军直抵贺兰山下，准备在东、西两路兵马会师后，与阿沙敢不决战。

成吉思汗率东路大军，直入西夏境内，兵抵黑水城。因为此城位于北狼山脉西北哈喇木伦河之滨，正是从东北方向进入西夏的必经之地。

成吉思汗向来是先礼而后兵。攻城前总要先派出使者前去劝降，申明宽待降者，对抵抗者进行严惩。

这黑水城的守将名叫者桑列不，是一个刚直不阿的大汉，他对蒙古来劝降的使者说道："我早就听说成吉思汗已经死了，怎么又出来一个假成吉思汗，真是怪事。"

蒙古使者听了，十分惊讶，忙说道："我们大汗活得好好的，怎么说他早已死了？"

者桑列不又说道："听说成吉思汗打猎时，被野驴踢下马，摔坏了内脏，早已死了。"

那使者虽然知道成吉思汗确曾在打猎时，战马受野驴惊吓，将他摔下马来，尽管摔伤了，却不曾死呀！于是说道："这全是不实之词，我们大汗身体好着呢！这是有人在故意造谣吧！"者桑列不又说道，"还有人说；成吉思汗正在帐中睡觉，忽然天降大火，把他活活烧死在帐中。"

使者听了，觉得有些人真是捕风捉影，这事被传得面目全非了！原来早在西征开始时，大汗在夜里休息时，因烛火烧着了台布，以后又烧着了地毯，后被护卫发现，及时扑灭了。

想到这里，使者冷笑道："这是有些歹毒之人，故意在夸大事实，对我们的大汗进行诅咒呢！"蒙古使者问道："我们蒙古大军已兵临黑水城下，何去何从，不知主将是怎么打算的？"者桑列不镇定地答道："自古就有兵来将挡的说法，我绝不会不战而降的，何况我对你们蒙古人从未有过好感。"

使者又一次提醒道："战败而降，与不战而降，根据我们大汗的政策，是有很大差别的！"者桑列不感慨地说道："没有什么了不起，对我来说，战败而死，战胜而死，都是死了。人生在世，这条路谁能不走？你们的成吉思汗占领的土地再大，兵马再强壮，拥有的金银财宝再多，到头来还是两手空空，赤条条地死去，什么也带不走。只有身上的毛发，算是自己的，其他全是身外之物，属于别人了，是为他人作嫁衣裳！"

蒙古的使者回去向成吉思汗作了汇报，又把那些传扬的各种说法，也学说一遍，成吉思汗气得当场昏迷过去。

按照成吉思汗以前的要求，出使外国的使者，回来后要如实汇报，好的、坏的，全要说给这位大汗听一遍。

可是，这次就大有不同了！

自从打猎摔伤以后，腰身疼痛难忍，经过这一段时间的休息治疗，也遂皇后又常常替他按摩,渐渐有些好转。

过了好长时间,成吉思汗才苏醒过来,气得大声对部下说道:“把黑水城完全包围起来,用火攻,将他们全部烧死在城里,一个也不能放跑!”

窝阔台等带领兵马,把黑水城围得水泄不通,然后展开全面攻城。

小小的黑水城,兵少将寡,怎能经得起日夜不停地攻打,两天后,蒙古大军攻进城去。

按照成吉思汗的命令,将城内军民全部烧死,在熊熊大火之中,叫喊哭骂之声连续不断,一个月后仍然烟火弥漫,气味难闻,令人作呕。

焚毁黑水城之后,已是夏季了,成吉思汗一边养伤,一边在浑垂山避暑。

一天,窝阔台带着昔里钤部来见大汗,说道:“这浑垂山南的谷水河畔,有个世代相传、专治跌打损伤的医生,名气很大,请大汗前往诊断。”

成吉思汗答应之后,便由窝阔台、昔里钤部陪着,在一支队伍护卫下,到达谷水河畔。

见那医生五十多岁年纪,中等个儿,身体壮实,一脸慈眉善目中蕴含着倔强的个性。

那医生首先申明道:“我家祖宗四代,行医为生,以救死扶伤、治病救人为宗旨,坚持不给两种人治病。”

昔里钤部问道:“先生请讲,不给哪两种人治病?”

那医生不紧不慢,不卑不亢地说道:“第一,我不给死人看病;第二,我不给杀人的人看病。”

医生说完之后,气氛沉静下来,未等成吉思汗说话,窝阔台立即说道:“这杀人的事有多种多样的因由,不能一概而论,有的因复仇而杀人,有的为了自卫而杀人。”

那医生却说道:“我不管那么多,凡是杀人的人,我不为他治病,这不仅是我的信条,也是我们家四代行医的传统了。”

昔里钤部又问道:“为什么这样做,你能说出理由么?”

那医生笑了笑,便说道:“杀人的人都是社会的祸害,我为他们治病,等于治病害人,不是治病救人了。另外,杀人的人,也是快要死的人了。因为这种人,不是被他人所杀,老天爷也要降罪给他,让他速死。我不能违背天意,再为他治病了。”

听了这医生的话,成吉思汗早就憋得受不住了,只见他“呼隆”一下站了起来,圆睁二目,闪着灼人的光芒,逼视着那医生,说道:“你懂吗?成吉思汗是奉长生天的旨意杀人,是杀那些本不该再活着的人!”

可是,那医生并不畏惧,依然振振有词:“自古以来,只有奉天爱人,天意是以爱民为根本。所谓奉天杀人,那是嗜杀者的欺骗,老天爷会惩罚他的。”

成吉思汗更加恼怒，大声说道："成吉思汗杀人，全是得到长生天的佑助，是为老百姓能过上和平幸福的日子，所以天下各国人民都将永远记住成吉思汗这个名字！"

那医生并不让步，仍是坚持说道："成吉思汗带着他的将士，到处劫掠财物，杀人放火，屠城毁堡，天下人都会永远记住：成吉思汗是一个嗜杀成性的人！"

这时候，成吉思汗盛怒地站着，把手中的剑扔在地上，又恶狠狠地看了那医生一会儿，然后转身走去。

窝阔台气得大喝一声："混账！我宰了你这个顽固不化之徒！"

遂把身后的佩刀"刷拉拉"一声响，抽了出来，正举刀向那医生刺去时，忽然从里屋走出来一位白发苍苍的老妇人，伸手拉过那医生，拦住窝阔台，大声地说道："为什么要杀人？我们家四代行医，我已经活了一百零六岁，经历了四朝三代，宋人，辽人，金人，西夏人，没有人要杀我们，你们蒙古人就不怕遭天谴吗？还口口声声，说什么奉天之意呢！"

窝阔台正要说话，护卫走来说："大汗叫王爷快去，别在这里耽搁了！"

听了这话，窝阔台才悻悻地收刀入鞘，对昔里钤部等挥了挥手，大步走了出去。

从谷水河畔回到浑垂山大营，成吉思汗心情很不痛快，天天忍住身上的伤痛，负气地不愿治疗，谁劝也不听。

过不多久，天气刚才转凉，他立即命令大军前去攻打西凉府搠罗、河罗等县，又领着大军越过沙漠，进抵黄河九渡，攻占应里等县。

到了十一月的冬季，大军直逼灵州城下，不要几日工夫，就攻破了这座人口众多、物产丰富的城市。成吉思汗的东路大军，一年来的屠城行为，使耶律楚材深为不满。攻占灵州之后，有些将领向大汗建议说："城里的定居百姓，留下来毫无用处，最好将他们全部杀尽，一个也不留，城外的庄稼，要全部烧掉，就像焚烧城市一样，使土地荒芜，变成草地，成为牧场。"

耶律楚材实在看不下去了，才说道："报告大汗，保留土地上的庄稼，不要杀死那些无辜的百姓，对蒙古帝国大有裨益。"

耶律楚材又接着说道："对农民，可以适当地征收土地税；对商人，可以征收酒税、盐税、醋税、铁税等，还可以征收水产税和山林资源税。"经他这么一说，不仅成吉思汗注意起来了，连那些主张烧杀抢掠的将士们也睁大了眼睛，都在听着这建议。

见到众人在倾听他的意见，他又说道："我粗略地计算一下，就是灵州这一座城，每年可以得到五十万两白银，八万匹绸缎，四十万袋谷物粮食。仅仅一座城，一年就有这么大的收益，有人竟说定居的百姓毫无用处？"

耶律楚材的这一段话，尤其是他算的那一笔账，顿时使在座的将领们目瞪口呆，有人说：“能有这么大的好处啊！过去杀得太可惜了！”

“过去的杀掠行为，太野蛮了！”

在成吉思汗的身上，起主导作用的还是智慧和冷静、理智和谦逊。

对于当时的蒙古人来说，定居百姓的土地没有别的用处，只能作为劫掠的场所。

现在，听到耶律楚材的建议，便欣然接受，立即制止了劫掠行为的发生，并对他说道：“请你拟定一份管理定居民族地区的计划，制定出固定税收的细则。”

从此，屠城行为基本上被制止了。

第三十五章　铁木真识破敌诡计　西夏气数危在旦夕

公元1226年的隆冬季节，成吉思汗的东、西两路大军，在贺兰山下会师了。

此时，西夏大将阿沙敢不在贺兰山下的驻军有八万人，远远看去，帐房遮天蔽日，骆驼成群，战马如云，旌旗招展，刀枪林立，在阳光照耀下闪着亮光。

成吉思汗忍着伤病，领着他的部下，细心地察看着地形，回到大营，向将士们说道："我军十万人，与西夏八万人马交战，这是一场大战、恶战，也是一场复仇之战。"

说到这里，他看一下将士们的表情，又说道："我们的军队是久经战斗、敢拼敢杀的铁军，将士们有丰富的作战经验，有无坚不摧的意志，击溃了这支西夏的军队，我们就可以势如破竹地打进中兴府，活捉西夏王。到那时，我们就可以同饮庆功酒了！"

为了对阿沙敢不进行试探，成吉思汗派大将速不台、昔里钤部、忽都铁穆儿等，带领两万人马，先对西夏的褐子营寨展开冲击。

阿沙敢不虽然说了不少大话，但是，在战场并无多少谋略，他向将士们说道："我们有大军八万，有骆驼四百头，不怕蒙古人的骑兵。听说成吉思汗是带着摔伤来的，只要这一仗打败他，我们就可以把蒙古人赶出去。希望全军将士奋勇拼杀，打败蒙古人，活捉成吉思汗！"

说罢，阿沙敢不带领军队摆开阵势，让四百头骆驼在队前冲锋，一声号令响了，西夏军中呐喊声震天般地响起，四百头骆驼被驱赶着冲向前去，直扑蒙古大军。

速不台早已瞧见了，那些骆驼狂奔着冲向前来，他向弓弩手们大声命令道："对准骆驼队，要箭无虚发，放——箭！"

速不台的话音刚落，蒙古军中的弓弩手们万箭齐发，如雨一样的箭矢飞向狂奔而来的骆驼队里。但是，那些高大的骆驼冒着箭矢，依然狂奔向前。

原来，西夏的骆驼，早已在胸前等要害部位披上了护甲，箭矢射到护甲上，只听"叭叭"的连声响着，像爆豆子似的，被挡回来，落在了地上，并不能伤着骆驼。

有着丰富作战经验的速不台，一见弓矢射不退骆驼队，他灵机一动，立刻大声喊道:“骑兵快下马,用大刀砍断骆驼的长腿!”

速不台的这一招,是在花剌子模战场上,从札兰丁那里学来的。札兰丁在八鲁湾打败蒙古的大断事官失乞忽秃忽的军队,正是用此办法,击退蒙古的骑兵,取得了胜利。

于是,蒙古骑兵立即跳下马,把马缰绳拴在腰间,拉开马步,迎着飞奔而来的骆驼,对准它那长腿,狠狠地用力砍去!

果然,这一招还真起作用,许多骆驼的长腿被砍断,因为是飞奔而来,一旦腿断,便一头栽下来,翻一个筋斗,再也爬不起来了。

前头的骆驼倒下来,绊倒了后面的骆驼,于是,蒙古军队的阵前,变成了一堆堆骆驼。

阿沙敢不一见,急忙命令撤退骆驼队,谁知那些泼了性子的骆驼,奔跑起来力气更大,后面驱赶的人想拦也拦不住,想拽也拽不住,只能任凭它们向前一纵一纵地窜去。这一仗之后,西夏的骆驼死伤惨重,四百头骆驼非死即伤,准备让它冲锋陷阵的骆驼队,便消失了,阿沙敢不为此懊恨得几乎流下泪来。

速不台的骑兵也死伤不少,多是被狂奔而来的骆驼撞死、踩伤的,但毕竟取得了重大胜利,因为他们消灭了西夏的骆驼队。

成吉思汗对速不台鼓励道:“你这仗胜得好,打掉了阿沙敢不的威风!他仗着这支骆驼队,来阻挡我们铁骑的冲锋,现在,他的希望落空了。”

接着,成吉思汗向将士们又说道:“速不台临阵不慌,及时发挥他的聪明才智,灵活地指挥他的人马,打败敌人的进攻,真是一位智勇双全的大将啊!”

速不台立刻说道:“要说我在战场上有些进步,主要是向哲别学来的,他才是有勇有谋的一代名将!”

速不台的一段话,勾起了广大蒙古将士对哲别的深深怀念与敬佩,当然,更引起成吉思汗对哲别的思念与回忆。

当晚,成吉思汗坐卧不宁,脑海里总是萦绕着哲别的一桩桩、一件件难忘的往事,眼前,总是闪现出哲别那熟悉的、不知疲倦的身影。

他索性不睡了,走出大帐,到外面散散步。此时,正是隆冬天气,刺骨的寒风吹在脸上,像刀子似的感到有些痛楚,不由得举目向黑黢黢的贺兰山上看去,就在这时,忽听山上传来一阵阵鸟儿飞动的声音。成吉思汗立即紧张起来,向身边的三皇子窝阔台问道:“听到了么?山上传来的是什么声音?”“是飞鸟的声音,”窝阔台接着向父汗问道,“这是隆冬季节,宿鸟怎能在夜晚惊飞呢?难道有什么征兆不成?”

成吉思汗说道:“问得好!这宿鸟惊飞,必有情况啊!”

说罢，成吉思汗忙俯身过去，在窝阔台耳边低声说了几句话，这位三皇子立刻走了，他才不紧不慢地对着西夏大营方向说道："白天吃了亏，想在夜里趁我们睡觉工夫，来大捞一把，可能又要失算了。"

原来，西夏收兵回营之后，阿沙敢不见骆驼队遭到毁灭性打击，心中闷闷不乐，正在营中思索着打败蒙古人的计策。

此时，他的大将曲亦留多来了，对他说："白天，蒙古人打赢了第一仗，也许正在举行庆功宴呢？不如今夜去偷袭他们一下，捞回白天的损失！"

阿沙敢不一听，大腿一拍，欣喜地说："对！蒙古人又嗜酒如命，今夜他们可能都会喝醉的，去劫他们的大营，准能取胜。"

说罢，阿沙敢不立即召集将士开会，布置夜里偷袭的任务，大将龙敦说道："成吉思汗一向用兵谨慎，防范甚严，如果蒙古人没有举行庆功宴，也没有喝醉酒，我们去偷袭未必能成功呀！"

曲亦留多不高兴地说道："你也不是成吉思汗的参谋，怎么知道他们今晚不会举行庆功宴呢！"

阿沙敢不也不满地说："如果前怕狼后怕虎的，怕来怕去，我们什么也干不成，只能等着成吉思汗带兵来打我们了！"

龙敦与其他将领再也不敢多言，便闪到一边去，听凭他们发号施令了。

当夜三更时分，阿沙敢不点齐八万人马，决心一举击溃蒙古大军，出发前向将士们说道："活捉成吉思汗，在此一举了！务望诸位奋勇上前，切勿贻误战机啊！"

曲亦留多又补充建议道："为了不打草惊蛇，请各位将士立即布置，全军将士一律口衔枚，马勒口，轻装简从，准备迎接一场血战！"

阿沙敢不听了，急忙点头说道："对，对，对！越隐蔽越好，争取打蒙古人一个措手不及！"

说罢，他把马鞭一挥，向全军命令道："出发！"

西夏八万人马，一齐出动，迎着深夜的寒风，士兵个个缩肩龟腰，深一脚，浅一脚地，向蒙古大营，偷偷摸摸地前进。

担任前锋的曲亦留多走在队伍的最前面，来到蒙古大营前一看，见营门口有两个士兵站在那里，一动也不动，像是睡着了似的。

他又向营里一看，里面黑洞洞的，一点声息也没有，心想准一是晚上喝多了酒，睡着了，不由一阵兴奋，差一点叫出声来。

只见他手举大刀，向身后的士兵喊道："冲啊！杀死蒙古人，活捉成吉思汗！"

一边喊着，一边挥刀把营门口的两个守军砍倒，纵马冲进营里。他身后的士兵也高声呐喊着，尾随着冲进去了。

就在这时,埋伏在周围的蒙古人,齐声呐喊着,包围上来,两军顿时展开了一场混战。

于是,八万西夏人马被十万蒙古大军截着,兵对兵,将对将地厮杀起来。虽是隆冬天气,蒙古骑兵都脱去了外套,只穿着一件皮坎肩,使劲地挥舞着大刀,在西夏兵马中横冲直撞,英勇地拼杀。

蒙古的战马都是经过良好的训练,它们阔壮而有力,柔顺而无性,能久御风寒,登山涉水,从不畏惧,为蒙古骑兵变成一支强大的铁骑提供了良好的条件。

在这场夜战的开始阶段,西夏兵马尚能紧守阵脚,坚持与蒙古骑兵交锋,厮杀一段时间之后,阿沙敢不求胜心切,忙令担任前锋的曲亦留多率先出击。

谁知曲亦留多的两万前锋冲出阵来不久,善于捕捉战机的蒙古中军,向后迅速退去,故意引诱他们深入阵中,然后两翼骑兵猛然一合,如巨人的两臂突然一拢,便把曲亦留多的兵马团团包围起来,经过一阵拼杀,很快地歼灭了。

阿沙敢不见情况不妙,忙命令兵马撤退,此时天已大亮,蒙古骑兵见西夏军队撤退,他们乘势向前追击,如猛虎下山一样冲入西夏兵马之中。

蒙古骑兵在大将速不台指挥下,万马齐发,随后掩杀过来,对惊慌败退的西夏人马大肆砍杀。其势如秋风扫落叶一般,杀得人头乱滚。

阿沙敢不本想让兵马退回营中,哪里料到蒙古骑兵尾随追来,步步紧逼,不给西夏人马留下喘一口气的工夫,他们一边穷追不舍,一边拼命地砍杀,还一边高声叫喊着:“追呀,杀死西夏人,活捉阿沙敢不!”

在极度慌乱中,阿沙敢不一时乱了方寸,原来的褐子营已不能回去,蒙古人在后面紧紧追赶,自己的兵马溃乱不堪,正在左右为难之时,忽见自己的部下龙敦提刀纵马而来,内疚地说:“后悔不听你的忠告,招致如此惨败。”

龙敦听了,急忙说道:“现在讲那干什么?前有黄河,后有追兵,再往前去,将有全军覆没的危险呀!”

阿沙敢不急忙问道:“我已没有主张了,你说往哪里逃吧?”

龙敦稍一沉思,用手指着左侧的贺兰山说道:“眼前惟一的去处,只有上山了!”

阿沙敢不立即眼睛一亮,大喜道:“好,好!上山,上山!咱们依山据守,也不失一条好计呢!”

他说完之后,勒马就向山上驰去,龙敦只得指挥残余人马向山上撤去,心里说道:“战前,争着抢着要打;退时,又拼命逃跑,连人马都不顾了,太不像话!”

龙敦心里正在嘀咕着，忽见蒙古骑兵蜂拥着，呐喊着追过来了，龙敦急忙振奋精神，收集周围逃散的人马，摆开阵势，阻挡蒙古人向山上追赶。

此时，天色已晚，经过半夜一天的拼杀，双方的军队都是人困马乏了。

速不台见到阿沙敢不带领残余人马逃上山去，又见山下有西夏兵驻守，便命令骑兵停止追击，收兵回营再说。

这一仗西夏军队损失惨重，八万人马被歼灭了六万多，许多将领在溃逃中战死，阿沙敢不再也提不起精神，他无力地对龙敦说道："这一仗损失了这么多人马，我哪有脸再活着啊。"

说罢，拔出腰间的佩刀，就要去抹自己的脖子，被龙敦伸手挡住，劝他说道："这一仗虽然败得惨重，我们西夏国还有半壁江山，国都中兴府还有兵源准备着，何必一时想不开呢？"

阿沙敢不眼里擒着热泪，说道："我真一时糊涂，误信了曲亦留多的话，才有今日之败，我越想越后悔啊！"

龙敦听了，忙提醒说："现在后悔已没有用了，当务之急要抓紧派人前往国都求救，争取援兵早来，再与蒙古人决战，为时还不晚。"

阿沙敢不立即说道："好罢，请你派人回中兴府去搬救兵，我来整顿队伍，防止蒙古人追上山来。"

此时，蒙古人正在打扫战场，集合队伍，准备趁胜围山，活捉阿沙敢不。

成吉思汗向将士们说道："这一仗，阿沙敢不的本钱输得差不多了，大话不敢再说，只有逃上山去，想当山大王了。"

听了这一句话，众将哄笑起来，速不台说："阿沙敢不想当山大王，我们可不答应哩！依我说，不如将山围住，逼他投降，防止他逃回中兴府去。"成吉思汗说道："我赞成这个除恶务尽的建议，阿沙敢不在山上住不长的，只要围住他，要不了几天，他没吃没喝的，他的队伍不打就乱了。"

听了大汗的话，众将纷纷请战，拖雷说道："从这里离中兴府，不过一百余里路程，夏王能不派兵来援吗？"

窝阔台说道："中兴府若来援兵，必从黄河上过来，只要守住渡口，把船只控制起来，西夏的援军插翅也难过来。"

成吉思汗说道："眼下正是隆冬天气，只要刮起东北风，或是西北风，黄河在一夜之间就可能封冻，一定要防止敌兵从冰上过来！因此，要抓紧歼灭山上的残敌，把阿沙敢不活活捉住。"

此时，西夏都城中兴府里一片惊慌，君臣个个惶恐不安，人人束手无策。

在沙州、肃州、甘州、凉州，以及灵州被攻破之后，原指望阿沙敢不能在贺兰山下挡住蒙古人，不料又被成吉思汗打败。

太上皇李遵顼责怪献宗李德旺说道："我多次提醒你，不能得罪蒙古人，你就是不听，现在怎么办啊?”

夏献宗李德旺说道:“这能怪我么? 其实，全是阿沙敢不惹的祸，他还不是仗着嵬名令公的势力?”

这嵬名令公乃是西夏炙手可热的人物，是夏神宗李遵顼的当朝太师，有权有势。

阿沙敢不全军覆没的消息传来之后，国都中兴府宫廷中，一片埋怨之声纷纷袭来。

朝中有的大臣竟把丢城失地，西夏军队被蒙古人打败的责任，都推到李德旺身上。

在众大臣的一片围攻中，加上连日操劳招兵之事，这位身体本不太好的夏献宗竟在朝堂上突然昏倒，不久也死了。

嵬名令公遂召集老臣仍商议，他首先说道:“国家不可一日无君啊! 但是，皇帝膝下没有一个儿子，怎么办?”后来，有人建议说道:“南平王李缪本是皇上的侄儿，此人虽然年轻，却有远见卓识，不如立他为夏王吧!”

嵬名令公与大臣们听了，只好答应，便正式辅佐这位南平王李缪当了西夏的皇帝，也就是西夏的末帝了。

李缪当了皇帝，立即命令老将嵬名令公带领十万人马，前去援助阿沙敢不，希望在贺兰山下与蒙古大军决战，阻止成吉思汗向国都中兴府进军，以缓危机。成吉思汗得到消息之后，命令速不台、昔里钤部等领兵围山，捉拿阿沙敢不;自己带领窝阔台、拖雷等，亲率大军沿黄河北上，去迎击嵬名令公的援军。

阿沙敢不带领残余人马住在山上，连续过了多日，眼看粮食快要吃完，又值隆冬季节，到处是枯树败草，又冷得滴水成冰，军队人心惶惶，纷纷逃跑下山。

速不台从俘虏口中了解到山上的情况以后，便缩小包围圈，向山上展开攻势。

他把捉住的俘虏组成一队，让他们充当前锋，走在队伍的前面，向阿沙敢不喊话道:“中兴府已被包围，你们的援军不会来了，还是赶快投降吧!”

阿沙敢不听从龙敦的建议，在山上堆雪为城，趁着天气寒冷，雪块堆积起来，竟变成一座坚固的雪城。远远看去，雪白耀眼，既能避风，又能挡箭，正是一座冰城。

速不台与众将商议，昔里钤部说道:“山上的枯树败草多得很，用火一烧，那冰城立刻化成雪水了，何愁捉不住阿沙敢不?”

将士们听了，都一齐哄笑起来，速不台遂命令士兵把捡来的干树枝等堆在那冰城边上，燃着以后，熊熊的大火很快把冰烧化了。

速不台一声令下，人马冲进去，经过一阵拼杀，敌兵立刻放下兵器投降了。

此时，阿沙敢不却不知去向，速不台向俘虏们再三询问，都说不知道。

这时候，昔里钤部大声命令道："所有俘虏，一律取下帽子！"

原来阿沙敢不见冰城被融，又逃不出去，便与龙敦脱下将领衣服，换上士兵的服装，混进士兵群中，谁也不知他是这支军队的主将。

不过，出身西夏的昔里钤部，知道西夏军队中对头发有规定：所有士兵不准留发，一律剃光头；将领的头顶在左右两侧留下两绺头发。

现在，帽子取下来了，阿沙敢不与龙敦再也瞒不住了，只见他"唰"的一声站起来，大声喊道："我们投降了，也要被蒙古人处死，不如跟他们拼了吧！"

喊罢，举起大刀向周围的蒙古军队冲去，那些士兵又冷又饿，哪里还有力气拼杀，几乎没有人听从他的命令，仍然站在那里不动。

速不台见阿沙敢不冲上来，早把弓箭拿在手里，一箭射在他面门上，倒地而死。

然后，他大声说道："只要你们服从命令，听从指挥，我们不杀你们，全赦免你们的死罪。"后来，速不台让昔里钤部与龙敦带领这支七千多人的西夏俘虏兵，当作自己军队的前锋，下山去与成吉思汗的大队人马会师。

公元1226年12月，成吉思汗带领大军沿黄河北上，见河上已封冻，遂与西夏嵬名令公的十万大军隔河对峙。

二十日开始，两军在黄河冰上展开激战，先是双方对射，后来为了抢渡黄河，便遭遇在一起，进行肉搏，杀得尸积成堆，血流冰上，把河里的冰块都染红了。

第二天战斗开始，西夏的士兵在鞋底绑上两块木板，登上河冰，靠滑行加快了速度，很快攻过了黄河，直抵河岸。

由于蒙古兵马众多，在北岸组成人墙，西夏士兵无法攻上岸。成吉思汗亲自前来督战，下令弓弩手射击敌兵的两腿，以阻止他们从冰上过河。

速不台向成吉思汗建议道："我领一支人马由上游悄悄从冰上过河，绕到敌兵背后，前后夹击他们，定能取胜。"

成吉思汗立即答应，等速不台领兵走后，他继续加紧派兵进攻对面敌兵，过不多久，西夏军队后面混乱起来，成吉思汗知道速不台已经从后面进攻敌军了，便命令窝阔台、拖雷带领兵马，从冰上冲过去，从正面袭击敌人。

西夏兵马尽管勇敢善战，却经不住蒙古大军的前后夹击，很快溃败了。

嵬名令公忙命军队后撤，想退回中兴府固守，可是，成吉思汗抓住战机，指挥兵马紧紧追赶，他向将士们命令道："要发扬除恶务尽，穷寇必追的精神，将西夏的兵马完全彻底地歼灭，不能让他们逃回中兴府去！”

于是，蒙古骑兵随后追杀，把嵬名令公的军队分割成数段，然后包围起来，逐个消灭，连嵬名令公也被乱军杀死。

经过三天一夜的连续作战，西夏这支十万人的援军被消灭了，蒙古大军又马不停蹄地跟踪追击，一直打到中兴府，并将西夏的这座都城团团围住。

这一仗之后，西夏的主力已伤亡殆尽，中兴府又被包围，再无能力抵抗蒙古大军了。

第三十六章 铁木真巧破空城计 辅国重臣耶律是也

公元1227年的1月，成吉思汗已经看得很清楚，山穷水尽的西夏君臣只有两条路可以选择：或者战败而死，或者投降而亡，别无第三条路可走了。

在此大局已定的情况下，成吉思汗让幼子拖雷带领四万人马围住中兴府，自己与窝阔台、速不台等，率领六万大军，南下攻打金国。

成吉思汗这次攻打金国，很快兵抵临洮城下。驻帐之后，亲自带领窝阔台、速不台等，登上贺兰山的余脉儿板山，察看地形。

原来，这临洮城坐落在小板山下一块平原之上，是金国西部边陲上的一个重镇，城内人口众多，军队一万人以上，守将名兀瑚嘎里，为金国皇室后裔。

回到大营之后，成吉思汗向窝阔台问道："你先说说，攻打这座临洮城，怎么打法？"

窝阔台心知父汗要考察自己，只得说道："临洮地处平原地带，若能将城中守军引诱出城，就可充分发挥我们骑兵善于野战的特长，一举围歼他们了。"

成吉思汗听后，笑着又问道："敌兵不出城，你们有什么诱兵之计呢？"

速不台抢着说道："我的诱兵之计，全是跟随大汗在战争中学来的，还是采取'围三缺一'的战术。"

成吉思汗听后，笑着说道："你不妨说具体一些，让大家听听呀！"

"好吧，"速不台清了清嗓子，又说，"具体地说，就是三面围城，故意留出一面，引诱守军出城，以便在运动中将其歼灭。"窝阔台插话问道："你留下哪一面城不围呢？"

速不台答道："这临洮城的西边是吐蕃，南面是南宋，北面是西夏，已被我们大军占领了，只有东面是金国的内地，城里的守军要逃跑只有向东，我们就故意留这一面让他们跑。"

窝阔台又问道："敌军明知上当，还会从东面逃吗？"

成吉思汗接过话茬，对儿子开导说："这叫做明知上当，敌军也想碰碰运气呀！我想，速不台一定还有防止敌兵逃脱的妙计，不信的话，请他说吧！"

速不台被大汗如此一夸，那火红的赤脸，竟红得更加厉害，头上又冒出了汗水，便说道："这也算不得是什么妙计，在临洮以东有座六盘山，为了防止城里的守军逃脱了，就在六盘山附近埋下一支人马，迎头堵住他们，与后面的追军一呼应，便可以完全歼灭他们。”

成吉思汗听完，赞许地说：“速不台不是中原的诸葛亮，却胜似诸葛亮！”

第二天，攻打临洮城的战斗开始了，由于西、南、北三面城外的蒙古大军猛烈攻打，城内的守将兀瑚嘎里穷于应付，只得拼命防守。

这时候，其他将领纷纷向他建议道：“蒙古人兵马众多，城内守军太少，又无援军到来，再守下去，后果不堪设想，不如从东门撤退吧！”兀瑚嘎里为难地说道：“成吉思汗用‘攻三留一’战术对付我们，等于在东面放一口袋，让我们去钻，岂不是太冒险了！”

他的部下却有人说：“在城里死守下去，更加危险，从东门冲出去，还有生的希望，冒险也值得。”

后来，兀瑚嘎里决定夜里出城，想借着夜色的掩护，幻想能侥幸逃出去。

当晚三更时候，兀瑚嘎里果真带领军队悄悄地从东门潜出，这一行动进入了成吉思汗的圈套，他立即命令窝阔台领一支人马紧紧追赶。

当敌军逃至六盘山西边的一处出口时，忽然叫喊声骤起，速不台埋伏的人马从四面八方包围过来，兀瑚嘎里的军队一个也没有逃出去，全部被歼灭在那个山口下面。

攻占临洮之后，成吉思汗又领兵去打西宁州。根据探马报告的消息，西宁城守将莽力尔思足智多谋，城内有兵马两万余人，特别是有一支被称作“神射手”的弓弩队伍，厉害无比。

那个哨探报告之后，又补了一句话：“这个莽力尔思狂妄得很，他还说了一句对大汗很不恭敬的话哩！”成吉思汗问道：“有话就直说嘛！花剌子模的千军万马我都不怕，莽力尔思的一句话我就受不了吗？”

那哨探便把那句话学了一遍：“别看成吉思汗老奸巨猾，这次我要他死在我的乱箭之下！”成吉思汗听后，不禁哈哈大笑起来，正要说话时，忽然觉得跌伤部位疼痛难忍，向后一仰，倒了下去，窝阔台等急忙上前扶住，对那个哨探大骂道：“混账东西！你明知是对大汗的不敬之词，为何要当面向大汗报告？岂不是故意要来激怒大汗？”

骂到此处，立刻对身边护卫命令道：“把他拉出去，砍头！”

两个护卫正要上前去拉那哨探时，只见成吉思汗连连摆手制止，急切地说道：“不要杀他！他没有错！”

放走那哨探之后，大汗对部下们命令道：“立刻攻打西宁城，务必活捉莽力尔思！”

于是，窝阔台、速不台遂集合兵马，正要出发之时，探马又来报告道：“西宁城四门大开，城上无兵把守，似乎是一座空城了！”窝阔台笑道：“大话既然说出口了,为什么又弃城逃跑了?”众人正在迟疑之时,成吉思汗说道:“未必是那么简单吧?走,我们去察看一下!”窝阔台知道父汗的脾气,这时候想阻拦也不行了,只得上前扶住他往外走去。

大家簇拥着成吉思汗,来到城外一片高地上,果见城内鸦雀无声,宛然是一座空城。

成吉思汗沉思良久,立即伏下身子,将脸贴到地上,仔仔细细地听了一会儿,然后站起来,用手指着西宁城说道:“在战场上拼杀了四十余年,狡猾的对手见得太多了,你这雕虫小技怎能瞒骗了我?”

说罢,他要窝阔台等也把耳朵伏在地上,听听城内传来了一种什么声音?

速不台首先说道:“这是莽力尔思定下的空城计!城里的兵马踏地的声音很清楚,不信你们再听!”

成吉思汗冷笑道:“莽力尔思的兵马已经集合好了,等着我们的军队一进城,他们的弓弩手们就可以万箭齐发了!不过,他的如意算盘打错了!”

说完,转身回营,向部下问道:“你们说说看,这空城计如何破法?”

沉默了一会儿,速不台说道:“莽力尔思既然不仁,我们只得还他一个不义了!依我说,咱们可以先如此如此,过一天之后再这般这般——”成吉思汗与众将领听了,无不拍手称赞,说是这样打法,准能攻破莽力尔思的空城计!

于是,成吉思汗命令大军立即出发,将西宁城团团围住,尽管城门大开,蒙古军队却不急于攻进城去,只是围而不打。原来,城内守将莽力尔思预计成吉思汗会以为他弃城逃跑,立即领兵进城的。

那样的话,他在城门里边埋伏的弓弩手们就可以万箭齐发,把进城的蒙古兵全部歼灭。

当时,莽力尔思对他的部下说道:“我们在四座城门处埋伏了一万弓弩手,每座门里是二千五百张弓,假若同时放箭,一次就可射杀二千多蒙古人,两次就射杀五千人左右,何愁打不败蒙古人?”

说到此,这位谋略过人的莽力尔思又说道:“在我们的弓弩手们连续发射七、八次之后,我们的那一万骑兵就可以冲出去,再杀蒙古人一个下马威,任他成吉思汗有登天本领,也难破我这空城计,说不定要被我捉住呢!”

可是,速不台的围而不打的计策,首先就对莽力尔思当头泼了一盆凉水!围了一天一夜,却不声示响,也不进城,这对莽力尔思埋伏在城里的兵马,打击太大了!

因为,蒙古人的队伍就在城外,与他们只是隔了一座城墙,随时就可以冲进城来。

时间久了,不仅挫伤了埋伏兵马的锐气,也使他们无法休息,既不能吃,也不能喝,更不能轻易撤兵,全军处在极度紧张状态中。

莽力尔思急躁了！因为士兵们饥渴得受不住了,战马早已饿得嘶鸣不已,再埋伏下去,兵无斗志,马也无力跑动了,怎么办？怎么办？

这时候,莽力尔思固然急躁,他的将领比他更焦急万分！因为士兵们闹起来了,甚至战马闹得更凶,只见它们又是刨蹄,又是振鬣长鸣,摇头摆尾,不断地挣着缰绳想冲出去。

最后,莽力尔思迫于无奈,只得命令守军把城门关上,让兵马抓紧时间吃喝、休息。

就在这时,忽听城外呐喊声起,蒙古人开始攻城了！

早有准备的蒙古军队,先发射一批炮石,见城上守兵不多,立即抬着云梯,登上城头,攻进城去了。

莽力尔思把刚才撤退的兵马又重新集合起来时,蒙古六万大军早已冲进城里,到处又烧又杀,满城里全是蒙古人了。

尽管莽力尔思喊破了嗓子,他的两万人马再也集合不起来,不到两个时辰的厮杀,被蒙古人彻底歼灭了,莽力尔思躲藏在城里水道内,也被搜查出来了。

他心知成吉思汗不会饶恕他的,便自己咬断舌头,流血而死,成吉思汗得知信息后说道:"莽力尔思倒是一条汉子哩！他的空城计倒是加速了他自取灭亡的进程!"

说完之后,只是轻轻地笑了一下,再也不敢用力大笑了,因为身上的跌伤愈来疼得愈剧烈!

窝阔台见到父汗的表情不大正常,忙问道:"眼下天气炎热,请父汗先到六盘山那里休息一段时间。这积石洲由我和速不台去打吧!"

成吉思汗忍住身上的剧痛说道:"没事,等打下积石洲之后再说。"

这积石洲位于洮河流入黄河的河口处。所谓洲,就是水中的陆地。洮河是贺兰山上无数条山涧自山崖石缝间流下来,在山下会聚成这条洮河。因此河水清清亮亮,澄澈如碧,流到浑浊的黄河里。

在入河口处,原本是一个不大起眼的小山坡,经过不知多少年的日月轮回,黄河从上游携带而来的泥沙,流到这里,被那小山坡挡住,逐渐淤积起来,越积越多,终于形成了这个积石洲。据说,唐朝时候,在积石洲上聚集了一帮土匪,他们在这里拦劫来往货船,成为黄河上的一大公害。

当时担任夏州节度使的李继迁,奉唐太宗李世民之命,赶走了盘踞在洲上的土匪,在上面建了一座城,派兵把守,保护来往船只的安全,这便是积石洲了,成为西夏的一座水上的重镇。

后来,金国的势力由东向西发展,从西夏人手中夺取了这块水中的洲城。

城中的居民多以经商、捕鱼为业,生活富庶,经济繁荣,商业发达,人口数万人以上。

城中守将多雷吉,守军约有七、八千人,不过城在水中,城墙又高又固,易守难攻。

成吉思汗领着窝阔台等来到黄河边上,只见奔腾澎湃的黄河水,咆哮着从积石洲城边上汹涌而过,河水流得又急又快,翻滚起一个个漩涡,喷吐着黄色的浪花,一朵朵,一堆堆,真如千堆万堆黄色的绒花垛在水上。

看着流势湍急的河水,成吉思汗说道:“我们的牛皮筏子在这里不易通过呀!”

窝阔台说道:“若想通过,只要在岸上留根绳子牵着,河水流得再疾也不怕的。”

成吉思汗听后,也不说话,过一会儿又问道:“从水面距离城上也不过一丈多高,至多不超过一丈八尺吧?”

说完之后,不等众人回答,便转身往回走,来到帐中坐定,向大家说道:“多雷吉认为我们既无渡船,又无桥梁,他仗着黄河天险,想与我们对抗哩!”

速不台说道:“单靠牛皮筏子过河,风险太大,不如砍伐大树,做些木筏,从上游放下来。”成吉思汗接着说道:“在木筏前面竖上挡板,人坐在板后面,可以挡住城上的箭矢,准可以打破这黄河天险了。”

窝阔台也说道:“我们的牛皮筏子每只可以坐上去三至五人,与大木筏相互配合起来,多雷吉就防不胜防了。”

成吉思汗笑道:“对,就这么干,你们二人去到林子里砍树造筏,越快越好,事不宜迟呀。”

速不台又建议道:“这里离西宁不远,到那里运一些门板来,就更方便了。”

成吉思汗又说道:“别看这积石洲城不大,里面的商业发达,富商大贾多,城里可富呢!”

这时候,耶律楚材插话道:“这小小的积石洲,每年贡献的租税,相当于金朝从全国各地所收税额的五分之一呢!”

成吉思汗笑道:“好吧!攻占这座城以后,我们也要派个得力的人管理它,这事全靠耶律先生筹划了。”

说完,大汗向耶律楚材笑着,温和的目光里寄托着希望,意思是说:“我们占领之后,建设、管理还要靠你呀!”

不久前的一天晚上,成吉思汗忽然心血来潮,让人把窝阔台、耶律楚材两人同时喊来，他指着面前桌子上的酒菜说道："平日，我很少饮酒，今晚难得有这轻闲的工夫，请耶律先生来喝一杯！"

窝阔台遂拿起酒壶，斟满酒杯，说道："父汗饮酒不多，耶律先生既是海量，又是豪饮之人，请你随意一些。"

成吉思汗伸手举起酒杯，对耶律楚材说道："为了感谢长生天的英明决策，把你送到我身边来，请喝下这杯酒。"

耶律楚材听了，带着歉意地说道："感谢大汗的信任与器重，只是，只是——"

"有什么话，请先生明说，我不会介意的。"

"报告大汗，我是个读书之人，总想仿效那长春真人一样，归隐山林，去过闲云野鹤的自由散漫的日子。"

"你能向我说出心里的话，我很高兴。不过，你不能走，我也不舍得放你走。在我身边少不了你，我们蒙古帝国不能没有你这样的人才。"

成吉思汗说到这里，转脸对窝阔台说道："我前次已经告诉过你，这次再当着耶律先生的面，重述一遍我的嘱咐，当你承继我的汗位，君临天下的时候，耶律楚材将是你的辅国重臣，切记切记，千万不要忘记啊！"

窝阔台立即说道："父汗一生英才盖世，天下无双，长生天将佑助你老人家长寿无疆！"成吉思汗笑道："长生天佑助我完成帝业，建成偌大帝国，已属不易。长春真人也已说过了，人世间只有养生之理，哪有长生之道，我还是确信的。"说到这里，成吉思汗忽然想起一件事来，他看着耶律楚材问道："你曾经说过：治弓箭尚需用弓匠，治理天下岂可不用治天下匠吗？这是怎么一回事？"

耶律楚材听后，笑着回忆说："那时，我刚来到大汗身边，有个名叫常八斤的人，他见大汗对我十分信任，就向我说，当前的蒙古国，正是用武的时候，要这个书呆子耶律楚材什么用？我听了之后，就对他讲了上面那句话。"

成吉思汗又意味深长地说道："是啊，马上得天下，怎能还指望马上治天下呢？治理天下需要治理天下的人才！"

窝阔台说道："请父汗放心，将来我一定重用耶律楚材！"

"对，你要重用耶律楚材，还要善于选拔天下的英才，让那些有才有识的读书人，都能像河水流向大海那样，来到你身边，为蒙古帝国贡献他们的聪敏才智。"

窝阔台忙表态道："请父汗放心，我一定谨遵教诲，把天下英才都吸引到我们蒙古帝国来，把帝国治理得更加强盛。"

自此以后，耶律楚材逐渐取消回中原的念头，为蒙古帝国做出了杰出的贡献。

不久之后,在耶律楚材的积极建议之下,蒙古帝国正式建立了国子学,他还亲自拿出自己的钱粮,支持与资助办学人员的生活。

公元1227年5月中旬,成吉思汗亲自指挥了攻打积石洲城的战斗,由于利用大木筏与牛皮筏相互配合,加上炮石猛烈攻击,终于占领了这座水中的坚城。

第三十七章　成吉思汗临终立嘱 万民痛哭千里相送

接着，又乘胜攻占了金国的洮州、河州、德顺等地，把金朝西部地区的主要城镇，绝大部分都占领了。这时候，木华黎之子孛鲁率大军前来会师，整个黄河以北地区，已全部占领，并对所占领的主要城市都委派了得力的将领负责管理，基本纠正了蒙古军队初入中原时那种"占领之后就屠城，劫掠之后便撤走"的"游牧习气"。

由于天气酷热，加上治疗不及时，成吉思汗的病情愈来愈重起来，但是这位大汗仍然念念不忘攻打金朝的战争，他十分惋惜地说道："再有半年时间，我就可以灭亡金国了。"

为了尽快吞并金国，成吉思汗沿途进一步实地考察了金国的形势，他向将士们说道："杀害我父祖的，正是这些可恶的金国人！等我们的大军打败金国之后，让金国的男人都成为你们的奴仆，把他们的妻女都掳来分给你们当女佣。"

这时的金国也像西夏一样，无力抵抗蒙古大军的进攻，金王一而再，再而三地派遣使者往见成吉思汗，请求接受他们的求和要求。

此时的成吉思汗伤势已逐渐恶化，在接见金国使者时，他表现出了出人意料的和平与善良，也许是"人之将死，其言也善"吧，大汗这次竟答应了求和的请求。

不过，金国送来的贡品也相当丰厚，那些硕大的珍珠竟有鸡蛋黄那么大。

四月份，成吉思汗驻夏于六盘山（今宁夏固原县西），在这里，他精心制定了灭亡金国的战斗计划。

而后，他下山，来到清水县，站在山梁上，置身于巍然高耸的石壁，俯瞰着幽深的渭河河谷，心里顿时感到若有所失。

自从去年从马上摔伤以来，成吉思汗的身体一直没有复原，经历这一年来的鞍马劳顿，他似乎已越来越感到体力不支了。

凭直觉，成吉思汗对自己的健康状况已不抱什么幻想，他只要求他的将领们要赶快攻下西夏的都城中兴府。

此时，留在中兴府外围的拖雷的队伍，遵照成吉思汗的命令，采取长期包围，围而不打的方针，既可以减少自身的伤亡，又可以坐待西夏势穷而降。

果然,经过半年来的围困,中兴府内粮尽援绝,军民病饿而死者不计其数,完全丧失了守卫的能力。

得知这些情况之后,成吉思汗立即派遣出身于西夏的将领察罕到中兴府里劝降。

西夏王李缪已是走投无路了,只得接受了投降,他要求给他一个月的时间,准备贡品,迁徙民户,成吉思汗答应了他的请求。

六月初,李缪带着丰盛的礼物,来到蒙古军营地。朝见时,献上光彩夺目的金佛像,以及九九金银器皿,九九童男童女,九九骟马骆驼等物。

所有这一切礼物,都按照蒙古的礼仪规定,以“九九”为数奉献。李缪想以此夺得成吉思汗的好感,从而能赦免他的死罪。

可是,尽管献上这么些丰厚的礼物,李缪只被允许在门外行礼,他不得不说道:“我们夏朝多次反叛,实在是罪莫大焉!自今以后,我再也不叛乱了,永远向成吉思汗表示奴隶般的顺从!”

这时,成吉思汗感到心里一阵阵恶心,对于迷信时代的人来说,这是很不吉利的,加上西夏屡服屡叛,令人不能放心,为了防止西夏再生变故,成吉思汗这才下令将李缪全家杀死,一个不能留下。

回顾已往,蒙古对西夏出征六次,历时二十三年之久,终于在成吉思汗去世的前夕,将其灭亡了。

在这一场旷日持久的战争中,成吉思汗一直是稳操胜券,处处主动,说打就打,说停就停。西夏国虽然尽力坚持着,但是终因内政腐败,外交错误,加上蒙古势力的强大,终于导致它的灭亡。

西夏从985年李继迁叛宋自立以来,已有二百四十多年的历史,其文物典章之丰富,杰出人才之涌现,均不亚于中原。

近来,成吉思汗的身体越加衰弱,成吉思汗自知病情加重,便有寿命将终的预感,对于他来说,眼下是考虑继承自己汗位的问题了。

在他的四个嫡子中间,长子术赤已于不久前病死,这件事他每次想起来,心里总有一些负疚的感觉,不过,他已经死了,不得不强迫自己把他忘了。

在剩下的三个儿子中,察合台当时不在西夏战场,他率领后备军驻守蒙古大营。

现在,只能让三子窝阔台与幼子拖雷来到自己的身边,当时,将领满帐,成吉思汗命将领们暂避,接着就叮嘱他的这两个儿子说:“我身后留下的孩儿们啊,你们可知道,我的死日已近,快要到地府去了!”

这位大汗说到这儿,喘了口气,无限温和地看着面前的两个儿子,噙着泪,又说道:“我为你们、我的儿子们,在主的威力和长生天的佑助下,征服和开拓了一个辽阔广大的国家，从这个国家的中央向各方面走去，都需要用一年的时间。

“现在，我对你们立下如下遗言，你们要想过富足满意的生活，享受掌大权的快乐，必须齐心协力抵御敌人，尊崇朋友，一意为他们增加富贵。”

说到此，大汗喝了两口马奶，喘息了一会儿，闭了双眼，似乎想了一下，然后说道：“在你们之中，需有人保卫国威和帝位，支持这根基坚实的宝座。窝阔台的弟兄们，包括非嫡家兄弟都遵照成吉思汗的圣训，立下了文书，保证遵从新汗。”

成吉思汗遗命窝阔台继承汗位，后来，他的儿子们和众大臣、将领们也确实执行了这一遗命。但是，正像成吉思汗生前所安排的，窝阔台是继承了汗位，幼子拖雷却继承了实权。

原来，当时蒙古游牧社会中，还长期存在着“幼子守产”的习惯法。儿子长大成人，就离开父母独立生活，他们有权带走父母的一部分财产，但最小的儿子则不离开父母，他要继承父母留下来的大部分财产。

成吉思汗实际上也是按照这种幼子守产的习惯法，在亲族中划分各人的属民和份地的。

他把他的兄弟们分封在东面，哈撒儿分在蒙古东北部，合赤温的儿子分在蒙古东部，铁木格分在蒙古最东北，别勒古台分在鄂嫩河、克鲁伦河中游一带，这四个弟弟后来称为“东道诸王”。

成吉思汗有妻妾无数，只有六人具有皇后地位，她们是孛儿帖、也速干、也遂、忽兰、古儿别速（已死）和合答安。

大皇后孛儿帖生的四个儿子：术赤、察合台、窝阔台、拖雷，他们四人的地位最尊贵，被称为“四曲律”。

除拖雷以外，这几个儿子也有自己的属民和份地，他们被称为“西道诸王”。他们的份地从北向南，依次展开在从额尔齐斯河流域到维吾尔边境的草原地带。其中术赤的封地最远。

幼子拖雷没有另外的份地，他继承成吉思汗统领的大片地方。

成吉思汗去世前夕，蒙古军总共有十二万九千人，其中分给诸子、诸弟二万八千人，剩下的十万零一千人，都属于成吉思汗本人，一旦他死后，这支军队则属于幼子拖雷。

因此，成吉思汗的最贵重的财物，所统领的各个部落，全国的大部分军队，都留给了拖雷。之所以不把汗位也按幼子守产原则传给拖雷，是因为，成吉思汗并不认为汗位是纯粹属于他私人、因而可以传给幼子的私人财产。大汗是整个成吉思汗“黄金家族”的财产看管人，他不仅应对属于自己的份地，而且必须对整个大帝国负责。

所以汗位继承的资格，应以能力为原则，应以德才双全作为衡量的标准，而不能以幼子守产的传统习俗来确定。成吉思汗的病情越来越恶化，当此弥留之际，他仍不忘对金国的战事，因为西夏已经灭亡，但是蒙古世敌金王却一直据守着河南，而河南开封又似乎是不可攻破的坚固堡垒。这样一来，生命垂危的成吉思汗想到了他一生事业尚未完成的这一部分，便向他的儿子们密授了攻取开封的战略，这便是他的第二份遗嘱：

金朝的精兵在潼关（潼关是河南陕西一侧的门户），南据险山，北限黄河，难以遽破。从此进兵，势难取胜。应假道于宋，宋金世仇，必能许我，可由宋道下兵河南南部，由河南南部直取大梁——开封。后时金急，必然征调屯集于潼关之精兵，然以数万之众，千里赴援，为时已晚，即使那些潼关的援兵赶到，必定人马疲惫，而不能战。如此，则破开封，就显得十分容易了。

这就是成吉思汗弥留之际，在病床上向他的儿子和将领们口授的最后的一份作战计划。

这一段话，虽然简短，文字也极通俗，但却包含着对当时蒙、金、宋各方面形势的精辟分析，蕴含着成吉思汗丰富的战略战术经验，体现着高超的统一战争谋略，是中外战争史上著名的成功谋略，是成吉思汗军事理论的集中体现。

接着，成吉思汗又提出了他的第三条遗嘱：

"我不愿死在家里，我要为名声和荣誉走出去。我要像雄鹰翱翔于天宇！"

这位顶天立地的草原巨人，临死前还念念不忘克敌制胜，愿意在战场上结束其波澜壮阔的一生。他又对儿子和将领们说道："我死后，你们不要为我发丧、举哀，好叫敌人不知我已死去。"

喘息了一阵之后，又向他的部下重申了他那条禁止杀掠的命令："我自去冬五星聚会时（丙戌十一月丁丑，五星聚见于东南），已决定禁止杀掠……"公元 1227 年 8 月 25 日，本是一个天气燥热的日子。烈日像一团火在空中燃烧，大地上热浪滚滚，一只黑羽金眼的雄鹰在空中飞翔着，它那矫健轻捷的身影，时而穿过云层，如箭一般向天的尽头飞去；时而伫立云层之上，向下俯视着人间万物，想以那硕大无比的羽翼，拥抱整个大地。

突然之间，一阵热风吹过，本来无云的天空立刻乌云四合，连续炸响了几声闷雷之后，暴雨倾盆而下，干涸的渭河平原上空雨雾迷茫，隆隆的雷声驱散着热浪……

那雄鹰仍在空中翱翔，它不畏雷电的闪击，不顾暴雨如注，它奋力扑击着双翅，穿过厚实的云层，如流星一样飞越一个地区又一个地区，渐渐隐没在缥缈无际的天穹。

此时，弥留之际的成吉思汗，缓缓睁开他那双灼灼逼人的闪光的双目，握紧拳头，猛地举起来，在胸前挥，犹如他又回到了厮杀的战场，正在挥刀跃马……

当这位大汗的巨手跌落在胸前时，他那双闪着灼光的眼睛已经闭上，他的呼吸已经停止。

这位蒙古族的英雄，一个叱咤风云的帝王——成吉思汗，终于走完了他六十六年的不平凡的岁月，带着征服世界的丰硕成果，永远地离开了他深深爱恋着的蒙古草原。成吉思汗病逝之后，遵其遗嘱，“死后不发丧”，人们把这位大汗的遗体放在一辆车上，准备将其送回蒙古草原。

灵车开始启动了，全军将士悲痛欲绝，齐声哭泣，声震四野。

灵车行到位于克鲁伦河上游的大营时，成吉思汗去世的消息才得以公布。成吉思汗的遗体被陆续轮流放在各个斡儿朵里，为死者举哀一天。

当讣告传到远近地区时，诸亲王、公主和将领们马不停蹄地从这个庞大的帝国之各地前来奔丧，他们连续奔驰多日，从四面八方来到老营哀悼死者，大声啼哭着向遗体告别。

因为某些部落距离蒙古老营太远，大约在路上走了三个多月以后，他们才相继赶到。

根据蒙古幼子守产之俗，成吉思汗发妻、大皇后孛儿帖所生的幼子拖雷主持了葬礼。这时，全体蒙古人皆聚集于此，在这位为他们打下广袤疆域的人物的灵柩前，排着长队哀悼，他们啼哭的声音响彻山谷。

成吉思汗的棺木是用两片枕木，把中间凿空，按人身的大小尺度制成的。把遗体放进之后，加髹漆毕，再以黄金为圈，连箍三道金圈，算是殡殓。

下葬前，将最好的马杀死，供给大汗在阴间骑乘。又为成吉思汗的在天之灵连续准备三天的祭品。又吩咐从那些容色可爱、性格温和、顾盼多姿、举动优美、起坐文雅的月儿般处女中，挑选四十名出身于大汗的亲信和贵族家族的女儿，用珠玉、首饰、美袍打扮，穿上华丽贵重的衣服，与良马一道，去陪伴成吉思汗之灵。

那时候，蒙古人信奉宗教，他们认为人死后也和在世时一样，死去的大汗也要有大批奴隶，要有丰盛的饮食，要有穿有用，还要有最好的战马供其乘骑，更要有美丽的侍女陪伴他，侍候他，为他消愁解闷，享受温馨。

葬礼开始以后，由拖雷首先向成吉思汗的遗体敬酒，然后大家随着雄壮的乐曲，高唱《出征歌》和《苏鲁锭歌》。

歌声逐渐淹没了震天动地的哭泣声，这时候在人们的眼前，涌现出成吉思汗身跨赤兔马、手持黄杆红缨长矛，纵横驰骋，所向披靡，高大威武形象。

成吉思汗的长矛——苏鲁锭一直陈列在成吉思汗陵墓的正殿上，被奉为蒙古族战神的象征。

安葬的时间为3月17日,蒙古人便把这一天作为成吉思汗的祭日。每年的这一天所有的蒙古人都要举行隆重的祭奠苏鲁锭的大会,来悼念这位蒙古族的英雄。

第三十八章 理智避免夺帝风险 成吉思汗死因成谜

历代帝王无不为王位的继承问题而苦恼，因为争夺帝位，父子反目、兄弟残杀的惨剧比比皆是。在这个最为棘手的问题上，成吉思汗显现出了他对理性和情感的游刃有余。他找到了处理继承权问题的根本办法，那就是尽量拓展自己帝国的版图，留给后代尽可能多的利益，用辽阔的封土，去维护子孙后代的团结一心，避免纷争。所以，他不顾年迈体弱，四处征讨，拓展疆土，为了后代们把利益这块蛋糕尽量做大。只有这样，才能既满足自己征战的血性，也能满足子孙后代的欲望，从而有效地避免了自相残杀局面的出现，

从秦皇汉武到唐宗宋祖，一直到清圣祖康熙，无论这些声名远扬的帝王创造了多么大的丰功伟绩，他们身后的皇位继承问题，无不交织着一场场刀光剑影的政治斗争。秦始皇是中国历史上的第一个皇帝，但是他刚死不久，儿子胡亥就伙同宦官赵高把自己的亲哥哥扶苏杀死，始皇帝的尸首臭了也没有人管，竟然要和发臭的咸鱼放在一起；汉武帝的文治武功是有目共睹的，但晚年却被立太子一事搅得焦头烂额，“巫蛊之祸”后太子被杀，皇后遭废，最后不得不选定年幼的孩子，将刘家天下委托于大臣手中；李世民是一代明君，但他的皇位是通过杀死哥哥、逼迫父亲取得的，他晚年为皇位的继承问题也心急如焚，甚至一度想自杀了事，即便如此，他费尽心思的安排仍避免不了武周代唐的曲折，大唐江山几乎被一个女子夺去；宋太祖赵匡胤发动陈桥兵变，黄袍加身就做了皇帝，为了保全自己的尊位，无所不用其极，但“斧声烛影”，防来防去最后死在亲弟弟手下，真是防不胜防。再看看其他开国之君，汉高祖刘邦大肆诛杀功臣，又立下白马之盟，但是政权仍然难保，死后没过几年就发生了“诸吕夺权”，要不是周亚夫等人“愚忠”，刘家的天下就会变成吕家的了。明太祖朱元璋担心继承人软弱，不能对付跟随自己久经沙场的老将，于是大杀功臣，防止重蹈前朝覆辙，结果自己尸骨未寒，儿子杀了孙子，发生了惨不忍睹的窝里斗。康熙帝可谓一代圣主，但晚年为立嗣一事大伤脑筋，太子立了废，废了立，最后再一次废掉，害得自己重病一场，撒手归西，“九王夺嫡”，雍正帝即位也成了历史上一段不解之谜。纵观这些骁勇的帝王，对阵杀敌不足惧，一到寻找接班人的问题，就乱了阵脚，中国古代圣君贤主，几乎都陷入了继承危机之中。

成吉思汗却是一个例外，在皇位继承人的选择上没有发生流血冲突，在帝王中成为很幸运的一个。他当然也在选择继承人的问题上受到过困扰，但一旦决定之后便没有再生风波，到他去世之时，整个幅员辽阔的蒙古帝国仍然稳定有序，不像某些皇帝一样，未死之时已经殚精竭虑，死后也没有得到善待。成吉思汗之所以这么幸运，最主要的原因是他知道子孙相互残杀的根本目的不过是为了利益和权力。由于子孙繁衍，血亲关系越来越淡薄，人会越来越多，争夺权势必会更加激烈。为了避免这种局面的出现，成吉思汗尽量把疆土扩展，把利益这块蛋糕做大。保证每个人都能分得很大的一块，满足了他们的要求，自然就会减少他们的争夺。所以，即使到了晚年的时候，成吉思汗不顾自己年老力衰，哪怕到了生命的极限，仍然在到处征讨。几十年的四处征讨功绩显赫，他攻占了上万平方千米的土地，统治的人民成千上万。所以，当他去世的时候，他有广阔的领土分给后代，四个儿子都分得了一块巨大的封地，形成了相互独立的王国，大大避免了骨肉相残悲剧的发生。

成吉思汗很早就开始从四个儿子中物色继承人，但是一切都是在悄悄地进行，他只是在暗地里观察，没有向任何人透漏自己的想法。可想而知，要在自己的几个儿子中评出个孰优孰劣来，是一件很棘手的事情，成吉思汗也为这件事很苦恼。他的爱妃也遂发觉了成吉思汗的心事，在西征之前，也遂皇后正式向他提出建议，认为应当早些册立接班人，以备不虞。成吉思汗对西征的惨烈有心理准备，他知道这一去山高路远、环境恶劣，敌人的力量又十分强大。成吉思汗不顾一切地去征服花剌子模，哪怕自己送了命也在所不惜，再则他感到自己已经年近花甲，立储只是迟早问题，晚立不如早立，有备无患。成吉思汗不像某些中国皇帝那样忌讳“死”这个字，他听从了妃子的劝告，不仅没有生气，反而大加褒奖，夸她说出了一个最重要的问题。从这里可以看出成吉思汗的理智，其实他早已发现儿子们为了汗位已经较上了劲儿，只是不敢当着他的面公开斗争而已，大臣们也不敢提这件事，因为既害怕得罪了成吉思汗，又害怕得罪了他们当中的任何一个。

成吉思汗是一个高明的政治家，因此他在选择接班人问题上绝对不会草率决定，更不是以哪一个更残暴、更野蛮、更善于攻城略地、屠杀征战为标准。他之所以选择窝阔台为继承人，是有着自己的深远考虑的。术赤、察合台都是有名的统帅，打过许多次胜仗，立下了汗马功劳，而窝阔台在比狠斗勇这方面并不见长，他为人稳重大度，心胸开阔，心地比其他兄弟三人都更为善良，是一个政治家的天然材料。成吉思汗深知做大汗不能只擅长骑马打仗，更重要的是要会收服人心、知人善用、治理国家，这样一来，他当然对窝阔台青睐有加了。

成吉思汗首先把四个儿子召集起来，向他们说明要从他们当中选出一个继承人来。四个儿子都表示听从大汗的安排，站着不动，于是成吉思汗要长子术赤先发表意见。术赤还没有说话，察合台就把矛头指向了他，他指责术赤不是成吉思汗的亲骨肉，没有资格说话。术赤十分生气，两个人互不相让，扭打在了一起。其实，察合台攻击术赤，根本原因不在于术赤的血缘问题，而是他利用这一借口能把年长功大的术赤从汗位继承的竞争者地位上挤出去，在余下的兄弟中，他的功劳最大，年龄最长，当然是最有优势的了。察合台操之过急，方法也过于笨拙，就是成吉思汗有意选他为接班人，这时见他如此鲁莽，也就不会再选他了。如果说在此前成吉思汗选择窝阔台还有所顾忌，术赤与察合台这一闹，窝阔台当然就顺理成章、无可挑剔了。成吉思汗知道，如果把汗位传给术赤或察合台二人中的任何一个，在他去世之后都会发生不堪设想的后果，轻则兄弟反目，重则帝国分裂。于是他立即制止了兄弟二人的争斗，责令他们好好反省，务必以兄弟团结为重。在征求了大家的同意之后，成吉思汗推荐窝阔台做接班人。

继承人问题就这样初步定了下来，但成吉思汗还是有所犹豫。尽管他十分欣赏窝阔台的才能，但成吉思汗对拖雷的情感似乎更深一些。十指连心，虽说每个子女对于父母都是一样的，但为人父母者一般还是对幼子幼女要娇宠一些，这有深刻的心理因素。成吉思汗也是如此，在四个儿子中，他最疼爱幼子拖雷。成吉思汗率诸子征战的时候，往往是与拖雷共领一支军队，这样拖雷既能照顾父亲，又能够从父亲那里学到很多东西。成吉思汗对拖雷过于宠爱，曾对他说："你将拥有我的营帐、地盘、军队和库财，这个地位对你更好些，因为父的儿子将比其他诸王更为独立和强大。"有一次，窝阔台和儿子贵由请成吉思汗封赏，成吉思汗竟说："我什么也没有，所有的一切都属于拖雷，他是家产和大帐的主人，他掌管一切！"窝阔台无言以对。成吉思汗曾经很长时间思考选择窝阔台还是拖雷这个问题，《史集》写到这时说："成吉思汗在让谁继位的问题上动摇不定。有时，他考虑传位给窝阔台，有时则想到小儿子拖雷。"

这是理智与情感的冲突。成吉思汗这种矛盾的心情是外人所难以体会的，他又难以就此事征求别人的意见，只能自己斟酌。但他毕竟是一个有胆识的政治家，最后毅然决定选择窝阔台做自己的王位继承人。成吉思汗的选择没有错误，但是他死后的形势还是发生了一定的变化，窝阔台费了相当一番周折才当上了大汗。这时候，成吉思汗的余威尚在，大臣武将们还顺从他的遗愿，窝阔台之子贵由也因此沾了光，在窝阔台之后继承了汗位。但是此后窝阔台这一支血脉就衰落了，仅保留了一块"窝阔台后王封地"。拖雷一支人丁旺盛，蒙古草原与中原大地都成了他们的天下。成吉思汗的长子术赤死得虽早，但是他的儿子拔都却英勇无比，一直是蒙古各支力量中最有势力的人之一，他创建的金帐汗国幅员辽阔，地跨欧亚两大洲，统治持续了近百年。

成吉思汗的偏爱给了拖雷发展的可能。拖雷虽然自己没当上大汗，他的子孙们却能够依据雄厚的实力问鼎汗位。窝阔台虽然得到了汗位，但是他得到的封赏却远没有弟弟多，实力也逊于拖雷。成吉思汗临死前对儿子进行了最后一次分封，其他三个儿子都是三千户，唯独拖雷得了一万户，而且得到了蒙古本部“根本之地”的领有权。蒙古人有幼子守家的传统，这样做顺应了蒙古的传统，却给继承汗位的窝阔台出了难题。他的钱少兵寡，在兄弟中不占优势，虽然高居汗位，权威却无法和成吉思汗相比，也无法支配其他兄弟。

成吉思汗虽然安排了汗位的继承，却没想到这种实力分配的不均带来了如此大的麻烦，这为以后的形势变化埋下了伏笔。成吉思汗的四个儿子实际上分为两派，察合台与窝阔台一伙，拖雷与术赤是另一伙，两派保持着表面上的平和，在势力划分上却泾渭分明。察合台积极支持窝阔台称汗，拖雷与拔都慑于成吉思汗的遗命才不敢发作。到贵由时，拔都没有参加传承汗位的忽里勒台大会，对贵由称汗的合法性表示怀疑，拒不受命。贵由死后，拔都主张拖雷的儿子蒙哥继任汗位，反对窝阔台系后人继位。拖雷一系继承了成吉思汗的大部分家产，是实际上的帝国领袖，拔都与蒙哥联手，实力强大，忽里勒台大会无法同二人对抗，被迫选举蒙哥为汗。察合台与窝阔台两系的宗王们不甘失败，他们阴谋造反，结果被蒙哥残酷镇压，共有 20 多名成吉思汗的直系后代被处死，其他的王室宗亲或被流放，或充军，经过这次打击，窝阔台与察合台的势力土崩瓦解，拖雷一系则如日中天。

成吉思汗生前一再谆谆教导四个儿子，不可骨肉相残，并对此进行了煞费苦心的安排。在他死后的几十年里，成吉思汗的后代始终维持着表面上的团结，没有发生流血冲突。但是当窝阔台一代的人相继去世后，这种争权夺利的正面冲突不可避免地发生了。与中国的其他一些帝王相比，这种事情发生在成吉思汗去世的几十年之后，已是十分难得的了。

蒙古帝国迅速兴起，又在顷刻之间土崩瓦解。因此有人说蒙古帝国是人类历史表面刮过的一次狂风，风暴过后一切如故。这只是讲了一个时间的概念，却没有深刻理解这一帝国的深刻内涵。实际上，世界帝国的灭亡不是被推翻的，而是自我分裂造成的。成吉思汗分建四大汗国，虽然四大汗国并立相存，但蒙古大汗仍然有着无上的权威，帝国仍维持着实质的统一。但从忽必烈称汗起，他的势力所及只能到达中亚一带，以西以北的广大土地如伊儿汗国、金帐汗国实际上已经脱离了大汗的控制。此时，世界帝国已是名存实亡,但成吉思汗的子孙依旧统治着四分之一的世界,而不像有的王朝,一旦产生分裂,就烟消云散了。这恰恰正是成吉思汗的高明之处。

成吉思汗到底是怎么死的,这本来不应成为问题。1227 年攻打西夏,他在激战中坠马受伤,又加上天气炎热、水土不服,致染重病。当年成吉思汗是六十五岁,即使算不得高龄,也算是年过花甲的老人了。这么大的年纪鞍马劳顿,身染重病并非不可思议之事。然而在史书的记载之中,旧时成吉思汗去世一事也出现了分歧:

一种说法是他在征西夏前狩猎野马,他的马为野马所惊,致使落马受伤,伤久不愈,又染重病,不治而死。另一种说法是遭雷击而死。

而马可·波罗则认为他是在攻打一座城堡时膝部中箭,负伤而死。

这几种说法都缺少依据。倘若他在征西夏前受伤,而伤口又没有愈合,他何不等伤愈再出征?征西夏仅用了一年多时间,他的伤不可能持续这么长时间的。至于说雷击,大概是被征服者诅咒之辞。至于中箭身亡,对于征战沙场中的勇士而言实在是很平常的事,而有材料说成吉思汗确实在一场战斗中受伤,至于是箭伤还是摔伤,已经无法考证,但后果都差不多。《蒙古秘史》中载成吉思汗落马受伤染病不治,而这本书是关于蒙古族和成吉思汗最早的记载,成书于窝阔台汗之时。《马可·波罗游记》则成书于马可·波罗来中国又回去以后,时间已经差了半个世纪,再加上他们的消息多有道听途说、渲染附会之嫌。所以,《蒙古秘史》中的说法似乎更合情理。

民间还有一种传说:成吉思汗在征伐西夏时俘获了西夏王妃库别路金豁阿。这个王妃陪成吉思汗睡了一夜,趁其睡熟之机将他刺死,而她本人也自投黄河。俄罗斯探险家塔宁在搜集蒙古传说时把这个故事改为王妃为了替夫报仇,趁成吉思汗睡着时割下他身上的一块肉跳河自杀了。这个传说更带有浪漫色彩和悲剧气氛。

日本学者小林高四郎认为:还是服从《蒙古秘史》的记载为好。自幼惯于乘马的成吉思汗竟至落马,这说明他的肉体已在渐渐衰弱。事实上在过去的 1223 年 2 月,在西城撒拉依河东北三日程的东山狩猎时,因射猎大头野猪也曾落马。再加半年前死了长子术赤而悲痛,无疑也促使了他的衰老。

成吉思汗死后葬于何处,不仅民间有各种传说,学者也曾做过激烈的讨论。一般都认为伊金霍洛旗的成吉思汗陵是成吉思汗墓地所在,如今是人们凭吊这位伟大英雄的唯一场所。

伊金霍洛,蒙语的意思是安放成吉思汗和孛儿帖灵柩的地方,伊金霍洛旗便由成吉思汗陵而得名。成吉思汗陵为什么在这个地方?蒙古人中流传着这样一个美丽的传说:成吉思汗最后一次征西夏时,行进到一个名叫布尔陶勒盖的地方,手中马鞭突然掉到了地上,马夫赶忙跑过来要捡起来,成吉思汗阻止了他，向四周陈望了一下说道："我看这儿是花角金鹿栖息之所，戴胜鸟儿育雏之乡，衰落王朝振兴之地，白发老翁享乐之邦。这儿真是风水宝地，我死之后，一定要葬在这个地方。"

成吉思汗死后，送葬车队来到这里，车轮陷入了泥泽之中，人们想起了他曾说过的话，决定把他安葬在这里。

这两个故事在《蒙古秘史》与《蒙古黄金史纲》中都有记载，看来并非子虚乌有。

伊金霍洛旗有多处纪念成吉思汗的地方，其中巴音昌霍克河西面的包日陶勒盖和甘珠尔敖包上的官帐为"大伊金霍洛"。"八白宫"又称"八白室"，表面上是说八座官帐，实际上是指供奉在宫帐中的"神物"，这些神物包括成吉思汗骑过的宝马、弓箭、仓库、祭天的大奶桶，还有忽兰和也遂两位汗妃的画像。蒙古人民对这些东西奉若神明，每年都要举行盛大祭礼，把这些"神物"请出来，到草原各地巡游。人们见到它们，就好像见到成吉思汗一样。这种巡游表示成吉思汗还活着，还统治着草原人民。

成吉思汗与孛儿帖的灵帐建在双层花岗岩石座上，由前后两个官帐构成。宫帐之中放有一张灵桌，桌子上放着两个箱子，下面的一个放有食盐，上面一个放有松柏。成吉思汗的灵柩就放在这两个箱子之上。富帐之中还放置了许多珍贵的宝物。所谓的"灵柩"是在一个匣子中放一个骨灰袋，灵柩中根本就没有骨灰，成吉思汗陵无非是个衣冠冢。

蒙古族人对成吉思汗一直保持着规模盛大的祭祀传统。在伊金霍洛旗有一批成吉思汗陵的"守墓人"，这些人被称为达尔扈特人。据说忽必烈为纪念祖父，定下了祭祀成吉思汗陵的规矩，同时从各地抽调了五百户到这里来负责守墓与祭祀工作。这些人就是沙日达尔扈特。他们职有专司，对陵寝要不分昼夜地看守、打扫、祭奠。蒙语"达尔扈特"是"达尔汗"（意为"神圣"）的复数，有"担负神圣使命者"之意。他们从元初到21世纪，已经忠实地守卫了七百多年，在世界上所有的伟大人物中，有谁像成吉思汗这样得到后人如此的尊敬与爱戴呢？

成吉思汗的祭礼是蒙古人最为隆重的典礼，大的有年祭、季祭，小的还有各种"神物"的祭奠，如"禁奶祭""皮条祭""公羔祭""黑纛祭""白骏祭"等。几乎每项祭奠都有一个生动的传说。

蒙古族人民这么劳心费神地祭祀成吉思汗，难道他真的葬在伊金霍洛？

较为可信的说法是这儿只留下成吉思汗的一些遗物，而成吉思汗本人则被安葬在蒙古草原之上。史书中说这儿只有一件衫子、一只袜子和一座房子。但蒙古族人民则深信成吉思汗就葬在鄂尔多斯的草原之下。

鄂尔多斯草原确实很吸引人。为什么在这儿形成了成吉思汗陵，这本身就值得研究。成吉思汗在此地丢下马鞭极有可能,因为当时他已六十四岁,身体也不好,所以请了全真教的长春真人丘处机,向他求教养生之道。老人的手有时不好使是常有的事。马鞭掉到地上之后,成吉思汗感慨即生,心和手都不堪使用,大去之日不远矣,一见鄂尔多斯草原水丰草美,便随口说了死后葬身于此的话。这话也许是半开玩笑,但他的亲人、大臣们还是当了真,只是考虑到大汗必须回葬草原,便在这儿建了个衣冠冢。到了蒙哥与忽必烈时,蒙古帝国的统治重心南移,伊金霍洛这个衣冠冢也就以假乱真了。而真正的成吉思汗陵则在天边的草原之上。按照通行说法,成吉思汗的尸体被深埋于地下,地面被马踏平,长出草后与别处无异。元朝皇帝都是这种葬法,成吉思汗也不应例外。

鄂尔多斯草原确实有很多蒙古贵族葬地。据说别勒古台的墓地就在这儿。后来比较有名的达延汗也葬于此。

成吉思汗的一些遗物居然被人们祭祀了七百多年,这种活动今天还在继续,可称得上是千古奇事了。对于蒙古族人民来说,成吉思汗葬在这里与否已不重要,只要能表达他们对这位盖世英雄的崇敬与怀念就够了。蒙古学者波·仁钦到伊金霍洛旗考察时感慨道:"即使这里是存放衣衫、府邸的衣冠之家,可是居然能将八白宫保存几百年,也算是我们全体毡帐之民的荣幸,现在普天之下的毡帐之民中,像这样的历史文化遗迹还是首屈一指的。"

这不能不说是一个奇迹,然而这个奇迹归根结底还是因为蒙古族中出了成吉思汗这个"奇迹"!

成吉思汗的灵柩被运回大漠,据说为了保密,路上碰到的一切人都要杀死,共有一千多人不明不白地做了成吉思汗的殉葬品。到了大漠以后怎样,史书就再也没有说明。《蒙古秘史》中提到了起辇谷,多数学者认为这是寻找成吉思汗墓地的重要线索。

20 世纪初,几位中国学者为了弄清成吉思汗的葬地所在曾经到伊金霍洛旗考察,结果不了了之。到现在,学术界仍然不时有这方面文章发表,葬地问题成了成吉思汗研究的一个重要内容。关于成吉思汗是葬在伊金霍洛旗、六盘山还是肯特山,一直有不同的说法。但大多数人倾向于后者。

除了中国学者外,蒙古及前苏联学者对此也十分热心。20 世纪初,蒙古科委主席欧·扎姆颜就致力于研究成吉思汗出生地与埋葬地问题,并得出了成吉思汗生于肯特省达达尔县古尔班湖附近的结论,得到了学术界的肯定。成吉思汗葬于肯特山区这一点已没有疑义,问题在于到底在肯特山区的什么地方。此后,有不少国家的考古队和探险队多次来到肯特山进行考察,希望能找到成吉思汗墓的具体位置。

本世纪初,由美国商人克拉维茨与芝加哥大学历史学家伍兹领导的考古队,在蒙古首都乌兰巴托以北三百二十千米的地方,发现了一座古墓,他们认为这就是成吉思汗的墓葬。他们获得蒙古政府批准,在古墓地点展开挖掘,但因为遭到大多数人的反对和发掘中遇到的困难,不得不中止。

蒙古科学院考古研究所在20世纪90年代初对阿布拉格遗址进行了详细考察。从2001年开始,蒙古考古学家又与日本国学院大学联合对遗址进行挖掘,以寻找成吉思汗的冬宫所在。经过挖掘,他们发现了四层建筑物的地基,认为这里可能就是成吉思汗的冬官。蒙古和日本联合考古队在蒙古国肯特省德勒格尔汗县的阿布拉格宫殿遗址上,发现了一个可能是用来祭祀成吉思汗的祭殿,他们由此推测成吉思汗陵墓可能就在方圆十二千米内。

尽管到目前为止,关于成吉思汗葬地的确切位置还无法得知,但已经有了基本的线索。通过近些年的研究,学者得出了两条结论:

第一,成吉思汗葬在肯特山脉南面的山坡上,在呼和淖尔湖附近,在博格达河的上游。《蒙古秘史》中所说的不儿罕山正是肯特山的一部分。学者们作了大量的实地考察,研究了地域状况以及道路能否通过运送灵柩的马车等问题。考虑了多方面的因素,最后认定,不儿罕山可能就是肯特山。因为《蒙古秘史》还提供了一条线索,该书中多次提到腾格里豁河发源于不儿罕山,而腾格里豁河正是博格达河,博格达河又正好发源于肯特山。

第二,也有可能位于肯特省饮赫尔满都拉县境内。境内奴姑恩·奴鲁山坡上的网形墓地离饮赫里河发源地包尔胡尔干泉不远,饮赫里河就是古连勒古河,即起辇谷。成吉思汗生前曾多次来到这里。《元史》中说成吉思汗家族的坟墓就在此处。“圆形墓地”是不是与成吉思汗墓地有关呢?运用地名学的知识也可以得出证据。“圆形墓地”又称“沙里嫩·圣骸”,恐怕也只有皇帝、大汗敢这么称呼了。

但到底成吉思汗陵在什么地方,至今谁也无法给出确切回答,学者们正在努力,相信使“一代天骄”重见天日那天已经不远了。

其实,关于成吉思汗到底葬在什么地方,很多人更关心的是里面埋藏的财宝,或者是一些有助于研究历史的材料,对于我们理解成吉思汗,没有特别的帮助。倒是他留下的这个谜本身,就足以说明了他的伟大。

几乎所有的征服者都给后人留下了似乎永远解不开的谜团。成吉思汗也不例外。他是一个世界级的伟大人物,堪称人类英雄群伦中最为出色的一个,他的丰功伟业自不暇赘述,其葬地何在就是一个真正的千年之谜!

在蒙古高原之上,谁曾驭千军万马?唯有英雄!谁曾建千秋伟业?唯有英雄!

成吉思汗是英雄中的豪杰。他的人生,是一部传奇;他的功绩,彪炳史册。试问几百年后,谁能淡忘曾经改写草原和中华大地历史的成吉思汗,谁能忘记曾经地跨亚欧的蒙古帝国？望茫茫草原，那里隐隐地有铁骑急蹄的声音；听草原牧歌，那里传唱着草原英雄的传世民歌。

成吉思汗有英雄之志，也有英雄之能。少年时的成吉思汗善于骑射，是草原上有名的射雕英雄；中年时的成吉思汗雄才伟略，是草原上的一代枭雄。他的英雄魅力不仅表现在个人的英雄神武，而且体现在统率三军的调度自如。

强悍不是成吉思汗成功的关键因素，实际上，在更多的时候，他都是一个弱者。无论是蔑儿乞部、泰赤乌部、塔塔儿部、乃蛮部、札木合、王汗，还是后来的西夏、金国、花剌子模，从实力上说，都比成吉思汗强大。如果把斗争看成是简单的角力，就无法触摸到历史运动的真正脉搏。从这位世界征服者身上，我们更应看到的是，他非凡的领袖魅力。

成吉思汗善于发现人才、识别人才，熟知人才的品德、才能，依据人的才识分别使用。成吉思汗的知人之明，使他成为一位从草原上白手起家、统一草原进而雄霸大半个亚洲的君主。从他几乎贯穿一生的征战生涯，我们可以窥视他知人善任的品质。

在他手下，那些勇猛果敢的人当上了将军，那些伶俐的人管理了家属、辎重营盘、财产和马群。相反，那些粗鲁无知的人则挨了鞭子，被派去放牧畜群。将每个人的职位依据才能而确定，使成吉思汗的事业逐步壮大，日新月异地兴旺发达起来，终于成就了席卷天下的庞大帝国。

对木华黎的任用是成吉思汗知人善任的一大表现。1196 年，木华黎被父亲送给成吉思汗做守门的奴隶，朝夕同成吉思汗相处，渐渐崭露了头角。木华黎多年随同成吉思汗征战，立下了汗马功劳，成吉思汗深知他也是个智勇双全的人物，视他为自己的左膀右臂。在统一蒙古的过程中，木华黎屡建战功，成为成吉思汗最重要的将领之一。1206 年蒙古建国后，成吉思汗封木华黎为左翼万户长兼怯薛长，1216 年，又命他率领数万军队征辽西。木华黎每次出征必建功立业。成吉思汗赏罚分明，后来又封他为太师、国王，赐誓券、黄金印，许以“子孙传国，世世不绝”，让他世世代代把爵位传承下去。成吉思汗将札剌亦儿、亦乞列思、汪古等部的蒙古军约两万余人以及契丹、突厥、汉军等八万多人划给木华黎统率，赐给他御驾才用的九旄白旗，让他承制行事，将继续征金的权力交给了他。成吉思汗对木华黎授权之大、信任之深，不但给予了极高的名位，而且给予了实际的领兵、治地的权力，为历代帝王所不能及，真正体现了“疑人不用，用人不疑”的坦诚作风。

对博尔术的任用是成吉思汗知人善用的另一表现。成吉思汗与博尔术是少年时期就开始相识的患难之交，数十年来二人建立了深厚的友谊。成吉思汗熟知博尔术的人品与才能，知道他是一个忠勇智慧的将才，在称汗后就任用他为护卫队长，负责自己的安全防卫工作。成吉思汗仇家很多，曾经屡次遭人暗算，为了以防不测，他在被推举为乞颜部落的汗后，便建立了一支小规模的禁卫军，称之为“怯薛”。“怯薛”全是由蒙古的精锐骑兵组成，由于直接负责大汉的安全，责任重大。成吉思汗信任博尔术，便让他统领负责自己的保卫工作。成吉思汗说：“只有博尔术亲自为他值宿，才能安枕无忧。”这是他对博尔术最大的信任。后来成吉思汗把“怯薛”扩大到一万人，按照蒙古十户、百户、千户、万户的进制组织，依然由博尔术来统领。博尔术“志意沉雄，善战知兵”，成吉思汗因此就经常与他讨论政事，采纳了他提出的不少建议。在众多人才中，博尔术辅佐成吉思汗成就大业，功绩最多、最大。蒙古建国后，成吉思汗按照功绩封他为右翼万户长兼怯薛长。

许多那可儿、部属多年追随成吉思汗，成吉思汗便从他所熟知的人中选拔人才，委以重任。蒙古开国时期，有八十八人被封为万户长、千户长，其中绝大多数都是老部下。成吉思汗选用多年忠诚于自己的谋臣兀孙为萨满教首领，掌管蒙古国萨满教事务，又根据多年作战的实际表现和长期观察，选拔了木华黎、博尔术、赤老温、博尔忽、速不台、哲别、忽必来、失吉忽秃忽、者勒蔑等一大批将领。为了使下属能更好地效力，成吉思汗还选派机智有谋略的贤人给弟弟、儿子和大臣等做谋士，他将阔阔出等人委派给母亲、幼弟帖木格，将忽难等人委派给术赤，将阔阔搠思等人委派给察合台，将亦鲁格委等人派给窝阔台，将者台等人委派给拖雷，将者客委派给合撒儿，使每一个手下，都有智囊参谋。

成吉思汗麾下战将如云。他根据每个手下的实际表现，选拔了大批智慧、勇敢、忠诚之士为战将、大臣，辅佐他成就大业。多次败于成吉思汗的札木合总结教训说：“成吉思汗有众多英豪为友伴，有七十三名骏马般的俊杰为其效忠尽力，如此他怎么会不所向披靡呢？”

成吉思汗用人的原则是“贤”。他所认为的“贤”，不是世人单单所想的聪明，更包含有品德的因素。成吉思汗认为人首先必须忠诚可靠，其次才是有才能。如果一个人有天大才能，但不忠诚可靠，这种人也绝不能留用。他依据这两条标准，选用了大批忠诚可靠、有各种才能的贤才。

不里孛阔是主儿勤部的大力士，在蒙古高原享有“国之力士”的盛誉，他力大无比，在历次摔跤比武中无人能敌。成吉思汗剿灭主儿勤部后，俘获了不里孛阔。不里孛阔表示愿意用自己的力量为成吉思汗服务，但成吉思汗认为他长期追随主儿勤氏贵族，仗势欺凌成吉思汗家族，又多次随其主叛乱，“虽孔武有力却少忠心”，因此毫不怜惜地处死了这位大力士。蔑儿乞部首领脱脱的幼子蔑儿干是世所罕见的神箭手，成吉思汗也听说过他的盛名。术赤击败蔑儿乞部后，将蔑儿干擒获，命其射箭试验其才，果然箭无虚发，名不虚传。英雄惜英雄，术赤是神箭手，因此怜惜蔑儿干的才干，派遣使者请成吉思汗留他活命。成吉思汗认为蔑儿乞人是死敌，坚决地答复术赤说："没有比蔑儿乞部更坏的部落，我们同他们交战多次，怎能留部主之子活着，让他重新进行叛乱！你们已经取得了他们的领土，消灭了他们的军队，留这个人还有什么用啊？"于是，术赤处死了蔑儿干。

由此可见，成吉思汗的用人原则是用人唯贤，德才兼备，而非用人唯才。

第三十九章　招贤纳士敬重贤人 技高一筹深谋远虑

成吉思汗的目光是远大的，他不仅善于从蒙古部落中选拔人才，还善于从蒙古以外的各民族中选拔英才。他不分出身高低与部落、不分归附先后与亲疏，无论是自己培养的还是降俘的，不分阶层、民族、部落，只要有才能，一律加以任用。

塔塔统阿是畏兀儿人，他为乃蛮部太阳汗掌管金印钱粮，精通畏兀儿文字。成吉思汗击溃太阳汗乃蛮部后，塔塔统阿要逃走，被蒙古军擒获。成吉思汗问他："你带着金印要逃到哪里去？"他答道："保护金印是臣的职责，臣想找到故主把印交给他。"成吉思汗赞许他的忠心，问他此印有何用，他答道："出纳钱粮，委任人才，一切事均须用印为信验。"成吉思汗遂命他随侍左右掌印，此后凡有制旨都开始使用印章。成吉思汗还命塔塔统阿创制了畏兀儿字蒙古文，让他教授皇族子弟读书写字。

名臣耶律楚材是契丹人。他出身世家，是辽太祖耶律阿保机的九世孙，世居燕京，父亲耶律履曾任金尚书右丞。耶律楚材自幼勤奋好学，博览群书，精通天文地理、律历术数。蒙古军队攻占燕京后，成吉思汗敬慕他的博学，就对他说："辽金是世仇，朕攻打金国，为你报仇了。"耶律楚材却不以为然地回答说："我的父祖都是金朝的大臣，既为金臣，岂能背君，更不敢以君为仇！"成吉思汗敬重他的忠心，命令他随侍做书记官。西征期间，成吉思汗忙于征伐，未能重用耶律楚材，但是却没有将他遗忘，他十分欣赏耶律楚材所说的"治弓尚须用弓匠，治天下者岂可不用治天下匠"。他指着耶律楚材对继承人窝阔台说："此人乃天赐我家，吾四出征伐不曾重用，尔日后当政，军国庶政当悉委之。"后来，耶律楚材果然受到窝阔台的器重，成为有作为的一代名臣。

巴儿忽惕部是成吉思汗的仇敌，但是该部的唵木海通晓火药，懂得用炮石攻城。成吉思汗向他询问攻打坚实的城墙使用哪种武器最好，喳木海回答说："攻城以炮石为先，力重而能及远敌，攻城则城破，攻人则人亡。"成吉思汗很高兴，并没有因他出身敌部而弃之不用，而是让他担任炮手，攻城略地，没过多久又提升他为达鲁花赤，命他随木华黎攻打金国。唵木海不负重托，选五百余人训练组成炮手部队，专门负责使用大炮，在攻打各国城池时发挥了巨大的作用。

对于他人尚且如此信任，对于自己的家人成吉思汗更是特别重用。成吉思汗的弟弟合撒儿、别勒古台，儿子术赤、窝阔台、察合台、拖雷，养父蒙力克家族，养弟失吉忽秃忽、察罕等都担任重要官职，那些追随他多年的那可儿、近侍，也担任一定的官职。这样看来，似乎只要能和成吉思汗搭上关系，就能捞个一官半职做，其实不然。成吉思汗的亲人和随从与他长期相处，建立了良好的关系，而且他们绝大多数是忠诚可靠的人，成吉思汗熟知他们的品性才能，因此他能根据他们的才能和实际表现选用他们。对于没有多少本领的近人，成吉思汗绝不会因为血亲关系而轻易授职。如诸弟中合撒儿、别勒古台成绩突出，成吉思汗就委以重任，而合赤温平庸无能，帖木格贪吃嗜睡，很长时间里只负责掌管后备战马的责任。成吉思汗建立"怯薛"时，合赤温、帖木格仅被委任为一般卫士，而博尔术、者勒蔑两人则被委任为队长。可见，成吉思汗虽重用亲人却非任人唯亲，而仍是坚持任人唯贤的原则。

成吉思汗的大军总是能所向披靡、势如破竹，这与他对人才的提拔制度密切相关。成吉思汗提拔手下不是依据个人关系亲疏远近，而是始终根据部属的实际能力和功绩。他警告部下说："十夫长不能统率其十人队，将连同其妻子儿女一并定罪，然后从队中另择一人担任，对待百夫长、千夫长、万夫长们也这样！"这段话充分表现了成吉思汗用人唯贤的原则。

官职的提拔是依据功绩和才能而定的。神箭手哲别刚降顺成吉思汗时，因为他忠于君主、诚实可靠，又有善射的才能，被任用为十户长；又因他勇敢善战，不久便晋升为百户长；后来他率领部队屡建战功，于是又被提升为千户长，并担任先锋。根据他历次战争中的出色表现，成吉思汗熟知他智勇双全，有能力独自指挥较大部队作战，便提升他为万户长，先命他率军征服西辽，后又命他率万骑追击花剌子模国王，让他独当一面。

成吉思汗提拔重用的那可儿、部属，只是追随他的那可儿，部众中的一小部分人，并非所有部下都能被提拔，担任万户长、千户长或其他重要官员的人，毕竟足少数。其中，万户长仅有数人，千户长有一二百人，百户长有一二千人。和成吉思汗本人接触多，多年追随在他身边，只不过是能有较多的表现机会，在他身边，能更多地接受成吉思汗智慧的熏陶，增加受提拔重用的机会。

成吉思汗的文臣武将中，有各部落、各民族的人。左翼万户长木华黎为札剌亦儿部人，右翼万户长博尔术为阿鲁剌惕部人，中军万户长纳牙阿为八邻部人，大断事官失吉忽秃忽为塔塔儿部人，察罕等为西夏党项人，粘合重山等为女真人，塔塔统阿等为畏兀儿人，札八儿火者等为西域回回人，刘伯林等为汉人，耶律楚材等为契丹人。成吉思汗的不少将官出身卑微，万户长木华黎奴隶出身，万户长博尔术、速不台等牧民出身，万户长哲别战俘出身。

各部落、各民族、各种出身的人都齐心协力为成吉思汗服务，共谋大业，蒙古帝国才有了蓬勃发展的活力。

成吉思汗善于结交各种人才，从来不因种族、出身而看低他人，在他的交友对象中，既有勇敢的蒙古将领，也有降将中的英雄，还有金国、西夏、中原的有识之士。成吉思汗有一段同中原名士交往的佳话，那就是他同全真教丘处机道长的往来。

丘处机，字通密，号长春真人，登州栖霞县(今山东)人。他在少年时期向全真教祖师王重阳学道，悟性颇高，“尸居而柴立，雷动而风行”，成了著名的道教弟子。

丘处机不但“博物洽闻，于书无所不读”，学识修养过人，而且他潜心修行，练就了一副仙风道骨的形象，成为全真教的实际掌教者。

全真教兴起于12世纪中叶，是道教的一个支派，以识心见性为宗，要人们祛除情欲、忍耻含垢、安贫守贱。这是一种消极避世和忍辱偷生的意识，在宋朝领土大面积被金国占领的历史背景下，全真教发展十分迅速。金朝统治者企图利用全真教来麻醉人民，蒙古伐金后，中原战乱增多，更多的人开始皈依全真教寻求寄托。丘处机掌教时，“全真教徒满天下”，已经成为一股不可小觑的力量。1219年，丘处机在山东莱州讲道，金朝和宋朝的使者先后请他出山，都被他婉言谢绝。不久，成吉思汗也派侍臣刘仲禄前来邀请他。刘仲禄带着成吉思汗的诏书和金牌来到莱州，将铸有“如朕亲行，便宜行事”八个大字金牌交给丘处机，转达成吉思汗的亲口话说：“哪怕逾越千山万水，不论多久岁月，一定要请你前去教导。”这时，成吉思汗的威名已经远播天下，黄河流域的大部分地区已经落入蒙古人之手，丘处机认为成吉思汗“天赐勇智，今古绝伦”，于是答应了成吉思汗的要求，同刘仲禄一同去见成吉思汗。

丘处机一行历经无数周折风险，才到达成吉思汗的西征大营。他于1220年8月出发，经过燕京(今北京)抵达宣德(今河北宣化)，稍作休息后继续前进。这时成吉思汗正向西征伐，丘处机就在后面追赶蒙古大军，从宣德出发，经野狐岭、呼伦湖，沿怯绿连河穿过蒙古高原，沿阿尔泰山—天山山脉一直往西，最后渡过了阿姆河，到达成吉思汗行营。这时已是1222年4月，从山东启程算起，行程历时一年零六个月。长春真人年事已高，一路上受了不少风霜之苦，他形容这次西行“千山及万水，不知是何处”。

成吉思汗对长春真人的到来十分高兴，他当即接见了丘处机，并对他不顾年龄已大、跋山涉水的精神表示欣赏。长春真人谦虚地说：“天意如此，我怎么能不奉诏而来呢。”成吉思汗仰慕丘处机的仙风道骨，他喟叹自己年龄尚不如丘处机，却看上去十分衰老，就向丘处机请教长生不老之药。丘处机为人坦率，他委婉地批评成吉思汗说："大汗征战四方，难道还相信有长生不老之事吗？岂不闻世间只有长生之道，无长生之药。"成吉思汗听后，很赞许丘处机的诚笃，称他为神仙，并让他住在汗帐两面的帐幕里。为了表示尊敬，成吉思汗赐真人见驾时不用跪拜，只需折身叉手就可。在行营，成吉思汗在忙于军务的同时，多次向丘处机请教有关人生、治理国家、任用人才的道理，丘处机也专门为成吉思汗讲道三次，向他讲述长生之道，清心寡欲，一统天下，不嗜杀人，为治之方，敬天爱民。成吉思汗每次都听得特别认真，他命令太师耶律阿海当译员，书记官将神仙所有的讲话进行记录。成吉思汗对左右说："神仙所说养生之道，很合我的心思。"

丘处机同成吉思汗在一起生活了半年多的时间，他处处劝解成吉思汗，修身养性、戒绝杀戮。离别前夕，成吉思汗出猎时从马上跌了下来，伤到了肋骨，丘处机于是借机劝告他说："上天有好生之德，你年事已高，宜少出猎。这次出猎坠马，正是上天的戒示，不可不察啊。"成吉思汗说："神仙说得很对。但我们蒙古人自幼就习惯骑射行猎，一下子改不了。"为了报答丘处机的恩情，成吉思汗允准全真教人可以免除赋税，可以招致流离失所的百姓。成吉思汗还任命丘处机总管天下道教，他企图利用丘处机在广大道徒中的威望，来加强对中原地区的统治。

1223 年 2 月，丘处机辞别成吉思汗，东返回国。成吉思汗派遣得力将领护送他，一路上基本按照原路返回，仅用了半年就回到了宣德。丘处机多次辞掉金朝和宋朝皇帝的邀请，却以年逾七十的高龄远去中亚谒见成吉思汗，是有深刻的原因的，在他的一封信中，我们可以体会出其中深意：十年兵火万民愁，千万中无一二留。去岁幸逢慈诏下，今春须合冒寒游。不辞岭北三千里，仍念山东二百州。穷急漏诛残喘在，早教身命得消忧。

他看到成吉思汗势力正盛，蒙古军队所向无不披靡，蒙古必将会兴起，而蒙古军队嗜杀成性，连年征战和杀戮使广大地区生灵涂炭。他想用全真教教义去劝说成吉思汗不要杀人，"以无为之教，化有为之士"，通过自己的影响力，使人们能过太平和安生的日子。丘处机虽然身处空门，对人民的苦难却寄予深刻的同情。作为中原汉族知识分子的精英，正是中国一脉相承的使命感和责任感，使他不远万里去拜见成吉思汗，对他进行道德说教。丘处机虽然赢得了成吉思汗对他个人的尊重，但他的说教对成吉思汗产生的影响是有限的。个人的力量不可能在短时期内对一个强大的民族产生根本性的影响。

丘处机自中亚回来之后就长期定居在燕京，这时燕京已成为蒙古统治中原地区的核心。丘处机以"帝者之尊师"，"上以祝皇王之圣寿，下以荐生灵之福田"，派人安抚黎民百姓，成了接受蒙古国保护的宗教领袖。成吉思汗非常重视与丘处机保持密切的关系，时刻派人向他询问有关的事情。世间之事多有巧合，成吉思汗和丘处机竟然都在 1227 年 7 月同月去世，前后相差不过几天。或许，这也是这两位经历迥异的好友的某种缘分吧！

成吉思汗为蒙古的统一大业而生，为统一蒙古而死，他死在战场，临死之前仍对战事身心牵挂。他是蒙古的战神，是大漠的苍鹰。

蒙古军大举西征时，哈剌鲁人、畏兀儿人是蒙古统一战线的盟友。在攻下中亚地区后，蒙古人安置的地方长官基本上都是这两部落人。后来成吉思汗南下中原，本来要联合西夏灭金，但没成功。到了临终之时，成吉思汗又想到了与南宋结盟，与南宋军队联合采取南北夹攻之术，金国有天大的本事也难逃覆亡的厄运，成吉思汗的战术再次得到淋漓尽致的发挥。

这时，成吉思汗得知西夏献宗皇帝企图与金联合抗蒙。成吉思汗决定先发制人，以西夏拒绝派军随从西征及不送质子为借口，于公元 1226 年亲率大军进攻西夏。蒙古兵分两路，成吉思汗自己亲率一路十万大军由漠北南下，越过黑水、贺兰山，直攻武威，歼灭西夏军主力；另一路从西域出发，经哈密地区东进，攻取敦煌、酒泉、张掖；最后两路合围西夏都城中兴府（今宁夏银川）。

战争期间，兴庆府发生了强烈地震，瘟疫流行，房屋倒塌，中兴府粮尽援绝，失去了抵抗的能力。西夏末主走投无路，只得派遣使节向成吉思汗请求宽限一个月献城投降。公元 1227 年 7 月，在强大的蒙古铁骑攻击下，西夏政权灭亡。

正当西夏即将灭亡之际，成吉思汗在军营病重去世。临终之前，成吉思汗立下遗嘱：死后秘不发丧，等西夏国王献城投降时，将他与中兴府所有的成年人全部杀掉。成吉思汗指定他第三子窝阔台为继承人，并总结攻金作战的经验，成吉思汗说："金国的精兵在潼关，潼关连山据河，难以攻破。如果向金国的世仇宋国借路，宋国一定会同意的。我军可以趁此南下进攻唐、邓，转道进攻金国首都汴京，金国必定征集潼关的兵马回防首都。从潼关千里赴援，人马一定会疲惫，我军必定能够击破他们！"后来的史实证明，成吉思汗的战略部署是完全正确的，窝阔台也是按照他的遗诏取得了对金作战的最后胜利。

窝阔台继承大汗位后，遵照父亲的远交近攻遗嘱，派遣使者来到宋朝，约定共同伐金，许诺灭金成功后，把河南归还给宋朝。宋朝答应了蒙古的结盟要求。

1230 年，窝阔台与拖雷分两路伐金。窝阔台自山西南下，拖雷假道于宋，老将速不台围困南京，金国果然急调潼关守军赴援汴京，被埋伏的蒙古军截击，金军全军覆灭。金哀宗见大势已去，率领两千余骑逃到归德，后又投奔到了蔡州。宋蒙联盟按照签订的盟约,共同派军队围攻蔡州城。在两国的夹击下,不久蔡州城即被攻破,金哀宗自缢身亡。金国灭亡之后,江南一隅的南宋也没有逃出被蒙古灭亡的命运。

成吉思汗在重病之中对后事的安排,为一代英雄的最后战功落下了浓墨重彩的一笔。他对西夏和金国的战略安排,他的三个遗嘱,为子孙和部下指明了方向。他的孙子忽必烈在这一战略的指引下,统一了中原,建立了元朝。

人们把孙武和成吉思汗誉为中国兵法的双峰,前者是理论家,后者是实践者。研究成吉思汗,我们会发现,他的谋略无不与《孙子兵法》一一吻合。《孙子兵法》指出:"战势不过奇正,奇正之变,不可胜穷也。"可以说"出奇制胜"是这部武学经典的灵魂。而成吉思汗,凭借着超人的智慧和计谋,建构了具有刚强意志、富于牺牲精神的"铁血战队"。他的每一个举动,都出人意料,让对手无法猜透。因此,他虽然力量很弱小,却无时无刻不牵动对手的心,始终掌握着争霸战争的主动权。

在战略上,成吉思汗深入地了解敌人,并对战争的全局作周密的部署;在战术上,成吉思汗的铁血战队灵活运用速度快、多用计谋、善于迂回、善于借势等战术。正是战略与战术的灵活机智的结合,他的铁血战队踏遍草原,势不可挡。

在对敌展开大战前,成吉思汗总是经过审慎思考,周密部署。直到自己认为万无一失、胜券在握时,才果断出军。

王汗与成吉思汗反目成仇后,一方面成吉思汗派遣使者去责问他背盟弃约,请求议和;一方面不断收集部众,养精蓄锐,准备进行战斗。他派人摸清王汗克烈部的兵力虚实,经过周密策划、充分准备,乘王汗松懈无备之机,率领全军连夜急速行军,对克烈部进行突然袭击,一举歼灭了克烈部。

王汗败亡后,乃蛮部太阳汗联合汪古部前来进攻。成吉思汗深知乃蛮尽管国土广大、百姓众多,但太阳汗兄弟不和、军纪松弛,是可以征服的。成吉思汗得知汪古部不愿与己为敌,于是用重金拉拢汪古部,汪古部终于背弃太阳汗,归顺成吉思汗进攻乃蛮部,一举击溃太阳汗。

面对金国这个人口百倍于蒙古,国土广大、军队众多的大国。成吉思汗在大举进攻之前,也经过了长期的思考,作出了周密的部署。他一方面不断征服邻部、邻国,壮大自己的实力,并通过三次出征首先战胜西夏,解除了腹背两面受敌的危险;另一方面又长期不断了解金朝的虚实,不轻举妄动、打草惊蛇。1211 年,经过周密部署、充分准备,成吉思汗以汪古部为向导,在充分摸清金朝虚实的前提下越过金长城,大举进攻金朝,在数年内把金国打得土崩瓦解,迫使金朝献公主求和,并迁都避祸。

对于花刺子模国,成吉思汗通过西部边境的巡哨部队、追击蔑儿乞残部的西进蒙古军和往来两地的回回商人,不断了解花剌子模国的各方面情况。经过了多年的观察与思考,成吉思汗对于花剌子模这个大国,本想保持通商往来、和平相处的关系,但花剌子模军队杀害蒙古国商队,污辱蒙古人的尊严,成吉思汗在充分了解花剌子模国情况之后,终于决定率领大军西征花剌子模。由于准备充分,策划周密,成吉思汗在三年内征服了庞大的花剌子模帝国。

成吉思汗有着聪慧、机智而又深沉的头脑,他不仅善于忍辱负重,利用一切机会来壮大自己的实力,还善于利用部族之间的复杂关系,待到自己强大并有把握击败对手的时候,他就会毫不犹豫,一击而中,置对手于死地。

在刚刚起步的二十余年间,成吉思汗一直依靠克烈部的强大实力来打败各方面的强敌,尊克烈部王汗为父汗,以壮大自己的力量。成吉思汗早就有成为全蒙古大汗的雄心大志,但仅胸怀大志却没有足够的实力是不行的。他小心翼翼地收起自己的野心,当力量薄弱、时机不成熟的时候,唯谨唯慎,始终恭恭敬敬地侍奉着王汗,恪守臣子之责。当王汗被敌人击溃的时候,成吉思汗立即派人供给他牲畜、需用物品,并帮助他收聚部众,恢复实力;当王汗遭到乃蛮大将可克薛兀一撒卜剌黑袭击时,成吉思汗派遣博尔术、木华黎等四杰拼死保护,率军援救,才击退了乃蛮军,救了王汗的性命;当王汗召集他出兵的时候,成吉思汗就率部随同王汗出征,利用王汗克烈部的强大兵力击败强敌,逐渐壮大自己的力量。为了讨好王汗,成吉思汗亲自将妻子献给婆婆的礼物黑貂鼠皮袄献给王汗。成吉思汗被拥戴为乞颜部落贵族联盟首领之后,也立即派遣使者禀报王汗,使王汗认为成吉思汗视他为自己人,讨他高兴。在此期间,成吉思汗始终谨慎、恭敬地侍奉王汗,将掳获的牲畜、财物大部分献给王汗,容忍王汗的贪婪多得。为了巩固同王汗的关系,成吉思汗主动提出与王汗联姻,请求把自己的长女豁真别吉嫁给王汗之子桑昆的儿子秃撒合,请求为长子术赤聘娶桑昆的女儿察兀儿别吉。桑昆冷嘲热讽,一口回绝了成吉思汗的要求。成吉思汗尽管对此心怀不满,但仍然容忍了下来,隐忍不发。

直到忍无可忍之时,成吉思汗才会去攻击比自己强大的敌人。1203年,王汗父子背信弃义,他们企图谋杀成吉思汗,被成吉思汗识破。密谋失败后,王汗率领大军进攻成吉思汗部,并取得了胜利。成吉思汗收拾部众,重新积蓄力量,他果断地抓住时机,乘王汗无备之际一举歼灭了克烈部,终于取得了与王汗斗争的最终胜利。

成吉思汗表现出了高度的自制力,与王汗的二十余年的关系经历中,成吉思汗"深沉有大略",处事明智而冷静,成熟而干练。尽管成吉思汗是依靠和利用王汗的实力逐渐壮大自己的力量的，但成吉思汗对待王汗一直是“仁至义尽”，而王汗听从儿子的挑拨，“多行不义必自毙”。成吉思汗不仅没有丧失道义上的胜利，更重要的是取得了谋略上的胜利，击败了强敌。

第四十章 养精蓄锐静候时机 制胜法宝铁血战队

成吉思汗深知当自己力量薄弱的时候，屈居人下、不争人先的重要性。金朝对蒙古诸部实行民族压迫政策，是蒙古诸部的世仇。为了防止蒙古部落强大，金国多次派兵剿杀蒙古人，掳掠蒙古子女卖为奴婢，并唆使塔塔儿部攻打蒙古诸部。成吉思汗的祖先俺巴孩汗、斡勤巴儿合黑等都是被塔塔儿人擒获，押送到金朝被残酷地处死的。在血族复仇观念的支配下，成吉思汗视金朝为世仇，他早就想鼓动蒙古诸部向金朝进攻。

为了攻打世仇金国，成吉思汗忍耐了许多年，等待了许多年，思索、谋划、准备了许多年。正如他所说的，"平时应像牛犊般的驯顺，战时投入战斗应像扑向野禽的饿鹰"，到时机、条件充分成熟时，他便统率蒙古大军对金国进行雷霆般的迅猛攻击，打得金国土崩瓦解。

蒙古建国以后，成吉思汗立即召集诸王商议征讨金国的事宜。考虑到金国国大兵众，成吉思汗没有轻率地立即采取军事行动，他仍继续保持对金朝的臣属关系，每年按例向金国进奉贡物。为避免腹背受敌，在出征金国之前，成吉思汗于1205年、1207年、1209年连续进攻西夏，终于迫使西夏屈服，解除了攻金时蒙古的侧面威胁。

对西夏的战争不但解除了本土的战略威胁，西夏每年向蒙古纳贡，还大大壮大了蒙古的实力。成吉思汗夺得了大量战利品，为大举进攻金国取得了经济上的补给。1208年，金国皇帝章宗病死，卫王永济即位。永济是一个昏聩无能的软弱之辈，成吉思汗曾见到过此人，根本不把他放在眼里。成吉思汗知道新皇帝就是永济后，心中十分不屑，于是拒绝了金国的封诏，开始大举进攻金国。数年之内，蒙古击溃了金军数十万，攻掠了金国北部的大部分州县，夺得了无数牛羊马畜、财物，金国皇帝被迫纳女求和，并迁都南方，以躲避蒙古军队的锋芒。

在攻灭西夏、花剌子模国上，成吉思汗也都表现出了深谋大略。成吉思汗西征前，曾派使者前往西夏，要求西夏派出军队对蒙古军出征。西夏大臣阿沙敢不出言不逊，拒绝出兵迎战，嘲笑地说："蒙古兵力不足，岂不将蒙古使者打发了回去。"成吉思汗听了使者的报告后，对西夏的嚣张气焰十分恼怒，他知道西征的决定已下，不能够轻易更改，于是冷静地说："愿长生天保佑，征灭花剌子模之后，再去征讨西夏。"成吉思汗认清大局，忍下了这口恶气，直到几年后征西胜利回来，他才统率蒙古大军进攻西夏，仅用一年半时间就彻底灭亡了西夏。

将领的智慧，是战争胜负的标准，因为将领决定着战争中战术的使用。正确的战术永远是战争中最重要的，不论武器如何精锐，人员多么充足，没有正确的战术与精良的士兵，部队都是永远要打败仗的。成吉思汗的速度快、多用计谋、善于迂回、善于借势的四大战术正是铁血战队所向无敌的关键。四大战术是成吉思汗战斗智慧的精华，是铁血军队战无不胜的依靠。

快速行动是成吉思汗铁血战队获胜的战术之一。决定战争胜败的主要因素，在于行动的快捷。19 世纪欧洲有句名言："速度和突然性，可以代替数量。"意指战场上的迅速和突然的攻击，可以改变兵力的多寡对比。美国军事学家亚历山大认为成吉思汗骑兵战术可以归纳为四个字："速度"与"诡计"。蒙古著名学者达林太则归结出以下特点：快速、突然、凶猛、灵活、多变。两位学者的深刻见解，揭示了成吉思汗兵法的精髓。

为什么拳击手要苦练出拳速度？为了取得战争的胜利，必须要抢时间。"先下手为强"，一方面指先动手容易占据主动，另一方面也隐含了更深刻的内容：如果先将敌人击溃，敌人还能轻而易举地进行反击吗？先下手者，就是在时间上先动手，谁能赶在时间前面谁就是胜利者，时间之争，就是速度之争，就是生死之争。

在中国军事史上，以突然袭击而克敌制胜的战争奇迹，不胜枚举。三国时代，魏国大将邓艾率精兵走山间小道，在蜀军尚未明确进攻意图之前，以迅雷不及掩耳之势接连攻下江油、涪城、绵竹，数天之内彻底摧毁了蜀军的抵抗能力和意志，逼迫蜀主刘禅除了投降之外，别无他路。

叱咤欧洲的拿破仑，指挥战争的特点，就是能够快速地调动、指挥部队，他建立了一支装备精良、反应迅捷的近代部队，把它当成了克敌制胜的法宝。与拿破仑类似，成吉思汗的蒙古军队在 13 世纪是一支"快速反应部队"。这是一支精悍的骑兵队伍，速度是其生命力所在。这支队伍的速度到底有多快呢？曾经饱受蒙古骑兵蹂躏的中亚史学家克拉维戈说："这支该死的骑兵行动之快，要不是亲眼所见，任何人都不会相信。当我们的军队才刚刚开始行动的时候，他们可以在转眼间从我们的前面转到左翼，转到右翼，转到后面，或者在转瞬间呼啸而去。"蒙古军往往是清一色的轻骑兵，在冷兵器时代，骑兵具有突击力强、灵活多变的特点，尤其适应远程快速奔袭作战。它比步兵或其他兵种优越的地方，并不是冲刺力的大小，而是其灵活的战术和作战速度。如蒙古军在对金国的作战中，拖雷所指挥的四万人的西路军，有三万人是轻骑兵，就作战速度和灵活性而言，金军根本无法与其对抗。

蒙古军队特有的作战特点，也是其行动"快"的重要原因之一。成吉思汗在攻打金国的时候，每当遇到敌方固守坚固的城堡，避不出战时，通常只留下少数部队以待后续的攻坚士兵，主力骑兵部队则不受敌人影响，仍然继续高速向前推进。成吉思汗派大将木华黎率一支人马进攻金国牢固设防的东京辽阳，木华黎知道这座城市坚不可破，率军把城包围之后，佯装攻打了几天不能取胜，打着打着就撤退了。蒙古军队撤退速度极慢，走了十几天才走出五百里地。金兵探听到蒙古军队已经远去后，放松了防御。木华黎命令军队一人二马，用了一昼夜时间，率领军队奔袭到辽阳城下，金军措手不及，没想到蒙古军队竟然能在朝夕之间就杀回，被打得大败。依据现代的交通条件，一昼夜行驶五百里不算什么大不了的事情，但在古代这是不可思议的。蒙古军队在出征的时候，一般每人配备两三匹作战马匹，还要留下一匹作为备用，就是为了适应这种快速作战的要求。快速运动，有助于蒙古军摆脱被动，掌握战争主动权。如果没有这一点，成吉思汗的许多战略战术都将无法使用，世界帝国的梦想，也难以在短时间内实现。

成吉思汗在短短的几十年里，能够征服如此广袤的领土，速度是一个要点。亚历山大大帝建立了地跨亚欧非的大帝国，征服的地方很多，但其作战半径充其量四五千千米；而成吉思汗征服了几乎整个亚欧大陆，从亚洲最东端打到了最西端，作战距离超过一万千米，是亚历山大大帝的两倍。亚历山大从巴尔干半岛打到印度，用了七八年时间，成吉思汗的军队从大漠到钦察草原，仅仅用了两年的时间，相比之下，一决高下岂不是昭然若判？造成这种差别的主要原因，就在于两军的征战速度的差异。

通过快速机动，可以在战斗中快速调动部队，在决定性方向上造成集中兵力，以众击寡、克敌制胜。1203 年，克烈部的王汗在札木合等人挑唆下，发动了对成吉思汗的大规模的进攻，与成吉思汗之间发生了争夺蒙古高原霸权的斗争。成吉思汗只来得及调集他的少部分武装力量，仓促应战，在敌强我弱的情况下，在合兰真沙陀之战后，被迫沿着哈剌哈河向东北方向实施战略转移。当时成吉思汗的全军人数约有三万多人，但在敌人的冲击下大部分军队已溃散，成吉思汗所率领的军队只有三千人左右，大部分百姓，包括成吉思汗的亲弟弟合撒儿的妻子都被俘虏了，牲畜和财产也被掠夺殆尽。形势十分危急，必须采取有力的措施，才能挽救这一局面。

成吉思汗转移到斡难河源之后，稍事休整，命令仅剩的部队饱餐一顿，采取了对克烈部心脏部位——王汗本部实施远距离的闪电袭击。他先向王汗处派两人伪装合撒儿的使臣，以诈降计骗取了王汗的信任，并探知王汗的准备虚实。在得到了确切的情报后，成吉思汗立即率军日夜兼程，以迅雷不及掩耳之势急趋到折折儿云都山，包围了王汗的金帐及其少量警卫部队。这个时候，成吉思汗的力量虽然远比敌人弱小，在全局上处于被动，但在这个对全局有决定意义的关键战役上取得了绝对优势。经过三昼夜斯杀，成吉思汗消灭了王汗本部，尽降了克烈部众。其他部落听说王汗本部被击溃后，纷纷叛离了他的统治，成吉思汗一下子扭转了全局被动的地位。

成吉思汗之所以能轻易地一举取得对王汗的胜利，最重要的原因就是他实施了远距离快速机动的战术。恩格斯说："正如商业上说时间就是金钱一样，在战争中也可以说时间就是军队。行动的迅速可以弥补军队的不足，因为这样可以在敌人还没有来得及集中兵力以前就进行袭击。"成吉思汗掌握了时间这一支无形的胜利法宝！

通过快速机动，可以摆脱被动局面，保存自我有生力量，以图东山再起。在成吉思汗的征战过程中，他常常能几千、几万甚至几十万地大规模歼灭敌军，但是蒙古军被大量歼灭的事件从来没有发生过在他身上。考察蒙古的国家实力，整个蒙古族只有几百万人口，可以应征服役的军队充其量不过二十余万人，但成吉思汗却要依靠这区区几十万人进行征服世界的战争，他必须保存有限的力量，防止军队出现大规模的减员损失。蒙古军队是如何保存军力，避免被歼灭的呢？一个重要的原因就是，当被敌人逼到被动地位时，当打了败仗时，蒙古军队能够通过快速机动摆脱敌人，摆脱被动，取得战争主动权。南宋人徐霆在《黑鞑事略》中说，蒙古军队"其败则四散迸走，追之不及"。蒙古军队打了败仗"迸走"，并不是无组织地溃逃，而是按照原定的战略，在保存军队不被敌人歼灭的情况下，有步骤地撤退，"迸走"是在打了败仗的情况下，迅速地摆脱敌人，保存自己的战术手段。这样，蒙古军队虽然也会遭遇失败，但每次都不会遭受重大损失。留得青山在，不怕没柴烧，几十万人的部队，成为一支源远流长的力量。

通过快速机动，能在战斗中快速转移，迷惑对手，出奇制胜。上文所说的木华黎袭取东京辽阳，就是出奇制胜的一例。遵照成吉思汗的遗诏，窝阔台在灭金战争中假道于宋，出兵唐、邓，直捣大梁。1230 年冬天，蒙古军队分兵两路从山西河中府和山东济南发起进攻，同时由拖雷率领蒙古军队主力实施远距离快速机动的战术，由凤翔渡渭水，过宝鸡，连克大散关、凤县、安康等，接着渡过汉水，深入敌后，仅用两个月的时间，蒙古军队就出其不意地出击到金军主力后方。金军做梦都没想到蒙古军会如从天降，军心大乱，在三峰山战役中被歼灭了主力，损失十几万人，彻底丧失了对蒙古的抵抗力量。

1213 年，成吉思汗率军进攻居庸关。金国军队自恃居庸关地理位置险要，易守难攻，铸造了大铁门将关口死死锁住，在距离居庸关百余里的路上放上铁蒺藜。蒙古军队难以展开行动，一时愁眉不展。成吉思汗派人暗中调查，发现了往关口的小路。于是他下令当地居民作向导，天黑进入山谷，急行一夜，于黎明时分到达居庸关南口。这时候金兵还在睡觉。等到他们仓皇起来的时候，已经难以支撑，居庸关被攻破，金国丧失了一个性命攸关的战略要地。

成吉思汗还依靠军队的快速机动作战能力，创立了一系列的战略战术。在某种意义上说，没有快速机动，就不会有成吉思汗的所向披靡、克敌制胜。没有快速机动，就不会有成吉思汗的迂回战术、诱敌战术、拉瓦战术和"胜则尾敌袭杀，不容逋逸；败则四散迸走，追之不及"的猛追战术和脱敌战术；没有快速机动，就不会有成吉思汗的闪击战、无后方作战等战略；没有快速机动，就不会有成吉思汗的奇袭战术、奔袭战术、急袭战术和闪击战术。

在战争中灵活机智地运用计谋是成吉思汗铁血战队的第二大策略。成吉思汗用兵不但有速度，更有计谋。《孙子兵法》云："兵者，诡道也。""诡计"是一种战术。春秋战同时期出了个宋襄公，把战争当成下棋吃饭，满口仁义道德，不懂得用兵之道，结果打起仗来就一败涂地，最终落了个为后人耻笑的下场。成吉思汗未读过兵法之书，却懂得用兵的精髓：使用"诡计"。成吉思汗的"诡计"是蒙古人的本能，是猎人的遗传。"再狡猾的狐狸也逃不过猎人的眼睛"，即是说猎人比狐狸还狡猾。蒙古人本来就是森林狩猎民族，天生的猎人，当然"诡计多端"了。格鲁塞写道："成吉思汗采用猎人遗传下来的诡计，先使猎物慌乱，而后捉捕之。他和他的骑兵像驱逐羚羊或老虎一般，把金人、西夏人、汉人、俄罗斯人、波斯人、阿拉伯人和匈牙利人一一驱逐，驱到自己的弓箭之下，任意杀死。"无怪乎布尔霖说孙子的军事理论到了成吉思汗这里才第一次被使用，被发扬光大，成实践之巨观。

匈牙利史学家通过亲眼所见，用犀利的笔锋记下了蒙古人是如何耍诡计的，当他们发现敌人的时候，他们立刻迎上去出击，在距离敌人几十米远的地方每人射出三四箭。这时，如果他们的敌人没有溃乱，他们就退回原地，排成阵列。这是为了引诱敌人追来，使其陷入预先布置好的圈套。如果他们认识到敌人比较强大时，他们则呼啸而去，一口气跑出几天的路程，使敌人不能轻易追击，然后他们肆虐地蹂躏附近的城镇或者去侦察地形，扎营于某个挑选好的路口、交通要道，等敌人通过的时候，他们以埋伏的形式突然出现。他们的诡计战术是多种多样的，他们驱使俘虏兵走在最前面，用俘虏兵与敌兵的精锐交战，再发起骑兵队的冲锋；他们的大部分部队绝不一下子全部去冲锋，而是横列于左翼与右翼，以便包围敌人，使对方感到自己比实际人数众多。如果敌人反抗激烈，他们则开放一条道路，让敌人通过和逃亡，然后再去追击敌人。为了最大限度地避免伤亡，他们坚决避免和敌人短兵相接。他们只追求用弓箭击伤敌人，用骑兵冲垮敌人！

这就是成吉思汗的作战"诡计"，其中蕴含了深刻的战略战术。美国人亚历山大深深拜服于成吉思汗的战术思想，对他称誉备至：

“成吉思汗的军队具有四大优势：极强的机动灵活性、武器的优势、几乎万无一失的战术体系以及战略将才，这促成了世界上效率最高的战争机器。而成吉思汗本人和他的两员主要干将哲别和速不台是这台战争机器的天生的操纵者。”

亚历山大总结了古往今来名将们的成败得失，最后得出结论——高明的统帅不把部队投入敌人严阵以待的战斗，不重蹈别人的覆辙。恰恰相反，高明的统帅们出其不意，专攻敌人力量虚弱和组织薄弱的地方。他列举了举世闻名的恺撒、汉尼拔、成吉思汗、拿破仑、杰克逊、毛泽东、朱可夫、古德里安、隆美尔、蒙哥马利、麦克阿瑟等十几位古今著名统帅，指出他们的成功秘诀就在于避免正面硬碰的较量，而是出奇制胜。而麦克阿瑟在朝鲜战场上的悲剧就在于他采用正面作战方式对付中国志愿军，结果铩羽而归。而在这些人之中，成吉思汗是尤其引人注目的“天才”，而他的“天才”正在于“速度”与“诡计”。他用充满羡慕之情的话语说：“成吉思汗是有史以来最伟大的统帅当中的佼佼者。”

1220年成吉思汗西征，为破坏花剌子模的军事防线，蒙古大军穿过了被认为是不可逾越的大沙漠，以此惊人一举，快速切断了敌人统帅摩诃末同西南各地区军队的联系。“这也许还是有史以来最好的一个战略上出其不意的实例，是战争史上最了不起的战略行动之一。”第二年，成吉思汗派哲别与速不台远征俄罗斯草原，虽然蒙古军队仅有一万余人，却在短短的一年时间里消灭了保加利亚、格鲁吉亚、俄罗斯等地任何敢于反抗者，史学家评论说：“这是因为他们行动迅速，出其不意，这一行动迄今仍是历史上最了不起的骑兵袭击。”

蒙古人的战略是施展诡计、出其不意，它们快速地移动，出没不定，使敌人大惑不解，将蒙古军队置于敌人最没有料到的决胜位置。成吉思汗同其主要干将速不台、术赤等一起，培养了蒙古人从未有过的效率和纪律性，使草原战争的快速和诡计达到了登峰造极的程度，取得了对任何民族或帝国来说都是空前绝后的胜利。

发动了对南宋的侵略战争后，南宋惊恐于蒙古军队的快速机动，惊呼其“来如天坠，去如电逝”，不可抵御，快速机动，使蒙古军队在战争中的诸多方面都处于有利地位。

“出其不意，攻其不备”“迂回包抄，攻敌后部”无不是成吉思汗战略战术的精华所在！成吉思汗是一个大战略家，而不是好要阴谋的小人，他的“诡计”本身就是他的军事灵魂。对他和蒙古人来说，“诡计”与“速度”是不可分的，正是这两方面的相互结合、相互促进，才缔造他的千秋伟业。“诡计”

不是小人之道，而是英雄的法宝，莫忘了，兵圣云：兵者，诡道也。

善于与强者联盟，借人之势来增强自己的实力，是铁血战队的第一战略。在成吉思汗后来的主要作战方法中，"借"字诀是值得大书特书的。

首先，他善于借用敌人内部矛盾制敌。

一个重要前提是看到敌人之间的矛盾，他利用札木合、王汗与蔑儿乞人之间的夙怨，利用塔塔儿人与王汗的旧仇，利用札木合与王汗之间的新隙等。这是从全局出发，把一切有可能妨碍他统一草原的力量都算在"敌人"之内说的。对每一个敌人，他又利用敌人内部矛盾，如利用札木合与他一些下属的矛盾，利用王汗父子的矛盾。在扩张过程中，他利用金夏之间的矛盾，攻下西夏，从根本上清除了两国联合御敌的可能。攻打屈出律时，他又利用西辽的阶级矛盾与宗教矛盾，分化瓦解了屈出律的势力，使强大的西辽变得不堪一击。这一招哲别、速不台也用过，他们利用成吉思汗的借用谋略成功地分化了阿兰人与钦察人，然后各个击破，最后征服整个东欧草原。

其次，是借用敌人的人力。

蒙古军队征服史中最受非议的一件事就是他们对被征服民族的态度。所到之处，被征服者要么被杀，要么被掳为奴，这与中原王朝的做法完全背道而驰，而其破坏性更是无以复加。

蒙古人靠的就是这种做法。到了元朝时期，蒙古人不过几百万，用这么一点儿人去征服世界，不是做梦是什么？但成吉思汗的军队不少反多，原因就在于他的武装力量是个大磁石，越滚越多。征服了一个地区，把反抗的杀了，女人掳为已有，儿童抚养长大就成了蒙古的新生力量，不杀的男丁、士兵则编入军队，去进攻敌人。

成吉思汗还有更毒的一招，那就是用俘虏去攻打敌人。攻下一个地方后，把俘虏的百姓放在军队前面，让这些百姓充当拦箭牌，一般守城守寨的人见了自己同胞都会手软，不忍下杀手，战斗力自然大减。罗马教皇派到蒙古的使节看了这一幕惊呆了，因此预言：

就这样，蒙古人使用已被征服的居民去攻打别的国家。正如前述，他们把被征服的所有国家的人力集中起来进行战争，因此，以我愚见，如果没有神的保佑和帮助战斗，能够独自抵挡得了蒙古人的地区一个也没有了。这一预言在13世纪变成了事实。再次，是借用敌人的资源和技术。蒙古军队的一个优势是它的灵活性与机动性，著名史学家贾敬颜曾撰文指出过：蒙古人行军打仗，家属随行，根本不发生军需给养困难——这就是成吉思汗及其子孙所以能在不长的期间内横行亚欧的原因之一。

与其他各国军队相比，蒙古军队无须辎重，无须后勤保障，不像中原王朝那样，一旦粮草不济，必败无疑。行军打仗，粮草先行，这是中原战争的通则。但蒙古人对此不担心，他们身上带有原始的“强盗”气息，以战养战是其生存之道。攻下一地之后，由被征服者负责军队的粮食、草料供应，吃饱喝足，再踏上新征途。花剌子模的一个城市的居民未战而降，以为会幸免于祸，但几天之内先后经过三批蒙古大军，这一下把该城地皮刮了三尺，蒙军走后，这儿已同废墟一样。对蒙古人来说，这种做法既解决了自己的给养问题，也大大地削弱了敌人，使敌人失去反抗的人力和物力。所以，庞大蒙古帝国的建立，仅仅用了几十年的时间，却持续了几百年，实在是人类历史上的奇迹。

第四十一章 工匠部队独步天下 迂回战术攻其不备

成吉思汗对于工匠有着令人不解的兴趣，每战之后，工匠一个不杀，都带到大漠，让他们从事生产。这是因为蒙古生产技术落后，尤其缺少工匠。也真难为成吉思汗能想出这种办法来，用最快的方式赶到了时代前沿，不亚于经过了几次科技革命。他用工匠们建造的无数大兵工厂，生产作战所需兵器。

有一个人被俘虏后想活命，但他又不是工匠，当蒙古军过来检查时，他用右手食指在左手食指上来回换了两下，表示他会锯木头，蒙古人也居然留了他一条命。有一个西夏的降人，工技娴熟，因而深得成吉思汗的宠爱，当耶律楚材到成吉思汗身边时，这个工匠对他讥讽说："现在是需要工匠的时候，你这个酸秀才来干什么?"

成吉思汗天才创意，把被俘的工匠组成了独特的军种——工匠队，有人说，这是古代军事史上最庞大的独立兵种。

充分利用工匠，保证了蒙古军武器始终处于世界先进水平。他们不仅有抛石机、连发弩、"火焰喷射器"，还从汉人那学来了火药技术，改进了火器，建造了当时世界上威力最大的火炮。在后来的攻城战中，炮兵的作用越来越重要。据说"四大发明"中的火药技术传到欧洲，就是蒙古军队带去的。以当时几乎是最落后的民族掌握时代最先进的技术，成吉思汗用一个"借"字，解决了几百年都不一定解决的问题。

善于迂回是成吉思汗铁血战队攻无不克的第四大战术。迂回，在军事上是指进攻部队设置佯动部队于敌正面，集中主力于一个方向从敌之翼侧或后方实施远距离机动，而形成合围态势的作战行动，无论是战役或是战术都应遵循此原则。成吉思汗带领下的蒙古大军善于在全面侦察敌情、地形之后，凭借自身优势兵种骑兵的持久耐力和快速机动能力，在战役级别上出其不意地向敌人的深远纵深地带大胆穿插、分割，四面包围敌人，迫使对方迅速瓦解。在战略角度上，实行跨越式作战，包围和越过整个国家。能够达到这样的效果的前提是必须经常穿越人们难以想象的雪谷、荒原、大漠、险滩，克服常人难以忍受的困难。

成吉思汗的迂回包抄思想源于蒙古族的围猎，其实质与孙子的"兵者，诡道也"的思想一脉相承。成吉思汗及其子孙们在长期的征战中时刻遵循这一基本的作战原则,从而立于不败之地,终于成就了一个伟大的帝国。

先举一个战役上的例子:当蒙古大军经过长期行军突然出现在费尔于纳盆地,花剌子模国王摩诃末却正率领精锐部队以逸待劳,准备一举消灭入侵者。双方初次交兵,远道而来的蒙古军队处于十分不利的情况,虽然他们仍然以一贯的骁勇善战的勇气与敌人会战,刀光血影的战斗一直持续到深夜,但是蒙古人并未得到什么好处,没有取得预期的战果,只好各自鸣金收兵。这说明从正面直接突破敌人的防线并不是上策,而且如果敌人足够强大,蒙古军队也不是不可战胜的。

当成吉思汗在接到此役失利的战斗报告后,立即命令主帅术赤归队,加强正面防御,采取守势。同时命令大将哲别另外率领五千人马,向南方阿姆河上游迂回,占领敌人后侧的交通线。成吉思汗本人集中后续部队,亲自率领五万蒙古最精锐的骑兵,从北方向费尔于纳盆地迂回。通过渺无人烟的克吉尔库姆沙漠,在激流湍急的地点悄悄渡过锡尔河。克吉尔库姆沙漠宽500千米,直到现在都被世人认为是活的生物绝对不可能通过的天然障碍,在当时的历史条件和生产力水平之下,要通过这样的大沙漠,无疑是自投死路。敌方将领无论如何都不会预先想到成吉思汗会出此下策。现在成吉思汗的主力突然出现在摩诃末背后的阿姆河下游地区,又有哲别的军队阻止了对方的退路,这时的摩诃末已被四面包围完全置于死地,没有任何还手和逃跑的可能性。他的西方有成吉思汗的蒙古军主力,北方正面有察合台、窝阔台的军队,南方有哲别的奇兵,东方有术赤。这是成吉思汗迂回包抄最典型的一个战例,它创造了世界战争史上的奇迹。但这种奇迹需要两个条件,这两个条件也只有成吉思汗统率下的蒙古军队才能做到,第一是有迂回侧击的军事思想,第二需要有超常的勇气与毅力,才能出其不意。在同样的地点,经过650年后,俄罗斯在此作战,也想要效仿成吉思汗,但是俄军骑兵并没有达成迂回包抄的战役目的,反而在茫茫的大漠中丧失了全部军马。

再举一个战略上的例子:迂回包抄战略能扩大自己的战略空间,充分展开己方兵力,提高己方的作战能力,切断敌人的后方补给,打乱敌方的部署,为己方创造有利战机。蒙古军队在战略上能以迂为直,避实击虚,加速了战争进程。在进攻强大国家正面受挫的情况下,蒙古军队又想起了迂回之计。其灭金过程是这一战略的明显体现。虽然当时成吉思汗已死,但其继任窝阔台采用了大汗临终留下的迂回攻金方略。他在强攻正面不下的情况下,命令拖雷率西路军主力,绕过金军重兵把守的潼关,自宝鸡出汉中,强行通过南宋的管辖地区,沿江而下,绕过群山环绕的秦岭伏牛山,然后迂回到淮河流域,突然出现在金军后方。

金朝得知此事后十分惊慌,只好抽调守卫黄河和潼关的主力部队十万余人匆匆东进。两军在邓州遭遇，此时拖雷的奇兵由于长途奔袭，只有三万多人，而且处于敌后的危险境地。于是他采用避而不战的原则，力避与金军正面交锋，而是派出小股奇兵袭扰地方交通线和驻地，使远道而来本来就十分疲惫的金军更加力不从心，并且将金军主力吸引于此，使得首都汴京空虚，而且主力又不能回救的境地。蒙军正面部队攻克黄河，直趋汴梁，金朝无力抵御，只好仓皇北撤。在钧州三峰山，南北两路蒙古军将金军团团围住，后又“穷寇勿逼”，网开一面，在追击中全歼金军主力。于是蒙古军乘胜进围汴京，终于灭亡其夙敌金朝。

在灭南宋的过程中，蒙古军队故伎重施，忽必烈的军队迂回云南大理，从后侧包围南宋，绕过四川湖北的群山。由此可见，蒙古的迂回包抄在战略上的运用可以创造有利战机，可以使敌我双方力量发生变化，并从根本上打乱敌人的部署，取得意想不到的效果。

成吉思汗及其继任者之所以能够成功地迂回包抄敌后，取得辉煌的战绩，是有许多条件的，并不是所有的军队都可以成功地实现迂回。

第一，成功实现迂回敌后的关键是将帅的胆识和卓越的领导才能。从人类的军事实践中看，迂回战术基本上所有的军事统帅都知道，但是能够在实践中做到成功战例的却少之又少，成功者往往成为历史上著名的军事将领。成吉思汗利用蒙古独特的军事体制和治军思想，成功地训练了一支高素质的军队，保证其战略思想得以无条件贯彻。而成吉思汗本身就是一个历史上少有的雄才大略的统帅，他不仅仅在当时是而且是七百多年以后举世公认的伟大战略家，面对复杂敌情每次都能看清形势，作出正确判断，然后果断决策。比如蒙古大军西征花剌子模前，成吉思汗内心十分清楚三方面的情况：蒙古与其夙敌金国已经过长达九年的战争，一直保持归附状态的西夏突然反叛，近邻花剌子模乘此机会斩蒙古使臣、屠杀蒙古商队。成吉思汗权衡利弊，分析三方的具体情况，最后决定稳定西夏，拖住金朝，全力西征花剌子模。

西征军分三路大军齐头并进，与此同时，派哲别率领奇兵绕道敌后，向敌后方交通线卡什加尔方向迂回，目的在于切断花剌子模与阿富汗、呼罗珊之间的联系，防止敌人合兵一处，集中兵力后而无法对付。接到这个艰巨的任务之后，术赤和哲别率领三万人的蒙古骑兵，穿过茫茫的雪域高原——帕米尔和天山山脉之间的谷地。这些勇士在一丈多深的积雪中行军，翻过四千多米的吉西列阿尔多和铁列古达巴干两座雪山。在寒冷的暴风雪中，他们用牛皮包住马腿，每人穿双层的皮毛衣服，在千里冰封的高山之间艰难地前行。为了暖和身体，只有切开马的血管，喝温暖的马血。只有这样的统帅，这样的军队才能在人类军事史上创造奇迹，他们的伟大功业完全可以和迦太基名将汉尼拔越过阿尔卑斯山脉的行动相提并论。

第二,成功实现迂回敌后的前提是军队的行军速度,没有速度,就无法出其不意地到达指定地点,难以对敌人达成包围。和速度紧密相关的是耐力,军队要能够适应长途奔袭作战,这样才能发挥速度的优势。成吉思汗手下的蒙古军队是清一色的骑兵,他们的突击能力强、战斗灵活多变,适应远程奔袭,后勤补给要求低。所以,这些蒙古军轻骑,恰如希特勒的机械化部队,常以绝对的速度优势,迂回包抄敌后。这就使成吉思汗所对阵的战场,完全是一种快速战场。使敌国步兵无法反应就只好束手就擒。蒙古军的集结速度也不是当时一般的军队可比:从中国至保加尔边境,绵延几万里,部队集结仅需两三个月。部队每天的平均行军速度达到九十至九十五千米。成吉思汗攻占北俄罗斯,只用两个月零五天,每天战斗突进速度达八十五至九十千米;攻占南俄罗斯,只用两个月零十天,每天战斗突进速度达五十五至六十千米;攻占匈牙利和波兰,只用三个月的时间,每天战斗突进速度达到五十八至六十二千米。

在当时的历史条件下,成吉思汗的轻骑与笨重的重装步兵和西欧的重装骑兵相比有明显的高速、突然、攻击力强的优势,往往如神兵天降,使对方措手不及。成吉思汗的伟大军事天才如虎添翼,充分利用这些轻骑兵的机动性,对付 13 世纪呆板的正面攻防战术,游刃有余,从而每次都能控制战争主动权。

第三,成功实现迂回敌后的基础是一支英勇善战的军队。成吉思汗军队的耐力和吃苦精神已经用他们的战功向历史昭示了。如果换成当时其他的军队去执行成吉思汗的迂回包抄,很可能尚未到达目的地交战,就被恶劣的天气吞噬。成吉思汗的军队之所以能够勇往直前,所向披靡,这与他蒙古族本身的落后和战后对战利品分配的野蛮性有很大关系。蒙古军队不仅作战勇敢,而且军事技巧娴熟,他们能够把围猎中的技艺灵活地运用到战争中,每每遇到坚固的城堡,在他们眼中只不过是围困中的猛兽。因此,成吉思汗的军队的战略特点是:它不以击溃敌人为最终战争目的,而是以左右包抄的方式,将敌人包围,切断对方的后路,达到完全消灭敌人的有生力量。这与毛泽东的"伤其十指,不如断其一指"的战役思想一致。这种迂回包抄的战略战术,不直接对敌列阵挑战,或是不以主力和敌人主力决战,而是通过合理配置军队,发挥己方的优势,利用敌人的劣势,用"谋攻"将对方制服。

第四,成功实现迂回敌后的保障是源源不断的物资供应,蒙古军队之所以能够远离基地穿插、迂回,原因就在于它能够做到孙子说的"因粮于敌"。古人对后勤的重要性早说过:"兵马未动,粮草先行。"但蒙古军队依靠从战争的掠夺来保障其后勤,从而保证了蒙古军队的远征任务。游牧民族的特点就在于“逐水草而居”，所以蒙古人行军打仗，也遵循这一原则，只是放牧的时候人跟随水草游牧，而打仗的时候人跟随富饶的土地和人口游牧，在蒙古军队心中敌人和羊马没有区别。

战争中，由于出征携带的羊马有限，为能够充分食用，成吉思汗专门规定了屠杀之法：先把羊马的膀胱两个吹满气，把刻有螺丝纹的骨管伸进膀胱，骨管上的另一头插进羊马的第四，第五根肋骨间，然后压迫膀胱把空气注入。这样羊马立即死去。这种屠宰法可以增加肉量，同时保持肉质柔软，味道鲜美，易于长久保存。同时这样做可以尽可能全部吸收兽类血和肠肚的营养，充分利用所携带的羊马。另外极度节俭和单一的饮食习惯也是其最终能够制胜的秘诀之一。蒙古军队“食羊尽则射兔鹿野豖为食。故屯数十万之师不举烟火。”成吉思汗的军队在后勤补给短缺的严酷环境下，仍然有强大的野战生存能力。上例中成吉思汗西征花剌子模之时，摩诃末得知重要情报：“蒙古军队随身携带战斗物品，仅吃肉干和酸奶，对于好吃和不好吃的食物无所谓，什么动物都能吃，甚至连猪肉、狗肉都吃。蒙古军队的马不需要麦子和稻草，它们能自己用蹄子刨开积雪找杂草，草根和草叶吃。这些马儿能够越过任何高山峻岭和大川大河。他们的主人骑在马上，能越过任何山谷隘路，渡过任何河川。”以至于摩诃末闻之色变，大为震撼，从此，无心交战，而是疯狂撤退。

蒙古军队生存能力极强，他们对自然的奢望极低，当他们攻下城池实施抢掠时，蒙古军队自然更加强大。蒙古军一方面抢夺牲畜以备后用，另一方面对中立的城堡，使用软硬兼施的方法迫使对方供给粮食。同样是在上例之中，哲别在占领花剌子模之后布告失败者：投降并且提供粮食的可以免于被杀。而如果按照当时蒙古的法律，降者的财产和生命都归胜利者所有。成吉思汗在占领布哈拉时，他骑马来到城里的清真寺，登上圣坛，对僧侣们说：“野外没有肉，没有草，人饿了，马也饿了，打开你们的粮库。”此时被征服者只好乖乖地献出粮食。同时蒙古人建立作战基地，以战养战，蒙古贵族进入中原，掠夺财富，从金银、牲畜到人口，后来他们又接受汉族当地的统治方式，经营占领区。

蒙古军队由于自身的特点和优势对后勤问题的依赖程度比一般军队要低很多。他们并不像一般的军队那样让士兵负重而行，也不是在战斗序列之后跟随着长长的辎重队，而是通过本民族一直以来养成的饮食和生活习惯，以最节省的方式得到解决。因为他们赖以为生的主要是羊或马，这些食物不需要特别的人力物力来运送，从而大大减轻了蒙古军队的后勤负担，使得成吉思汗的大军可以没有后顾之忧，集中主力大胆向敌后纵深穿插迂回，达成战略包围，这也就是为什么蒙古军队可以以自身很小的代价取得极为辉煌的战果。因为蒙古的对手往往由于后路被切断，个个心怀退志，或者是由于军队被四面包围，根本来不及展开。他们经常来不及做坚固防御，即使有一定的准备，但蒙古军却偏偏经过他们尚未防守的地段，突然出现在他们的战役后方，对他们形成包围之势。

成吉思汗身处13世纪世界历史给他创造的舞台，与亚历山大大帝一样，他以自己的军事天才导演了横跨亚欧大陆的庞大蒙古帝国，无疑具有恒久的价值和神奇的魅力。孙子曰："军事之难者，以迂为直，以患为利。"又曰："凡战者，以正合，以奇胜。故善出奇者，无穷如天地，不竭如江河。"在战争中，"迂"与"直"包含着作战中的辩证法，互相转化。战术运用，从路线和途径上说，好比建隧道桥梁和高速公路一样，有迂有直而视不同情况做不同选择；从作战谋略和战术运用上说，作战中的以退为进，声东击西，避实就虚再由迂变直，犹如拳击争霸赛中要出重拳时，必须也必然要先虚晃几招一般；也亦如棋局中需通盘谋划、灵活运用。

著名军事家克劳塞维茨在其著作《战争论》中总结战争规律，提出了集中兵力，消灭敌人有生力量的思想，而成吉思汗的战争实践，无疑是对这一思想的最好注释和证明。虽然成吉思汗并没有熟读兵书，甚至也许连汉字都不认识，但是天才的成吉思汗在与野兽、部落、外敌的长期艰苦的争斗环境中，以自己的智慧悟出了这一真理。

第四十二章　不打无把握的战役与拿破仑一较高下

成吉思汗对于西方战略思想发展的启蒙性作用,其迂回包抄的战略战术受到了后人的高度评价,英国著名军事评论家利德尔·哈特感叹道:"在中世纪,战略的最好例证并不在西方,而是来自东方。公元13世纪,对于西方战略的发展来说,是一个卓有成效的时代。"

历史的纷纭变化使之不可捉摸,但是把成吉思汗与拿破仑放在一起比较,我们还是会发现差异。假如他们生在同一个时代,仅从战略战术或与之相关的几个方面来说,不会只是平手。到底哪个人会取胜呢?当然是成吉思汗!

把成吉思汗与拿破仑相提并论,从表面上看似乎风马牛不相及。一个是东方人,一个是法国人,一个是13世纪的草原骑士,一个是19世纪的革命先驱。他们之间到底有什么样的联系?

严格地说,在已成历史的一切事情中,任何一个人物都是不可替代的。但这并不妨碍我们把伟大人物放在一起比较,看他们到底有没有超人之处。

尼赫鲁说中亚出了四个大征服者,亚历山大大帝、阿拉伯哈里发、成吉思汗与帖木儿。其中成吉思汗可算是东方的代表。在这几个人中,亚历山大是马其顿人,不能纳入东方阵营中;阿拉伯帝国地跨亚欧非三大洲,但是其统治范围只到了两亚,与亚洲大陆无缘;帖木儿帝国影响极大,但同样也没有能够染指东亚部分。而成吉思汗的世界帝国才名副其实,在欧洲占据了钦察草原和部分东欧平原,亚洲包括除了南亚、东南亚的整个大陆地区。因此把成吉思汗作为东方征服者的代表再合适不过了。台湾学者马起华说道:"成吉思汗是蒙古人乃至黄种人中最伟大的政治家。绝非过誉之辞。"

而拿破仑则是自从10世纪神圣罗马帝国土崩瓦解之后试图统一整个欧洲大陆的唯一的统帅了。

把拿破仑与成吉思汗放在一起作比较的人有很多,看来人们对于二者之间的微妙关系都十分敏感。格鲁塞在战术上就谈到了这两个天才人物:

"关于蒙古人的战术,人们曾写过许多。他们想起它和菲烈德里二世与拿破仑的战术相比。"

而事实上拿破仑的战术与成吉思汗的确有着惊人的相似。在拿破仑的三项兵法中,使用最频繁的就是"迂回包抄,攻其后部""战略决战"。"迂回包抄，攻其后部”被军事学家博塞称为“分进合击”战术，这是成吉思汗的绝招。据统计，拿破仑到1815年为止，使用这一战术达三十次之多。这一招也被军事史研究者看成是“波拿巴战略计策中最强有力的一项”。他最喜欢的战术“战略决战”，是以正面进攻牵制敌人，派一支部队从侧面迂回到敌后交通线上，由一支精锐的炮兵、步兵和骑兵混合部队在敌人防线上的弱点实现突破，最终取得胜利。贝文·亚历山大说，这一招与蒙古人的战术原则是一致的。

然而这东西二大征服者的命运差别却如此之大。拿破仑经历了莫斯科之战、莱比锡战役、滑铁卢之战后，声誉、地位一落千丈，他打了无数胜仗，但在这几次战略大决战中，他赌输了，赔进去了全部家当。他成了阶下囚，在圣赫勒拿岛上待了数年后死去。他的死因是一个难解之谜。近年又有新说法，拿破仑是被英国人慢慢毒死的！此说法正确与否姑且不论，拿破仑滑铁卢失利后，再也没有翻身机会却是事实。

成吉思汗一生中也打过败仗。且不说他早年连妻子都保护不了，后来也出现了几次波折。与札木合的十三翼之战，与王汗首次反目的哈兰真沙陀之战，他都败了，此后在征服中原与中亚战争中也有失利的情况。但是成吉思汗从来没有遭受过毁灭性的打击，战败后经过一段时间的休养，他的力量仍然那么强大，可称是“草原上的不死鸟”。这里面有个诀窍，那就是成吉思汗不打硬仗，不玩没有把握的赌命游戏。如果发现敌人过于强大，他宁可后退也不鲁莽从事。他几次攻西夏、金国都是这种特点的证明。他不愿意为逞一时之勇，为泄一时之愤而不顾千万将士的生命危险，不顾战略全局的得失。正如《史记·匈奴列传》所言：

“利则进，不利则走，不羞遁走。”似乎这也是草原民族的一个共同特点，只不过成吉思汗把它发挥得更妙罢了。

拿破仑在早期的军事生涯中充分运用“迂回包抄”“战略决战”的战术，因此常常能够以少胜多，转败为胜，使敌人望风披靡。贝文·亚历山大说：“波拿巴把这些惊人的革新与极强的机动性和胆量相结合，用来在法国获得至高无上的权力，并为他自己缔造了一个帝国。然而拿破仑当上皇帝之后，他拥有了庞大的军队和对自己军事能力的坚强信心，以致不再依靠速度和出奇制胜，而是单纯依靠兵力的大量集中或靠进攻实力取得胜利。”利德尔·哈特说：“他为违反节省兵力的法则而付出了代价；而机动性和出奇制胜是实践这一法则的手段。”

通过这一比较，成吉思汗与拿破仑在战术上的优劣不言自明，倘若二者真的处于同一时代而又成为对手，拿破仑仍然无法改变他的命运，他同样与“世界上最伟大的征服者”这一桂冠无缘。

马起华著有《成吉思汗与拿破仑》一书，对二者的相同点与不同点进行了细致深入的分析。本书在这里便借用马先生的研究成果，与读者诸君共享。先说相同之处，马先生从二人生平中归纳出十个相同点，可谓齐备：

二人都不是普通出身。成吉思汗是蒙古乞颜氏贵族后裔，其父也速该曾是汗位最有力的竞争者之一。拿破仑的祖先也是贵族，从意大利迁到了科西嘉的阿维克修。拿破仑的父亲夏尔·波拿巴是一个有名的律师，同时也是一个好斗分子，先是积极参加反抗热那亚统治的斗争，后来又与法国人打仗。不过当法国人彻底占领了科西嘉，夏尔·波拿巴便加入了法国国籍。拿破仑早年受父亲影响，也是一个激进的科西嘉独立分子，但后来他却成了法国的象征。如果不是贵族出身，他就不能接受高等教育，不可能参加法国军队，更无从谱写他的军事浪漫史。

二人都喜欢骑马。这可能是所有军事家和统帅的共同点之一。至少在近代以前，人、马是战争中最具主动性的因素，马背民族何以能够横行一千多年，主要原因是他们发挥了这两个因素的极致。中国人直到今天还以“人马”为单位表示兵员多少，可见其影响之大。另外骑马对于锻炼矫健的身体和行军作战都有很大帮助。

二人作为军事领袖，带兵打仗，都勇往直前，身先士卒。成吉思汗从未离开过战场，最后也死在战场上，在他的一生中多次遇险，多次负伤，但从来没有退缩。拿破仑是个统帅，还是个战士，他特别愿意亲自领着士兵冲锋。滑铁卢战役时进攻威灵顿，所有部队都派上用场了，他便领着自己的几百近卫军冲锋。不过拿破仑命大，他曾经抱怨说子弹总是不往他的身上打，但他更加令人欣赏的还是他的勇气，他曾说：“我自认大概是曾经有过的在战争中最勇敢的人。”

二人都年幼丧父，由贤能的母亲抚养长大。成吉思汗十三岁时父亲被毒死，家道中落，诃额仑将他们兄妹几个拉扯大。札木合后来对成吉思汗抱怨说：他自己失败是因为没有这么好的母亲来教养他。拿破仑的父亲也在他十几岁时去世。他的母亲勤劳坚强，而且生性俭朴。她对拿破仑十分宠爱，拿破仑之所以好斗、固执，与她的娇惯不无关系。

“成于一，败于二三”，二人在军事上都强调统一号令，集权指挥。成吉思汗对于手下的严厉是有名的，所有大将包括他的儿子们对他都既敬又畏。拿破仑则宣称：“统一指挥是作战的第一需要。”其实这一点也是所有统帅的特点，只不过在这两个极权欲最盛的人身上体现得更加突出罢了。

不仅斗力，更重斗智。马起华说：“成吉思汗并不是像毛泽东说的‘只识弯弓射大雕’，而是一个武能征战、文能定国的军人政治家。”几乎没有人否认成吉思汗战术之高妙，妙在何处？妙在“诡计”。拿破仑生下来时脑袋奇大，自幼聪明无比，但他并不是凭武夫之冲动，也不是凭自不量力者的小聪明，而是充分利用大脑，保持冷静。他有句名言："总司令的第一特质是冷静的头脑。"每次开战前，他都精打细算，直到算无遗策。

二人无论在军事上还是政治上，对于有功之人都不吝重赏以资激励。在这点上他们比一些中国"正统"帝王看得开。历史上，每当一个王朝建立了，皇帝便想方设法算计帮他打天下的大臣，甚至不惜撕破脸皮，大肆杀戮，结果是以怨报德，都没好下场。成吉思汗第一次分封就封了九十五个千户，四个万户，对于为他卖命的"铁哥们儿"，用之、信之、赏之。拿破仑1802年设荣誉勋章，1804年封十八位名将为元帅，十九名武将、六名文官为公爵。正因为如此，他们的手下拼死效力，无不用命，哪里有整日琢磨把主子干掉的负心贼？汉高祖开杀功臣之先河，君臣相猜，互不信任，留下"小脚"政治的传统。

二人都把重要地方分给亲属。成吉思汗分封四个儿子各领一汗国，又封他的弟弟们为东道诸王。拿破仑分别封兄长约瑟夫、三弟路西安、四弟路易、五弟哲罗蒙为西班牙国王、西班牙大使、荷兰国王、西西里亚国王，他的妹夫为那不勒斯国王。

二人都制定了一套完备的法律。成吉思汗虽然没有任何文化积累，甚至一字不识，但凭着他天才的治国头脑，颁布了被称为"大札撒"的《成吉思汗法典》，《法典》中包括民事、刑事、军事等各方面的法律条文，这是蒙古汗国成为一个国家的重要标志。《拿破仑法典》的影响要大得多，它被看做是现代民法的最早范本，奠定了现代民法的基础，其影响并不限于法国，整个世界都因之而受惠。可以说，拿破仑靠这一部法典就足以留名青史。

二人都留有遗嘱。成吉思汗重病而死，临死前把儿子、亲戚、大臣都叫到身边，留下了三条遗嘱：由窝阔台继承汗位、联宋灭金、彻底消灭西夏。拿破仑临死立的遗嘱更加详细，乃至每件物品留给谁都明明白白写在纸上。这一简单的事实反映了这两位伟人共有的特点，即做事有始有终、思考缜密、头脑清醒。这大概是高明的政治家的特长所在，即使到了临死之时也不糊涂。

上面是成吉思汗与拿破仑的相同或相似之处。从具体、琐碎的比较中我们不难发现作为伟大人物在性格或行为方面的共性。至少我们可以说，他们都是理智、坚强、聪明之人。

马起华从多个方面论述了他们二人的差异，有些差异无足轻重，有些却是促成他们各自不同生命历程的重要因素，因此颇值玩味：

学识不同。成吉思汗没有接受过学校教育，虽然不能说他一字不识，至多也只能是写自己的名字而已。拿破仑则在法国进了贵族学校，他的文字修养很好，对莎士比亚、拉辛等作家的作品有独到见解，可算是个知识分子。此外，他在军事、政治方面也受到了较好的培养，他的许多战术来源于军事学家的理论贡献。成吉思汗的一切知识都来源于口耳相传，更多的是他自己的体悟与实践经验总结，从这个意义上说，他的创造性要更加鲜明，他的个人天赋在其功业中发挥了不可替代的作用。

婚姻不同。成吉思汗有五百个妻子，拿破仑前后各一个，分别是约瑟芬与路易丝，是一夫一妻制。这其实是文化的背景决定的。但成吉思汗以婚姻方式团结了一大批部落，这一点拿破仑就没有资格了。成吉思汗有四个儿子继承父业，拿破仑与路易丝生了个儿子，不幸的是，这个家伙是个短命鬼，21 岁就死了。他与一个情妇所生的华鲁斯克伯爵做过外交部长，但毕竟只是个私生子。

成吉思汗对于被征服地区每每采取血腥的报复，"屠城"对他来说不过是结束战争的一种方式，而拿破仑虽然野心勃勃，但战场之外，从未殃及平民，这一点应该说是历史进步的一个证明。

成吉思汗地位巩固，几乎没有发生过影响他在帝国的权力和威望的重大事情。而拿破仑则时时面临内颠外覆的威胁。成吉思汗对敌人残酷打击，无不从肉体上消灭，他的帝国是扎扎实实建立起来的。而拿破仑则是大革命中的一个暴发户，他靠军事奇迹建立了帝国，却始终没有消灭反对者。

成吉思汗的征服史是以落后的民族征服先进民族，因而战争结果表现出强烈的破坏性和退步性，这一点使他颇受非议。拿破仑则有推广法国先进的启蒙思想和革命运动的作用，客观上也促进了欧洲各国的文化交流，因此虽然挑起连年战争，欧洲人对他仍没有太多恶感。

成吉思汗与拿破仑的武功都建立在军事胜利之上。他们是征服者，就等于在玩战争赌命游戏，因此战略决战往往关系到他们的生死荣辱。成吉思汗很少打硬仗，也很少失利，即使失利也并不致命，而拿破仑在后来则大败了几次，元气大伤，局势也就无法扭转了。

成吉思汗死后，他的世界帝国继续壮大，蒙古人左右历史的时间长达五百年之久，而拿破仑还没死，他的法兰西帝国就变样了，拿破仑三世不仅没有使帝国重现光彩，反而把拿破仑留给他的荣誉丢得一干二净。

这几方面可以视为二人差异性的重要表现。不同时期的人物之间因为缺少可比性而表现出独自的特点，无论怎样比较都没有太大意义。如果拿破仑生在 12 世纪和 13 世纪的年代，肯定不会是成吉思汗，反过来成吉思汗也成不了拿破仑。

他们两个人都是伟大的军人、统帅，但结果却如此不同。成吉思汗创造了一个空前绝后的大帝国，拿破仑在短暂的辉煌后则成了兵败被囚的悲剧人物。

“大悲剧是伟人的学校。”

拿破仑是不是想通过这句话来表明他吸取教训、东山再起的决心？但这座学校没有开过毕业典礼,所以悲剧永远都是悲剧。

“他的天才是不能令人相信的。那是过去一千年来所证明的最惊人的业绩。他无疑是我曾经见过的最非常的人物,并且依我之见他是生存过许多世纪的最非常的人物。”

这是拿破仑的夙敌太列朗的“忏悔录”。

爱德华七世曾在拿破仑墓前下跪,这恐怕也是另一种“忏悔”吧?

成吉思汗用他的武功业绩证明了他是一个伟人,而拿破仑似乎还多了一点儿什么,这也许就是从 13 世纪到 18 世纪五百年时间所给予人类的赠品,那就是文明。

第四十三章 拿破仑巧借革命风 一代天骄铁血柔情

那么我们再来研究成吉思汗和拿破仑到底哪一个厉害些是不是就显得毫无意义？不，这里面有种耐人寻味的“提示”。

拿破仑之所以失败，成吉思汗之所以成功，有主客观两方面原因。主观上，拿破仑令人遗憾之处在于他打了几次败仗。用某些军事史家的话来说，他的拼实力做法使他丧失了主动权，丧失了大量军队。当然这是一个很重要的方面。

有人说他是借了大革命的“东风”才燃起来的，东风一过，他的火也就要熄了。他的野心太大，树敌太多，最后导致所有国家与他为敌，他再厉害能对付得了多少人？他试图使用分化瓦解、各个击破的策略，但都被人识破。成吉思汗在这方面比他运气好，也更善于运用敌人之间的弱点，他有足够的时间去等待机会，他打了五十多年战争，拿破仑只不过才二十多年。如果拿破仑不那么操之过急出击，也许他的运气会更好一些。

成吉思汗带着一种强烈的野蛮色彩，他为了改写历史不在乎死人流血，他的战争机器一开动起来就把战场变成屠场。而拿破仑毕竟没有这种野蛮气息，他是大革命中陶冶出来的人物。

在人类历史上的众多征服者中，能够给后人留下永久回忆的人并不多，然而成吉思汗与拿破仑在其中算是十分特别的人物，他们都野心勃勃，却又能给人留下英雄的悬念，他们制造了混乱与战争，人们却把那个时代看成是历史奇观。

成吉思汗作为一位空前的草原霸主，以政治家独有的视野与魄力，在军事征战与巩固王位的斗争中，把自己的聪明才智和非凡才干展现得淋漓尽致。他通过自己的审慎筹划和果敢行动，再加上深沉的理性思考，在一系列的东征西讨和选定王位继承人的事件中，作出了深思熟虑和远见卓识的决策，从而创造了一位草原霸主的辉煌命运，改写了草原的历史，改变了世界的历史，让蒙古这个民族在人类历史上留下了浓重的一笔。

在最不平凡的人的身上，流淌着最平凡的亲情的血液。是的，一代天骄成吉思汗的身上，我们看到了淳朴的情感和自然的归宿。成吉思汗是伟大的，以至于人们在分析他为何能创建蒙古帝国时，总是只想到他的英勇善战、顽强不屈、足智多谋，却忽视了成吉思汗作为一个天生的牧民，骨子里具有团结友爱、知恩图报等质朴品行。其实，在许多情况下，自然的品行比刻意的智慧更有持久性和功效性。正是因为有着一颗友爱的心，成吉思汗在与同样能力非凡的对手的斗争中取得了胜利，成为一位永垂不朽的人物。

成吉思汗众多后妃中受宠爱的，除大皇后孛儿帖外，只有二皇后忽兰、三皇后也遂、四皇后也速干四人。二皇后忽兰年轻美貌，性情温和，懂得关心照顾人，因此在成吉思汗后半生最受宠爱。成吉思汗西征时，只带忽兰一人陪伴，让她在征途中照顾。忽兰生有一个儿子阔列坚，成吉思汗对阔列坚视如嫡子，非常疼爱，以至于舍不得让他去战场征战。三皇后也遂美貌而有智慧，成吉思汗西征前夕，也遂向成吉思汗奏请早立继位人，她说："一旦您如柱石般的身躯突然倾倒，您的似雀群般的百姓交给谁呢？这事该让诸子、诸弟、百姓、后妃们知道。"成吉思汗采纳了她的建议，选定窝阔台为继位人。1226 年成吉思汗率大军出征西夏，只携带也遂一人陪伴。途中成吉思汗坠下马来，受伤很重，也遂就代替他召集诸子、诸将开会，商议军国大事。也遂的干练得到了成吉思汗的欣赏，她是成吉思汗的侧妃中唯一一位能够参与政事者。

成吉思汗疼爱自己的儿孙们。他的三子窝阔台在战争中受伤落马，被博尔忽救了出来。成吉思汗对儿子的感情深厚，因此封博尔忽九次犯罪不罚。二子察合台的嫡长子莫图根，深受成吉思汗的喜爱，常常跟随在成吉思汗身边。1221 年秋，成吉思汗在攻打花剌子模的范延城时，莫图根被敌箭射死。爱孙被射死，成吉思汗十分悲痛，竟然命令军队奋力攻城，在取得胜利时下令把该城完全毁掉，居民全部杀绝。

成吉思汗在征战之余，还常常与孩子们享受天伦之乐。1225 年春，成吉思汗两征归来，回到了阔别的蒙古大草原。这时拖雷的两个孩子忽必烈和旭烈兀已经长到十岁多了，弟兄两个时常来找爷爷玩耍。有一次，忽必烈射杀了一只山羊，旭烈兀射杀了一只兔子。蒙古人的 1 日俗，小孩子第一次打到猎物的时候，要在大拇指上涂擦油脂，成吉思汗亲自替兄弟两个涂擦大拇指，忽必烈轻轻地抓住成吉思汗的手，旭烈兀却紧紧地抓住他的手，成吉思汗说："这个坏蛋要将我的拇指掐断了！"旁边的随从见祖孙三人怡然自乐，不禁哈哈大笑起来。

在四个嫡子中，成吉思汗最爱幼子拖雷。每次出征，成吉思汗总把拖雷留在身边，并称呼拖雷为"那可儿"（蒙古语"伙伴"的意思）。在选择继位人时，成吉思汗犹豫不定，难以在拖雷和窝阔台之间作出选择。拖雷聪明勇敢，善于治军，指挥军队作战，在自己身边最久，而且拖雷是成吉思汗的幼子，自古幼子最得父母的疼爱；而窝阔台宽宏大量、老成持重、多谋善断，能团结诸兄弟和各方面人，最具治国之才。经过长时间的深思熟虑，成吉思汗最终选择了窝阔台。这是理智胜于情感的选择。

对于自己的亲人弥足情深，对于自己的部落民众，成吉思汗同样示以深情。成吉思汗爱自己的蒙古同胞，他说："出生在斡难河、怯绿连河地区的蒙古男儿，每一个都天生勇敢，未经教导就明白事理；出生在那里的蒙古女孩，每一个都清秀美丽，未经装饰就美貌无比。"斡难河、怯绿连河地区是尼伦蒙古诸部落的生活居住的地方，是成吉思汗的同胞尼伦蒙古人的家乡，成吉思汗的溢美之词表达了他对故乡人民的热爱。

驰骋疆场的英雄也有着深情的一面，成吉思汗是一位温柔的、多情的草原牧民。

成吉思汗自幼在草原上骑马、射猎，在草原上的河畔钓鱼。当三姓蔑儿乞人袭击成吉思汗时，成吉思汗带着全家骑马逃入林密谷深的不儿罕山深处，用树枝搭起帐房，居住了许多天，等敌人退走后才从不儿罕山下来；当泰赤乌部人追捕成吉思汗时，成吉思汗骑马逃入高山的森林里，在那里躲避了九天九夜。成吉思汗家常住在靠近山边的河畔、湖滨的草原上，以便放牧，射猎，桑沽儿小河附近的合剌只鲁肯山下的阔阔海子边的草原，豁儿出恢孤山附近的乞沐儿合小河边的草原，不儿罕山南麓怯绿连河源的不儿吉草原等，都曾处出现过成吉思汗一家的身影。成吉思汗常在山下、河边的树林里与亲友宴饮。成吉思汗热爱大草原，是大草原抚育了他，使他健壮地成长起来。

成吉思汗热爱大自然，他在美好的大自然中生长、战斗，建立丰功伟业。大自然养育了他，最后他又回归到永恒的大自然中。晚年时，有一天，成吉思汗出去打猎，来到不儿罕山的一处风景秀丽名字叫起辇谷的山谷。在那个地方，长着一棵孤独的大树。他在树下下了马。他十分喜爱这棵大树的翠绿清新，在这棵大树下他散步、独坐，消磨了一个时辰，产生了一种内心的喜悦。这时，他将随从在他四周的诸将、近侍们召进来说："这个地方做我的葬地倒挺合适，在这里做上个记号吧！我的最后归宿应当在这里！我和我的子孙的葬地就在这里！"1227 年成吉思汗病死后，诸王、诸将按照他的遗命，将他归葬于起辇谷的那处野地上。他下葬后不久，野地上长起了无数树木和青草。后来，那里森林茂密，已无法通过。一代天骄成吉思汗从大自然中来，最后又归返于永恒的大自然中。

在杀机四伏、血腥遍野的征战过程中，成吉思汗总是时时流露着细腻的感情，表达着他对人间真情的渴求。父亲的早逝，生活的艰辛，颠沛流离的奔波，使成吉思汗过早地明白了弱肉强食的涵义，养成对待敌人残酷无情的性格。但是，日常生活中的成吉思汗孝敬寡母、疼爱妻儿、下礼臣子、善待子兵，表现出了他铁血男儿侠骨柔情的一面。

不可否认，成吉思汗是残忍的，他是黩武好杀的。人们应当注意的是，这是由于环境的使然，即众所周知的突厥——蒙古人的勇猛好斗、粗犷野性造就了成吉思汗的性格，而不是由于一种天生的残暴性，使成吉思汗走上了杀戮之路。

在成吉思汗成长、壮大的过程中，无论是统一蒙古，还是对外扩张，所过之处无不血流成河，土地荒芜，蒙古铁蹄踏出了帝国尸骨垒成的疆土！依照弗洛伊德的心理学理论，一个人早年的经历对他的性格具有潜在的决定性作用。成吉思汗幼年遭受丧父、被族人抛弃的苦难过程，性格必然受到影响。当他只十几岁的时候，他会因为争夺一条鱼就把同父异母的弟弟射死，这不是误伤，而是蓄意的杀害。倘若不是艰难的生活所迫，他会做出这种事情吗？成吉思汗在亡命的过程中，对敌人的仇恨积淀起了复仇的情绪，一旦这种情绪迸发，就会变成血腥大屠杀！对塔塔儿人的种族灭绝，在西夏的屠城、金国的屠城、中亚的屠城，一幕幕血的悲剧上演，复仇心理彻底暴露了他性格中阴暗的一面。

即使是已经屈服了的敌人，成吉思汗稍有不快，也不把他们放过。成吉思汗统率蒙古大军进攻西夏的时候，西夏的一些城市慑于蒙古的威胁，宣布投降。但是在言语上有时西夏人却表现得十分不顺从。这些言语的讥讽引起了成吉思汗的不满，在复仇心理的支配下，成吉思汗下令对某些城市进行屠杀，虽然其中一部分屠城命令因受劝谏而中止，许多甘于放下武器、放弃抵抗的手无寸铁之人，仍然被杀死。

成吉思汗的确发动了令人发指的战争，他会把整个落败部落领袖的妻子女儿占为己有。然而在实际生活中，成吉思汗的生活是相当节制的，对于男女之间的生活问题，他也从不放荡。成吉思汗是一名武将，如果像其他帝王那样多淫纵欲过度，那么他的戎马生涯必定会早早结束。在成吉思汗让自己宠爱的大皇后孛儿帖、二皇后忽兰、三皇后也遂和四皇后也速干分别主持一、二、三、四斡耳朵，并且这些斡耳朵相距甚远。至于其他后妃，一部分人曾受成吉思汗短期宠幸，大部分人仅是入后宫备选，她们只是在名分上是成吉思汗的妻子，实际上与成吉思汗并无多少情爱关系。

成吉思汗生活十分俭朴，保持着草原人的朴素性格。成吉思汗有个妹妹要出嫁，有人问他送给妹妹什么财产作为嫁妆，没想到成吉思汗十分不悦，他说："把财产挂在嘴边上，那和商人有什么两样？古人说做到同心同德实在难，我希望的是同心而不是财产。"

他对奢侈腐化的中原皇帝看不惯，长春真人丘处机拜谒成吉思汗后，对这一点体会很深。他的弟子李志常在为成吉思汗立的碑上说，成吉思汗去奢从俭，与将士百姓衣食共享，把百姓当赤子，视臣下若兄弟——这座碑是以成吉思汗本人的口吻写的,也可以算是成吉思汗的自白。成吉思汗还多次告诫臣下勤俭节约,在他的带领下,蒙古人在很长时间内保持这一传统,只是元朝后期时才逐渐腐化堕落。当时作为庞大帝国的统治者,成吉思汗的财产是无法计算的,而他是以朴素之心来对待,也是他在位期间能够平衡各方利害的又一个良方。

蒙古人的特点是善饮、善斗。饮酒更是以豪放著称,大碗大碗喝酒,大块大块吃肉,是蒙古人的象征。在这样的一个民族情结非常凝重的氛围里,成吉思汗却留下了许多训诫,他说:"喝酒适量可以提高宴会的气氛,可以鼓舞战斗的激情,但是喝多了就会乱性,思维变得迟钝,身体不受控制,因此,即使是美酒也不可以多喝。"对于蒙古人嗜酒成性的生活习惯,成吉思汗多次教导部下说,饮酒过度会有损健康,败坏事业。他还制定规矩,要求部下如果不能禁止饮酒的话,一个月里喝三次为宜,三次以上是违法,两三次为好,喝一次最好。成吉思汗本人十分喜欢饮酒,他在饮酒问题上如此善于节制,这对于他来说是十分难能可贵的。

一些历史学家依据历史记载,把成吉思汗说成是一个嗜血好杀、野蛮残暴的魔王,把他的出现说成是人类的灾难。他们指责成吉思汗在中亚的屠城,敢于抵抗的城市男子全部被斩杀,女子全部沦落为奴隶,指责他的行为破坏了文明,甚至阻碍了人类的进化。但是,当我们看到蒙古族的民族特点以及成吉思汗的个人成长经历的时候,对这一切就不难理解了。

全面、精确地描述一个人的性格是极其困难的,因为人们往往根据好恶而以偏概全,其实每个人的性格都是"多维"的。在一面镜子中看,只能看到一面。对于成吉思汗这种千古英雄人物,更不是能用一面镜子就能够看得清的,他需要我们进行不同角度的全面评价。

成吉思汗是纯粹的蒙古人、草原人,他的性格中充满了绿色血液,流淌着理性、智慧的因子。他没有故步自封、自以为是,而是用军事手段扫荡了一切敌人,冲破种种阻碍的藩篱。他是一个统治者,一个天生的统治型人物,一个天生的世界征服者。